21世纪普通高等院校系列教材

保险学（第三版）

BAOXIANXUE（DISANBAN）

主　编○丁继锋

副主编○方有恒　粟　榆

西南财经大学出版社
Southwestern University of Finance & Economics Press

中国·成都

图书在版编目(CIP)数据

保险学/丁继锋主编;方有恒,粟榆副主编.
3版.—成都:西南财经大学出版社,2024.8.
ISBN 978-7-5504-6362-2

Ⅰ. F840

中国国家版本馆 CIP 数据核字第 2024WC5579 号

保险学(第三版)

主　编　丁继锋
副主编　方有恒　粟　榆

策划编辑:李晓嵩
责任编辑:李晓嵩
助理编辑:蒋　华
责任校对:王　琳
封面设计:何东琳设计工作室
责任印制:朱曼丽

出版发行	西南财经大学出版社(四川省成都市光华村街55号)
网　　址	http://cbs.swufe.edu.cn
电子邮件	bookcj@swufe.edu.cn
邮政编码	610074
电　　话	028-87353785
照　　排	四川胜翔数码印务设计有限公司
印　　刷	郫县犀浦印刷厂
成品尺寸	185 mm×260 mm
印　　张	19.625
字　　数	429 千字
版　　次	2024 年 8 月第 3 版
印　　次	2024 年 8 月第 1 次印刷
印　　数	1— 2000 册
书　　号	ISBN 978-7-5504-6362-2
定　　价	49.80 元

第三版前言

金融是现代经济的核心。经济是肌体，金融是血脉，两者共生共荣。金融活，经济活；金融稳，经济稳。经济兴，金融兴；经济强，金融强。2023 年 10 月 30 日至 31 日，中央金融工作会议在北京举行，习近平总书记深刻指出："金融是国民经济的血脉，是国家核心竞争力的重要组成部分，要加快建设金融强国，全面加强金融监管，完善金融体制，优化金融服务，防范化解风险，坚定不移走中国特色金融发展之路，推动我国金融高质量发展，为以中国式现代化全面推进强国建设、民族复兴伟业提供有力支撑。"高质量发展是全面建设社会主义现代化国家的首要任务，金融要为经济社会发展提供高质量服务。

保险是金融体系的重要组成部分，建设金融强国，需要"发挥保险业的经济减震器和社会稳定器功能"，需要保险人才的支撑。"保险学"课程是保险学专业的基础课程和金融学专业的核心课程，熟练掌握保险学理论和实务知识是学生未来从事保险工作及相关金融工作的重要基础。为了适应保险业新的发展形势，把思想政治教育贯穿人才培养体系，落实立德树人根本任务，更好地满足高等院校保险学专业、金融学专业以及相关专业人才培养的需要，我们再次对《保险学》教材进行修订。

《保险学》第一版、第二版分别于 2015 年和 2019 年出版，出版至今，发行逾万册，受到了广大读者的欢迎。自 2019 年以来，我国保险领域发生了很多变化，出现了许多新情况，如开展车险综合改革、组建国家金融监督管理总局等。此外，《中华人民共和国民法典》自 2021 年 1 月 1 日起正式实施。此次修订主要有如下改动：

第一，深入学习贯彻习近平新时代中国特色社会主义思想和党的二十大精神，贯彻落实教育部《高等学校课程思政建设指导纲要》，进一步聚焦课程思政教育教学改革中的关键环节和实践问题，深入推进高校课程思政教育教学改革。此次修订，我们增加了思政案例模块，通过引入蕴含丰富思政元素的案例，培养学生的风险意识和保险理念，使学生深刻理解保险对全面建设社会主义现代化国家的重要保障作用。

第二，鉴于保险业的快速发展及保险监管的新变化，此次修订我们重点修订了"第六章 人身保险"和"第八章 保险市场与保险监管"等；根据车险综合改革实施情况，修改了机动车辆保险的相关内容；根据保险监管的新变化和发展趋势，重写了保险监管的相关内容；结合保险市场的发展变化，更新、补充了相关数据和内容；根据《中华人民共和国民法典》对涉及的原《中华人民共和国民法通则》《中华人民共和国合同法》等相关内容进行了更正。

第三，结合教学中不断总结的经验和发现的问题，此次修订我们对部分内容进行了更新优化，对第二版疏漏之处进行了修正补充。

本书由丁继锋负责全面修订。具体分工如下：第一章、第二章、第七章，丁继锋；第三章、第四章，郝晶；第五章，粟榆；第六章，王媛媛；第八章，周小燕。在思政案例收集整理方面，第六章由丁继锋、王媛媛共同完成，其余各章由丁继锋完成。

特别需要感谢的是西南财经大学出版社的李晓嵩编辑，正是他的辛勤付出使得本书能够及时出版和趋于完善。

时隔五年，尽管我们对本书进行了全面修订，但书中不足之处仍在所难免，希望广大读者能够一如既往地关心和支持。如有批评指正之处，请联系主编电子邮箱 dingdjf@163.com。

丁继锋

2024 年 7 月于广州

第二版前言

《保险学》第一版自 2015 年出版以来，受到了读者的欢迎，多次重印。现在第一版的基础上，我们对全书进行了修订。章节结构基本上没有变化，只是对内容进行了部分修改，力求表达更加准确、完善和新颖。第二版与第一版相比，主要有如下改动：

（1）为了突出重点，加深读者印象，节约读者时间，提高读者的学习效率，本书从单色印刷改为双色印刷，对重要文字内容以彩色字体显示。

（2）由于保险业快速发展，市场规模结构和监管体系都发生了重要改变，本书追踪市场发展动态，对保险业的重要变化和重要数据进行了更新。

（3）为了便于读者学习和理解，本次修订对部分内容进行了优化调整。

（4）本次修订对第一版中出现的部分文字表述错误进行了修正。

尽管我们对本书进行了修订，但错误之处仍然在所难免，再加上保险业的发展日新月异，理论研究难免滞后，因此我们也需要广大读者继续关心、支持和指正，以便对内容进一步充实、更新和修订。来信请寄电子邮箱：dingdjf@163.com。

丁继锋

2018 年 7 月于广州

第一版前言

保险作为金融业的三大支柱之一，在整个国民经济运行中发挥着不可替代的重要作用。我国保险业经过多年的快速发展，虽然在总体规模上已经迈入世界前列，但与保险业发达国家相比，无论是在业务发展水平还是在理论研究能力方面，都还处于相对落后的局面。2014年8月13日，国务院正式发布了《关于加快发展现代保险服务业的若干意见》（简称"新国十条"），提出到2020年，基本建成保障全面、功能完善、安全稳健、诚信规范，具有较强服务能力、创新能力和国际竞争力，与我国经济社会发展需求相适应的现代保险服务业，努力由保险大国向保险强国转变。

保险强国建设目标的实现离不开保险专业人才的培养，"保险学"作为保险学专业的基础课程和金融学专业的核心课程，熟练掌握其中知识是学生将来从事保险业及其相关行业的重要基础。在保险业面临转型升级的新形势下，为了满足高等院校保险学专业课程教学的需要，我们对广东金融学院保险学院的教学师资力量进行整合，组织十多位长期从事保险专业课程教学的教师，按照各自的专业特长集体编写了这本《保险学》教材。本书重点介绍了保险的基础知识和基本理论，力求反映保险理论与实践的最新发展动态。本书既适合作为高等院校保险学专业的基础课程教材，也可作为金融学和其他财经类专业的课程教材，还可供对保险感兴趣的读者阅读。

本书由丁继锋拟定写作大纲、制订编写计划并负责全书的统稿工作。本书编写分工如下：第一章，黄友爱；第二章第一、二、三、五节，丁继锋；第二章第四节，葛仁良；第三章第一、二节，粟榆；第三章第三、四节，刘白兰；第四章，罗向明；第五章第一、二、三、四节，岑敏华；第五章第五、六、七、八节，袁建华；第六章第一、五节，曾晓佳；第六章第二、三、四节，王媛媛；第七章第一、

二、三节，方有恒；第七章第四节，王萍；第八章第一、二、三节，张宁静；第八章第四节，李勇杰。

本书在编写过程中参考借鉴了相关的教材、著作和文章，受到了相关作者有价值的思想、观点和内容的启示，在此一并向他们表示诚挚的感谢！

由于本书编写者的学识水平有限，书中错漏之处在所难免，恳请各位同行专家、学者及读者批评指正。

编　者

2015 年 6 月

目　录

目
录

第一章　风险和风险管理

第一节　风险的概念、特征与构成要素

风险的存在是保险产生和发展的重要前提，没有风险也就不可能存在保险。因此，研究保险需要首先从认识风险开始。

一、风险的概念

关于风险的概念如何界定，不同的学者有不同的解释。常见的关于风险的观点可以归纳为以下三种情况：

（一）从损失概率角度定义

最早提出风险概念的是美国学者海恩斯，他在1895年所著的《经济中的风险》一书中将风险定义为"损害或损失发生的可能性"。法国学者莱曼在《普通经营经济学》中也将风险定义为"损失发生的可能性"。德国学者斯塔德勒也认为风险是"影响给付和意外发生的可能性"。按照他们的观点，损失发生的可能性或概率越大，风险也就越大。

另外一些学者从损失的不确定性出发来定义风险，认为某一事件发生损失的不确定性越大，风险越大。当损失的概率是0或1（这两个数字分别表示风险事故确定不发生和确定发生）时，不存在风险。风险在损失概率为0.5时最大，依次向概率为0和概率为1两端递减，而不是前述学者所认为的损失发生的概率越大，风险越大。

从损失概率的角度进行定义实际上是对风险的概率衡量，力图用0与1之间的数字来表达风险，但是忽略了损失程度对风险的影响。人们在日常生活中经常丢失一些价值不高的物品，但是并不为此担忧，原因在于其损失程度较小。反之，如果

发生概率小，但是损失程度高，风险损失后果也比较严重。例如，飞机失事、罹患重病之类的事故，则损失后果极为重大。因此，必须结合损失程度的大小来定义风险，而不是仅仅只看损失概率。

（二）从主客观角度定义

在理论界，对于风险的不确定性有两种认识。一种观点认为风险的不确定性是客观的，另一种观点认为风险的不确定性是主观的。

风险的客观不确定性以风险的客观存在为前提，认为风险可以用客观的尺度来衡量和测算。火灾、地震、洪水等风险，不管人们有没有认识到，都有可能发生，这是不以人的意志为转移的客观规律使然。对于客观风险，我们可以通过大数法则进行分析测算。例如，掷硬币试验，我们事先无法确定下一次投币的结果到底是正面还是反面，这是风险的客观性。然而我们可以通过进行大量的实验，知道未来一次投币的结果有正面和反面两种可能，而且各自出现的概率都是50%。

风险的主观不确定性是指个人或风险主体对风险的判断受个人的知识、经验、精神、社会伦理、道德、宗教文化的影响而发生不符合客观实际的偏差，或者由于经济实力或财富水平不同而对同一财富水平有不同的感受或效用。例如，不同的人面临相同的事物时会有不同的看法。对拥有不同经济实力的企业或个人来说，同一损失水平会对其产生不同的影响。对同一风险主体而言，从动态的角度来看，其对风险的任何看法都是在一定时间和空间条件下的看法，总是处于变化之中，因为人们的智力和判断力会随着经验和时间而发生变化。这些现象都属于主观的不确定性。

不确定性、损失与风险是有区别的。不确定性与损失的四种组合分别是：确定的损失不是风险、确定无损失也不是风险、不确定并有盈利的可能性是投机风险、不确定但有损失的可能性是纯粹风险。这四种组合说明了损失不等同于风险，不确定性也不等同于风险。不确定性与风险的区别在于定性与定量的区别，这点最早由20世纪20年代芝加哥学派经济学家弗兰克·奈特在《风险、不确定性与利润》一书中提出。他认为风险与不确定性的重要判别标准是：可用概率量化的变动被定义为风险，而无法用概率定量化的变动被定义为不确定性。弗兰克·奈特的这种风险定义实际上是指客观风险才是风险，而主观风险称为不确定性，这种定义称为风险客观说。人对于风险加以关注才产生认识偏差的可能性，这种主观偏离的不确定性称为风险主观说。

（三）从实际结果与预期结果的偏离程度定义

小阿瑟·威廉姆斯和理查德·M.汉斯在《风险管理和保险》一书中将风险定义为"给定情况下和特定时间内，那些可能发生的结果之间的差异"。结果之间的差异常常用相对于某个期望结果来说可能发生的变动情况来衡量。该书认为，风险度（risk degree）用统计上的全距系数来衡量，即在大数定律前提下，在一定时期内，损失数值的最大数与最小数之差再除以平均数。例如，有一批房屋，根据过去几年的资料，在此期间损失数最多的年份是105幢，最小的损失数为95幢，平均数是 100 幢，则这批房屋损失的风险度为（105−95）÷100＝10％。如果平均数相同，另一批房屋的风险度为（120−80）÷100＝40％，则后面这批房屋的风险度大于前面一批房屋的风险度。

风险可以表示为实际结果与预期结果的偏离程度，即用标准差或均方差来表示。例如，一家保险公司承保 10 万幢住宅，按照过去的经验数据估计火灾发生概率是 1‰，即 1 000 幢住宅在一年中有 1 幢会发生火灾，那么这 10 万幢住宅在一年中就会有 100 幢发生火灾。然而未来房屋发生损失的实际结果不太可能会正好有 100 幢住宅发生火灾，它会偏离这个预期结果。我们可以使用标准差来衡量这种风险。由于这种风险表示方法既可以进行损失概率计算，又可以进行损失程度计量，因此标准差是衡量风险较为理想的指标，既可以反映主观认识与客观实际的差异，又可以反映实际工作成果与预期工作目标的差异。

在本书中，我们对风险给出一个一般性的定义：风险是指在一定的客观条件下、一定时期内，某一事件的实际结果与预期结果的偏离程度。这种偏离程度越大，风险就越大；反之，风险就越小。在实际经济生活中，风险可以理解为预期成本或损失与非预期成本或损失之间的差异。对完全在意料之外突然增加的成本，或者以前从未出现过的事故或成本支出，会打乱原先的计划，以至于无法通过个人风险管理方法（如固定支出的抵押贷款或储蓄）来消除。实际结果与预期结果偏离的存在使得上述情况具有不确定性。

二、风险的特征

（一）客观性

风险是一种客观存在，不论人们是否认识到它，都是不以人的意志为转移的客观现实。各种自然灾害和意外事故，如地震、台风、洪水、暴雨和疾病、伤害、战争等都是独立于人的意志之外的客观存在，它们是在自然规律或社会发展规律的支配作用下发生的。虽然人们可以在一定的时间和空间内改变风险的存在及其发生条件，降低风险发生的频率和损失程度，但是并不能从根本上彻底消除风险。因此，风险是客观存在的。

（二）损失性

损失性是风险的另一基本特征，它是指风险事故发生可能造成的危害后果。但损失与风险也是有差别的。因为无风险而有损失的情况在现实生活中是经常存在的，如确定的损失不是风险。损失与风险的另外三种组合是：有损失有风险，如海上船舶航行遭遇风暴；无损失有风险，如企业盈利不如预期；无损失无风险，如购买没有违约风险的短期国债。广义的风险既包括损失的可能性，也包括无损失和盈利的可能性。与盈利的可能性相比，无疑损失的可能性更为人们所关注，它关系到个人、家庭、企业、政府和其他非经济组织的生存、持续、稳定运行。

（三）不确定性

不确定性是风险的基本特征，它是指人们对某种事物是否发生所持的一种疑虑和没有把握的状态。对于个体而言，风险的发生是偶然的、不可知的，具有不确定性。风险的不确定性表现为四个方面：第一，导致损失产生的随机事件是否发生是不确定的；第二，损失发生的地点是不确定的；第三，损失发生的时间是不确定的；第四，损失发生后造成的损失程度和范围是不确定的。

（四）可变性

风险的可变性是指在一定条件下，风险的形式、数量和危害程度会发生变化。风险的可变性主要表现在以下两个方面：第一，风险随着时间而变化。过去的一些风险现在已不构成风险，而新的风险不断出现。科技的发展增加了风险种类，对人类伦理提出了挑战，因而产生了科技风险、伦理风险等新的风险。比较著名的例子是苏联切尔诺贝利核反应堆爆炸导致大量放射性物质泄漏、印度博帕尔农药厂氰化物泄漏、日本福岛核电站核泄漏等，产生了巨大的风险损失后果，令世人触目惊心。第二，风险具有扩散性或关联性，表现为风险在空间上从一些风险单位扩散到其他风险单位。例如，1997 年的亚洲金融危机和 2008 年的国际金融危机，风险不仅在一国的金融机构内传播，更在不同国家之间扩散。

（五）可测性

虽然从个别风险单位和局部时间来讲风险是偶然发生的，但从较长时间和空间的整体上讲风险是必然发生的。正是这种偶然性和必然性的统一为保险经营分散风险提供了条件。通过对大量独立的、同质的风险进行观察可以发现，风险的发生具有明显的规律性。由于风险的这种可测性，我们可以通过收集大量数据资料，运用概率论和数理统计的方法，发现风险发生的概率分布规律，计算相关的参数，了解风险概貌，分析其发展趋势。我们还可测算风险价值，选用各种合适的风险管理方法应对风险。

三、风险的构成要素

风险的构成要素主要包括风险因素、风险事故和损失，通过分析三个要素之间的关系，有助于加深我们对风险的认识。

（一）风险因素

风险因素是指引起或增加损失发生频率或严重程度的条件，是事故发生的潜在原因，也是造成损失的内在原因或间接原因，一种风险因素或多种风险因素结合皆可能造成事故损失。比如房屋坐落地点、建筑材料和建筑结构，个人年龄、健康状况和职业、生活习惯等都是风险因素。以日本福岛核电站燃料棒熔毁事故为例，风险因素包括核电站选址、燃料棒老化、地震、海啸等，人们在事故发生后发现上述风险因素共同结合而引发了损失。又如房屋内存放易燃易爆物品、有关人员疏忽大意、灭火设施不完善、房屋结构不合理等都是增加火灾损失频率和损失程度的潜在风险因素。

1. 实质风险因素

实质风险因素（physical hazards）是指直接影响事物物理功能的有形风险因

素。例如，建筑材料种类、房屋地理位置、建筑物使用性质、消防设施等风险因素是房屋火灾风险发生的物理因素或实质风险因素。假设有两幢房屋，一幢是木质结构，另一幢是水泥结构，如果其他条件相同，木质结构的房子比水泥结构的房子发生火灾的可能性要大。又如两所房子都是水泥结构，一所房子灭火设施齐备，另一所房子灭火设施不齐备，一旦发生火灾，后者的损失程度较大。木质建筑材料和结构更多地对房屋火灾的损失概率有影响，灭火设施则对火灾的损失程度影响较大。

2. 道德风险因素

道德风险因素（moral hazards）是指与人的品德修养有关的无形因素。如果有人以不诚实或不良企图或欺诈行为故意促使风险事故发生，或扩大风险事故所造成的损失，这些原因或条件就是道德风险因素。例如，汽车司机故意违规驾驶，这就属于道德风险因素；巴林银行倒闭案中，尼克·里森越权投机也是道德风险因素。除此之外，欺骗、纵火和盗窃等行为都是道德风险因素。

3. 心理风险因素

心理风险因素（psychological hazards）是与人们的心理、精神状态等有关的风险因素。由于人们存在疏忽、过失、过分依赖保险等心理状态，从而导致增加风险事故发生的机会或扩大损失程度，但这并不是故意或恶意行为。例如，驾驶员在车辆行驶过程注意力不集中，会增加车祸发生的可能性；工人在对易燃易爆品的操作过程中麻痹大意，会增加发生爆炸的可能性。在 1997 年的亚洲金融危机中，"百富勤"破产是由于某些企业负责人在危机应对中表现失当、应对风险的能力不足，这些都属于心理风险因素。

（二）风险事故

风险事故是指风险因素引发或造成财产损失、人身伤亡、责任赔偿的偶发事件，是引起损失的直接原因和外在原因。相对而言，风险因素是引起损失的间接原因。例如，在车速过快引起车祸造成车上人员伤亡的事件中，车速过快是风险因素，车祸是风险事故。如果仅仅存在车速过快而没有车祸的发生，就不会造成人员伤亡。对某一事件而言，它在特定条件下是风险因素，在其他条件下就有可能转变为风险事故。例如，下冰雹导致路滑而引起车祸，造成其他车辆的损毁，这时冰雹就是风险因素；如果冰雹直接将路上行驶的车辆砸坏，则冰雹就是风险事故。

（三）损失

损失是非故意的、非计划的和非预期的经济价值减少或人身伤害，通常以货币单位衡量。例如，精神痛苦和折旧都不被视为损失，因为前者是非经济价值的减少，后者是有计划地摊入损失成本。损失形态可以分为财产损失、人身损失、责任损失和信用损失等。在保险实务中，经常将损失分为直接损失和间接损失。直接损失是风险事故发生而直接带来的损失；间接损失是由于直接损失引发的额外费用损失、收入损失和责任损失等。例如，在交通事故中，车辆的损毁是直接损失，而由此带来上班迟到并进一步导致收入减少就是间接损失。

风险是由风险因素、风险事故和损失三个要素构成的统一体。风险因素可能会引起风险事故的发生或者增加风险事故的损失频率和损失程度，而风险事故的发生会造成损失。风险三个构成要素之间的关系如图 1-1 所示。

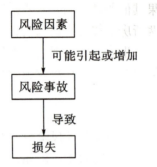

图 1-1 风险因素、风险事故与损失之间的关系

第二节 风险的种类

在人们的工作和生活当中，时刻面临着种类繁多、形态各异的风险。为了便于人们研究和管理风险，需要对风险进行一定的分类。按照不同的分类依据，我们可以将风险分为不同的种类。

一、按风险的性质划分

按风险的性质进行划分，可将风险划分为纯粹风险和投机风险。

（一）纯粹风险

纯粹风险（pure risk）是一种只有损失可能性而没有获利可能性的风险。纯粹风险导致的后果有两种，即有损失和无损失，不存在获利的机会。例如，火灾、疾病、车祸及死亡等风险的后果只有损失而无获利可能性。财产损失风险、法律责任风险、员工伤害风险、员工福利风险等，这些风险都是纯粹风险。

（二）投机风险

投机风险（speculative risk）是指既有损失可能又有获利可能的风险。投机风险导致三种可能的结果，即有损失、无损失和获利。例如，赌博、购买彩票、股票投资、外汇交易、房地产投资等活动面临的风险都是投机风险。

（三）纯粹风险与投机风险的区别

纯粹风险和投机风险存在如下区别：

第一，纯粹风险可以通过损失管理、采取一定措施来影响风险因素，从而达到降低风险的目的。例如，对于工厂的火灾风险，可以采取安装火灾报警系统和自动喷淋装置等设备、加强职工防火灭火培训等措施降低发生火灾的可能性及损失程度。但有些投机风险，如汇率波动风险，一个公司是无法控制的，只能从提高自身的风险承受能力来降低风险，或者通过风险转移或对冲来达到风险中和、抵消的目的。

第二，纯粹风险可以通过保险来管理。纯粹风险在一定情况下具有损失分布的规律性，可以通过大数法则计算损失大小和波动幅度来了解风险度，这也构成了保险公司科学经营的数理基础。保险公司根据以往损失的经验数据，运用大数定律对承保风险进行平均损失率及标准差计算，据此量出为入地收取纯保费以达到风险分摊的目的。一般而言，投机风险不是可保风险，不能通过大数定律来估计损失的规律性，如股票价格的风险无法运用大数定律找到规律性，只能通过金融衍生合约如股票期货、期权等衍生品来对冲。

第三，纯粹风险所造成的后果与投机风险不同，其只有损失的可能而无获利的可能，是社会财富和人身净损失，加大了社会总损失，因此人们普遍不希望纯粹风险发生。投机风险发生后，一部分人遭受了损失，另一部分人却可能从中获利，在一定的时间和范围内，投机风险造成的风险事故并没有改变社会财富的总量，也没有产生净损失，只是社会财富在一定范围和程度上的重新分配。但投机风险具有诱惑力，往往使偏好冒险的人们投身其中，其根本原因在于它有可能为参与者带来收益。

二、按风险的对象划分

按风险的对象进行划分，可将风险划分为人身风险、财产风险、责任风险、信用风险。

（一）人身风险

人身风险是指由于人的死亡、残废、疾病、衰老及丧失和降低劳动能力等所造成的损失风险。人身风险通常又分为生命风险和健康风险两类。人身风险会导致个人、家庭和企业经济收入减少和支出增加而陷入困境。

（二）财产风险

财产风险是指财产发生毁损、灭失和贬值的风险。例如，房屋遭受地震、汽车发生碰撞、海上运输因恶劣天气导致沉没时所形成的损失都属于财产风险。

（三）责任风险

责任风险是指由于某种原因使社会个体或经济单位的侵权行为造成他人财产损失或人身伤害时，依照法律应负有经济赔偿责任或者无法履行合同致使对方受损而应负的合同责任所形成的风险。例如，车祸伤人、产品缺陷会形成责任风险。

（四）信用风险

信用风险是指义务人不履行义务而给权利人造成损失的风险，或交易一方不履行义务而给交易对方带来损失的风险。例如，债务违约、违反合同而给对方造成的损失可能性就属于信用风险。

三、按风险的范围划分

按风险的范围进行划分，可将风险划分为基本风险与特定风险。

（一）基本风险

基本风险是由非个人或个人不能阻止的因素引起的风险，其影响范围较广，通常会波及很多风险单位，很难进行预防。例如，与社会、政治有关的失业、战争和通货膨胀，与自然因素有关的地震、海啸和火山爆发等巨灾，都属于基本风险。

（二）特定风险

特定风险是由特定的社会个体所引起的风险，其影响范围较小，只会影响到特定的个人、家庭或企业，容易控制和防范。例如，火灾、爆炸、盗窃引起的财产损失，以及对他人财产损失和身体伤害所负法律责任的风险，都是特定风险。

四、按风险产生的环境划分

按风险产生的环境进行划分，可将风险划分为静态风险与动态风险。

（一）静态风险

静态风险（static risk）是一种在社会经济条件稳定的情况下，一些自然因素不规则的变动或人们失当行为或错误判断导致的损失可能性，多为纯粹风险。例如，自然灾害、个人不诚实的品质、心理因素会造成个人或经济单位的损失。

（二）动态风险

动态风险（dynamic risk）是在社会条件和经济条件变化的情况下造成的风险。动态风险既可能是纯粹风险，也可能是投机风险。例如，社会变革、制度变革和技术革新等动态风险可能给社会带来收益。因此，人们有时会主动促成动态风险，获得收益。例如，我国20世纪70、80年代的经济体制改革极大地促进了生产力的释放，改善了人民生活。

五、按风险产生的原因划分

按风险产生的原因进行划分，可将风险划分为自然风险、社会风险、经济风险、政治风险。

（一）自然风险

自然风险是指由于自然现象、物理现象和其他物质因素所导致的风险。例如，地震、洪水、暴雨、飓风、海啸、泥石流等自然灾害都属于自然风险。

（二）社会风险

社会风险是指由于个人或团体的过失、疏忽、侥幸、恶意等不当行为对社会生产及人们生活所造成的损害风险。例如，盗窃、罢工、玩忽职守引起的经济损失等都属于社会风险。

（三）经济风险

经济风险是指生产经营过程中，由于相关因素的变动和估计错误，导致产量变化、价格涨跌等导致经济上遭受损失的风险。例如，汇率变动、市场需求减少、通货膨胀、资金周转不灵等都属于经济风险。非经济风险则包括科技、人文、社会伦理等方面的影响造成的损害风险。

（四）政治风险

政治风险是指起源于种族、宗教、国家之间的冲突、叛乱、战争、罢工引起的风险，或由于政策、制度、政权或政局更替引起的风险。

思政案例： **"人脸识别"隐藏的风险**

2023年12月，在四川一高校读研的周某，通过一家公司的面试。他与公司达成就职意向，但在背景调查的阶段，录用流程却无法推进。信息显示，周某名下有多家企业。

涉事公司注册地在北京房山、怀柔两区，注册时间均在2021年12月。其中，周某是两家公司的法定代表人、两家公司的监事，这4家公司都已被列入经营异常名录。

周某称，自己从未注册过这些企业。但对于周某来说，想要走正常流程撤销企业设立非常困难。税务部门的信息显示，有两家公司在同一时间段开出了400多万元的发票，周某需要先补齐未缴的5.86万元税款。

周某怀疑，自己的身份和人脸识别信息可能被冒用了。为此，他调取了涉事公司注册使用的人脸识别存档照片，发现这是周某2019年时的照片。周某回忆起自己在2019年做过的一份"兼职"，当时下载几款手机应用程序，注册成功后得到奖励。"这两款手机应用程序，我都在里面进行了人脸和实名认证，后来其所属企业倒闭了。"周某认为，应该是不法分子盗用了当时的人脸识别信息，并且冒用身份注册了多家企业。

公开信息显示，当年一个以周某的名义注册的应用程序于2019年10月因涉嫌网络传销、非法集资、金融诈骗，被湖南省长沙市市场监管部门立案调查。

因为"兼职"而导致信息泄露的，不只周某一个人。2023年7月，在宁夏上大学的李某，因一份需要人脸验证的"兼职"而泄露了个人信息，后来莫名其妙地成了四川多家公司的法定代表人或高管。2023年9月，李某在报考公务员考试时无法通过资格审查，没能参加考试。在一个名为"冒名受害者"的群聊里，将近400名受害者的身份被冒用，工作背景调查无法通过，考公、考编等寸步难行。

近日，国家市场监管总局发布《防范和查处假冒企业登记违法行为规定》，于2024年3月15日起正式实施执行。该规定加大了对虚假登记的打击惩处力度，设定了没收违法所得、5万~100万元的罚款、吊销营业执照等行政处罚责任，并衔接了刑事责任。同时，该规定强化严重违法失信名单管理、市场主体登记限制等信用惩戒机制的运用，并对假冒企业登记违法行为的直接责任人认定予以更具体的规定，明确直接责任人，包括对实施假冒企业登记违法行为起到决定作用，负有组织、决策、指挥等责任的人员以及具体执行、积极参与的人员。

在数字时代，人脸信息就是一个人的"通行证"，绝不能忽视人脸信息被他人使用的潜在风险。在校大学生因一次兼职经历而莫名其妙成为公司"法人"，看似意外，但实际上这是不法分子设计的套路，即以"兼职"名义、薪酬等加以诱惑。大学生在毫不知情的情况下，完成了网上公司注册环节的人脸识别、身份认证。这类假冒注册的公司，往往经营异常或从事非法活动。因此，一方面，个人要加强防范意识，谨慎保管使用人脸识别数据，避免被他人用于实施违法犯罪活动；另一方面，个人不可为了蝇头小利，有意无意地配合他人完成身份认证。

树立正确的风险意识，就是爱己、爱人、爱家庭、爱国家；增强自我保护意识，避免不必要的风险，就是对家庭有责任、对社会有担当、对国家有贡献的重要体现。

资料来源：刘胤衡，陈晓，刘小苃，等.大学生"被法人"身份冒用几时休［J］.中国青年报，2024-01-22（01）.

第三节　风险管理

一、风险管理的定义

学者袁宗蔚在《风险管理》一书中认为，风险管理是在对风险的不确定性及可能性因素进行考察、预测、收集分析的基础上，制定出包括识别风险、衡量风险、积极管理风险、有效处置风险及妥善处理风险所致损失等一整套系统而科学的管理方法。

《现代风险管理》的作者宋明哲认为，风险管理是指为了建构与回应风险所采用的各类监控方法与过程的统称。风险管理是整合的管理方法与过程，是融合各门学科的管理方法，是融合财务性风险管理与危害性风险管理的全方位风险管理方法。风险管理方面不但包括健康与安全技术的风险工程、涉及各类风险理财与安全设备投资决策的风险财务，也包括了涉及作业绩效与文化社会因子的人文风险。不同的管理哲学思维，造成风险的不同解读，进一步产生了不同的管理方法。现代风险管理适用于任何的决策主体，包括个人、家庭、公司、社会团体、政府与国际组织等以及总体社会。

现代风险管理理论提出了全面风险管理（enterprise risk management）、整合性风险管理（integrated risk management）、总体风险管理或整体风险管理（total risk management or holistic risk management）等概念。目前，大家所普遍接受的是美国全国反虚假财务报告委员会下属的发起人委员会（The Committee of Sponsoring Organizations of the Treadway Commission）在 2004 年提出的全面风险管理概念（以下简称"ERM"）。这一概念认为，ERM 是由企业董事会、管理层和其他人员对企业风险共同施以影响的过程，这个过程从企业战略的制定开始一直贯穿于企业的各项活动中，用于识别那些可能影响企业正常营运的各种潜在事件并进行风险管理，使企业所承担的风险在自己的风险承受度内，从而合理确保企业既定目标的实现。

该定义的含义主要有以下五个方面：

第一，风险管理是全方位的风险管理。风险管理是将风险作为一个整体而不是局部，风险管理对企业目标的实现可以作为贡献而不只是一种负担，凡是有助于实现企业风险管理目标的各项工作和各个业务环节都是风险管理的对象。

第二，风险管理是全员的风险管理。风险管理不再只是专职风险管理部门人员的事情，企业每个人都是风险管理者。企业各项业务及风险评估任务层层分解到每个岗位的每个员工，并服从企业的整体工作目标。

第三，风险管理的对象既包括纯粹风险也包括投机风险因素。

第四，提出风险承受度的管理哲学。风险管理不是要达到零风险的目标，而是要达到风险成本最小化，使风险损失保持在企业能够承受的合理范围之内。

第五，财务是风险整合的平台。风险损失和风险管理的花费最终都表现为风险成本，表现为风险成本对财务现金流的影响。

虽然风险管理的定义多种多样，但是它们也有着共同的要素。我们对风险管理给出一个一般性的定义：风险管理是运用概率论和数理统计以及其他各学科的知识，通过风险识别、风险估测、风险评价，并在此基础上选择与优化组合各种风险管理技术，对风险实施有效的控制和妥善处理风险带来损失的后果，实现用最小的成本获得最大的安全保障。

二、风险管理目标

（一）风险管理目标必须服从于企业总目标

企业的基本目标是维持生存、获取利润和增进企业价值。风险管理最主要的目标是控制与处置风险，以防止和减少损失，保障公司业务的顺利开展和有序运行。不同企业的风险管理目标既有共同点也有不同的地方。例如，寿险公司具有降低风险、实现盈利及持续健康发展、增进公司价值的企业基本目标。除了基本目标之外，寿险公司还要结合公司自身的特点制定目标。寿险公司通过经营和分散风险而具有经济补偿和保障、社会稳定器等特定职能。

1. 损失发生前的目标

（1）节约风险管理成本。在损失发生前，比较各种风险管理工具以及有关的安全计划，对其进行全面的财务分析，从而以最合理的处置方式，把控制损失的费用降到最低程度。

（2）风险预防，减少损失发生的可能性。

（3）减少可能的损失规模。

（4）减少忧虑心理。潜在的风险会给员工带来精神、心理上的不安，从而影响工作效率。

（5）履行社会义务，承担必要的责任，消除危及社会的安全隐患。

2. 损失发生后的目标

（1）维持生存。这是在发生损失后最重要、最基本的一项管理目标。在损失发生之后，企业至少要在一段合理的时间内能部分恢复生产或经营。保持企业经营的连续性和发展对公用事业尤为重要，因为这些单位有义务提供不间断的服务。

（2）尽快恢复正常的经营秩序。这是损失发生后的第二个风险管理目标。保持企业经营的连续性便能实现收入稳定的目标，从而使企业保持生产持续增长。

（3）保证公司的持续发展。实施风险管理不仅要公司在遭到损失后能够维持生存，恢复原有经营秩序和业绩水平，而且应该从损失发生的事件当中吸取教训，采取有效措施去促进业务的进一步开展，保证公司的持续发展。

（4）充分履行社会职责、维护良好公众形象。尽可能减轻企业受损对他人和整个社会的不利影响，因为企业遭受一次严重的损失会影响到员工、顾客、供货商、债权人、税务部门以至整个社会的利益。为了实现上述目标，风险管理人员必须识别风险、衡量风险和选择适当的对付损失风险的方法。

（二）风险管理的具体目标是风险成本最小化

风险带来的损失总的来说都表现为风险成本，风险管理的目标是实现风险成本最小化，把风险成本控制在企业所能承受或容忍的范围之内。风险成本包括期望损失成本和风险管理成本。不管企业或风险主体有没有风险管理，都会面临风险成本。如果没有风险管理，风险标的面临标的价值损失为期望损失成本、间接损失成本和残余不确定成本。如果风险主体进行风险管理，则要支出保险费、损失融资成本、损失控制成本、内部风险控制成本、风险管理部门的费用等，这统称为风险管理成本。

三、风险管理的程序

（一）制订风险管理计划

1. 确定风险管理人员的职责

风险管理人员的职责包括购买保险、辨识风险、风险控制、风险管理、文件设计、风管教育训练、确保满足法令和规则要求、制订替代性风险理财方案、索赔管理、员工福利规划、财务风险的避险、公关与游说工作。随着风险管理职业化程度加深，从业资格要求多元专业知识、风险管理整合技巧、相应专业证书、具备或掌握非保险方式的风险转移技术。

2. 建立风险管理组织体系

风险管理组织体系大致分为股东大会、董事会、风险管理委员会、高级经理层、风险管理部门、部门负责人和普通员工各个层级。董事会是风险管理组织体系的核心，既能代表股东履行监督实施风险管理的职责，又能防止高级经理层追求短期利益的机会主义和自我监管的弊病，主要负责风险管理目标的确立、组织建立、制度订立与执行、审计与监控。董事会的具体职责包括依靠良好的风险管理控制环境，确定风险管理的目标、偏好与承受度，控制重大的风险管理流程，实现风险管理有效沟通。董事会下设风险管理委员会，由不担任首席执行官（CEO）的董事长担任主席，否则由独立董事担任主席，由熟悉企业业务流程和管理、具备风险管理监管知识或经验、具有一定法律知识的董事和独立董事组成，负责审议和批准全面风险管理年度报告，对风险管理策略、重大风险管理解决方案、重大决策、重大风险、重大事件、重要业务流程、风险管理状况和水平、审计等事项进行审议和评价。总经理与首席风险官负责全面风险管理的日常工作。风险管理部门是全面履行风险管理职责的专职部门，对总经理或其委托的风险官负责，负责对企业各项业务及职能部门运营流程中各个环节与法律规章制度的执行情况进行监控和检查。风险管理部门在风险管理方面的主要职责是研究并提出风险管理的各种方案，负责提交风险评估报告，评价风险管理的有效性，维护风险管理信息系统及风险管理的日常工作。审计部门在风险管理方面具有客观、全面进行评价、协调、沟通风险管理体系的优势，负责研究提出全面风险管理监督评价体系、制定监督评价相关制度、出具监督评价审计报告、检查和评价风险管理过程的适当性和有效性，提出改进意见。此外，风险管理部门一般需要与会计部门、数据处理部门、法律事务部门、人事部门、生产部门进行合作。风险管理部门应当与各职能部门和业务单位建立信息共享机制，广泛收集、整理与风险管理相关的内外部信息资料，为风险评估奠定相应的信息基础。

3. 确定风险管理方法

不同行业应根据不同业务和风险状况采取相应的风险管理应对措施。以寿险公司为例，在风险管理方案中将计划采取各种风险规避措施；放弃高风险的业务活动；通过严格核保拒保高风险项目或剔除保险责任；进行风险控制包括控制保险金额，实行差别费率；严格理赔；加强对资本市场和货币市场投资品种和风险限额的控制；进行再保险；进行风险分散，使风险单位的数目尽可能大，扩大承保面；等等。寿险公司还可以采取保险证券化等办法，如保单质押贷款证券化、保费收入证券化、保险公司未来收益证券化等。寿险公司还可以将其向投保人收取死差益和费用的权利卖给"特别用途机构"（SPV），该机构通过向资本市场发行证券融资以购买这些权利，从而将风险从保险市场分散到资本市场。寿险公司的风险自留包括保持充足的自有资本、按规定提取准备金、建立保险保障基金。其中，寿险业务、长期健康险业务不提取保险保障基金。

（二）风险识别

风险识别是风险主体逐渐认识到自身存在哪些方面风险的过程，包括识别出风险主体所面临风险的类别、形成原因和影响。风险识别的内容包括人员和资产的构成与分布、人财物面临的风险暴露、损失发生的可能性、可能的损失幅度、损失原因、损失影响和损失形态。风险识别所要回答的问题是存在哪些风险、哪些风险应进行考虑、引起风险的主要原因是什么、这些风险所引起的结果和严重程度如何、应采用怎样的风险识别方法等。

风险识别是整个风险管理工作的基础，为下一步风险衡量提供文字资料和基础数据。如果风险识别不准确、不全面、不及时，就会影响风险管理程序的顺利进行，甚至可能得出错误的结论。风险识别是复杂、繁重、全面、准确、系统的周而复始的工作。

风险识别的前提因素是风险主体的风险意识、风险主体的活动、风险主体的性质、风险主体的生产经营方法、风险识别渠道和方法、不同生产经营过程、风险主体的经营环境。

风险识别的程序包括风险感知和风险分析，即通过调查和了解，识别风险的存在，通过归类分析，掌握分析产生的原因和条件，以及风险所具有的性质。

风险识别还包括对风险源的考察。从安全生产的角度讲，风险源是可能造成人身伤害、财产损失、罹患疾病、环境破坏和其他损失的根源和状态。从广义上看，风险源是指可能导致风险损失后果的因素或条件，分为客观风险源和主观风险源。客观风险源包括自然环境、人为环境、社会环境、政治环境、经济环境、法律环境、操作环境等方面。主观风险源是指主观判断和客观实际有差别时给组织带来的风险。

风险识别的基本方法包括美国管理学会、风险与保险管理学会、国际风险管理研究所编制的风险分析调查表；美国管理学会编制的财物内容表；美国埃特纳意外保险公司设计的保单检视表；美国管理学会编制的资产—暴露分析表。风险识别的辅助方法包括财务报表分析法、流程图法、事故树法、现场检查与交流法、风险形势估计法等。

（三）风险衡量

1. 风险衡量的定义

风险衡量是在对过去损失资料分析的基础上，运用概率论和数理统计方法对某一个或某几个特定风险事故发生的概率和风险事故发生后可能造成损失的严重程度作出定量分析，为风险评估提供数量依据。大数法则、概率推断、类推、趋势分析法等都可用于风险衡量。

风险衡量的主要作用如下：

（1）计算比较准确的损失率和损失严重程度，减少损失发生的不确定性，降低企业的风险。

（2）通过风险衡量，使风险管理者有可能分辨出主要风险和次要风险，风险管理者集中主要精力去处理给企业造成严重损失的风险，对损失轻微的次要风险则不必花费主要精力。

（3）建立损失概率分布，确定损失概率、损失期望值，为风险定量评价提供依据，为风险管理者提供决策依据。

2. 损失频率和损失程度的估计

（1）损失频率的估计。损失频率，即某一个或某几个风险单位在特定时间遭受风险损失事件的次数。估计损失频率要考虑的因素包括风险单位数量、损失形态、损失事件等，主要包括以下几种情况：

①一个风险单位遭受单一事件所致单一损失形态，如一幢建筑遭受火灾所致财产损失。

②一个风险单位遭受多种事件所致单一损失形态，如一幢建筑同时遭受地震、火灾所致财产损失。

③一个风险单位遭受单一事件所致多种损失形态，如一幢建筑发生火灾，既导致财产损失，又导致工伤。

④多个风险单位遭受单一事件所致单一损失形态。

（2）损失程度的估计。损失程度是指风险事故可能造成的损失值。损失程度的大小取决于以下因素：

①同一原因导致的直接损失和间接损失。

②单一风险所涉及的损失单位数。

③损失的时间。

④损失的金额。

3. 风险衡量的方法

（1）中心趋势测量。中心趋势的测量主要通过算术平均数（包括一般平均数和序时平均数），即同质总体内某个数量标志的平均值来测定。此外，还有其他形式的平均，如中位数、众数、几何平均数和调和平均数等。

（2）变动程度的测定。风险大小取决于不确定性的大小，即实际损失偏离预期损失的程度。不确定性的大小可以通过对发生损失与期望值的偏差来确定，即风险度。风险度越大意味着对未来没有把握，风险越大；反之风险越小。风险度可以用方差、标准差和变异系数来衡量。

（3）损失的概率分布。损失的概率分布是显示各种损失结果发生概率的函数，用来描述损失程度依损失可能性大小的分布情况。常见的概率分布包括正态分布、二项分布、泊松分布等。

（4）风险价值法。风险价值法是在正常的市场条件下，在给定的概率水平下，金融参与者在给定的时间区间内在既定置信水平下之最大可能损失，即最大预期损失。

现代风险管理理论认为，风险概念与风险偏好有关。风险偏好是预期损失与风险承担能力相结合的产物，即与风险容忍度有关。在给定置信水平下，通过指定风险主体愿意承担的最大损失，设定可承受的未来风险边界。例如，风险主体"可在任意交易日接受有 5% 可能性的 500 万元的损失"。如风险头寸一天的风险价值（value at risk，VaR）为 100 万元，置信水平为 99%，这意味着在任意指定的交易日，损失大于 100 万元的可能性仅为 1%。在风险应对中，如果储备 100 万元，违约事故发生的概率就会只有 1%。因此，风险价值是一个临界值、一个重大风险预警信号、一个风险容忍度，也是风险管理目标的同义语。

（5）极限测试、情景分析、压力测试、返回测试和穿行测试。

①极限测试。极限测试针对的是极端事件，如股市崩盘、利率和汇率大幅上涨和下跌等灾难性事件。对金融衍生品来说，极端事件包括股票指数的波动幅度超过 10%、主要货币对美元的汇率波动幅度超过 6%、外汇汇率波动性的变化幅度超过

现行水平的20%、收益率波动性的变化幅度超过现行水平的20%等。假设某种货币对美元的即期汇率是1美元兑1.5该种货币。现在我们手中有一份远期合同，需要在合同到期时按照当时的即期汇价卖出1.5亿该货币。如该货币对美元贬值6%，造成的损失就是600万美元。

②情景分析。情景分析是指通过分析未来可能发生的各种情景，以及各种情景可能产生的影响来分析风险的一类方法。情景分析不仅能得出具体的预测结果，而且还能分析达到未来不同发展情景的可行性以及提出需要采取的技术、经济和政策措施。因此，情景分析可用来预计威胁和机遇可能发生的方式，以及如何将威胁和机遇用于各类长期及短期风险。不同于极限测试针对的是短时间单一因素，情景分析主要是针对较长时间多因素来进行分析的。

③压力测试。压力测试是《巴塞尔协议Ⅱ》（《新巴塞尔资本协议》）中与风险价值模型"VaR(99%,X)"对应的概念，即对于置信度99%以外突发事件的测试。压力测试是指将金融机构或资产组合置于某一特定的极端情境下，如经济增长骤减、失业率快速上升到极端水平、房地产价格暴跌等异常的市场变化，然后测试该金融机构或资产组合在这些关键市场变量突变的压力下的表现状况，看是否能经受得起这种市场的突变。压力测试包括敏感性测试和情景测试等具体方法。敏感性测试旨在测量单个重要风险因素或少数几项关系密切的因素由于假设变动对银行风险暴露和银行承受风险能力的影响。情景测试是假设分析多个风险因素同时发生变化以及某些极端不利事件发生对银行风险暴露和银行承受风险能力的影响。压力测试能够帮助金融机构充分了解潜在风险因素与机构的财务状况之间的关系，深入分析抵御风险的能力，形成供董事会和高级管理层讨论并决定实施的应对措施，预防极端事件可能对金融机构带来的冲击。

④返回测试和穿行测试。返回测试是将历史数据输入到风险管理模型或内控流程中，把结果与预测值对比，以检验其有效性的方法。穿行测试则是观察被审计单位的生产经营活动环节，检查文件、记录和内部控制手册，阅读由管理层和治理层编制的报告，实地察看被审计单位的生产经营场所和设备，追踪交易在财务报告信息系统中的处理过程。

（四）风险评价

1. 风险评价的定义

风险评价是指在风险识别和风险衡量的基础上，把损失频率、损失程度以及其他因素综合起来考虑，分析风险的影响，并对风险的状况进行综合评价。这个阶段是风险控制和风险融资技术管理的基础，对风险衡量得出的数字进行风险重要性评级和对风险缓急程度进行分析，进而对风险大小进行判断。因此，风险评价是对风险的综合评价。首先，风险评价需要定量分析的结果；其次，风险评价离不开特定的外部环境；最后，风险评价受到风险态度的影响。由于人们认识不同，风险评价的范围有时与风险衡量有所交叉，有些风险衡量方法也被用于风险评价。

2. 风险评价标准

（1）正常损失期望。正常损失期望是企业从事业务所产生的平均损失。正常损失期望可以通过对企业损失的历史数据统计得出。例如，某幢楼房在装有喷水装置和防火墙的情况下，发生火灾的正常期望损失将不超过大楼价值的10%。

（2）可能最大损失。可能最大损失（probable maximum loss，PML）是指损失的程度，即一次风险事故可导致的标的最大损毁的程度。例如，闪电击中公司建筑物时所引起的实际可能最大损失。

（3）最大可能损失。最大可能损失（maximum possible loss，MPL）是指损失的上限，一般是指财产（如建筑物）被完全毁坏遭受的最大可能损失。预期损失是包含概率的，即期望。例如，一个被保险标的价值为100元，可能全部损毁的概率是1%，那么其预期损失是1元，最大可能损失是100元。

可能最大损失考虑到减少风险、降低风险的部分因素。另外还有失灵情况下造成的损失程度，比如说原定的两个安防设备坏了其中的一个。最大可能损失表示内外部的防护全部失灵的情况下相关应急处理人员以及公共救灾机构无法提供任何有效救助的情况下，单一设施可能遭受的财产损失以及营业中断损失的合计最大金额。对于火灾风险而言，这意味着"完全焚毁"的状态。

3. 风险评价方法

（1）风险坐标图法。风险坐标图法将损失程度作为横坐标，从左至右按从大到小的顺序排列；将损失概率作为纵坐标，从上到下按从大到小的顺序排列。将每个交点的数字相加，数字大的风险大，数字小的风险小。2~4分为低度风险，5~7分为中度风险，8~10分为高度风险。

（2）风险度评价法。风险度评价法按风险度的分值确定风险大小，分值越大，风险越大，反之则越小。

（3）概率分布型。概率分布型包括正常型和异常型。异常型又包括偏向型、双峰型、平峰型、高端型（陡壁形）、孤岛型、锯齿型等类型。人们往往将异常型与正常型进行对比，运用公差的概念进行风险评价。

（五）风险管理技术的选择和实施

风险管理技术的选择和实施是风险管理程序最重要的阶段，其核心是将消除和减少风险的成本均匀地分布在一定时期内，以减少因随机性的巨大损失发生而引起财务上的波动。常见的风险管理技术包括控制型和财务型两种。控制型风险管理技术通过改变引起事故和扩大损失的各种条件来降低损失频率和损失程度，主要有风险回避、风险预防、风险抑制、风险隔离、控制型风险转移等方式。财务型风险管理技术通过事先的财务安排来将损失成本在一定时期内进行分摊，主要有风险自留和财务型风险转移等方式。

1. 风险回避

风险回避是有意识地放弃某种活动，使风险主体避免某种特定损失的行为，或者说是为了免除风险的威胁，从根本上消除特定风险的措施。例如，不将房屋建造在山谷中，而是建造在地势较高而且排水方便的地方，以回避洪灾风险；在驾驶汽车时放弃比较狭窄危险的便捷小道，选择路程较远但是相对安全的公路。

风险回避的方式主要有三种：一是完全拒绝或根本不从事可能产生某特定风险的任何活动。例如，财产保险公司通常将地震作为除外责任；为了免除爆炸的风险，有些工厂根本不从事爆炸品的制造；为了免除责任风险，学校可以彻底禁止学生从事郊外活动。二是中途放弃原先承担的可能产生某种特定风险的活动。例如，投资设厂计划因战争爆发而临时中止。三是逐步试探性地执行某项计划，当出现风险警示信息时，及时停止计划执行。

采取风险回避措施的条件主要有两个：一是风险导致的损失频率很高而且损失幅度也很大；二是采取其他风险管理措施所花费的代价相当高昂。风险回避的作用在于可以避免重大的、全局性的损失。风险回避的缺陷在于它虽然是一种最彻底、最简单的风险管理方法，但是也是一种消极的方法。一方面，回避往往意味着利润的丧失。例如，企业放弃某些经营项目会避免风险，但也失去了经营所带来的利润。另一方面，风险回避并不能完全消除风险，避免某一风险的同时会带来另外一种风险。例如，一批货物由 A 仓库转移到 B 仓库，运输方式可以从高速公路转变到普通公路，从飞机转变到火车等，但都在回避特定风险的同时产生了新的风险。

2. 风险预防

风险预防是指在风险发生前，为了消除或减少可能引起损失的各种风险因素所采取的风险处理措施，其目的在于降低损失频率。因此，风险预防并不强调将损失概率降低为零，从而有别于风险回避。风险预防可以采用工程物理法，通过改变风险单位的物质风险因素而减少损失。例如，在泡沫材料中加入少量抗静电添加剂，以增加材料吸附性，加速静电泄露；在建筑物中用耐火材料取代易燃材料，降低火灾发生的概率。风险预防也可以采用人们行为法，通过对人们的行为进行教育影响心理风险因素和道德风险因素。例如，企业对员工进行设备操作安全教育和消防教育等，减少生产事故发生的机会。

3. 风险抑制

风险抑制是指在损失发生时或损失发生后所采取的各种风险处理措施，其目的是减少损失发生范围或损失严重程度。风险抑制是一种积极的风险管理手段，通常在损失程度高而且风险又无法避免或转移的情况下采用。例如，对于火灾风险，可以采取如下措施以减少出险后的损失程度：安装火灾报警装置和自动灭火系统；发生火灾后迅速通知当地公安消防队，按事前制订的计划有条理地灭火；提供临时保护设施以免其他未受火灾损害的财产发生其他危险；及时修理并恢复受火灾损害的财产。

4. 风险隔离

风险隔离是指通过分离或复制风险单位，避免某一风险事故的发生致使全部财产遭受损毁或灭失。风险隔离可以有效地控制风险，从总体上减少一次事故可能发生的最大预期损失。风险隔离的方式主要有两种，即分割风险单位和复制风险单位。

（1）分割风险单位。分割风险单位是将面临损失的风险单位进行分离，让它们分别承受风险损失，而不是使所有单位都面临可能遭受同样损失的风险。通俗地讲，分割风险单位就是"不要把所有的鸡蛋放进同一个篮子里"，这样即使发生风险事故，通常也只会有部分单位发生损失。例如，存货可以分散到三个仓库，从而降低存货全损的概率；运输价值较高的一批货物，将一次性运送全部货物改为多批次运送，每次运送的货物价值低于一次性运送的价值，从而缩小损失幅度；在证券投资时采取分散化投资策略，避免资金发生重大亏损。

（2）复制风险单位。复制风险单位是指在原有风险单位的基础上，再设置一份相同的资产或设备作为储备，这些复制品只有在原资产或设备被损坏的情况下方可使用，平时不得动用。例如，利用存储设备或网络复制数据文件，当原有文件丢失或损坏时可以重新恢复；医院在购置救护车时可以多购置若干辆救护车备用，在正常使用车辆出现故障后能够启用备用车辆执行任务。

5. 风险自留

风险自留是指由经济单位自己承担风险事故所致损失的财务型风险管理技术。当发生事故并造成一定损失后，经济单位通过内部资金的融通来弥补所遭受的损失。风险自留与风险转移不同，风险自留是把风险留给自己承担，而不是转移给其他经济单位。风险自留按是否主动自留分为两种：一种是非计划性的承担，如由于疏忽、过失等原因承担计划之外的损失；另一种是计划性的承担，如通过提取准备金、建立基金等方式以应对将来可能出现的损失。风险自留通常在损失频率和损失程度较低、损失能够较为精确地预测、其他风险管理技术无法有效处理风险时采用。虽然风险自留能够鼓励损失预防、节省费用支出和取得基金收益，但是一旦发生风险损失，会使经济单位产生更高的花费，从而有可能导致财务上的调度困难。

6. 风险转移

风险转移是指经济单位或个人为了避免承担风险损失，通过合理的措施将损失的法律责任或财务后果转移给其他经济单位或个人的一种风险转移方法。风险转移是将风险转移给别人去管理或承担，从而间接达成降低损失频率和减少损失幅度的目的。风险转移的方式主要有两种：一种是控制型的风险转移方式；另一种是财务型的风险转移方式，具体包括财务型非保险转移和保险两种方式。

（1）控制型风险转移。控制型风险转移是通过转移风险源，并对风险后果的法律责任加以转移的风险转移方式。控制型风险转移通常有以下几种途径：

①出售。出售是通过买卖契约将风险单位的所有权转移给他人或其他经济单位。一旦财产所有权被转移给受让人以后，与货物有关的风险也一同转移。

②租赁。租赁是通过租赁协议条款将风险转移给合同对方。例如，租赁协议规定对出租人因过失造成的财产损失和责任损失由出租人负赔偿责任，就将承租人面临的财产损失和责任损失转移给了对方。

③分包。分包是转让人通过分包合同，将风险转移给非保险业的其他风险主

体。风险主体通过把风险转移给专业化水平更高的风险主体，自己承担的风险将会减少。例如，建筑施工队可以将风险大的电路布线作业转移给专业的布线公司。相对来说，专业电路布线公司的经验、设备、技术等各方面都较强，总体风险将会降低。

④签订免除责任协议。通过签订免除责任协议，风险承担者免除转移者对承担者承担损失的法律责任。

（2）财务型非保险转移。财务型非保险转移是指经济单位将风险所导致损失的财务负担转移给其他经济单位的一种风险管理技术。财务型非保险转移与控制型风险转移的区别在于控制型风险转移是转移损失的法律责任，而财务型非保险转移是转让损失的财务负担，即经济单位通过合同由外来资金补偿其确定存在的损失。财务型非保险转移只转移损失，不转移财产或经济活动本身；控制型风险转移将财产或活动连同损失责任都转移给受让人。财务型非保险转移的方法有以下几种：

①中和。中和亦称对冲，是将损失机会与获利机会平衡的一种方法，是投机风险的主要处理对策。商业机构、生产商、加工商和投资者利用期货价格和现货价格波动方向上的趋同性，通过在期货市场上买进和卖出与现货市场上方向相反但数量相同的商品，把自身承受的价格风险转移给投机者，达到现货与期货盈亏互补的目的。

②免责约定。免责约定是指合同的一方通过合同条款的拟定，将合同中发生的第三者人身伤亡和财产损失的责任转移给另一方承担。交易合同、建筑合同、委托合同、销售合同、供货和服务合同，均可通过合同中的免责约定条款来转移风险，在合同免责条款中巧妙地将财产损失和人身伤亡赔偿责任转移给承担方。同样，对方也可通过协议条款将潜在损失转移给合同另一方。

③保证合同。保证合同是由保证人对被保证人因行为的不忠实或不履行契约义务所致权利人的损失予以赔偿的契约。保证合同中通常有三个当事人，即保证人、被保证人和权利人。保证人愿提供保证，是因为他在其他方面与另外两方有某些利害关系，保证人通常以被保证人的财产抵押来补偿可能遭受的损失。如被保证人无法承担损失（如付清贷款）的责任，保证人必须按保证合同承担这一赔偿损失的责任，然后保证人再向被保证人追偿损失。通常保证人在订立保证合同时，要求被保证人提供足够的财产担保，以备自己索赔。这样就可借助于保证合同将违约风险损失转移给保证人。

④融资租赁。融资租赁是把商品作为融资租赁标的物，商品需求者作为承租方向出租方（从事融资租赁业务的公司）融资租赁商品的一种租赁方式。融资租赁可以视为承租方因无力即期支付该项款项而以该项标的本身作为信贷抵押而向出租方融资租赁公司融通资金的方式。当租赁期满时，融资租赁公司把所出租的商品所有权转移给承租方，承租方将商品全部价款的所有款项同时付清。

（3）保险。保险是个人或组织通过与保险人签订保险合同，以缴纳保险费为代价，将其自身所面临的风险转移给保险人承担的一种风险管理技术。当产生风险损失时，保险公司将按照合同约定在责任范围内给予经济补偿。因此，保险以确定的保险费支出代替不确定的风险损失，是经济单位对风险损失进行转移和重新分配的一种财务安排。保险作为一种重要的风险管理手段，有着诸多的优越之处，在社会经济活动中得到了广泛的应用。

在社会经济活动中，到底采用哪一种风险管理手段更为合适，应当根据风险的不同特点和风险主体所处的环境与条件来决定。根据损失频率和损失程度的不同，风险主体应当采取的风险管理手段如图1-2所示。

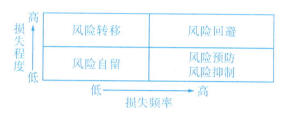

图1-2　风险管理矩阵

（六）风险管理评价

对风险管理决策和效果的评价是在比较风险成本与风险管理收益的基础上进行的。如果风险管理引起的损失减少大于风险管理的成本增加，则风险管理措施可行；反之，如果风险管理的成本超出风险管理的收益，即损失减少，则不可行。根据微观经济学理论，如果风险管理的成本的边际增加等于损失期望值的边际减少，则达到风险成本最小化。

风险主体应当对风险管理的流程及其有效性进行检验评估，并根据评估结果及时改进。各职能部门和业务单位应当定期对其风险管理工作进行自查，并将自查报告报送风险管理部门。风险管理部门应当定期对各职能部门和业务单位的风险管理工作进行检查评估，并提出改进的建议和措施。风险管理部门应当每年至少一次向管理层和董事会提交风险评估报告。风险评估报告主要包括以下内容：风险管理组织体系和基本流程、风险管理总体策略及其执行情况、各类风险的评估方法及结果、重大风险事件情况及未来风险状况的预测、对风险管理的改进建议。风险管理部门通过对上一阶段风险管理组织、程序和方法进行改进，有助于提高下一阶段的风险管理效果。

思政案例：　　　**从"烟花"看我国台风立体防御模式**

党的二十大报告提出，提高防灾减灾救灾和重大突发公共事件处置保障能力，加强国家区域应急力量建设。气象部门始终坚持人民至上、生命至上，从"加强气象灾害监测预警及信息发布工作"转变到"筑牢气象防灾减灾第一道防线"，建成了具有中国特色气象防灾减灾体系，为我国经济社会发展和人民福祉安康做出了积极贡献。

2021年7月25日，台风"烟花"以台风级（35米/秒）强度登陆浙江舟山沿海一带，成为2021年登陆中国最强的台风，其后在陆上滞留达95个小时之久。

面对强台风"烟花"，受影响的区域党委、政府表示出高度重视——浙江要求科学预报预警、排查风险隐患、部署应急力量、转移疏散人员，上海要求尽最大努力将可能发生的险情消除在萌芽状态。

在政府主导下，各有关部门第一时间行动，迅速形成应对合力——中国气象局党组第一时间参与应急管理部视频会商，及时报送决策服务信息，从专题研究部署到升级气象预警和应急响应，节奏层层递进。

在气象预警的先导作用下，国家防办、应急管理部召开防汛防台风专题会商调度会，组织气象、水利、自然资源等部门会商研判雨情汛情，连线浙江、上海等地部署防御工作。此外，水利部、交通运输部、国家减灾委、应急管理部等紧急行动……其中，在受台风正面影响的浙江，气象、应急管理、水利等部门迅速进入应急状态。截至2021年7月24日，浙江省气象局累计发布台风报告33期、各类气象灾害预警信号239条、预警短信293.1万条。

收到气象预警信息后，社会各级及广大人民积极行动以应对"烟花"。因预警信息到村到户到人，江浙沪等影响区域群众自觉居家躲避风雨。

气象部门上下一盘棋，以"无所不至""无微不至"的服务，发挥气象防灾减灾的先导作用和第一道防线作用。

2021年7月18日起，中央气象台加强与浙江、上海等地气象部门会商和预报预警联动；国家卫星气象中心启动风云四号B星快速成像仪1分钟区域观测模式，连续观测台风影响区域降水分布、风场；国家气象信息中心制作台风"烟花"中心附近风圈等值面和三维风速矢量等三维可视化产品；中国气象局气象探测中心开发假相当位温、三维风速流场、台风暖心结构等3个产品；中国气象局上海台风研究所追风团队施放臭氧探空气球，并启动无人艇协同试验。与此同时，浙江、上海、江苏、福建以及江西等地的雷达、探空、自动站对台风进行无缝隙探测。

气象部门与水利、应急减灾、交通、电力等部门组成台风防御网，形成台风防御"集合体"。此外，气象部门针对防御重点难点区主动开展电话叫应，确保预警信息不漏一户一人。

除给浙江、上海、江苏等地带来较大风雨影响外，台风"烟花"后期影响范围从华东一直延至东北。因预警及时、应对得力，无人员死亡，经济损失降至最低。

资料来源：简菊芳. 打造防灾"集合体"筑牢风雨防线：从"烟花"看我国台风立体防御模式［EB/OL］.（2023-05-12）［2024-02-20］. https://www.cma.gov.cn/2011xwzx/2011xqxxw/2011xqxyw/202305/t20230512_5499469.html.

第四节　风险管理与保险的关系

一、可保风险的条件

对于保险人而言，并非所有的风险都是可以承保经营的，只有可保风险才能够被保险人接受。所谓可保风险，是指可以被保险人接受的风险，或可以向保险人转移的风险。一般而言，只有满足下列条件才能成为可保风险：

（一）可保风险一般为纯粹风险

一般来说，可保风险为纯粹风险，投机风险不可保，保险公司只承担可保风险范围内的损失后果。对于纯粹风险，保险公司可以通过大数定律计算损失规模，从而为厘定保险费率提供依据。因此，对纯粹风险的承保是保险公司经营生存的基础。投机风险难以运用大数定律来计算损失发生的规律性，因此原则上投机风险不可保。随着可保风险的变化和发展，在特定条件下和特定范围内，有些投机风险也被承保。例如，企业财产保险中通过营业中断险等附加险，也可以承保特定利润损失。近年来，有些国外保险公司承保投机风险，结果导致在 2008 年的金融危机中损失惨重。美国国际集团（AIG）承保抵押证券（CDO）造成巨额亏损，被美国政府接管。这也说明了保险公司承保纯粹风险这一原则的重要性。

（二）可保风险具有偶然性

对于单个风险标的而言，风险的发生具有偶然性，何时、何地发生以及发生的后果都不确定。保险公司通过对偶然发生的风险进行承保，可以通过大数定律计算风险损失的规律性，以此来厘定费率，量出为入，将风险分摊到没有发生风险事故的同一类保户，才能使保险持续经营下去。对于必然发生的风险事故造成的损失，不符合可保风险条件，不在保险公司赔偿的范围之内。例如，某人已经患有严重疾病，在不符合承保要求的情况下是不能够投保健康保险的。保险公司如果承保了必然发生的风险，则难以保持经营的持续性，而且也容易引发投保方的保险欺诈问题。

（三）可保风险必须具有意外性

可保风险具有非预期的特征，投保方的故意行为造成的损失不保。风险是客观的，故意行为导致的风险事故源于道德风险，是以风险为工具的不当牟利行为。由于保险公司是以大量随机事件发生为科学经营前提的，如果保险公司承保和赔偿了故意行为造成的风险，将会产生大量道德风险，大量的赔偿也将使保险经营难以为继。

（四）可保风险损失必须是经济价值的减少

保险人承保的标的必须可以用货币量来计量，标的损失表现为经济价值的减少。保险公司的赔偿主要采用货币形式，由于精神损失难以用货币来衡量，通常这类的损失不在保险赔偿范围之内。在人身保险合同中，由于人的生命价值是无法用货币来衡量的，所以保险合同采用定额保险的形式，以双方事先约定的保险金额作为货币赔偿的依据。

（五）可保风险必须是大量、同质、独立的标的均有遭受损失的可能性

保险机构是以概率论和数理统计为依据科学经营的，具体表现在保险人是以大数法则来预测随机现象发生的概率和损失程度，计算期望值、风险波动度，推断损失发生的规律性，从而厘定费率，科学经营，将风险分散到所有投保人。如果标的物的数量太少、风险不同质或者风险单位之间存在很强的正相关性，就难以满足大数法则的基本要求。只有当风险单位符合大数法则的要求，保险人才能够运用大量统计资料分析预测未来的损失率，进行风险分摊，既保证了经营的持续稳定，也为社会风险主体提供了风险补偿的有效保障。

（六）可保风险具有损失概率小、损失程度大的特点

风险的发生概率和损失程度是筛选可保风险的重要条件，可保风险适合承保损失概率较小、损失程度较大的风险。如果发生损失的概率小，保险公司可以通过风险事故的射幸性，积累赔偿意外损失的财力。如果风险损失程度高，就会产生保险需求，投保人可以通过保险达到风险转移的目的。然而如果损失程度过高，就会超过保险公司的财务承受能力，增加其经营风险；相反，如果损失轻微，会加大保险经营成本在保险费中的比重，投保在经济上是不划算的。

思政案例：　耕地地力指数保险对传统可保风险的颠覆

党的二十大报告提出："牢牢守住十八亿亩耕地红线，逐步把永久基本农田全部建成高标准农田""健全耕地休耕轮作制度。建立生态产品价值实现机制，完善生态保护补偿制度"。习近平总书记在 2023 年 7 月主持召开的中央财经委员会第二次会议上强调，粮食安全是"国之大者"，耕地是粮食生产的命根子，要落实藏粮于地、藏粮于技战略，切实加强耕地保护，全力提升耕地质量，充分挖掘盐碱地综合利用潜力，稳步拓展农业生产空间，提高农业综合生产能力。

为了更好地服务国家耕地质量保护提升战略，探索运用保险机制激励农户保护耕地，2017 年 12 月，《松江区关于以奖代补耕地质量保护的实施方案》在上海市发布。根据该方案，上海市松江区农委与太平洋安信农业保险股份有限公司（以下简称"安信农险"）联合推出了耕地质量保护险，旨在以"以奖代补、购买保险"的方式保护耕地质量，这标志着耕地地力指数保险项目在国内正式启动。2018 年 3 月 29 日，安信农险在上海市松江区泖港镇胡光村启动了耕地地力指数保险的首场入村投保仪式，周边 4 个村的 20 多户家庭农场主签约投保，覆盖粮田面积 3 000 多亩。

在上海市松江区推出的耕地地力指数保险方案中，保险人以耕层厚度和土壤有机质含量作为保险指标，投保前，由第三方专业机构对家庭农场耕地质量进行检测，确立耕地质量的基础值，在第 3 年检测和评价有机质含量，作"期中评价"，承包期结束即第 5 年，检测和评价有机质含量和耕作层厚度，作"期末评价"；土壤检测数据的对比结果，被分为 5 个等级，第 3 年"期中评价"时，地力增幅水平

5个等级每亩可获120~480元的奖励，第5年"期末评价"时，地力增幅水平5个等级每亩可获得200~800元的奖励；在"期中评价"或"期末评价"两次耕地质量评价指标较基础值下降超过5%，经复检确认，且因农民主观原因在生产过程中造成的耕地质量下降，将取消下一轮经营承包资格；"耕地地力指数保险"保费为每年80元/亩，市、区财政分别补贴40%，家庭农场主只需承担20%，即每年16元/亩。对于参保人来说，只要在承包经营期内，遵循统一技术指导和田间管理要求，采取保护措施，科学生产，耕地土地质量就可保持不变或得到进一步提升，从而顺利获得保险奖励。

在2018年和2019年，上海市松江区的粮田投保面积分别达到7.8万亩和7.9万亩，占可参保面积的86%。在上海市松江区进行首次试点之后，安信农险在上海市金山区、太平洋财险在广东省湛江市和梅州市大埔县、中原农险在河南省永城市等地也都推出了类似的耕地地力指数保险产品。

耕地地力指数保险的出现，突破了传统可保风险的界限。从某种意义上来说，该保险承保的风险甚至已经不能被称作真正的"风险"。耕地地力指数保险对传统承保风险的颠覆主要体现在以下两个方面。

第一，承保的风险不是纯粹风险。为了保护耕地地力，农户需要投入一定的物质资本和人力资本，这种投入对应的产出是耕地土壤质量的改善。土壤质量的改善将有助于提高农作物的产量和品质，为农户收入的提高打下坚实的基础。从这个意义来看，耕地地力指数保险承保的风险是耕地地力提升的风险，而这种风险是有可能为被保险人带来收益的。耕地地力的提升具有不确定性，耕地地力提升的幅度越大，被保险人获得的收益也就越高。显然，耕地地力指数保险承保的是能够带来收益的风险，这并不符合纯粹风险的范畴。

第二，承保的风险不具有意外性。对于耕地地力指数保险而言，保险责任被确定为耕地地力的改善幅度处于保险合同的约定范围。一旦耕地质量得到有效改善，被保险人将从保险人那里得到一笔保险金作为保护耕地的奖励。这种奖励的获取并非完全依赖于外界因素而随机产生的，往往与被保险人的行为直接相关。被保险人的行为决定了其在保护耕地时投入何种资源以及资源的多少，而投入成本大小与耕地地力改善幅度具有很强的正相关性。因此，保险事故是否发生在很大程度上是可以预期到的，正是被保险人有意保护耕地的行为才导致了保险事故的发生。

在耕地地力指数保险"以奖代补"的正向激励下，农户对耕地保护越好，耕地质量提升的幅度就会越大，农户所获得的保险赔偿金额就会越多。因此，在农户每年只需缴纳少量保险费的情况下，政府不需要对农户进行过多干预，可以较好地激发农户保护耕地的主动性和积极性。这种方式有助于改变农户"重用轻养"的耕作思路，养成科学利用耕地资源的习惯，从而形成"农户保护耕地→耕地质量提升→农业产出提高→持续保护耕地"的良性局面，实现绿色循环发展。

二、风险管理与保险的关系

(一) 风险是风险管理和保险存在的共同基础和研究对象

风险的存在是风险管理和保险存在的前提。风险管理的各种朴素思想很早就产生了，而保险是在对风险管理的需求发展到一定程度后才产生的经济保障制度，也是风险管理最传统有效的形式。风险管理理论是 20 世纪 50 年代社会经济、科技发展推动下形成的各种理念和方法。20 世纪 70 年代以来，财务风险、科技风险、政治风险、金融风险、社会经济风险等重大风险层出不穷，各种风险事故暴发涉及的范围和危害性都大大超出了历史上传统可保风险，传统保险已不能完全满足社会对风险管理的需求，这就促使风险管理理论运用到各个领域，而保险公司也开始运用这些理念和方法来管理自身风险。

(二) 风险管理和保险具有共同的科学基础

风险管理和保险都以概率论和数理统计作为共同的理论基础。概率论和数理统计是保险费率厘定的重要理论基础，而科学的费率厘定是保险的重要特征之一，也是保险公司持续经营的基本保证。风险管理中的风险衡量也是以概率论和数理统计为基础的，为风险评估和风险管理决策提供有力的工具。

(三) 保险是风险管理的有效手段之一

由于并非所有的风险都可以投保，所以风险管理研究和管理的范围大于保险。保险的赔偿责任范围是可保风险，而风险管理的研究范围和研究对象不仅包括纯粹风险，还包括投机风险。对企业等经济主体来说，风险管理是全方位的风险管理，风险管理的范围包括投机风险、精神损失等，而保险对投机风险、精神损失和无法用货币衡量的损失不保。保险也有一般的风险管理方法所不具备的优势。保险可以为可保风险提供充分的保障，是风险管理最有效的方式。比如在责任风险中，如果责任人没有经济能力赔偿受害人，保险以外的风险管理手段即便是法律也无法保障受害人得到充分补偿，而保险可以使受害人得到及时充分的保障。因此，保险能够起到其他风险管理方法不能替代的作用。

(四) 非传统的风险管理方法与保险相互融合

风险管理与保险的相互融合表现在以下五个方面：

第一，非传统的风险管理方式架起了企业与再保险的桥梁。非传统的风险管理是创新的保险市场与资本市场相结合的风险管理方法。例如，自保是一种非传统的风险管理方式，它架起了企业和再保险的桥梁，从而产生了部分保险、损失灵敏合同、追溯的有限风险计划等风险保单，产生了同时承保纯粹风险与投机风险的多风险保单、多种损失原因保险产品、多触发条件保险产品等。

第二，保险市场与资本市场的融合产生了应急资本工具。例如，损后筹资产品、应急债务、应急股票等。

第三，保险风险证券化产生了保险连接证券及保险衍生品，如巨灾债券、巨灾期权、保险期货、巨灾再保险掉期、纯粹风险互换等金融衍生品。

第四，自保公司架起了企业风险管理与保险的桥梁。一方面，保险公司将风险管理运用于承保对象起到了防灾防损的作用，增加了企业现金流，提高了保险公司的经营效益；另一方面，企业由于设立自保公司消除了投保的道德风险，更加有动力积极进行风险管理。

第五，全面风险管理在保险业实施。2007年，中国保监会颁布《保险公司风险管理指引（试行）》，这标志着全面风险管理理论和方法在保险公司的运用进入实施阶段。其中，"经济资本"理念和方法催生保险公司偿付能力监管进入升级版。"经济资本"是指特定时期内，特定的风险可接受水平下，为应对不利事件所需持有的资本。对保险业而言，"经济资本"是一种全新的风险管理理念，涵盖了保险公司面临的全部风险，是风险价值理论在保险业的扩展和运用。

重要术语

风险　风险因素　实质风险因素　心理风险因素　道德风险因素　风险事故
纯粹风险　基本风险　特定风险　风险管理　风险转移　损失频率　损失程度
可保风险

复习思考题

1. 风险的定义有哪些？各有什么优缺点？
2. 风险因素的主要类型有哪些？风险因素和风险的本质有什么联系？
3. 风险的常见分类有哪些？
4. 什么是风险管理？风险管理有哪些程序？
5. 风险管理技术的选择有哪些内容？
6. 可保风险的条件是什么？
7. 风险管理与保险的关系是什么？

参考文献

1. 魏华林，林宝清. 保险学［M］. 4版. 北京：高等教育出版社，2017.
2. JAMES S TRIESCHMANN, et al. Risk Management and Insurance［M］. 北京：北京大学出版社，2006.

3. 尼尔·A. 多尔蒂. 综合风险管理［M］. 陈秉正，王珺，译. 北京：经济科学出版社，2005.

4. 陈秉正. 公司整体化风险管理［M］. 北京：清华大学出版社，2003.

5. 杜莹芬. 企业风险管理［M］. 北京：经济管理出版社，2008.

6. 许谨良. 风险管理［M］. 北京：中国金融出版社，2011.

7. 胡炳志. 保险学［M］. 北京：中国金融出版社，2002.

8. 刘新立. 风险管理［M］. 北京：北京大学出版社，2006.

9. 王晓群. 风险管理［M］. 上海：上海财经大学出版社，2003.

10. 宋明哲. 现代风险管理［M］. 北京：中国纺织出版社，2003.

11. 王绪瑾. 保险学概论［M］. 2 版. 北京：中央广播电视大学出版社，2004.

12. 周大庆，沈大白，等. 风险管理前沿［M］. 北京：中国人民大学出版社，2004.

13. 张虹，陈迪红. 保险学教程［M］. 2 版. 北京：中国金融出版社，2012.

第二章　保险概述

第一节　保险的概念

从第一张保险单的出现开始，保险业的发展迄今为止已经有 600 多年的历史，然而关于保险的定义，在学术界并没有形成统一认识，人们分别从不同的角度对保险进行解释，众说纷纭，互有争议。"保险"起初在英语中的含义是"safeguard against loss in return for the regular payment"，即"定期缴付保险费以取得损失补偿"，但这种说法不能作为保险的定义，因为其内涵并不完整。为了能够对"什么是保险"有一个较为完整、清晰的认识，首先需要对有关保险性质的学说进行介绍，以便读者能够从不同的角度对保险有所了解。在对保险的性质进行比较总结的基础上，我们给出保险在本书中的一般性定义。

一、有关保险性质的学说

关于保险概念的界定，世界各国学者由于研究角度不同而得出了不同的结论，他们的主要分歧在于财产保险与人身保险是否具有共同性质。总体来看，关于保险如何定义，大致可以归纳为"损失说""非损失说"和介于两者之间的"二元说"三派[1]。

（一）损失说

损失说又称为损害说，该学说主要从损失补偿的角度来分析保险机制，认为损失是保险存在的前提，保险产生的最初目的就是为了解决物质损失的补偿问题。损失说主要包括损失赔偿说、损失分担说和风险转移说。

---

[1]　日本学者园乾治在《保险总论》一书中把有关保险定义的学说归纳为这三种类型。

第二章　保险概述

1. 损失赔偿说

损失赔偿说来源于海上保险，代表人物有英国的马歇尔（M Marshall）和德国的马修斯（E A Masius）。马歇尔认为保险是当事人的一方收受商定的金额，对于对方所受的损失或发生的危险予以补偿的合同。马修斯认为保险是约定当事人的一方，根据等价支付或商定，承保某标的物发生的危险，当该项危险发生时，负责赔偿对方损失的合同。该学说从合同的角度对保险进行定义，认为保险是一种损失赔偿合同。但保险与合同本来就是两个不同的概念，保险属于经济范畴，而合同是法律行为，二者不能混为一谈。此外，将保险完全归结于损失赔偿显得不够全面，因为对于具有储蓄性质的人寿保险和养老保险而言，用损失赔偿难以进行合理的解释。

2. 损失分担说

损失分担说的倡导者为德国的瓦格纳（A Wagner）。他认为从经济意义上说，保险是把个别人由于未来特定的、偶然的、不可预测的事故在财产上所受的不利结果，由处于同一危险之中但未遭遇事故的多数人予以分担以排除或减轻灾害的一种经济补偿制度。他还说过："这个定义既能适用于任何组织、任何险种、任何部门的保险，同时也可适用于财产保险、人身保险，甚至还可适用于自保。"该学说从经济角度出发，认为保险体现了多数被保险人之间的互助合作关系，把损失分担视为保险的本质。但瓦格纳把"自保"也纳入保险范畴，则显然是错误的，这与多数人分担损失相矛盾。

3. 风险转移说

最早提出风险转移说的是美国学者魏兰特（A H Willett）。他认为保险是为了赔偿资本的不确定损失而积累资金的一种社会制度，它依靠把多数的个人危险转移给他人或团体来进行。该学说强调保险组织在损失补偿中的地位和作用，认为损失补偿是通过众多人把风险转移给保险组织来实现的。该学说与损失赔偿说存在相同的缺陷，无法对人身保险进行解释。

（二）非损失说

非损失说认为损失说不能从总体上概括保险的属性，因此在解释保险时要摆脱"损失"这一概念。这种学说主要包括技术说、欲望满足说和相互金融机构说。

1. 技术说

技术说的代表人物为意大利学者费芳德（C Vivante）。他认为保险人在计算保险基金时，一定要使实际支出的保险金的总额和全体被保险人缴纳的净保险费的总额相等，这就需要通过特殊技术保持保险费和保险赔款的平衡。这种学说以保险的技术特性对人身保险和财产保险进行统一解释，只重视保险的数理基础，难以阐明保险的本质，是比较片面的。

2. 欲望满足说

欲望满足说的代表人物是意大利的戈比（U Gobi）和德国的马纳斯（A Manes）。该学说从经济学的角度出发，以人们的欲望和满足欲望的手段来解释保险的性质。危险事故的发生会导致各种费用支出和损失，从而引起人们对金钱的欲望。保险的目的就在于能够以少量的保费来满足这种金钱欲望，获得所需要的资金和充分可靠的经济保障。

3. 相互金融机构说

相互金融机构说强调保险的资金融通功能，其代表人物是日本的米谷隆三。他认为保险费的积累在经济上是投保人的共同基金，保险的性质不是财产准备，而是多数人通过资金融通结成的相互关系，因而保险与银行一样，是真正的金融机构。保险机构虽然是金融市场中的重要组成部分，而且也具有融通资金和投资的职能，但该学说忽视了保险最基本的特性，是不妥的。

（三）二元说

二元说又称择一说，主张财产保险和人身保险具有不同的性质，前者以损失补偿为目的，后者以给付一定金额为目的，不可能对二者作出统一定义，应对二者分别进行定义。主张该学说的德国法学家爱伦伯格（Ehrenberg）认为保险合同不是损失赔偿的合同，就是以给付一定金额为目的的合同，二者只能择其一。择一说对各国保险法产生了广泛影响。例如，《中华人民共和国保险法》中的合同部分也是对财产保险合同和人身保险合同分别定义的。然而，保险作为一个独立的经济范畴，许多学者认为应该有一个统一的定义。

二、保险的定义

以上各种关于保险性质的学说都没有把保险的全貌进行准确、高度的概括，存在顾此失彼的问题。相对而言，以损失概念来进行解释更能抓住保险的本质，也更容易为人们所接受。下面我们给出保险在本书中的一般定义：保险是集合具有同类风险的众多单位和个人，通过收取合理分担金的方式建立保险基金，以此实现多数成员对少数成员因该风险事故所致经济损失的补偿行为。

这一定义虽然坚持了"损失说"的一元论，但是仍然具有普遍的适用性，不但适用于财产保险，也在一定程度上适用于人身保险。理由如下：

首先，虽然人的身体或生命是不能以货币来衡量和计算的，而且死亡也不能说是损失，但是在人身方面，可能发生的疾病、伤残、死亡、丧失劳动能力等事件或意外事故都会导致货币收入的减少或货币支出的增加。人们之所以参加保险，在很大程度上就是为了抵补收入的减少或支出的增加。从这个意义上来说，人身保险可以适用于损失补偿的概念。

其次，人寿保险中的大部分险种都带有储蓄功能，对储蓄的支付是返还而不是补偿。储蓄既不是保险的本质属性，也不是保险的职能，它属于货币信用的概念。实际上，带储蓄功能的人寿保险应被看成"储蓄＋保险"。因为从保险金的给付上来看，可以分为固定返还和不固定返还两个部分，固定返还的储蓄部分可以看成自保额，而不固定返还的补偿部分就具有保险的经济互助的性质。

根据《中华人民共和国保险法》（2009年修订，以下简称《保险法》）第二条的规定，保险是指投保人根据合同约定，向保险人支付保险费，保险人对于合同约定的可能发生的事故因其发生所造成的财产损失承担赔偿保险金责任，或者当被保险人死亡、伤残、疾病或者达到合同约定的年龄、期限等条件时承担给付保险金责任的商业保险行为。可见，我国的《保险法》是一部针对商业保险的立法，对保险的定义采取了二元说。

我们要进一步理解保险的概念可以从以下两个方面入手：

第一，从经济的角度上说，保险主要是对灾害事故的损失进行分摊的一种经济保障制度和手段。保险人集中众多单位的同质风险，通过预测和精确计算，确定保险费率，建立保险基金，使少数遭受风险事故的不幸成员，获得损失补偿，实现风险损失在所有被保险成员中的分摊。

第二，从法律的角度上说，保险是一种合同行为。合同双方当事人自愿订立保险合同，投保人承担向保险人缴纳保险费的义务，保险人对于合同约定的可能发生的保险事故发生所造成的财产损失承担赔偿金责任，或者当被保险人死亡、伤残、疾病以及达到合同约定的年龄、期限时承担给付保险金责任。

三、保险的特征

保险作为一种风险分担机制，具有以下几个基本特征：

（一）互助性

保险具有"一人为众，众为一人"的互助特性。保险在一定条件下分担了个别单位和个人所不能承担的风险，从而形成了一种经济互助关系。这种经济互助关系表现为保险人用多数投保人缴纳的保险费建立起保险基金，当少数人遭受风险损失时，由保险人从共同的保险基金中提取资金进行经济补偿或给付。这意味着任何一个被保险人的损失都是由全体被保险人共同承担的，体现了互助共济精神。

（二）保障性

保险是一种经济保障活动，为法律认可范围内的风险提供保障。当被保险人一旦发生保险合同约定的自然灾害、意外事故而遭受财产损失及人身伤亡时，由保险人给予一定程度的经济保障，减少对被保险人的不利影响。而且保险是整个国民经济活动的一个有机组成部分，其保障的财产和人身都直接或间接属于社会再生产中的物质资本和人力资本两大生产要素，有利于再生产活动的平稳运行。因此，建立保险制度的根本目的无论从宏观的角度还是从微观的角度来看，都是为了保障经济发展，安定人们生活。

（三）合同性

从法律角度看，保险具有明显的合同性。保险是依法通过合同的形式来体现其存在的。保险双方当事人要建立保险关系，其形式是保险合同；保险双方当事人要履行其权利和义务，其依据也是保险合同；保险双方当事人意愿的改变也要通过合同的变更而实现。因此，没有保险合同，保险关系就无法成立。

（四）科学性

保险是一种科学处理风险的有效措施。现代保险经营是以概率论和大数法则等科学的数理理论作为重要基础。在保险经营过程中，保险费率的厘定、保险准备金的提存等都是以精密的数理计算为依据的。

四、保险与其他类似经济行为的比较

在社会经济生活中，有些行为在某些方面与保险比较相似，如果不加区分将会对保险产生模糊甚至错误的理解。实际上，这些经济行为在本质上与保险存在明显区别，下面我们对此加以比较分析。

（一）保险与储蓄

保险与储蓄的共同点在于两者都是将现在剩余的资金作为准备，以便在将来满足一定的经济需求，都体现了未雨绸缪的思想。尤其是对于人寿保险而言，其本身带有很强的储蓄色彩，人们习惯于将两者进行比较。然而保险与储蓄仍然存在很大的差异性，主要表现在以下几个方面：

（1）需求目的不同。对于保险而言，投保人参加保险的目的是通过缴纳小额的保险费来应对将来损失的不确定性，保障生产和生活的稳定；而储户参加储蓄主要是把存款用于将来可以预计的费用的支出，并从中获得利息收入。

（2）支付与反支付的等价关系不同。从全体投保人的角度来看，保险的支付与反支付具有对等关系；从个体角度来看，保险则不具备这种对等关系。如果未发生保险事故，投保人缴纳的保险费不退还；如果发生保险事故，被保险人获得的保险金赔付数额远远大于保险费。对储蓄而言，无论是从总体还是个体角度来看，存款人到期的提款金额总是等于本金加利息，两者保持对等关系。

（3）体现的经济关系不同。保险是一种互助合作行为，由大多数人对少数人所遭受的经济损失进行补偿；而储蓄是一种自助行为，个人留出一部分财产以应对将来的需要，各储户之间没有什么关系。

（4）权益主张不同。在不退保的情况下，个人缴纳保费后便失去了资金的所有权，保险资金的分配运用被保险人一般无权干涉；在储蓄中，储户对自己的存款拥有完全的自主权，可以自由支配存款的提取和使用。

（二）保险与救济

保险与救济都是对灾害事故损失进行补偿的手段，它们的目标都是保障社会经济的稳定运行，但两者之间也存在以下的明显差别：

（1）性质不同。保险是一种互助行为，损失在所有面临相同风险的成员内部进行分摊；而救济需要依靠外部力量进行援助，是一种他助行为，救助者与被救助者可能遭受的风险之间没有必然联系。

（2）权利与义务不同。保险合同行为要求合同双方既享受相应的权利，也要承担相应的义务，权利和义务是对等的；而救济是一种基于人道主义的单方无偿援助行为，没有对应的权利与义务关系，接受救济者无须向救济方履行任何义务。

（3）给付对象不同。保险以缴纳保险费为前提，保障对象在合同中事先确定，对所有遭受保险事故的被保人进行赔偿或给付；而救济的对象往往事先不能确定，原则上所有的受灾者或生活贫困者都在被救济范围之内。

（4）主张权利不同。保险金的赔偿必须严格按照保险合同约定，保险人对于被保险人在责任范围内的损失及时给予足额的经济补偿；而救济的数量可多可少，没有任何规定和约束，在救济形式上也多种多样，接受救济者无权提出自己的主张。

（三）保险与赌博

保险与赌博都属于由偶然事件所引起的经济行为，并且都具有给付的确定性和反给付的不确定性。保险与赌博有以下本质的区别：

（1）目的不同。保险是通过支付保险费的方式将风险转移给保险人，以保障经济生活的稳定，体现的是互助共济精神；而赌博的目的是以小博大，牟取暴利。

（2）机制不同。保险是以概率论和大数法则作为风险损失计算的基础，使风险在被保险人之间得以分散；而赌博所产生的风险是人为制造的，输赢完全取决于偶然性和运气。

（3）风险性质不同。保险所分散的风险一般是纯粹风险，无获利的可能性；而赌博所面临的却是投机风险，存在获利的可能性。

（4）结果不同。保险是变不确定为确定，能够转移风险，保险合同受国家法律保护；而赌博是变确定为不确定，人为地制造和增加风险，大多不受法律保护。

（四）保险与担保

担保是一种承诺，是对买卖或债务作出的履约保证。与保险一样，担保也是为将来偶然事件所致损失进行补偿，但两者具有以下区别：

（1）保险是集合众多被保险人的一种风险分散机制；而担保仅仅表现为个别单位或个人之间的经济关系。

（2）保险合同为独立合同，一经成立便产生独立的权利义务关系；而担保合同一般是从属合同，以主合同的存在为前提，它本身不能独立存在。

（3）保险合同是双务合同，投保人缴纳保险费，保险人在风险事故发生后赔付保险金；在担保行为中，担保人负有单方面的义务，在被担保人违约的情况下承担赔偿责任。

（4）保险人履行损失赔偿职责后，不需要向被保险人追偿；而担保人替被担保人清偿债务后，通常拥有向被担保人追偿的权利。

第二节　保险的职能与作用

一、保险的职能

保险的职能是指保险作为一种制度安排，本身所具有的内在固有功能。保险的职能是由保险的本质和内容决定的。在保险理论界和实务界，由于人们对于保险的职能存在不同的认识，从而产生了单一职能论、基本职能论、二元职能论和多元职能论等不同的理论观点。但大多数学者和专家都认为，保险的职能可以分为基本职能和派生职能。保险的基本职能有两个，分别是分摊损失和补偿损失。这两个职能是相辅相成的，分摊损失是保险中处理风险的方法和手段，补偿损失是保险的最终目的。分摊损失和补偿损失之间的关系体现了保险机制运行过程中手段与目的的统一，是保险本质特征最基本的反映。

（一）保险的基本职能

1. 分摊损失职能

分摊损失职能是指保险人通过向投保人收取保险费的方法，把集中在某一单位或个人身上的风险损失平均分摊给所有的被保险人。对于单个投保单位和个人而言，风险事故的发生具有不确定性，但对于所有的投保单位和个人而言，风险事故的发生却是必然的和可测的。分摊损失是建立在风险事故的偶然性和必然性这一矛盾的对立统一之上。当个人单独应对风险时，往往难以承受较大的损失，如果个人愿意参加保险，就可以缴纳小额确定的保险费来换取对大额不确定损失的补偿。保险人根据大数法则，通过向众多投保人收取保险费来分摊其中少数成员遭受的损失。

我们可以用一个简单的例子来说明保险的分摊损失职能。假设有 1 000 位住户，他们的住房价值为 5 亿元，而且都面临着火灾风险。因此，为了转移风险，他们全部投保房屋火灾保险。保险人根据过去的经验资料预测每年该类房屋因火灾造成的损失相当于这些房屋价值的 1‰。根据这一预测损失概率，保险人可知：

预计损失总额＝住房价值总额×损失率＝500 000 000× 1‰＝500 000（元）

每家住户分摊的损失额＝ 500 000÷1 000 ＝500（元）

每千元财产分摊的损失额＝损失总额÷每千元表示的风险单位数

＝500 000÷500 000

＝1（元）

在住房价值相等的情况下，每家住户缴纳 500 元保险费。

在住房价值不相等的情况下，按 1 000 元财产价值缴纳 1 元保险费来分摊预计的损失。

2. 补偿损失职能

补偿损失职能是指保险人作为保险活动的组织者和经营者，把集中起来的保险费用于补偿被保险人因自然灾害或意外事故所导致的经济损失。保险的损失补偿职能主要是就财产和责任保险而言。在财产保险中，该职能表现为补偿被保险人因灾害事故而导致的经济损失；在责任保险中，该职能表现为补偿被保险人依法应承担的对第三方的经济赔偿。然而对于人身保险而言，由于人的身体或生命价值是无法以货币形式来衡量的，所以并不能完全用损失的观点来看待。人身保险主要包括人身意外伤害保险、健康保险和人寿保险，其中前两者在一定程度上也带有经济补偿的性质。当被保险人遭受意外伤害或者疾病侵袭时，会因此产生经济上的损失，保险人可以在一定程度上对被保险人给予经济上的补偿。人寿保险是被保险人付出一定的保险费以换取以后经济上的保障，大多数险种都具有储蓄的返还性和投资的增值性。虽然不同险种的损失补偿职能表现形式不同，但是都是对被保险人遭受到意外事故后给予一定的经济补偿，以减少风险事故给被保险人在经济上带来的不利影响。

（二）保险的派生职能

保险的派生职能并不是保险本身所固有的职能，而是建立保险的基本职能的基础之上，随着社会经济和保险制度的发展而逐渐产生和完善起来的职能。保险的派生职能主要有融资职能和防灾减损职能。

1. 融资职能

融资职能指保险人通过收取保险费的形式建立保险基金，将保险基金的暂时闲置部分重新投入到社会再生产过程，并从中获取投资收益。简言之，融资职能就是保险人参与社会资金融通的职能。保险的融资职能包括筹资和投资两个方面。

保险作为一种风险分散机制具有两层含义：一是空间上对风险的分散；二是时间上对风险的分散。从时间分散来看，只有预先提取分摊金才能满足在时间上分摊经济损失的要求。由于分摊金的收取和使用在时间上是不一致的，而且风险事故不可能同时发生，预提的分摊金也就不可能一次全部赔偿出去，这就必然导致有一部分资金处于闲置状态。保险这种以保险费的形式预提分摊金并将其积蓄下来，就是保险的筹资功能。可以说，保险如果没有筹资功能，就无法在时间上实现对风险的分散，难以维系正常的保险分配关系。筹资功能也是投资功能得以实现的基础和前提。

在现代经济社会，资金具有时间价值，是能够带来收益的。如果资金处于闲置状态，实际上就等于在遭受损失，是保险人所无法忍受的。因此，保险人为了追求自身利益最大化，就必然要通过各种合理的投资渠道进行投资，通过投资活动来实现保险基金的保值增值。投资是保险资金运动中的重要一环，如果运用得当，能够不断扩大保险基金的规模，增强保险人的赔付能力。因此，保险人为了保证保险经营的稳定性，提升保险公司的市场竞争力，也必然要求对保险资金进行合理运用，提高投资水平。保险业的发展实践表明，投资在保险经营中的地位越来越重要，已经成为保险公司收益的重要来源。一些规模较大的保险公司都设有资产管理公司，把投资作为主要的业务之一。在金融市场，随着保险基金规模的增大，保险企业已经成为全社会重要的机构投资者，广泛参与到资产管理和股市投资当中，既活跃了金融市场，又充当了资本市场上重要的稳定力量。

2. 防灾减损职能

防灾减损职能是指保险人参与到防灾减损活动，提高社会的防灾减损能力。防灾减损是风险管理的重要内容，保险作为风险管理的一种重要手段，除了能在损失发生之后提供经济补偿，也能在风险发生之前的预防环节和风险发生之后的施救环节提供必要的帮助。保险的防灾减损职能体现了保险双方的共同利益，不但能够减少被保险人的损失，也相应降低了保险人的赔付水平。

保险公司作为以营利为目的的商业机构，能够参与到防灾减损工作当中是有其客观必然性的。首先，从自身条件来看，保险公司有能力参与防灾减损工作。保险公司的日常经营都是围绕风险展开的，从承保、费率厘定到理赔等各个经营环节都是在与各种灾害事故打交道，这使保险公司在长期经营过程中积累了大量有关风险的第一手资料和丰富的防灾减损工作经验。其次，从自身的经营利益出发，保险公司也愿意加强防灾减损工作。如果防灾减损工作做得好，就能够减少风险发生的频率和降低灾害事故带来的经济损失，这将减少保险公司的经济赔偿数额，从而增加保险公司的利润水平。最后，从业务经营的要求来看，保险制度、保险条款和保险费率上的规定有助于提高被保险人的防灾减损意识。例如，《保险法》第五十一条明确规定："被保险人应当遵守国家有关消防、安全、生产操作、劳动保护等方面的规定，维护保险标的的安全。保险人可以按照合同约定对保险标的的安全状况进行检查，及时向投保人、被保险人提出消除不安全因素和隐患的书面建议。投保人、被保险人未按照约定履行其对保险标的的安全应尽责任的，保险人有权要求增加保险费或者解除合同。"因此，被保险人会重视对安全隐患的消除，以避免因违反合同规定而无法获得赔偿。除了约束被保险人，保险公司还可以通过费率上的优惠来鼓励被保险人的防灾减损工作。

二、保险的作用

改革开放以来，我国保险业快速发展，服务领域不断拓宽，为促进经济社会发展和保障人民群众生产生活做出了重要贡献。从国内外保险业发展现状来看，在现代经济社会，保险在实现其职能时，对社会经济生活发挥着不可替代的重要影响和作用。对于保险的具体作用，主要可以从微观和宏观两个方面进行考察。

（一）保险的微观作用

1. 有助于受灾企业及时恢复生产

企业在经营过程中面临各种各样的自然灾害和意外事故，它们是客观存在和不可避免的，具有很大的不确定性。有些事故的发生会使企业遭受严重损失，甚至有可能中断企业的正常经营活动。企业通过参加保险，就可以在受灾之后获得保险人及时的经济补偿，从而能够在短时间内恢复生产经营，把因生产中断造成的损失降到最低程度。

2. 有助于企业加强财务管理和风险管理

企业通过购买保险的方式，能够将其面临的不确定的大额损失转变为确定的小额保险费支出，并且计入企业的生产成本或流通费用当中。企业在参加保险的情况下，可以保持现金流的稳定，避免出现巨大的财务波动。同时，保险公司会对购买保险的企业进行核保和监督，利用其丰富的风险管理经验帮助企业消除潜在的风险因素，提高企业的风险管理意识和风险管理水平。

3. 有助于安定人民的生活

社会的稳定有赖于家庭的稳定，保险在安定人民生活方面起到重要的作用。对于个人和家庭而言，自然灾害和意外事故同样是不可避免的。然而家庭的风险承受能力要比企业弱得多，所以在事故发生以后，家庭对保险有着更为迫切的需求。家庭财产保险和人身保险能够满足人们对安全感的追求，在维持家庭正常的物质生活条件方面起到积极的保障作用。

4. 有助于均衡个人财务收支

对于人身保险而言，大多具有保险和储蓄的双重性质。一般而言，个人的经济收入在其整个生命周期内波动幅度是比较大的，但消费支出的波动幅度并不是很大。如果没有特殊的经济方面的原因，人们愿意保持原有的生活消费习惯不变。人身保险作为一种理财工具，定期缴纳保险费的"储蓄"方式具有明显的计划性和确定性，能够实现不同时期个人收入和消费的平衡。

5. 有助于保证民事赔偿责任的履行

在人们的日常生活和社会活动中，不可避免地面临着由于民事侵权而导致承担民事损害赔偿责任的风险。面临风险的单位或个人可以通过购买责任保险的方式将赔偿责任转移给保险公司，既减少了被保险人的经济压力，又能够维护被侵权人的合法权益，保障其在保险金额内顺利获得民事赔偿。

（二）保险的宏观作用

1. 有助于保障社会再生产的顺利进行

在现代经济社会，随着分工的不断深入，各个生产部门之间的联系日益密切，企业之间形成了一张错综复杂的关系网络，任何一家企业的经营异常情况都会通过网络联系对其他企业产生波及作用。如果一家或多家规模较大的企业因遭受灾害事故而无力及时恢复生产，就会对整个社会的再生产过程造成严重影响，破坏经济发展的连续性和平衡性。保险对受灾企业提供的经济补偿能够使企业以最快的速度恢复生产，把对其他企业和相关部门的不利影响降到最低程度，从而保障社会再生产过程的顺利运转。

2. 有助于维护社会的稳定

社会是由众多的企业和家庭构成的，如果人人能够安居乐业，企业能够正常运转，社会的不稳定因素自然就会减少。保险人作为专业的风险管理者，对保险责任范围内的损失都会进行及时赔付，使被保险人能够及时恢复正常的生产和生活。保险解除人们在经济上的后顾之忧，为整个社会的稳定运行提供了切实有效的保障。

3. 有助于推动科技的进步

目前，科学技术已经成为现代经发展最重要的推动力，对新技术的采用也是企业提高自身竞争力的重要手段。然而任何一项新技术的研发和应用，既可能为企业带来巨额利润，又可能因遇到各种风险事故给企业带来重大损失，这将使企业在新技术的投入上有所顾虑。保险可以为新技术的研究、采用和推广提供切实的经济保障，提高企业技术投入的积极性，推动整个社会的科技进步和发展。

4. 有助于促进社会的经济交往

现代社会的经济交往主要表现为商品买卖和资金借贷，然而交往双方存在信息不对称现象，相互之间缺乏足够的了解。显然，信息越充分，双方交往中的顾虑就越小，越容易达成交易。保险能够在一定程度上克服信息不对称带来的不利影响。例如，对于出口信用保险而言，如果出口商因为进口商的违约而遭受损失，保险公司将为出口商提供债权损失的经济补偿。又如，保证保险使债权人可以放心地把资金借给债务人，因为保险公司提供了履约担保。由此可见，保险在促进社会经济交往方面的作用是不可低估的。

思政案例： 政策性出口信用保险助力共建"一带一路"

党的二十大报告指出，共建"一带一路"成为深受欢迎的国际公共产品和国际合作平台，要推动共建"一带一路"高质量发展。作为我国唯一服务开放型经济发展的政策性保险公司，多年来，中国出口信用保险公司（以下简称"中国信保"）坚决贯彻习近平总书记重要指示精神和党中央、国务院决策部署，充分履行政策性职能，积极服务共建"一带一路"高质量发展，在服务高水平对外开放中不断展现中国信保担当。

出口信用保险是国际通行的、符合世界贸易组织（WTO）规则的专业金融服务。从全球实践看，具有政府背景的政策性出口信用保险，是各国推进对外战略的重要政策工具。中国信保是我国改革开放的产物，并在服务支持改革开放历史进程中不断发展壮大，通过提供政策性出口信用保险等金融产品和服务，在共建"一带一路"中发挥独特作用。

一、"通行证"：推动资金融通，化解企业海外投融资风险

作为共建"一带一路"倡议践行的先锋军，中国土木工程集团有限公司（以下简称"中国土木"）、中国路桥工程有限责任公司（以下简称"中国路桥"）、中国港湾工程有限责任公司（以下简称"中国港湾"）等央企骨干力量，发挥专业优势，在对外工程承包、产业投资运营、城市发展、生态治理等方面，屡屡打造出诸如肯尼亚内罗毕快速路、亚吉铁路、卡卡铁路（在建）、尼日利亚莱基港、塞尔维亚污水处理等标杆项目，对进一步推动共建"一带一路"倡议下的基础设施互联互通，成为拉动当地经济发展的新引擎，构建人类命运共同体具有较强示范效应和积极意义。

由于共建"一带一路"合作伙伴跨度广阔，在政治、经济、宗教、文化、科技等方面存在着较大的差异。例如，地区动荡等构成的安全风险，政权更迭等导致的政治风险，货币贬值、通货膨胀等经济波动带来的经济风险，政府公信力差、法律环境恶劣等形成的法律风险，都构成共建"一带一路"的过程中面临的主要风险。

在中国土木、中国路桥、中国港湾等企业积极参与共建"一带一路"的过程中，中国信保发挥着重要的作用，在风险保障、融资促进、市场开拓、损失补偿、信息服务方面给予全方位的支持。

例如，中国路桥投资开发和运营的肯尼亚内罗毕快速路项目，该项目路线全长 27.1 千米，其中 8.9 千米为高架快速路，规划为双向四车道，设计时速 80km/h，项目以"建设-经营-转让"（BOT）模式投资建设开发。该项目是肯尼亚第一条收费路，是"一带一路"合作的重要成果。

在项目开发阶段，中国信保独有的对项目所在国别全方位的风险分析及对项目业主的尽调，帮助中国路桥切实提升风险管理水平。在融资阶段，针对肯尼亚主权偿付风险、政局情况和违约主体责任等问题，中国信保进行有效研究和探索，提出项目结构优化建议，使得项目顺利通过评审；提供海外投资保险，使得股东及金融机构的资产得到了有效保障。

又如，中国土木承建的亚吉铁路项目，该项目正线总长 752.7 千米，商务合同金额逾 40 亿美元，于 2016 年 10 月 5 日通车，2018 年 1 月 1 日正式开通商业运营。该项目成功带动中国企业"走出去"，助力中国标准、技术、设备和劳务的出口，成为中国铁路走出去标杆项目。

中国信保为该项目提供出口买方信用保险，项目建成后，因债务人出现了陆续拖欠到期利息和本金且担保人未履行连带还款责任，中国信保在政府部门指导下与借款人、融资银行达成了重组方案但借款人仍未能如期履约。自 2020 年 2 月至 2023 年 10 月，中国信保经定损核赔，累计向融资银行支付 8 笔赔款共计超过 2 亿美元，保证了融资银行权益。

二、"引领者"：加强服务创新，护航中国企业"走出去"

在中国土木、中国路桥、中国港湾这三家"走出去"的中国企业中，中国港湾是最早与中国信保开展业务合作的，从 2009 年开始，至今双方正携手同行第 15 个年头。也正因此，中国港湾与中国信保的业务开展过程中还产生了数个"第一"。

例如，尼日利亚莱基港项目通过优化信用结构实现中国信保第一单港口类项目的完全项目融资落地。在全产品应用方面，针对存量海投项目，中国信保创新在牙买加南北高速项目提出担保业务与海外投资保险联动，通过内保外贷获得 4.1 亿美元融资。该项目是中国信保担保业务历史上承保的单一最大的内保外贷项目。在数字化合作方面，2020 年双方率先建立电子数据交换（EDI）服务合作意向，历时一年半的联合研讨与开发，2023 年年初 EDI 系统正式上线。中国港湾也成为中国信保第一家 EDI 系统合作企业，成为最先体验中国信保数字化赋能红利的企业，其本质是中国信保数字化支持实现的企业专业能力提升。

此外，绿色成为共建"一带一路"倡议的底色。在"一带一路"绿色发展方面，中国信保积极推动相关项目落地。例如，中国路桥清洁塞尔维亚项目（污水处理项目），包括塞尔维亚境内 73 座城镇的污水排放管网及污水处理体系的改造及新建工作。该项目将服务 230 万塞尔维亚居民，包括建设约 4 800 千米的污水管网和 170 多个污水处理厂。

中国信保采用"商贷+中长期信用保险"的模式来实现融资落实。中国信保为项目提供中长期险，通过设置承保额度架构，加快了项目的分批融资落实。另外，中国信保为该项目提供融资担保，也体现出中国金融机构践行绿色发展理念，展示深化绿色金融国际合作的强烈意愿。

资料来源：郭伟莹. 聚焦主业、创新服务 政策性出口信用保险为共建"一带一路"高质量发展保驾护航［EB/OL］.（2023–10–25）［2024–02–20］. https://finance.china.com.cn/news/20231025/6044537.shtml.

第三节　保险的分类

随着社会的不断进步和保险业的快速发展，保险的覆盖范围越来越广，新的险种也层出不穷。对于种类繁多的保险，进行科学分类有助于规范保险经营管理，增强社会公众对保险的了解和选择，促进保险业的健康发展。目前，对保险的分类还没有一个统一的标准，比较常见的分类方法有按保险性质划分、按实施方式划分、按保险标的划分、按承保方式划分和按投保方式划分。

一、按保险性质划分

按保险的性质进行划分，保险可以分为商业保险、社会保险和政策保险。

（一）商业保险

商业保险是指以营利为目的，在保险双方当事人自愿的基础上订立保险合同，由投保人缴纳保险费建立保险基金，当被保险人发生合同约定的保险事故时，保险人履行赔付或给付保险金的义务。商业保险合同主要可以分为财产保险合同和人身保险合同两大类。由于人身价值难以用货币衡量，而且寿险合同的主要作用体现在储蓄方面，所以通常在人身保险中用"给付"的概念来代替财产保险中"赔付"的概念。

就本书的研究对象而言，主要限定在商业保险的范围之内。

（二）社会保险

社会保险是指国家通过立法的形式，对国民收入进行分配和再分配，建立社会保险基金，在劳动者因年老、疾病、伤残、生育、失业等风险而暂时或永久丧失劳动能力或失去收入来源时，为劳动者提供经济保障的一种社会保障制度。社会保险的主要险种有社会养老保险、医疗保险、失业保险、工伤保险和生育保险等。社会保险是社会保障制度中最重要的一个组成部分，对促进社会安定起到了重要作用。

商业保险和社会保险都是社会经济保障体系的重要形式，它们既相互联系、相互补充和相互配合，又有区别，各自体现不同的特点。商业保险侧重商业性，而社会保险侧重社会性，它们的区别主要表现在以下几个方面：

1. 保险目的不同

社会保险作为一项社会保障制度，体现的是政府的职能和责任，具有社会福利的性质。开办社会保险的目的是保障公民的基本生活需求，维护公民应该享有的合法权益，确保社会经济生活的安定。这说明社会保险不以营利为目的，它所追求的主要是社会效益。商业保险是一种以营利为目的的商业活动，保险企业作为商业保险的经营机构需要自负盈亏，其首要目标是追求利润最大化。因此，保险企业要确定合理的保险费率，积极运用保险基金进行投资，保证自身的经济效益。

2. 实施方式不同

社会保险一般采取强制方式实施，属于强制保险。对于单位和个人而言，只要属于社会保险范围的保险对象，不论其是否愿意，都必须参加。社会保险的保障范围、保费缴纳标准、给付水平都依据相关法律确定，被保险人无权自由选择。商业保险一般采取自愿原则，属于自愿保险（但也有少数商业险种，比如机动车辆第三者责任险属于强制保险），投保人是否投保、投保险种以及保险金额等都可以自行选择，而保险人在承保与否以及承保条件上也有自主性。因此，商业保险属于商业行为，具有自愿性的特点。

3. 经营主体不同

社会保险的经营主体是政府或者由政府指定的专门社会保险机构，在经营过程中带有浓厚的行政性和垄断性，不需要纳税，由国家财政对其负有最后保证责任。商业保险的经营主体是自主经营、自负盈亏的商业保险公司，必须向政府纳税，国家财政不承担任何形式的保险金支出需求。

4. 保费来源不同

社会保险的保险费来源主要有政府财政拨款、企业缴纳保险费和劳动者个人缴纳保险费三个渠道，是通过集合国家、企业和个人三方面的力量为社会成员提供基本的生活保障。至于三个渠道的比重，因险种不同、经济能力不同而有所差异。商业保险的保险费只能是来自投保人，其水平是用科学的精算方法计算出来的。由于投保人要负担全部的保险费，而且还要负担保险企业的经营管理成本，商业保险的缴费水平明显高于社会保险。

5. 保障程度不同

社会保险的保险金额由国家立法统一规定，其给付标准以社会平均生活水平为依据，一般介于社会贫困线与社会平均收入之间，只提供基本的生活保障。社会保险的保障水平较低，有利于低收入阶层、不幸者和退休人员，体现了社会保险的公平性。商业保险的保费缴纳由投保人的支付能力和风险保障需求决定，实行"多投多保，少投少保，不投不保"的原则。由于给付标准与所缴保费之间有密切联系，不同商业保险的保障水平相差较为悬殊，有利于高收入阶层巩固自己的生活保障。一般而言，商业保险的保障程度相对高于社会保险的保障程度。

6. 保险对象不同

社会保险具有普遍性的特点，其保险对象是社会保险法律所规定范围的劳动者，有的高福利国家已经扩展到全体公民，保障范围相当广泛。由于商业保险是自愿选择投保，因而不具备普遍性的特点，在保险对象的选择上比较灵活，无论是劳动者还是非劳动者都可以根据需要自行投保。但就实际来看，低收入的劳动者对商业保险往往缺乏足够的支付能力。在保障内容上，商业保险也比社会保险的覆盖面宽泛得多，不但涉及人的身体和生命，也涉及各种财产及其相关利益。

（三）政策保险

政策保险是指政府为了实现一定的政策目的，运用普通的商业保险技术所开办的一种保险。政策保险一般由政府投资设立专门保险机构进行经营，或者由政府委托商业保险公司代办保险业务。政策保险所承保的风险通常损失程度较高，但出于政策上的考虑而需要收取相对较低的费率，从而导致商业保险公司不愿承办该类业务。在这种情况下，只能采取开办政策保险的办法。政策保险在国际上受到各国政府的普遍重视，通常采取财政补贴、税收减免、法律支持和行政保护等措施来推动其发展。

常见的政策保险主要有以下四类：第一，为保护农业的国民经济基础地位而开办的农业保险，主要包括种植业保险和养殖业保险两大类；第二，为扶植中小企业发展而开办的信用保险，包括无担保保险、预防公害保险、特别小额保险等；第三，为推动国际贸易发展而开办的输出保险，主要包括出口信用保险、外汇变动保险、出口票据保险、海外投资保险、存款保险等；第四，为保障国民经济生活稳定而开办的巨灾保险，主要针对地震、洪水、台风等重大风险所引起的巨灾损失。

二、按实施方式划分

按保险的实施方式进行划分，保险可以分为强制保险和自愿保险。

（一）强制保险

强制保险也称法定保险，是指国家根据有关法律、法规或行政命令的规定，强制符合要求的单位或个人必须参加的保险。强制保险是为了实现一定的政策目的而采取的保险手段，具有全面性和统一性的特点。全面性是指不论投保人是否愿意，只要是法律规定范围内的保险对象都必须投保；统一性是指保险费率和保险金额要按照国家法律统一规定的标准执行。对于强制保险而言，投保方与保险人的权利义务关系是基于国家法律、行政法规的效力而产生的，并不是产生于投保人与保险人的合同行为。强制保险的实施方式有两种选择：一种选择是保险对象和保险人均由法律限定，比如社会养老保险；另一种选择是保险对象由法律限定，但投保人可以自由选择保险人，比如机动车辆第三者责任险。

（二）自愿保险

自愿保险也称合同保险，是指保险人和投保人双方在自愿的基础上，通过签订保险合同而实施的保险。自愿保险的保险关系是由当事人自由决定的，只有在双方都同意之后才能成立。投保人可以自行决定是否投保、所投保险种类、保险金额大小、保险期限长短以及中途退保等；保险人可以根据实际情况自愿决定是否承保、承保条件以及适用费率等。《保险法》第十一条明确规定："订立保险合同，应当协商一致，遵循公平原则确定各方的权利和义务。除法律、行政法规规定必须保险的外，保险合同自愿订立。"在保险经营中，绝大多数的商业保险都属于自愿保险。

三、按保险标的划分

按保险标的进行划分，保险可以分为财产保险和人身保险两大类。

（一）财产保险

财产保险有广义和狭义之分。狭义的财产保险是指以各类有形财产作为保险标的的保险，而广义的财产保险不但承保有形财产，还承保与有形财产相关的利益、责任、信用等无形财产。因此，广义的财产保险是指以财产及其相关利益作为保险标的的保险。我们这里所说的财产保险是指广义的财产保险，主要包括财产损失保险、责任保险和信用保证保险。

1. 财产损失保险

财产损失保险即为狭义的财产保险，是指以各类有形财产及其相关利益作为保险标的，在保险期间内，当被保险人因保险事故的发生而导致保险标的遭受损失，由保险人在保险金额内承担经济赔偿责任。常见的财产损失保险有海上保险、货物运输保险、火灾保险、运输工具保险、工程保险和农业保险等。

2. 责任保险

责任保险是以被保险人依法应付的民事损害赔偿责任或经过特别约定的合同责任作为保险标的一种保险。责任保险所承担的责任主要有两种：一种是根据法律规定需要对受害人承担的经济赔偿责任；另一种是根据合同规定由一方对另一方或他人所需承担的经济赔偿责任。责任保险一般分为公众责任保险、产品责任保险、职业责任保险、雇主责任保险等。

3. 信用保证保险

信用保证保险是以合同约定的权利人和义务人的经济信用作为保险标的的一种保险。信用保证保险可以分为两种情况，分别是信用保险和保证保险。信用保险是指以债务人的信用作为保险标的，以债务人到期不能履行合同中约定的偿付义务为保险事故，由保险人负责对被保险人（债权人）因此遭受的经济损失进行补偿的保险。信用保险主要包括出口信用保险、投资保险和国内商业信用保险。保证保险是指被保证人（义务人）根据债权人（权利人）的要求，要求保险人对自己的信用进行担保，当被保证人的作为或不作为致使权利人遭受经济损失时，由保险人负责经济赔偿责任的保险。保证保险主要包括合同保证保险、忠诚保证保险、产品质量保证保险。

信用保险和保证保险的重要区别是投保人的不同。信用保险的投保人通常是权利人，要求保险人担保义务人的信用；保证保险的投保人是义务人自己，要求保险人向权利人担保自己的信用。不论是信用保险还是保证保险，保险人所担保的都是义务人的信用，最终补偿的都是权利人的经济损失。

（二）人身保险

人身保险是以人的身体和生命作为保险标的，以生存、年老、伤残、疾病、死亡等人身风险作为保险事故，当被保险人在保险期间因保险事故的发生或者生存到保险期满，保险人依照合同约定来给付保险金。按照保险责任范围的不同，人身保险可以分为人寿保险、人身意外伤害保险、健康保险。

1．人寿保险

人寿保险是以人的寿命作为保险标的，以生存或者死亡作为保险金给付条件的保险。人寿保险是人身保险的重要组成部分，除了具有一般保险的保障功能，往往还具有储蓄功能或投资功能。常见的人寿保险有死亡保险、生存保险、生死两全保险、年金保险、投资连结保险、分红保险、万能保险等。

2．人身意外伤害保险

人身意外伤害保险是指被保险人因遭遇意外伤害而导致身体残疾或死亡时，保险人按照合同约定给付保险金的一种人身保险。人身意外伤害保险既可以单独办理，也可以附加在其他人身保险合同内作为一种附加保险。人身意外伤害保险主要有两大类，即普通意外伤害保险和特种意外伤害保险。

3．健康保险

健康保险是以人的身体作为保险标的，当被保险人因为疾病或意外事故产生医疗费用支出或收入减少时，由保险人给付保险金的一种人身保险。健康保险的主要险种包括医疗保险、疾病保险、残疾收入补偿保险、护理保险等。

四、按承保方式划分

按承保方式进行划分，保险主要可以分为原保险、再保险、共同保险、重复保险、复合保险。

（一）原保险

原保险是指保险人与投保人直接签订保险合同而建立保险关系的一种保险。当保险标的发生保险责任范围内的损失时，由保险人直接对被保险人承担经济补偿或给付责任。原保险是相对于再保险而言的，是将保险需求者的风险直接转移给保险人。

（二）再保险

再保险也称分保，是指保险人为了减轻自身承担的保险风险和责任，将其所承担保险业务的一部分转移给其他保险人的一种保险。通过再保险的方式转移风险是保险人对原始风险的纵向转移，即第二次风险转移。在再保险交易中，将其承担的保险业务部分转移给其他保险人的保险人称为原保险人，即分出人；承接其他保险人转移的保险业务的保险人称为再保险人，即分入人。《保险法》第二十八条规定："保险人将其承担的保险业务，以分保形式部分转移给其他保险人的，为再保险。应再保险接受人的要求，再保险分出人应当将其自负责任及原保险的有关情况书面告知再保险接受人。"

再保险与原保险之间既有联系又有区别。它们之间的联系表现在两个方面：一方面是没有原保险就没有再保险，原保险是再保险的基础；另一方面是没有再保险，原保险人的风险难以得到进一步分散。原保险与再保险的区别表现在三个方面：一是合同主体不同，原保险合同的主体是保险人与投保人，再保险合同的主体均为保险人；二是保险标的不同，原保险的标的既可以是财产、责任或信用，又可以是人的身体或寿命，再保险的保险标的只能是原保险人所承担的部分保险责任；三是合同性质不同，原保险合同中的财产保险合同属于补偿性质，人寿保险合同属于给付性质，而再保险合同全部属于补偿性质。

（三）共同保险

共同保险，简称共保，是指两个或两个以上的保险人联合起来直接承保同一保险标的、同一保险事故、同一保险利益的保险。在实务中，多个保险人可能以其中某个保险公司的名义签发一张保险单，发生保险事故时，每个保险人按照各自承保比例分担赔偿责任。

共同保险与再保险都具有分散风险、扩大承保能力、稳定经营成果的功效，但二者之间也存在明显的区别。在风险分散方式上，共同保险是风险在各个保险人之间的横向分散，仍然属于风险的第一次转移，而且各共同保人仍然可以向再保险人分出保险业务。再保险是风险在保险人之间的纵向分散，属于风险的第二次转移，投保人与再保险人之间没有直接的联系。

（四）重复保险

《保险法》第五十六条第四款规定："重复保险是指投保人对同一保险标的、同一保险利益、同一保险事故分别与两个以上保险人订立保险合同，且保险金额总和超过保险价值的保险。"由于重复保险使被保险人有可能获得超过实际损失的经济补偿，从而容易诱发道德风险，各国一般都通过法律形式对重复保险严加限制，防止保险欺诈的发生。

共同保险与重复保险之间存在明显的区别。共同保险是多个保险人联合承保，投保人与各保险人只签订一个保险合同；重复保险是投保人与不同的保险人分别签订多个保险合同，而且不同保险合同的有效期间也可能不完全一致。

（五）复合保险

复合保险是指投保人以保险利益的全部或部分，分别向两个或两个以上的保险人投保相同种类的保险，而且保险金额总和不超过保险价值的一种保险。

复合保险与重复保险都要求多个保险合同的保险标的、保险利益和保险事故相同，它们之间的主要区别就是保险金额与保险价值的关系。保险金额之和等于或小于保险价值的，属于复合保险；保险金额之和超过保险价值的，属于重复保险。

五、按投保方式划分

按投保方式进行划分，保险可以分为个人保险和团体保险。

（一）个人保险

个人保险的投保人是单个的自然人，是为满足个人和家庭的需要而以个人的名义向保险人购买的保险。比如家庭财产保险、个人养老保险等都属于个人保险。

（二）团体保险

团体保险的投保人为集体，是指投保团体与保险人签订一份保险总合同，向团体内的所有成员提供保障的保险。团体保险一般用于人身保险，与个人保险相比，投保程序更加简化。由于大批销售的方式减少了营销费用和管理费用，团体保险的费率要低于个人保险。

第四节　保险经营的数理基础

一、保险数理基础的分析框架

风险汇聚安排（pool arrangement）能够抑制风险。因此，如果能够将厌恶风险的人以零成本的方式组织起来，他们就会有强烈的动机参与风险汇聚安排。然而，进行风险汇聚安排不可能是无成本的。事实上，保险公司存在的主要原因是可以大幅度地降低组织和运行风险汇聚安排的成本。从本质上来说，保险合同是一种可以降低风险汇聚安排成本的方式。

为什么保险合同可以适用于某些风险，而不适用于所有的风险？对于这类问题的回答，需要一个基本的分析框架。我们所使用的框架是基于概率论和统计理论中的一些基本概念。

（一）随机变量

分析框架的起点是随机变量（random variable）的概念。随机变量是一个结果不确定的变量。而有关随机变量的信息被汇总到随机变量的概率分布（probability distribution）中，概率分布定义了随机变量所有可能出现的结果和各种结果出现的可能性。

在许多应用中，需要对不同随机变量的概率分布进行比较，由于许多概率分布各自具有不同的结果，所以在它们之间很难进行比较。因此，通常是对概率分布的某些关键数字特征进行比较，这些数字特征是期望值、方差或标准差和相关系数。

（二）期望值

概率分布的期望值（expected value）所表达的信息是：平均来看，可能的结果会出现在何处。当概率分布表示的是可能发生的损失分布时，称为损失分布（loss distribution），分布的期望值称为期望损失（expected loss）。

（三）方差或标准差

概率分布的方差（variance）所表达的信息是分布出现的结果与期望值偏差的可能性和大小。若一个分布的方差较小，意味着实际结果很可能接近期望值。相反，若分布的方差较大，意味着实际结果很可能远离期望值。因此，较大的方差意味着结果更难以预测。基于这个原因，方差通常被用来对风险（这里将风险定义为距离期望值的偏差）进行衡量[①]。方差的平方根称为标准差（standard deviation）。

（四）相关系数

至此，我们的讨论仅限于一个单独随机变量的概率分布。由于我们会面对多种风险，所以识别随机变量之间的关系是很重要的。随机变量之间的相关系数（correlation）衡量了随机变量相关的程度。当随机变量之间的相关系数为零时，我们称随机变量是独立的或不相关的。在许多情况下随机变量是相关的，正的相关系数说明随机变量倾向于向相同的方向变化，负的相关系数说明随机变量倾向于向相反的方向变化。但应当注意，正（负）的相关系数并不意味着随机变量永远向相同（反）方向变化。正的相关系数仅仅意味着当一个随机变量的结果高（低）于它的期望值时，另一个随机变量也倾向于高（低）于它的期望值。类似地，负的相关系数仅仅意味着当一个随机变量的结果高（低）于它的期望值时，另一个随机变量也倾向于低（高）于它的期望值。

二、损失具有相互独立性的风险汇聚安排

在掌握以上概念的基础上，我们可以通过下面的例子对保险的数理基础进行分析解释。

假设琪琪和彤彤每人明年有 10% 的可能遇到意外，损失为 5 000 元，有 90% 的机会没有遇到意外，损失为 0 元。表 2-1 给出了每个人事故损失的概率分布。在此，我们假设琪琪和彤彤的事故损失是独立（不相关）的。

表 2-1　不进行风险汇聚安排时损失的概率分布

可能结果	总成本（每个人支付的成本）/元	概率
不发生意外事故	0	0.9
发生意外事故	5 000	0.1

我们想知道，如果琪琪和彤彤同意平分她们两个人可能发生的任何事故成本，将会出现什么结果。也就是说，只要其中任何一个人发生损失，她们将平均分摊成本。这种安排一般称为汇聚安排（或风险汇聚安排），因为这种方式通过汇聚她们的资源来支付可能发生的事故损失。

本节讨论使用标准差作为衡量风险的指标，因此，我们的目标是确定风险汇聚安排是否能够影响以及如何影响每个人的期望成本和标准差。

首先，我们来看看琪琪和彤彤不进行风险汇聚安排时，每个人的期望成本和标准差。

期望成本 $= 0.9 \times 0 + 0.1 \times 5\,000 = 500$（元）

[①]　有时也会使用其他衡量风险的方法。例如，有些情况下用一个极值结果（如重大损失）的概率来衡量风险是非常有用的。还有一种经常用来衡量风险的是最大可能损失或在险值（value at risk），两者都用来确定在一定置信度下（如 95%），损失不会超过那一数额。

标准差 $=\sqrt{0.9\times(0-500)^2+0.1\times(5\ 000-500)^2}=1\ 500$（元）

其次，我们来看看琪琪和彤彤同意进行风险汇聚安排时的损失概率分布情况，如表2-2所示。

表2-2　进行风险汇聚安排时损失的概率分布

可能结果	总成本 /元	每个人支付的成本 （平均损失）/元	概率
1. 琪琪和彤彤都没有发生意外事故	0	0	0.9×0.9＝0.81
2. 琪琪发生意外事故，但彤彤没有	5 000	2 500	0.1×0.9＝0.09
3. 彤彤发生意外事故，但琪琪没有	5 000	2 500	0.1×0.9＝0.09
4. 琪琪和彤彤都发生了意外事故	10 000	5 000	0.1×0.1＝0.01

表2-2的第一列列出的是琪琪和彤彤汇聚后的可能结果。如果两人都没有发生意外事故，总的事故成本为0元，每人支付为0元。如果两人之一发生了意外事故，总事故成本为5 000元，每人支付2 500元。如果两人都发生意外事故，总事故成本为10 000元，每人支付5 000元。

现在我们来求出这些结果的概率（表2-2的最后一列）。由于琪琪发生的损失与彤彤发生的损失是独立的，可以运用乘法原理。因此，两个人都不发生意外事故的概率就是琪琪不发生意外事故的概率乘以彤彤不发生意外事故的概率，也就是第一个结果的概率是0.9×0.9＝0.81。第二个结果的概率，即琪琪发生意外事故但彤彤不发生意外事故的概率是0.1×0.9＝0.09。第三个结果的概率，即彤彤发生意外事故但琪琪不发生意外事故的概率也是0.09。因此，只有一人发生意外事故的概率是0.09+0.09＝0.18。第四个结果的概率，即琪琪和彤彤都发生意外事故的概率是0.1×0.1＝0.01。

从这个例子可以清楚地看到，风险汇聚安排改变了每个人面对的事故成本的概率分布，降低了极端结果的概率。这时，我们再来计算下琪琪和彤彤每个人的期望成本和标准差。

期望成本 $=0.81\times0+0.18\times2\ 500+0.01\times5\ 000=500$（元）

标准差 $=\sqrt{0.81\times(0-500)^2+0.18\times(2\ 500-500)^2+0.01\times(5\ 000-500)^2}$

　　　 $\approx 1\ 061$（元）

可以看出，风险汇聚安排不改变每个人的期望成本，但将成本的标准差从1 500元减少到1 061元，事故的成本变得更加容易预测了，风险汇聚安排降低了每个人所面临的风险。

结论一：当损失是独立的（不相关的）时，风险汇聚安排可以抑制风险。

随着风险汇聚安排人数的增加，每个人事故损失成本的概率分布将继续改变。图2-1比较了分别有4个、20个和100个参加者的风险汇聚安排的平均事故损失成本的概率分布。我们会发现，当风险汇聚安排参加者的人数增加时，接近损失期望500元的平均损失的概率增加了，出现极端结果（非常高的平均损失和非常低的平均损失）的概率不断降低。另外，随着参加者数量的增加，每个人支付的平均损失成本的概率分布更加接近钟形曲线。总之，风险汇聚安排使每个人必须支出的事故损失额的风险减小了（更加易于预测），这是因为汇聚减小了所有参加者平均损失的标准差，从而减小了每个参加者支出额的标准差。因此，风险汇聚安排可以降低每个参加者的风险。

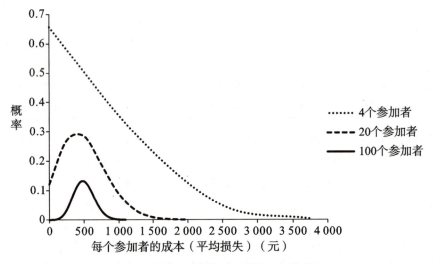

图 2-1　不同数量参加者的平均损失分布

说明：当每个人有 0.1 概率发生一次 5 000 元损失时，风险汇聚安排有 4 个、20 个和 100 个参加者时的平均损失分布（有 100 个参加者时出现极端损失的概率较低，平均损失的标准差最小）。

表 2-3 的数据表明：随着风险汇聚安排中参加者数量的增加，每个参加者成本的标准差越来越小。在极限的情况下（当参加风险汇聚安排的人数量非常多），每个参加者成本的标准差将变得非常接近 0，因此每位参加者的风险变得可以忽略不计。这个结果说明了什么是大数法则（law of large numbers）。此外，随着参加者数量的增长，平均损失的概率分布变得越来越像钟形，直到最终等同于正态分布（normal distribution）。这个结果说明了什么是中心极限定理（central limit theorem）。

表 2-3　风险汇聚安排中不同数量参加者的期望成本和标准差

参加者数量/个	2	4	20	100	1 000	10 000	1 000 000
期望成本/元	500	500	500	500	500	500	500
标准差/元	1 061	750	335	150	47	15	1.5

对以上分析进行总结，我们可以发现，当损失相互独立时，风险汇聚安排对每个参加者支付的事故成本的概率分布有两个重要影响：第一是平均损失的标准差减小了，结果是使得参加者面临极端结果（包括高结果和低结果）的概率减小；第二是平均损失的分布更加接近钟形。

最后需要指出的是，在上述例子中我们假设通过风险汇聚安排以抑制风险的所有参加者的损失都有相同的概率分布，这个假设并不是关键性的。因为即使每个参加者具有不同的损失分布，但只要有越来越多的参加者，平均损失的标准差也是倾向于下降的①。

三、损失具有相关性的风险汇聚安排

　　由于各种复杂的原因，损失之间经常会呈现出正相关性。损失呈现出正相关性的原因主要有两点：一是损失的发生经常是由于相同事件（如飓风或地震）所导致的；二是损失的程度和大小也经常受共同因素的影响。例如，非预期的通货膨胀会使每个需要医疗保健的人的支付额高于预期。

　　下面我们分析一下正相关的损失会对风险汇聚安排产生什么样的影响。回到前面的例子，假设在琪琪和彤彤的损失之间存在着正相关，正相关并不改变琪琪和彤彤最初事故成本的概率分布，但正相关意味着二人同时发生意外事故的概率高于0.01，二人都不发生意外事故的概率也高于0.81。结果是相对于不相关的损失，琪琪和彤彤每个人的平均损失的标准差减少得没有那么多，意味着风险汇聚安排对风险的抑制程度降低。另外，随着损失正相关度的增大，风险汇聚安排抑制风险的作用就越小②。

　　正相关的最大程度是完全正相关。在这种情况下，如琪琪发生意外事故，彤彤也会发生；如果琪琪不发生意外事故，彤彤也不会发生。因此，每个人都发生意外事故的概率和二者之一发生事故的概率是一样的（均为0.1），两个人都不发生意外事故的概率和二者之一不发生事故的概率是一样的（均为0.9），结果是风险汇聚安排没有改变标准差。因此，当损失为完全正相关时，风险汇聚安排不能抑制风险。

　　图2-2总结了正相关损失对平均损失分布的影响效果。图2-2中画出了两种情况，两种情况都有10 000个参加者加入风险汇聚安排，每个参加者的损失期望都为500元。一种情况是每个参加者的损失是不相关的，另一种情况则是正相关的。正如图2-2中所示，当损失正相关时，平均损失的分布有更高的标准差，所以平均损失更难以预测。

---

　　① 这种情形下，一般会出现逆向选择的问题，因此保险公司会向具有不同损失期望的人收取不同的保费。

　　② 正相关程度的大小可以用相关系数来表示，此时可得到：平均损失标准差 = 原标准差 × $\sqrt{(1+\text{相关系数})/2}$。当相关系数为0（损失相互独立）时，琪琪和彤彤汇聚后的平均损失标准差等于原标准差的0.707倍，即1 061元；当相关系数为0.2（损失正相关）时，琪琪和彤彤汇聚后的平均损失标准差等于原标准差的0.775倍，即1 162元；当相关系数为0.8（损失正相关）时，琪琪和彤彤汇聚后的平均损失标准差等于原标准差的0.949倍，即1 423元；当相关系数为1（损失完全相关）时，琪琪和彤彤汇聚后的平均损失标准差等于原标准差，即1 500元。

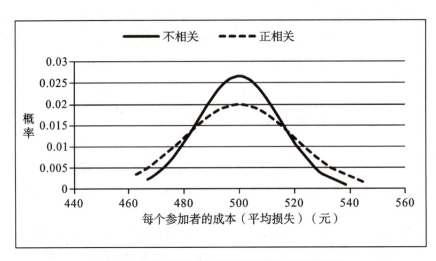

图2-2　不相关和正相关时平均损失的概率分布

图2-3通过分析参加者的数量增加时平均损失的标准差如何改变，进一步阐明了相关性损失对风险汇聚安排的影响效果。当损失不相关时，平均损失的标准差随着参加者数量的增多而接近于0（回想一下大数法则）；当损失不完全正相关时，平均损失的标准差随着参加者数量的增多而减小，但并不接近于0；当损失完全正相关时，平均损失的标准差随着参加者数量的增多而不变。

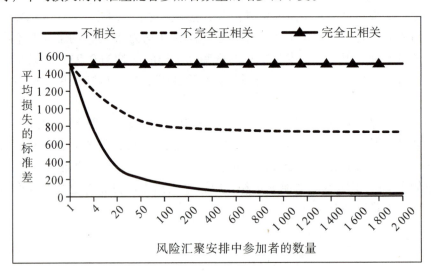

图2-3　风险汇聚安排中损失的正相关性对风险抑制的影响

结论二：当损失不完全正相关时，与损失是独立的（不相关的）情形相比，风险汇聚安排对风险的抑制程度会降低；随着正相关程度的增加，风险汇聚安排对风险的抑制程度会越来越小；当损失完全正相关时，风险汇聚安排不能抑制风险。

总结起来，当损失不相关时，风险汇聚安排对风险的抑制效果最佳；当损失不完全正相关时，风险汇聚安排对风险的抑制效果降低，并且相关度越高，对风险的抑制效果越小；当损失完全正相关时，风险汇聚安排对风险的抑制没有任何效果。

最后需要指出的是，损失的相关性对风险管理和保险具有重要的意义。例如，损失的相关性对企业风险、保险价格、保险合同中含有的条款类型以及保险公司的运作（如核保、再保险业务和保险公司的资本结构）都会产生重要的影响。另外，风险汇聚安排本质上是通过分散化来抑制风险，损失的正相关性限制了通过风险汇聚安排消除风险的能力，这种不能被消除的风险通常被称为系统性风险或不可分散风险。

第五节　保险产生与发展的历史

一、保险产生的基础

保险的产生和发展依赖于两个重要条件，分别是自然基础和经济基础。

（一）自然基础

人们在从事生产活动和日常生活当中，总是面临着各种各样的自然风险，风险的客观存在是保险产生的自然基础。随着人类社会的进步，人们对客观世界的理解和认识也不断提高，但对自然规律的认识仍然是相对和有限的，无法避免各种自然灾害和意外事故带来的经济损失。为了防范风险和减少风险带来的损失，人们从实践中总结出了各种有效的风险管理手段。其中，保险的作用最为突出，能够集合众多人力对风险引起的损失进行合理分摊和补偿。因此，正是风险的客观存在和损失的发生，才导致以补偿经济损失为责任的保险的出现。

（二）经济基础

剩余产品的出现和商品经济的发展是保险产生的经济基础。在原始社会，由于生产力水平低下，人们生产出的产品只够维持基本生活，没有剩余产品。在这种情况下自然无法建立保险基金，也就不可能产生保险。随着人类进入奴隶社会和封建社会，生产力水平不断提高，出现了剩余产品和商品交换，一些有共同利益的经济单位和个人共同建立后备基金，从而产生了保险的萌芽。但由于封建社会是以分散、封闭的自然经济为基础的，无法满足保险在全社会范围内分散风险的要求。只有当商品经济发展到一定程度，出现生产的高度社会化和专业化，生产者之间形成普遍的经济联系，保险才有可能产生和发展起来。随着资本主义制度的出现，高度发达的商品经济为现代保险的产生和发展提供了重要基础。

二、保险的起源与发展

（一）海上保险的起源与发展

海上保险是一种最古老的保险，近代保险也是首先从海上保险发展起来的。

1. 共同海损是海上保险的萌芽

公元前 2000 年，地中海一带就已经存在规模较大的海上贸易。受技术所限，当时的船只构造比较简单，难以抵抗海上航行中遭遇的大风大浪。当船舶在海上遭遇风浪时，最有效的办法就是抛弃部分货物，减轻船体重量，避免因船只沉没而导致货物全部损失。为了使受损货主能够得到合理补偿，人们在长期的实践中达成了一致做法，即抛弃货物产生的损失由全体受益者共同承担。地中海沿岸的商人们逐渐形成并遵守一个原则——"一人为众，众为一人"。到了公元前916年，这种共同海损的做法在《罗地安商法》中获得了认可，即凡因减轻船只载重而投弃入海的货物，如为全体利益而损失的，须由全体来分摊。这就是著名的"共同海损"原则。由于该原则体现了海上保险的分摊损失、互助共济的要求，因而被认为是海上保险的萌芽。

2. 船舶与货物抵押借款是海上保险的雏形

公元前800年至公元前700年，船舶与货物抵押借款流行于古希腊和雅典等地。当时，为了取得航海所需资金，船主以船舶作为抵押物向放款人借款。如果船舶安全到达，船主负责本金和利息的偿还；如果船舶中途沉没，债权即告消失。船长在用船舶作抵押时，既有将货物包括在内，又有单独用货物作抵押的。货物抵押借款的办法与船舶抵押借款相同，船舶沉没后，借款等于预先支付了赔款。这种方式的借款可以看作是最早形式的海上保险，放款人相当于保险人，借款人相当于被保险人。由于放款人承担了船舶海上航行的风险，因此借款利息就要比一般借款高得多，这种高出一般利息的部分，实质就是最早形式的海上保险费。

3. 意大利是近代海上保险的发源地

在11世纪后期，欧洲十字军东征以后，意大利商人曾经控制了东西方的中介贸易。到14世纪，意大利已经成为国际贸易中心，经济繁荣的北部出现了类似于现代形式的海上保险。最初的海上保险仅由口头约定，后来发展到书面合同形式。世界上现存最早的保险单是由一个名叫乔治·勒克维伦的热那亚商人在1347年10月23日创立的，是一张承保从热那亚到马乔卡的船舶保险单。但这张保险单并没有订明承保风险，不具有现代保险单的基本形式。1384年3月24日，比萨的一组保险人出立了承保四大包纺织品从比萨到沙弗纳的保险单，这被认为是第一张出现承保内容的"纯粹"保险单，史称"比萨保单"。

随着海上保险的发展，第一家海上保险公司于1424年在热那亚出现。为了解决日益增多的保险纠纷，威尼斯在1468年制定了关于法院如何保证保险单实施及防止欺诈的法令，佛罗伦萨在1523年制定了一部较为完整的条例，并规定了标准的保险单格式。意大利一些善于经商的伦巴第人后来移居到英国，继续从事海上贸易，他们不但操纵了伦敦的金融市场，而且把海上保险也带到了英国。

4. 英国海上保险的发展

在美洲新大陆被发现之后，英国的对外贸易获得了空前的发展，保险的中心逐渐从意大利转移到英国。1568年，伦敦市市长批准开设了第一家皇家交易所，为海上保险提供交易场所，交易所的做法取代了从伦巴第商人沿袭下来的一日两次在露天广场交易的习惯。1601年，英国女王颁布了第一部有关海上保险的法律，以解决日益增多的海上保险纠纷。1720 年，英国政府批准成立了伦敦保险公司和皇家交易保险公司，它们取得了专营海上保险的特权，这为英国开展世界性的海上保险业务提供了有利条件。从 1756 年到 1788 年，当时的首席法官曼斯菲尔德收集了大量海上保险案例，编写了一部海上保险法案，这为海上保险纠纷的解决提供了法律依据。

劳合社在海上保险的发展过程中占有重要地位。1683 年，英国人爱德华·劳埃德在泰晤士河畔开设了一家以自己名字命名的咖啡馆，顾客主要是船主、船员、商人、经纪人和高利贷者。这些人经常在咖啡馆交换航运信息，交谈海外新闻，洽谈海上保险业务。劳埃德抓住这个机会，努力为保险交易双方提供便利，将咖啡馆变成一个海上保险交易中心。1691 年，劳埃德咖啡馆迁往伦敦的金融中心伦巴底街经营保险业务。1696 年，劳埃德咖啡馆开始出版《劳埃德新闻》，每周 3 期，主要内容是海事航运消息，并刊登拍卖船只的广告。1734 年，《劳合社动态》出版，成为有国际影响力的刊物。1771 年，劳埃德咖啡馆的 79 名顾客每人出资 100 英镑，另选新址来经营海上保险业务，这笔资金由劳合社委员会进行管理。由于劳合社是自发形成的民间组织，没有得到政府机构的认可，因此限制了其进一步发展。1871 年，英国议会通过法案，批准劳合社成为一个正式的社团组织，但劳合社的成员只能经营海上保险业务。1911 年，英国议会取消了这个限制，批准劳合社成员可以经营包括水险在内的一切保险业务。如今，劳合社已经发展成为世界保险市场最大的保险垄断组织之一。劳合社对保险业的发展，特别是对海上保险和再保险在世界范围内的发展做出了极为重要的贡献。

劳合社并不是保险公司，它本质上是一个保险市场。与证券交易所类似，劳合社本身不经营保险业务，只为其成员提供交易场所和相关服务。劳合社里面的承保人自由组合，组成承保辛迪加。每个辛迪加组织均有个牵头人，负责与经纪人商谈确定保险合同的有关条款、费率等。在劳合社办理保险业务，投保人不能和承保人直接接触，而是需通过经纪人促成交易。一般是由经纪人填写投保单，交给承保辛迪加的牵头人，然后在内部成员之间确定承保份额。经纪人还可以与其他承保辛迪加联系，直到全部承保份额完成。最后，经纪人在劳合社签单处换取正式保单交给投保人。

（二）火灾保险的产生

火灾保险的萌芽状态可以追溯到 12 世纪初期冰岛成立的互助社。互助社对火灾及家畜的死亡所致内部成员的损失承担赔偿责任。1591 年，德国汉堡的酿造业者成立了火灾救助协会，加入者可以在火灾后得救济。1676 年，由 46 个协会合并成立了汉堡火灾保险社，这是公营火灾保险的开始。

真正促使火灾保险发展起来的国家是英国。1666 年 9 月 2 日，在英国伦敦发生了一场大火。火灾持续了 5 天，导致 13 000 幢房屋和 90 座教堂被烧毁，20 万人无家可归，造成了巨大的财产损失。1667 年，一位名叫尼古拉斯·巴蓬的牙科医生独资开办了一家专门承保火险的营业所，开创了私营火灾保险的先例。出于业务发展需要，他在 1680 年邀请 3 人共同投资 4 万英镑成立了一家保险合伙组织，后更名为凤凰火灾保险公司。在火灾保险的业务经营中，巴蓬首次采用有差别的费率。保险费是根据房屋的租金和建筑结构来计算的，砖石结构的费率定为年租金的 2.5%，木屋的费率为 5%。巴蓬在保险经营中使用差别费率的方法沿用至今，这已成为现代保险的重要特点之一。正因如此，巴蓬获得了"现代保险之父"的称号。

（三）人身保险的产生

人身保险的产生与海上保险密不可分。15 世纪后期，欧洲的奴隶贩子为了减少因奴隶死亡而导致的损失，把运往美洲的非洲奴隶当作货物投保海上保险。后来发展到为旅客支付被海盗绑架而索要的赎金，以及为船长、船员投保人身安全保险。这就是最初的人身意外伤害保险。

1656 年，意大利银行家洛伦佐·佟蒂设计了一套联合养老保险方案（所谓的"佟蒂法"）。该方案在 1869 年被法国国王路易十四采用，用来缓解财政压力。"佟蒂法"规定每人缴纳 300 法郎，筹集总额为 140 万法郎的资金。若干年后开始支付利息，每年 10%，不偿还本金。所有认购者被按照年龄分成 14 个群体，利息只付给群体的生存者，年龄高者支付的利息较高。如果该群体成员全部死亡，则停止给付。

1693 年，英国数学家、天文学家埃德蒙·哈雷以德国布雷斯劳市的市民死亡统计为基础，编制了世界上第一张生命表，精确表示了每个年龄的死亡率，提供了寿险保费计算的依据，为现代人寿保险奠定了数理基础。1762 年，英国人辛普森和多德森发起成立了伦敦公平保险公司，第一次将生命表用于人寿保险，按投保人年龄，根据生命表核收保费，并对异常风险加收额外费用。这是第一家建立在科学基础之上的人寿保险公司，标志着现代人寿保险制度的开始形成。

（四）责任保险的产生

责任保险最早出现在英国。1855 年，英国铁路乘客保险公司首次向铁路部门提供铁路承运人责任保险，由保险公司承担铁路运输中承运人的货物损坏赔偿责任，这开创了责任保险的先例。1870 年，建筑工程责任保险在英国问世；1875 年，英国出现了马车第三者责任保险；1880 年，成立的雇主责任保险公司开始向雇主提供责任保险；1885 年，职业责任保险——药剂师过失责任保险产生；1900 年，英国海上事故保险公司出具了第一张产品责任险保单。

责任保险的产生和发展依赖于两个重要条件：民事侵权责任风险的客观存在和法律制度的不断完善。从 20 世纪 70 年代开始，责任保险获得了全面、迅速的发展，种类几乎无所不包。如今，大多数西方发达国家都对各种公众责任实行了强制保险，有些国家还实行了严格的责任管理制度。对于保险公司而言，责任保险已经成为重要的业务种类。

（五）保证保险的产生

保证保险是随着资本主义商业信用的发展和道德风险的频繁出现而产生的一种新兴保险业务。1702 年，英国创办了一家专门经营保证保险的公司——主人损失保险公司，主要承保被保人因雇员的不法行为给雇主造成的经济损失，从而揭开了保证保险的序幕。1840年，英国成立了保证社；1842年，英国又成立了英国保证公司，开办保证保险业务。1876年，美国也开始举办保证保险业务。随着经济和贸易的发展，保证保险的业务种类也不断增加，由最初的忠诚保证保险扩展到合同保证保险、供给保证保险、出口信用保证保险等。

三、中国保险业的发展

（一）旧中国的保险业

我国第一家保险公司诞生在19世纪初。当时，西方列强通过鸦片输入的方式对中国进行经济入侵，保险公司作为经济侵略的保障工具进入我国。1805年，英国商人在广州设立了广州保险社，主要经营海上保险业务。这成为中国历史上出现的第一家保险公司。继英国之后，美国、法国、德国、瑞士、日本等国相继在中国设立保险公司或代理机构，基本上垄断了我国的保险市场。

第一次鸦片战争以后，中国的有识之士开始从西方发达国家寻找各种改革和富国强兵之策。1842年，中国思想家魏源在其著名的《海国图志》中，第一次向国人介绍了西方的火险、水险和人寿保险。1859年，被封为太平天国干王的洪仁玕在《资政新篇》中阐述了兴办保险的思想。在此之后，许多著名的中国近代知识分子纷纷著书立说，宣传西方的保险思想，倡导建立中国人的保险公司。郑观应的《盛世危言》（1861）、钟天伟的《扩充实务十条》（1888）、陈织的《保险集资说》（1896）等著作都阐述了保险的基本原理和保险对于中国发展与抵御西方经济的作用，为中国民族保险业在19世纪末期的崛起在理论上和思想上做了必要的准备。

1865年，国内第一家民族保险企业——上海华商义和公司保险行成立，打破了国外保险公司垄断中国保险市场的局面，这标志着中国民族保险业的诞生。1873年1月17日，由清政府洋务派推动官督商办的中国近代第一家大型航运企业——上海轮船招商局开始营业。商船在从事海上运输时需要向外商保险公司投保，但由于费率奇高，并且有可能被以不合理的埋由拒保，1875年12月28日，轮船招商局通过募集股份的方式在上海设立保险招商局，成为第一家规模较大的民族保险企业。1876年和1878年，轮船招商局又先后成立了仁和保险公司和济和保险公司，后来合并为仁济和保险公司，成为一家有较大规模和影响力的保险企业。20世纪初，特别是在第一次世界大战期间，中国的民族保险业得到了快速发展。抗日战争期间，保险业的发展受到打击。抗战胜利后，保险业又一度繁荣。到1949年5月，上海共有中外保险公司400家左右，其中华商保险公司有126家。

（二）新中国的保险业

1949年新中国成立以后，中国保险业的发展经历了起起落落。1949年10月20日，经中央人民政府批准，中国人民保险公司在北京正式成立，成为第一家全国性的国有保险公司。中国人民保险公司成立以后，开办了各种保险业务，对国家经济建设起到了重要的保障作用。1956年，生产资料私有制的社会主义改造基本完成后，我国进入了全面的大规模的社会主义建设时期。由于认识上的错误，国内保险业的发展受到了严重影响。

1958 年 10 月，财政部西安财贸工作会议举行。这个会议正式指出：人民公社化以后，保险工作的作用已经消失，除国外保险业务必须继续办理外，国内保险业务应即停办。1958 年 12 月，在武汉召开的全国财政会议正式决定：立即停办国内保险业务。1959 年 1 月，中国人民保险公司召开第七次全国保险会议，贯彻落实国内保险业务停办精神，并布置善后清理工作。而对于国外保险业务，中国人民保险公司在各主要港口设立分公司，比如上海、广州、天津、大连等。在 1958—1960 年大跃进时期，由于"左"倾错误，致使保险业务遭受严重挫折。由于国内保险业务长时间陷于中断局面，人员和资料大量流失，与国外保险业的差距进一步拉大。

对于保险的国外业务而言，由于在对外经济交往中有着不可替代的特殊作用，这也使其能够在一定范围内得以继续保持。但是随着"文化大革命"的开始，在极"左"路线的影响下，国外业务也遭到严重的摧残。到 1969 年 4 月，从事保险工作的员工只剩下 9 个人，实际已经没有能力办理基本的保险业务。1969 年 6 月，一批从国外进口的白金在空运中发生丢失，但价格昂贵的白金并未投保，外贸部门遭受严重损失。相关部门把这一事件向周恩来总理汇报后，周总理对停办国外保险业务进行了批评，同时指出："保险还是要办，保险是对外联系的一个渠道，敌人想孤立我们，我们不要自己孤立自己。"因此，"文化大革命"期间涉外保险和再保险业务一直都小规模地保留着。

1979 年，全国人民银行分行长会议提出了恢复国内保险机构和业务建议，经国务院批准，国内保险业务从 1980 年起开始恢复，我国的保险业获得了新生。1980 年 1 月，中国人民保险公司全面恢复停办的国内保险业务。截至 1980 年年底，除西藏自治区外，全国 28 个省、自治区、直辖市都已经恢复了中国人民保险公司的分支机构。1982 年，中国人民保险公司又开始恢复办理人身保险业务和农村保险业务。从此，中国保险业逐步进入了一个快速发展时期，取得了许多令人瞩目的成就。1984 年，中国人民保险公司从中国人民银行中脱离出来，以独立的法人资格开展各项业务，但业务仍由中国人民银行进行监督管理。

1986 年，中国人民银行批准成立了新疆生产建设兵团农牧业保险公司（中华联合财产保险公司的前身）。这是一家区域性的保险公司，专门经营兵团内部的以种植和畜牧业为主的保险业务，标志着中国人民保险公司独家垄断保险市场局面的消失。

1987 年，中国人民银行批准交通银行及其分支机构设立保险部，经营保险业务。1991 年，为执行中国人民银行关于银行、保险、证券分业经营的政策，在保险部的基础上组建了中国太平洋保险公司，成为第二家全国性的综合保险公司。

1988 年 3 月 21 日，经中国人民银行的批准，深圳蛇口工业区招商局和中国工商银行等单位合资成立了国内第一家股份制保险公司——平安保险公司，总部设在深圳。1992年9月，平安保险公司更名为中国平安保险公司（简称"中国平安"），经营范围扩大至全国，成为第三家全国性的综合保险公司。

1992年，中国人民银行制定并颁布了《上海外资保险机构暂行管理办法》。同年9月，美国国际集团（简称"AIG"）的子公司美国友邦保险有限公司（简称"AIA"，主要经营寿险业务）和美亚保险有限公司（简称"AIU"，主要经营财险业务）经中国人民银行批准在上海设立分公司，这标志着我国保险市场开始对外开放。从此，国际保险业先进的经营理念和管理技术被引入我国，这不但有利于提升国内保险企业的经营管理水平，也推动了中国保险市场的国际化进程。

1995年6月30日，《中华人民共和国保险法》颁布，并于同年10月1日起正式实施，这标志着我国保险业走上了法治化的发展道路。该法的实施对国内保险市场的格局产生了重要影响。由于不允许混业经营，原中国人民保险公司在1996年改制为集团公司，下属4家专业保险公司：中保财产保险有限公司、中保人寿保险有限公司、中保再保险有限公司和专营海外业务的中国保险（控股）有限公司。2003年6月，前3家保险公司又分别重组改制，变更为中国人保控股公司（简称"人保集团"）、中国人寿保险（集团）公司（简称"国寿集团"）、中国再保险（集团）公司（简称"中再集团"）。1999年，原中国人民保险公司所有境外经营性机构包括中国保险（控股）有限公司由中国太平集团全面控股，2009年更名为中国太平保险集团公司（简称"中国太平"）。

1996年，中国人民银行批准成立了5家中资保险公司。其中，有3家是总部设在北京的全国性保险公司，分别是华泰财产保险股份有限公司、泰康人寿保险股份有限公司、新华人寿保险股份有限公司。另两家都是区域性保险公司，分别是总部设在西安的永安保险股份有限公司和总部设在深圳的华安保险股份有限公司。

1998年11月18日，中国保险监督管理委员会正式成立，取代中国人民银行行使对保险业的监督管理功能。从此以后，中国保险业有了独立的监管机构，标志着我国的保险宏观监管体制日渐成熟，开始走向专业化和规范化。

2001年12月11日，中国正式成为世界贸易组织（WTO，下同）的成员。加入WTO以后，我国在保险业对外开放方面作出了相应的承诺，在企业设立形式、地域限制、业务范围等方面都逐步放开。

2001年12月18日，中国专营进出口信用保险业务的政策性保险公司——中国出口信用保险公司成立。这是由国家出资设立、支持中国对外经济贸易发展与合作、具有独立法人地位的国有政策性保险公司。

2004年，中国保险市场打破连续8年不批设中资保险公司的局面，中国保监会一共批准了18家新的保险公司的筹建。其中，阳光农业相互保险公司的成立有重要意义，开创了我国设立相互制保险公司的先例。

2006年，国务院颁布了《国务院关于保险业改革发展的若干意见》，简称"国十条"，把加快保险业改革发展定位在整个经济社会发展全局的高度。

2014年，国务院发布《关于发展现代保险服务业的若干意见》，简称"新国十条"，进一步明确了现代保险服务业发展的总体要求、重点任务和支持政策，为当前和今后一个时期现代保险服务业的发展指明了方向。

2016 年 6 月 22 日，中国保监会批准信美相互保险社、众惠财产相互保险社和汇友建工财产相互保险社三家相互保险社试点。这标志着相互保险这一国际传统、主流的保险组织形式即将在我国开启新一轮实践探索，我国多层次保险市场体系建设迈出了全新步伐。

2018 年 4 月 8 日，根据第十三届全国人民代表大会第一次会议批准的国务院机构改革方案，中国银行保险监督管理委员会正式挂牌，对中国银行业监督管理委员会和中国保险监督管理委员会的职责进行整合。中国保险监督管理委员会成为历史。

2023 年 3 月 7 日，党的二十届二中全会通过了《党和国家机构改革方案》，方案中不再保留中国银行保险监督管理委员会，在银保监会基础上组建国家金融监督管理总局。2023 年 5 月 18 日，国家金融监督管理总局正式揭牌，保险业进入国家金融监督管理总局监管时代，金融监管工作新局面正在逐步构建。

改革开放以来，中国保险业持续快速发展，已成为全球增长最快的保险市场之一。根据国家金融监督管理总局公布的统计数据，2023 年，全国共实现原保险保费收入约 51 247 亿元，其中财产保险公司原保险保费收入 15 868 亿元，人身保险公司原保险保费收入 35 379 亿元。按业务划分，产险业务原保险保费收入 13 607 亿元，寿险业务原保险保费收入 27 646 亿元，健康险业务原保险保费收入 9 035 亿元，意外险业务原保险保费收入 959 亿元。2023 年，全国原保险赔付支出 18 883 亿元，其中财产险赔付支出 9 171 亿元，人身险赔付支出 9 712 亿元。

思政案例：　　　　　　　　中国人保的红色脉络

中国红色保险的理论依据创建于 1922 年 8 月。当时，中国共产党以中国劳动组合书记部名义颁布了《劳动法大纲》，提倡劳动者的保险费用应由雇主和国家分担。到 1931 年，中华苏维埃共和国工农兵代表大会通过了《中华苏维埃共和国劳动法》，对社会保险制度进行了初步探索。这些保险意识的萌芽为随后的红色金融建设提供了理论基础。

与北方红区轰轰烈烈的革命景象不同的是，南方白区上海、重庆等地保险人士是在隐蔽的阵线上进行惊心动魄的斗争。诸多银行界的进步青年在白区恐怖的血雨腥风中，毅然走上革命道路，成为中共地下党员。他们在国民政府保险公司任职，白天在办公桌前拨打着算盘珠子，夜晚在昏暗的灯光下敲打着发报按钮，传递着密电信息。

被称为"红色保险掌门人"的谢寿天，早年从商业学校毕业后来到上海，进入民信银行当实习生，1935 年进入上海天一保险公司担任会计科科长。当时，日本帝国主义的武装势力已经从东北扩展到华北，中共中央发布了著名的《八一宣言》，号召停止内战，一致抗日。上海民众积极响应，谢寿天经公司同事杨经才介绍，参加了上海市职业界救国会。在天一保险公司内部，谢寿天借与公司同事共进晚餐之机，进行抗日救国宣传教育，从而团结了一批进步青年，成为后来红色保险的骨干力量。1937 年 7 月 7 日，卢沟桥事变爆发，谢寿天和胡咏琪、杨经才、郭雨东等保险界进步人士共同发起成立"上海市保险界战时服务团"，报名参加的保险界职工有 300 余人，谢寿天任该服务团秘书长。1937 年 8 月，谢寿天作为保险业团体代表，参加了"上海市职业界救亡协会"，后成为中共地下党员。

1937 年 11 月，国民党军队西撤，上海成为孤城。原来控制上海保险市场的英美保险公司被迫停业。谢寿天向上海地下党职员运动委员会书记陆志仁提出创办民族保险公司，得到同意。谢寿天出面联合董国清等 7 人共同发起组建大安产物保险公司，他本人担任公司常务董事兼总稽核。

1942—1943 年，谢寿天两次进入解放区，分别在淮南黄花塘和葛家巷向中共华中局城工部汇报工作，并参加党的整风学习。回到上海后，谢寿天与上海金融界颇有影响的金城银行董事长兼总经理周作民及中国银行沪行经理吴震修多次接触，开展统战工作。

在重庆开展地下工作的民安保险公司创办人卢绪章，更是一位充满传奇色彩的人物。1939 年，地下党员卢绪章以资本家身份到重庆开展工作。1940 年，他在重庆红岩村见到了中共中央副主席兼南方局书记周恩来。周恩来叮嘱他："卢绪章同志，工作环境险恶，你这个资本家可一定要当得像呀。你要像八月风荷，出淤泥而不染，与各方面打交道，交朋友，一定要记住同流而不合污！"

1943 年，卢绪章在重庆创建了民安保险公司，1945 年迁到上海。民安保险公司为新中国保险事业培养了一大批经验丰富的保险专业骨干，而且民安保险公司后来也成了新中国成立的中国保险公司的子公司。

谢寿天、卢绪章等一批保险专家的出现，为中国红色保险奠定了基础。

中国人民保险公司的诞生可谓是应时而来。1949 年下半年，人民政府相继在平、津、沪等地接管了国民党政府的官僚资本保险机构，将其改组后进行复业试办。然而，接收过来的官僚保险公司存在许多不足。由于没有集中统一领导，资金和管理分散，且限于地区狭小、资金有限，对大宗物资无力承担保险责任，致使生产缺乏安全保障，也严重影响出口贸易。

当时，人民政府负责经济事务的政务院财经委员会主任陈云以及中国人民银行各区领导在了解情况后一致认为，为更好地发挥保险在经济补偿、促进对外贸易、积累财政资金等方面的作用，集中领导和统一管理全国保险事业十分必要。

正是由于人民政府内部有懂得金融保险专业知识的银行家，认识到创建保险公司的必要，还因为在我国金融保险业最发达的上海有多年从事保险工作的地下党员，顺理成章地把接收的保险公司及个人从事的保险事业带到新中国，一个全国性的保险公司才得以尽早成立。

1949 年 8 月，在陈云主持的上海中央财经会议金融小组会上，通过了设立"中国人民保险公司"的议案。当时，全国的金融工作都是由中国人民银行总行领导和负责。上海财经会议结束后，中国人民银行行长南汉宸等带领原有储蓄处干部以及从上海调来的有一定保险经验的干部开始进行筹备工作。1949 年 9 月 21 日，陈云就成立中国人民保险公司一事报请中共中央，并获批准。初步计划将新成立的中国人保交由中国人民银行总行直接领导，由中国人民银行总行副行长胡景沄兼任人保公司的首任总经理，孙继武任副总经理。谢寿天任中国人保华东区公司总经理，林震峰任太平保险公司总经理。

在开创中国人保的征途中，无数先辈抛头颅洒热血，奉献才智，与敌人斗智斗勇，出生入死，书写了一段可歌可泣的中国人保历史。

资料来源：高星. 中国人保的红色脉络 [J]. 金融文化，2018（5）：45-46.

重要术语

保险损失说　非损失说　二元说　分摊损失　补偿损失　商业保险　社会保险
强制保险　自愿保险　原保险　再保险　共同保险　重复保险　复合保险
风险汇聚　大数法则　中心极限定理

复习思考题

1. 试述并评论关于保险性质的三种主要学说。
2. 比较保险与储蓄的区别。
3. 保险的基本职能有哪些？
4. 保险的派生职能有哪些？
5. 试述保险在经济生活中的作用。
6. 试述商业保险与社会保险的区别。
7. 解释当损失相互独立时，风险汇聚安排是如何抑制风险的。
8. 试述海上保险的起源与发展。

参考文献

1. 张洪涛. 保险学 ［M］. 4 版. 北京：中国人民大学出版社，2014.
2. 张虹，陈迪红. 保险学教程 ［M］. 2 版. 北京：中国金融出版社，2012.
3. 孙蓉，兰虹. 保险学原理 ［M］. 3 版. 成都：西南财经大学出版社，2010.
4. 庹国柱. 保险学 ［M］. 6 版. 北京：首都经济贸易大学出版社，2011.

5. 熊福生，姚壬元. 保险学 [M]. 北京：经济管理出版社，2010.

6. 粟芳，许谨良. 保险学 [M]. 2 版. 北京：清华大学出版社，2013.

7. 魏华林，林宝清. 保险学 [M]. 4 版. 北京：高等教育出版社，2017.

8. 孙祁祥. 保险学 [M]. 5 版. 北京：北京大学出版社，2013.

9. SCOTT E HARRINGTON，GREGORY R NIEHAUS. 风险管理与保险 [M]. 陈秉正，王珺，周伏平，译. 北京：清华大学出版社，2001.

10. 王国军. 保险经济学 [M]. 2 版. 北京：北京大学出版社，2014.

第三章　保险合同

第一节　保险合同概述

一、保险合同的定义与特征

（一）保险合同的定义

从法律的角度看，保险是一种以合同为其表现形式的商业行为。所谓合同，是指平等主体的自然人、法人、其他组织之间设立、变更、终止民事权利义务关系的协议。《保险法》第十条规定："保险合同是投保人与保险人约定保险权利义务关系的协议。"保险合同当事人双方的权利义务表现为投保人按照合同的约定向保险人缴付保险费，保险人对于约定的事故发生造成损失时或约定的期限届满时，承担赔偿或给付保险金的义务。

（二）保险合同的特征

保险合同是合同的一种，它除了具有合同的一般特征外，还具有以下自身独有的特征：

1. 保险合同是特殊的双务合同

双务合同是指合同当事人双方互负对等义务，双方的义务与权利相互关联、互为因果。保险合同是双务合同，并且是特殊的双务合同。在保险合同中，被保险人要得到保险人对其保险标的给予保障的权利，投保人必须向保险人缴付保险费，而保险人收取保险费，就必须承担保险标的受损后的赔付义务，双方的权利与义务是彼此关联的。但是，保险合同的双务性与一般双务合同并不完全相同，即保险人的赔付义务只有在约定的事故发生时才履行，因而是特殊的双务合同。事实上，保险人并非在每个保险合同中均须履行赔付义务，这反映了保险合同双务性的特殊性。

与双务合同相对的是单务合同，单务合同是对当事人一方只发生权利，对另一方只发生义务的合同。例如，赠与合同、无偿保管合同、无偿借贷合同等都属于单务合同。

2. 保险合同是附和合同

附和合同也称格式合同、标准合同或定式合同，是指由一方预先拟定合同的条款，对方只能表示接受或不接受，即订立或不订立合同，而不能就合同的条款内容与拟订方进行协商的合同。保险合同的基本条款与费率是由保险人事先拟定好的，在订立保险合同时，投保人只能作出投保与否的决定，而不能决定或修改合同的内容。因此，保险合同具有较强的附和性。保险合同之所以具有附和合同的性质，其原因在于：保险人掌握保险技术和业务经验，而投保人往往不熟悉保险业务，因此很难对条款提出异议。也正因为如此，当保险合同出现由于条款的歧义而导致法律纠纷时，按照国际上的通常做法，法院往往会作出有利于被保险人的判决。

但并不是所有的保险合同都是附和合同，有些特殊险种的合同也采取双方协商的办法来签订。在保险实务中，由于保险标的物不同、保险期间不同、保险条件不同，保险格式化条款不一定能够满足当事人的需要，所以在不违背强制性规定或禁止性规定的条件下，当事人也可以个别商议形式，另行约定设置特别协商条款。

3. 保险合同是射幸合同

射幸合同是指合同的效果在订约时不能确定的合同，即合同当事人一方的履约有赖于偶然事件的发生。保险合同是一种典型的射幸合同，投保人根据保险合同缴付保险费的义务是确定的，而保险人仅在保险事故发生时承担赔偿或者给付义务，即保险人的义务是否履行在保险合同订立时尚不确定，而是取决于偶然的、不确定的自然灾害、意外事故是否发生，即取决于保险事故是否发生。

保险合同的射幸性在财产保险合同中表现得尤为明显。在人寿保险中，大多数情况下保险人给付保险金的义务是确定的，只是存在一个给付的时间不同的问题。因此，许多人寿保险合同具有储蓄性，射幸性的特点较弱。在理解保险合同的射幸性时需要注意，射幸性是就单个保险合同而言的。如果从全部承保的保险合同整体来看，保险费与赔偿金额的关系以精确的数理计算为基础。从原则上来说，收入与支出保持平衡。因此，整体来看，保险合同不存在射幸性的问题。

4. 保险合同是最大诚信合同

《保险法》明确规定了从事保险合同必须遵守诚实信用的原则。最大诚信原则是保险的基本原则，每个保险合同的订立、履行都应当遵守最大诚信原则。这是因为在保险实务中，保险人通常根据投保人的申报和保证事项来决定是否承保，如果投保人或被保险人故意隐瞒或不如实告知保险标的的风险情况，或者采用骗保骗赔的手段，保险人的利益将受到损害。因此，对保险合同的双方当事人以及关系人违反最大诚信原则的行为，《保险法》规定了严厉的处罚措施。

二、保险合同的分类

保险合同可以从不同的角度进行分类。

（一）按照保险合同的标的物划分

根据保险合同的标的的不同，可以把保险合同分为财产保险合同和人身保险合同。

1. 财产保险合同

财产保险合同是指以财产及其有关利益作为保险标的的保险合同。财产保险合同涉及的标的包括有形财产和无形财产。以有形的物质财产为作为合同标的的是有形财产保险合同，如企业财产保险合同等；以无形的财产作为合同标的的是无形财产保险合同，如责任保险合同、信用保险合同等。

2. 人身保险合同

人身保险合同是指以人的寿命和身体作为保险标的的保险合同。根据人身保险合同保障的风险不同，又可以将人身保险合同具体分为人寿保险合同、人身意外伤害保险合同和健康保险合同。

（二）按照保险价值是否约定划分

保险价值是指保险标的在某一特定时期内以货币估计的价值总额。根据保险合同订立时是否约定保险价值，可以将保险合同分为定值保险合同与不定值保险合同。由于人的生命与健康是无法估价的，因此人身保险不存在保险价值问题，但可以事先按照一定的条件规定一个补偿或给付的金额，由此便形成定额保险合同。

1. 定值保险合同

定值保险合同是指在订立保险合同时，投保人和保险人事先约定保险价值作为保险金额，并将二者都载明于保险合同中。在保险事故发生时，无论保险标的的实际价值发生什么样的变化，保险人均以保险金额作为赔偿的依据。《保险法》第五十五条第一款规定："投保人和保险人约定保险标的的保险价值并在合同中载明的，保险标的发生损失时，以约定的保险价值为赔偿计算标准。"在实践中，定值保险合同多适用于以艺术品、矿石标本、贵重皮毛、古董等不易确定价值的财产作为标的物的财产保险。货物运输保险等也多采用这种合同方式。这是因为货物运输保险合同的标的是一种流动标的，在不同的地方货物的价值标准不一致。如不采取定值保险方式，理赔的时候就难以把握损失的标准。定值保险合同具有保险价值事先确定、保险事故发生后不必再对保险标的的重新估价的特点，因此理赔手续简便。同时，保险金额确定简便易行，也由此避免和减少了当事人之间的纠纷。

然而定值保险合同也有明显的缺点，如果保险人对被保险财产缺乏估价的经验或特有的专业知识，被保险人容易过高地确定保险价值，进行保险欺诈。正因为如此，定值保险合同的运用范围受到了一定的限制，多数保险人不愿意采用，有的国家甚至禁止采用这种合同形式。

2. 不定值保险合同

不定值保险合同是指在订立保险合同时并不约定保险价值，只列明保险金额作为赔偿的最高限额。《保险法》第五十五条第二款规定："投保人和保险人未约定保险标的的保险价值的，保险标的发生损失时，以保险事故发生时保险标的的实际价值为赔偿计算标准。"在不定值保险中，当发生保险事故时，由保险人核定实际损失价值，将保险标的出险时的实际价值与约定的保险金额相对比，在区分超额保险、足额保险和不足额保险的基础上对被保险人进行赔偿。

3. 定额保险合同

定额保险合同是针对人身保险合同而言的，是指在订立合同时，由保险人和投保人双方约定保险金额，在被保险人死亡、伤残、疾病或达到合同所约定的年龄、期限时，保险人按照合同约定给付保险金的保险合同。

（三）按照保险金额与保险价值的关系划分

根据保险金额与保险价值的关系，可将保险合同分为足额保险合同、不足额保险合同与超额保险合同。

1. 足额保险合同

足额保险合同是指保险金额与保险价值相等的保险合同。对于足额保险合同而言，当保险事故发生造成保险标的全部损失时，保险人通常应依据保险价值进行全部赔偿。如果保险标的物存有残值，则保险人对此享有物上代位权，也可以作价折给被保险人，在给付保险金中扣除该部分价值。当保险事故发生造成部分损失时，保险人应按实际损失确定赔付的保险金数额。

2. 不足额保险合同

不足额保险合同是指保险金额小于保险价值的保险合同。由于不足额保险合同中规定的保险金额低于保险价值，投保人并未将其差额部分的风险转移给保险人，因此被保险人如遭受保险责任范围内的损失，将很难得到充分的经济赔偿。一般来说，在不足额保险合同中，保险人的赔偿方式有两种：一种是比例赔偿方式，即按照保险金额与财产实际价值的比例计算赔偿额，其计算公式是：赔偿金额＝保险金额与保险价值之比例×损失额。另一种是第一危险赔偿方式，即不考虑保险金额与保险价值的比例，在保险金额限度内，按照损失多少赔偿多少的原则来进行，而对于超过保险金额的部分，则保险人不负赔偿责任。《保险法》第五十五条第四款规定："保险金额低于保险价值的，除合同另有约定外，保险人按照保险金额与保险价值的比例承担赔偿保险金的责任。"这是属于比例赔偿方式。

3. 超额保险合同

超额保险合同是指保险金额超过保险标的的价值的保险合同。《保险法》第五十五条第三款规定："保险金额不得超过保险价值。超过保险价值的，超过部分无效，保险人应当退还相应的保险费。"由于超额保险合同极易诱发道德风险，对保险业的发展危害极大，因此各国保险立法对超额保险合同均加以严格限制。基于投保人的善意而产生的超额保险合同，其超过部分无效，在保险事故发生前，投保人可以请求保险人返还无效部分的保险费。对恶意超额保险合同，各国法律一般都规定，凡投保人企图以此来获得不法利益的，保险合同全部无效；如果由此造成了保险人的损失，投保人应负损害赔偿责任。

（四）按照保险金支付行为性质的不同划分

根据保险人支付保险金的行为性质不同，可以把保险合同分为给付性保险合同和补偿性保险合同。

1. 给付性保险合同

给付性保险合同是指事先由保险人与投保人协商一定数目的保险金额，当保险事故发生时，由保险人依照保险金额承担给付保险金义务的保险合同。这类保险合同多为人身保险所采用，如人寿保险与年金保险等。

2. 补偿性保险合同

补偿性保险合同是指当保险事故发生时，保险人要对保险标的的实际损失进行核定，并仅在被保险人所遭受的实际损失的范围内给予赔偿的保险合同。大多数的财产保险合同都是补偿性合同。

（五）按照保险标的是否特定划分

按照标的是否特定划分，保险合同可分为特定式保险合同与总括式保险合同。

1. 特定式保险合同

特定式保险合同又称分项式保险合同，是指保险人对所保的同一地点、同一所有人的各项财产，均逐项分项列明保险金额，发生损失时对各项财产在各自的保险金额限度内承担赔偿责任的保险合同。

2. 总括式保险合同

总括式保险合同是指保险人对所保的同一地点、同一所有人的各项财产，不分类别，确定一个总的保险金额，发生损失时不分损失财产类别，只要在总保险金额限度以内，都可获得赔偿的保险合同。

（六）按照保险合同当事人的不同划分

按照签订保险合同的双方当事人的不同，保险合同可分为原保险合同与再保险合同。

1. 原保险合同

原保险合同是指投保人与保险人之间直接订立的保险合同。原保险合同保障的对象是被保险人的经济利益。被保险人将风险转嫁给保险人，由保险人承担被保险人的可能的风险损失，这是风险的第一次转嫁形式。

2. 再保险合同

再保险合同是以原保险合同为基础，由原保险人与再保险人订立的将原保险人承担的风险责任，部分转移给再保险人的保险合同。再保险合同是风险的第二次转嫁。

第二节　保险合同的要素

任何合同都是由主体、客体和内容三个要素组成的，保险合同也不例外。保险合同的主体为保险合同的当事人和关系人，保险合同的客体为保险利益，保险合同的内容为保险合同当事人和关系人的权利与义务关系。

一、保险合同的主体

保险合同的主体是保险合同的参加者，是在保险合同中享有权利并承担义务的人，包括保险合同的当事人和关系人。保险合同当事人是投保人与保险人，关系人是被保险人与受益人。与一般合同不同的是，保险合同既可为自己的利益，也可为他人的利益而订立，这在人身保险中表现得特别明显。

（一）保险合同的当事人

保险合同的当事人是指直接参与订立保险合同，并与保险合同发生直接的权利义务关系的人，包括保险人和投保人。

1. 保险人

《保险法》第十条第三款规定："保险人是指与投保人订立保险合同，并按照合同约定承担赔偿或者给付保险金责任的保险公司。"保险人签订与履行合同必须具备以下两个条件：

（1）保险人要具有法定资格。保险人常以各种经营组织形态出现。因保险经营的特殊性，各国法律都对保险人从事保险业务经营的法律资格作出专门规定。大多数国家规定只有符合国家规定的条件，并经政府批准的法人方可成为保险人经营保险，并在营业执照规定的范围内经营保险。但也有少数特例，如英国劳合社的承保社员是由经国家批准，具有完全民事行为能力，符合一定的资产、信誉要求的自然人来作为保险人经营保险业务的。

我国保险人必须是依法成立的保险公司，其设立不仅要符合《保险法》的有关规定，还须符合《中华人民共和国公司法》（以下简称《公司法》）的有关规定，其业务范围必须由国家保险监管部门核定，并只能在核定的业务范围内从事保险业务，要接受保险监管部门的监管。

（2）保险人须以自己的名义订立保险合同。作为保险合同的当事人，保险人只有以自己的名义与投保人签订保险合同后，才能成为保险合同的保险人。

2. 投保人

《保险法》第十条第二款规定："投保人是指与保险人订立保险合同，并按照合同约定负有支付保险费义务的人。"投保人作为保险合同的当事人，必须具备以下条件：

（1）具有完全的民事权利能力和行为能力。保险合同与一般合同一样，要求当事人具有完全的权利能力和行为能力，这对法人和自然人均适用。未取得法人资格的组织不能成为保险合同的当事人，无行为能力或限制行为能力的自然人也不能签订保险合同而成为保险合同的当事人。

（2）人身保险的投保人投保时必须对被保险人具有保险利益。《保险法》第十二条第一款规定："人身保险的投保人在保险合同订立时，对被保险人应当具有保险利益。"

（3）负有缴纳保险费的义务。保险合同作为有偿合同，投保人取得经济保障的代价就是支付保险费。支付保险费的义务为投保人所有，不论保险合同是为自己的利益还是为他人的利益订立，投保人均需承担缴纳保险费的义务。

（二）保险合同的关系人

保险合同的订立是在保险人与投保人之间进行的，但保险合同的内容往往会涉及关系人。保险合同的关系人是指并不一定直接参与保险合同的订立，但享受保险合同约定利益的人，包括被保险人和受益人。

1. 被保险人

《保险法》第十二条第五款规定："被保险人是指其财产或者人身受保险合同保障，享有保险金请求权的人。投保人可以为被保险人。"

被保险人的财产、寿命、身体、经济赔偿责任等是保险合同的保险标的，是保险事故发生的主体对象。投保人将被保险人的财产、寿命、身体等作为保险标的投保，投保人与被保险人之间的关系有以下两种情形：

（1）投保人与被保险人是同一人。

（2）投保人与被保险人不是同一人，此时投保人是保险合同当事人，被保险人是保险合同的关系人。

在财产保险中，投保人往往与被保险人是同一人。《保险法》第十二条第二款规定："财产保险的被保险人在保险事故发生时，对保险标的应当具有保险利益。"人身保险的投保人与被保险人在很多情况下可以不是同一个人。《保险法》第三十四条规定："以死亡为给付保险金条件的合同，未经被保险人同意并认可保险金额的，合同无效。按照以死亡为给付保险金条件的合同所签发的保险单，未经被保险人书面同意，不得转让或者质押。"

无论被保险人与投保人是否为同一人，被保险人的成立都应具备以下两个条件：

（1）被保险人必须是受财产或人身保险合同保障的人。保险标的是被保险人的财产或人身、责任等，保险事故发生将会使被保险人遭受损失。

（2）被保险人必须享有保险金请求权。保险金请求权是指被保险人因保险合同的订立而享有的，在保险事故发生后可行使的，要求保险人赔偿或给付保险金的权利。保险事故发生后，如果被保险人生存，则被保险人有权要求保险人赔偿或给付保险金。

2. 受益人

《保险法》第十八条规定："受益人是指人身保险合同中由被保险人或者投保人指定的享有保险金请求权的人。"从受益人的定义可以看出，在财产保险合同中，并没有专门的受益人规定。这是因为财产保险的被保险人通常就是受益人。只有在某些特殊情况下，财产保险合同的当事人才约定由第三者享有优先受领保险赔偿的权利，而第三者一般是被保险人的债权人，并非保险法上的受益人。

在人身保险合同中，受益人可以是一人，也可以是数人。投保人和被保险人均可作为受益人，也可以指定其他人作为受益人。受益人具有以下几个特点：

（1）受益人的资格并无特别限制。自然人、法人及其他任何合法的经济组织都可作为受益人；自然人中无民事行为能力、限制民事行为能力的人甚至活体胎儿等均可被指定为受益人；投保人、被保险人也可作为受益人。

（2）受益人是由被保险人或投保人指定的人。《保险法》第三十九条规定："人身保险的受益人由被保险人或者投保人指定。投保人指定受益人时须经被保险人同意。投保人为与其有劳动关系的劳动者投保人身保险，不得指定被保险人及其近亲属以外的人为受益人。"在团体保险中，受益人的指定权仅归被保险人所有。《保险法》第三十九条同时规定："被保险人为无民事行为能力人或者限制民事行为能力人的，可以由其监护人指定受益人。"受益人的受益权通过指定产生，中途也可以变更，但投保人变更受益人需得到被保险人同意。

（3）受益人与继承人存在明显区别。虽然受益人与继承人都在他人死亡后受益，但是两者的性质是不同的。受益人享有的是受益权，是原始取得；继承人享有的是遗产的分割权，是继承取得。受益人没有用其领取的保险金偿还被保险人生前债务的义务，但如果是继承人的话，则在其继承遗产的范围内有为被继承人偿还债务的义务。

投保人、被保险和受益人之间有多种组合关系（见表3-1）。第一种情况是投保人为自己投保，指定自己为受益人；第二种情况是投保人为他人投保，他人指定投保人为受益人；第三种情况是投保人为自己投保，指定他人为受益人；第四种情况是投保人为他人投保，他人指定自己为受益人；第五种情况是为投保人为他人投保，他人指定第三人为受益人。其中，第一种情况和第二种情况是维护自己经济利益的保险合同；第三种情况、第四种情况、第五种情况是维护他人经济利益的保险合同。

表3-1　投保人、被保险人和受益人的组合关系

投保方式	投保人	被保险人	受益人
1	张三	张三	张三
2	张三	李四	张三
3	张三	张三	李四
4	张三	李四	李四
5	张三	李四	王五

二、保险合同的客体

客体是指在民事法律关系中主体履行权利和义务时共同的指向对象。保险合同的客体是保险利益。保险利益是指投保人或被保险人对保险标的所具有的法律上承认的利益。保险利益不同于保险标的。保险标的是保险合同中所载明的投保对象，是保险事故发生所在的本体，即作为保险对象的财产及其有关利益或者人的寿命、身体与健康。

特定的保险标的是保险合同订立的必要内容，但是订立保险合同的目的并非保障保险标的本身。这意味着被保险人投保后并不能保障保险标的本身不发生损失，而是在保险标的发生损失后，被保险人能够从经济上得到补偿。因此，保险合同实际上保障的是投保人和被保险人对保险标的所具有的利益，即保险利益。

三、保险合同的内容

保险合同的内容是指由法律确认的保险合同当事人之间的权利和义务关系，主要通过保险合同的条款及合同的形式表现出来。

（一）保险合同的主要条款

保险合同的条款是规定保险人与投保人、被保险人之间的基本权利和义务的条文，是保险公司对所承保的保险标的履行保险责任的依据。

根据合同内容的不同，保险条款可以分为基本条款和附加条款。基本条款是关于保险合同当事人和关系人的权利与义务规定以及按照其他法律一定要记载的事项；附加条款是指保险人按照投保人的要求增加承保风险的条款。增加了附加条款意味着扩大了标准保险合同的承保范围。

根据合同约束力的不同，保险条款可以分为法定条款和特约条款。法律规定必须列入保单的条款叫作法定条款；保险人自己根据需要列入保单的条款叫作特约条款。

1. 基本条款

保险合同的基本条款主要包括以下十项：

（1）当事人的姓名和住所。明确当事人的姓名和住所是为保险合同的履行提供一个前提。因为在合同订立后，保险费的缴纳、保险金额的赔偿均与当事人及其住所有关。由于保单是由保险人印刷的，因此保险公司的名称及住所已列在上面，保单上需要填写的是被保险人或相关人的姓名和住所。如果被保险人不止一个人，则需要在保险合同中列明。

（2）保险标的。保险合同必须明确载明保险标的。保险标的是投保人申请投保的财产及其有关利益或者人的寿命和身体。保险标的是确定保险合同关系和保险责任的依据。保险标的性质不同，保险利益、保险责任也不相同。

同一保险合同中并不限于单一的保险标的。在很多情况下集合多数保险标的而订立一份保险合同也是常见的，如团体保险合同和综合保险合同。

（3）保险金额。保险金额也称保额，是指保险人承担赔偿或者给付保险金责任的最高限额，是由保险合同的当事人确定的并在保单上载明的被保险标的的金额。保险金额涉及保险人与投保人（被保险人、受益人）之间的权利义务关系。对于保险人来说，保险金额既是收取保险费的计算标准，也是补偿给付的最高限额；对于投保人（被保险人、受益人）来说，保险金额既是缴纳保险费的依据，也是索赔和获得保险保障的最高数额。因此，保险金额对于正确计算保险费、进行保险赔付、稳定合同关系等，都具有非常重要的意义。

（4）保险费。保险费又称保费，是指投保人向保险人购买保险所支付的对价，是建立保险基金的来源。保险费通常以保险金额乘以保险费率计算，保险费率常为按照每千元保额计算的缴费标准。

保险合同应对保险费的支付方式作出明确规定，保险费可按照合同约定一次支付也可分期支付。此外，投保人支付保险费，在某些保险中是保险合同生效的条件之一。

（5）保险责任和责任免除。保险责任是指保险人依照保险合同的约定，在保险事故发生时或者在保险合同约定的给付条件具备时，应当承担赔偿或给付保险金的责任。保险人并不对所有风险承担责任，此条款明确了保险人承担风险责任的范围，是确定保险人合同义务的基本依据。与此条款相对应的是责任免除条款（简称"免责条款"），它是排除和限制保险人保险责任的合同条款，列明了保险人不予承担保险赔偿及保险金给付责任的情况。保险合同的免责条款必须是明示的，不允许以默示的方式表示。

（6）保险期间。保险期间是指保险人为被保险人提供保险保障的起止时间，在该期间内发生保险事故或者保险合同约定的给付保险金条件具备时，保险人按照合同约定向被保险人和受益人承担赔偿或给付保险金责任。保险期间决定着保险人和投保人权利义务的存续与否，也是计算保险费的重要根据。保险期间可以按年、月、日计算，也可以按照航次、工期或生长期计算。

（7）保险价值。保险价值是指保险标的在某一特定时期内以货币估计的价值总额，是被保险人向保险人索赔的最高限额。保险标的的保险价值可以在投保时由投保人和保险人约定并在合同中载明，也可以按照保险事故发生时保险标的的实际价值或者重置价值确定。保险价值在财产保险中可以为确定保险金额和计算赔偿金额提供计算依据。

（8）保险金赔偿或给付方法。保险金赔偿或给付方法包括以下两个问题：

①保险人支付多少保险金，即计算赔偿或给付金额所应采取的计算方式。保险种类不同，赔偿和给付保险金的计算方式也不同。财产保险中，定值保险按保险金额实足赔偿；不定值保险有第一危险赔偿方式、比例分摊赔偿方式、限额赔偿方式等。人身保险中给付保险金的计算方式依险别不同也有差异。

②保险金如何支付。保险合同有约定的，从其约定，约定的支付保险金期间应当符合保险赔付及时的原则；没有约定的，依法律规定的方式办理。

（9）违约处理和争议处理。保险合同当事人违反保险合同的约定，没能全面履行自己的合同义务，应当向对方当事人承担违约责任。当事人承担违约责任的方式除继续履行交付保险费或支付保险金义务外，还应当赔偿对方当事人因此受到的损失。争议处理是指保险合同发生争议后的解决方式。保险合同的争议处理主要有四种方式：和解、调解、仲裁与诉讼。

（10）订立合同的时间和地点。订立合同的时间可以用来判断保险合同成立的时间、在投保时投保人对保险标的有无可保利益，以及在投保时保险事故是否发生。保险合同的订约地对于保险合同的生效、争议的法院管辖、法律适用等均有直接影响。因此，保险合同应当明确规定订约的保险合同时间和地点。

2. 特约条款

除了基本条款，当事人还可以根据特殊需要约定其他条款。为区别于基本条款，这类条款被称为特约条款。特约条款主要有附加条款和保证条款。

（1）附加条款。附加条款是指保险合同当事人在基本条款的基础上约定的补充条款，以增加或限制基本条款规定的权利义务。由于基本条款通常是事先印在保险单上的，所以附加条款一般采取在保险单空白处批注或在保险单上附贴批单的方式使之成为保险合同的一部分。附加条款是对基本保险条款的修改和变更，其效力优于基本条款。

（2）保证条款。保证条款是指投保人与被保险人就特定事项担保的条款。例如，人身保险合同的投保人保证其申报的被保险人年龄真实。保证条款一般由法律规定和同业协会制定，是保险合同的基础，也是投保人和被保险人必须遵守的条款，如有违反，保险人有权解除保险合同或拒绝赔偿。

（二）保险合同的形式

保险合同依照其订立的程序，大致可以分为以下几种书面形式：

1. 投保单

投保单是投保人向保险人申请订立保险合同的书面要约。投保单由保险人准备，通常有统一的格式。投保人依照保险人所列项目逐一填写。不论是出于投保人的主动，还是保险人（代理人或经纪人）的邀请，投保单的填写均不改变其要约性质。

投保单并非正式合同的文本，但投保人在投保单中所填写的内容会影响到合同的效力。投保单上如有记载，保单上即使有遗漏，其效力也是与记载在保单上一样的。如果投保人在投保单中告知不实，在保险单上又没有修正，保险人即可以投保人未遵循合同的诚信原则为由而在规定的期限内宣布合同无效。

2. 暂保单

暂保单又称临时保单，是正式保单发出前的临时合同，出立暂保单不是订立保险合同的必经程序。暂保单内容比较简单，只记载被保险人、保险标的、保险金额等事项，以及保险单以外的特别保险条件，有关保险双方当事人的权利义务要以保险单的规定为准。暂保单的法律效力与正式保单完全相同，但有效期短，大多由保险人具体规定。当正式保单交付后，暂保单即自动失效。保险人亦可在正式保单发出前终止暂保单效力，但必须提前通知投保人。

3. 保费收据

保费收据是在人寿保险中使用的、在保险公司发出正式保单之前出具的一个文件。保费收据与财产保险中的暂保单很相似，但是也有一些重要的差异。最主要的差异表现在暂保单在出具时即完全生效，并持续有效至正式保单送达时为止；保费收据只是投保人缴纳保费（通常是首期保费）和可能获得预期保障的证据。这种预期的保险保障通常取决于一些事先规定的先决条件。如果不存在这些先决条件，保险人可以不承担任何保险责任。

4. 保险单

保险单简称保单，是投保人与保险人之间保险合同行为的一种正式书面的形式。保险单必须明确、完整地记载有关保险双方的权利和义务。保险单记载的内容是双方履约的依据。《保险法》第十三条第二款规定："保险单或者其他保险凭证应当载明当事人双方约定的合同内容。当事人也可以约定采用其他书面形式载明合同内容。"保险单只是保险合同成立的凭证之一，不构成保险合同成立的必要条件。保险合同成立与否并不取决于保险单的签发，只要投保人与保险人就保险合同的条款协商一致，保险合同即告成立，即使尚未签发保险单，保险人也应负赔偿责任，除非投保人与保险人约定签发保险单为保险合同生效的要件。

5. 保险凭证

保险凭证也称为"小保单"，是一种简化了的保险单，是保险人向投保人签发的证明保险合同已经成立的书面凭证。保险凭证的法律效力与保险单相同，只是内容较为简单。在保险实务中，保险凭证没有列明的内容，以同一种险种的正式保单为准；保险凭证与正式保单内容有冲突的，以保险凭证的特约条款为准。保险凭证只在少数几种保险业务，如货物运输保险、机动车辆第三者责任险中使用，另外在团体保险中也使用保险凭证。

6. 批单

在保险合同有效期内，投保人和保险人经协商同意，可以变更保险合同的有关内容。变更保险合同的，应当由保险人在原保险单或者其他保险凭证上批注，或者附贴批单，或者由投保人和保险人订立变更的书面协议。

批单是保险人应投保人或被保险人的要求出立的变更保险合同有关内容的证明文件。批单通常在以下四种情况下使用：一是扩大或缩小保险责任范围；二是保险标的的价值发生变化；三是保险标的的种类发生变化；四是保险标的的所有权发生变化。

批单一经签发，就自动成为保险单的一个重要组成部分。凡是经过批改的合同内容，均以批单为准；多次批改的，应以最后的批改为准。

第三节 保险合同的订立与履行

一、保险合同的订立

保险合同的订立是指投保人与保险人之间约定权利义务关系，协商合同内容的法律行为。

（一）保险合同的成立

1. 保险合同成立的含义

保险合同成立是指投保人与保险人就保险合同条款达成一致协议。《保险法》第十三条第一款规定："投保人提出保险要求，经保险人同意承保，保险合同成立。"由此可见，保险合同的成立需要经过两个步骤：一是投保人提出保险要求，二是保险人同意承保。跟其他合同一样，保险合同的订立也要经过要约和承诺这两个程序。① 正确理解要约、承诺的含义，对正确理解保险合同的成立乃至保险责任都具有重要的意义。

2. 保险合同订立的程序

（1）要约。要约是要约人希望和他人订立合同的意思表示。保险合同的要约又称为要保，通常由投保人提出。投保人为订立保险合同，向保险人提出投保申请且完成投保单的填写并递交给保险公司或其代理人的行为即为要约。提出要约的投保人称为要约人，接受要约的保险人称为受约人。保险合同的要约一般表现为投保单或其他书面形式。在保险实务中，保险公司的销售代表或代理人往往会积极主动地开展业务，通过险种介绍、资料宣传等手段促使潜在消费者与其订立保险合同，这种展业活动并不是法律意义上的要约，而只是要约邀请，即希望潜在投保人向自己发出要约的意思表示。

（2）承诺。承诺是受要约人同意要约的意思表示。保险合同的承诺又称为承保，通常由保险人作出。投保人提出投保要求，将填好的投保单递交给保险人，保险人审查后无异议的，一般都予以接受，即承诺承保，此时保险人为承诺人。若保险人对投保人的要约有异议，可以提出反要约，投保人无条件接受的，即作出承诺，此时投保人为承诺人。值得注意的是，在保险合同成立前，要约和反要约往往不止一次，订立合同就是要约、反要约、再要约直至承诺的过程。无论是保险人还是投保人，一旦无条件接受对方的要约，即为承诺，保险合同即告成立。保险合同成立后，保险人应当及时向投保人签发保险单或者其他保险凭证。

---

① 《中华人民共和国民法典》（以下简称《民法典》）第四百七十一条规定："当事人订立合同，可以采取要约、承诺方式或者其他方式。"

（二）保险合同的生效

1. 保险合同生效的含义

保险合同的生效是指依法成立的保险合同产生法律效力，对合同主体产生约束力。一般而言，合同成立即生效。然而在我国，保险合同的生效起始时间通常采用"零时起保制"。例如，国内很多财产保险合同规定"保险期限为一年，从签单次日零时起至保险到期日二十四时止"，某终身寿险合同规定"本合同的保险期间为被保险人终身，自本合同生效日零时开始，至被保险人身故时止"。那么，保险公司的条款与法律条款是否相冲突呢？答案是否定的。《保险法》第十三条第三款规定："依法成立的保险合同，自成立时生效。投保人和保险人可以对合同的效力约定附条件或附期限。"这一法律条款赋予了合同双方可以对合同的效力约定附条件或附期限，也就是说，投保人和保险人有权协商决定合同在何时何地以及何种条件下生效。因此，保险合同的成立与生效的时间关系有两种情形：一是合同一经成立立即生效；二是合同成立后不立即生效，而是等到投保人和保险人约定的生效的附条件成立或附期限到达后才生效。保险合同生效后，合同当事人便开始享有权利，承担义务。

2. 保险合同生效的要件

保险合同成立是保险合同生效的前提条件，但是保险合同的成立不一定标志着保险合同的生效，还有一种情形就是保险合同虽已成立，但在合同订立时由于合同主体不合格、双方当事人的意思表示不真实或合同内容不合法等原因而无效，合同自始不具有法律效力，不受国家法律保护。保险合同有效是保险合同生效的必要条件，保险合同生效前必须具备以下有效条件：

（1）合同主体合格。《民法典》第一百四十四条规定："无民事行为能力人实施的民事法律行为无效。"因此，订立保险合同时，双方当事人应具有民事行为能力。投保人必须是具有完全民事行为能力的自然人、依法成立的法人或者其他经济组织；保险人必须是依法设立的保险公司，且须在其营业执照核准的营业范围内订立保险合同。

（2）意思表示真实。意思表示真实是指双方当事人在自觉、自愿的基础上，作出符合其内在意志的表示行为。若投保人采用故意谎报被保险人的健康状况或隐瞒保险标的真实情况等手段与保险人签订了合同，则该保险合同无效。这是因为保险人受到了欺诈，虽然与投保人就保险合同内容达成了协议，但是没有反映出当事人的真实内在意志，因此该合同虽成立但无效。

（3）合同内容合法。保险合同的内容不得以合法形式掩盖非法目的，不得损害国家利益、社会公共利益和第三人利益，不得违反法律、行政法规的强制性规定，否则该保险合同将自始不产生法律效力。由于保险市场是信息严重不对称的市场，为防止当事人利用保险合同谋取不当利益，保险法中包含了很多强制性的法律规范，当事人必须遵守，否则合同无效。根据《保险法》的规定，在订立人身保险合同时，投保人必须对被保险人具有保险利益，若违反这一法律规定则合同无效；以死亡为给付保险金条件的合同，未经被保险人同意并认可保险金额的，合同无效；在财产保险中，保险金额不得超过保险价值，超过保险价值的，超过部分无效。这些强制性的法律条款可以降低道德风险或赌博行为的发生概率。

二、保险合同的履行

保险合同是投保人与保险人约定保险权利义务关系的协议。保险合同的履行是指双方当事人依法全面完成合同约定义务的行为。合同当事人在拥有权利的同时，也必须承担相应的义务。

（一）投保方的义务

1. 缴纳保险费

《保险法》第十四条规定："保险合同成立后，投保人按照约定交付保险费，保险人按照约定的时间开始承担保险责任。"缴纳保险费是投保人要履行的主要义务。投保人在保险合同成立后应该按照合同约定的时间、地点、金额、方式等向保险人缴纳保险费。

2. 如实告知

《保险法》第十六条第一款规定："订立保险合同，保险人就保险标的或者被保险人的有关情况提出询问的，投保人应当如实告知。"如实告知是投保人的法定义务，投保人的告知义务以保险人询问的内容为限，即询问告知，对于保险人没有询问的问题，投保人无须告知。投保人履行如实告知义务的时间为订立保险合同时，即投保人通过填写投保单向保险人提出保险要约时。

对于投保人违反如实告知义务的后果，《保险法》第十六条二、三、四、五、六款有明确规定。

（1）投保人故意或者因重大过失未履行前款规定的如实告知义务，足以影响保险人决定是否同意承保或者提高保险费率的，保险人有权解除合同（第十六条第二款）。但是，我国法律对于投保人未履行如实告知义务时保险人的合同解除权做了时间限制，即"自保险人知道有解除事由之日起，超过三十日不行使而消灭。自合同成立之日起超过二年的，保险人不得解除合同；发生保险事故的，保险人应当承担赔偿或者给付保险金的责任"（第十六条第三款）。

（2）投保人故意不履行如实告知义务的，保险人对于合同解除前发生的保险事故，不承担赔偿或者给付保险金的责任，并不退还保险费（第十六条第四款）。

（3）投保人因重大过失未履行如实告知义务，对保险事故的发生有严重影响的，保险人对于合同解除前发生的保险事故，不承担赔偿或者给付保险金的责任，但应当退还保险费（第十六条第五款）。

（4）保险人在合同订立时已经知道投保人未如实告知的情况的，保险人不得解除合同；发生保险事故的，保险人应当承担赔偿或者给付保险金的责任（第十六条第六款）。

3. 维护保险标的安全

《保险法》第五十一条第一款规定："被保险人应当遵守国家有关消防、安全、生产操作、劳动保护等方面的规定，维护保险标的的安全。"《保险法》对于投保人、被保险人违反维护保险标的安全义务的后果也有明确的规定，第五十一条第二款和第三款规定："保险人可以按照合同约定对保险标的的安全状况进行检查，及时向投保人、被保险人提出消除不安全因素和隐患的书面建议。投保人、被保险人未按照约定履行其对保险标的的安全应尽责任的，保险人有权要求增加保险费或者解除合同。"由此可知，如果投保人、被保险人没有履行维护保险标的的安全的义务，那么保险人就有权要求增加保险费或者解除保险合同。这一条款仅适用于财产保险合同。

投保人通过购买保险将保险标的的风险转嫁给了保险公司，当保险标的出险时，被保险人可以获得保险人支付的保险金。因此，投保人购买保险后，被保险人有可能放松对保险标的的管理，这会导致保险事故发生率的上升，保险人支付的保险金也会随之提高。由于保险赔偿基金来源于全体投保人缴纳的保险费，这最终会导致保险费的提高。因此，在法律条文中明确投保人、被保险人维护保险标的的安全的义务，不但有利于全体被保险人，而且也有利于社会财富的安全。

4. 危险增加及时通知

《保险法》第五十二条第一款规定："在合同有效期内，保险标的的危险程度显著增加的，被保险人应当按照合同约定及时通知保险人，保险人可以按照合同约定增加保险费或者解除合同。保险人解除合同的，应当将已收取的保险费，按照合同约定扣除自保险责任开始之日起至合同解除之日止应收的部分后，退还投保人。"在被保险人履行了危险程度显著增加的通知义务后，保险人既可以要求增加保险费，也可以解除保险合同。若被保险人不同意保险人增加保险费的要求，保险人也可以解除合同。保险人解除保险合同时，需依规定将保险费退还给投保人。但是如果被保险人保险期限内履行了保险标的的危险程度显著增加时的通知义务，而保险人未作任何表示的，当保险事故发生时，保险人需承担赔偿责任，不得再要求增加保险费或者解除保险合同。

《保险法》第五十二条第二款规定："被保险人未履行前款规定的通知义务的，因保险标的的危险程度显著增加而发生的保险事故，保险人不承担赔偿保险金的责任。"保险人是承担保险标的风险的一方，保险标的的危险程度直接影响到保险人的权益。因此，保险人有权知晓保险标的的风险程度，并对其进行安全管理，以减少保险事故的发生。在被保险人没有履行危险增加的通知义务时，免除保险人的赔偿责任可以降低被保险人的道德风险，降低保险事故的发生率。值得注意的是，《保险法》将危险增加的通知义务放在财产保险合同一节中，表明此项义务只适用于财产保险合同，不适用于人身保险合同，而且通知义务人为被保险人而非投保人，这是因为财产保险的保险标的一般由被保险人实际占有或控制，并且投保人与被保险人往往是同一人。

5. 发生保险事故时及时通知保险人

《保险法》第二十一条规定："投保人、被保险人或者受益人知道保险事故发生后，应当及时通知保险人。"由此可知，履行保险事故及时通知义务的人员包括投保人、被保险人、受益人。在发生保险事故后，投保方及时通知保险人有利于保险人及时勘查，确定保险事故发生的原因、性质和损害程度并及时做出是否承担赔偿责任的决定。

对于投保方未履行或未严格履行及时通知义务的后果，《保险法》第二十一条也作出了明确规定："故意或者因重大过失未及时通知，致使保险事故的性质、原因、损失程度等难以确定的，保险人对无法确定的部分，不承担赔偿或者给付保险金的责任，但保险人通过其他途径已经及时知道或者应当及时知道保险事故发生的除外。"由此可见，履行出险后的及时通知义务对于投保人、被保险人、受益人及保险人都十分重要。

另外，根据《保险法》第五十六条的规定，在财产保险中，重复保险的投保人应当将重复保险的有关情况通知各保险人，这可以防止被保险人获得超过其损失的额外收益，降低投保人或被保险人的道德风险。

6. 出险时及时施救

对于财产保险合同，保险事故发生时，投保方不但应及时通知保险人，还应当采取积极的施救行为，防止损失的进一步扩大。《保险法》第五十七条明确规定："保险事故发生时，被保险人应当尽力采取必要的措施，防止或者减少损失。保险事故发生后，被保险人为防止或者减少保险标的的损失所支付的必要的、合理的费用，由保险人承担；保险人所承担的费用数额在保险标的损失赔偿金额以外另行计算，最高不超过保险金额的数额。"由以上条款可知，对于被保险人在施救过程中所支付的必要的、合理的费用，由保险人承担，但最高不超过保险金额。

（二）保险人的义务

1. 承担保险责任

《保险法》第十四条规定："保险合同成立后，投保人按照约定交付保险费，保险人按照约定的时间开始承担保险责任。"承担保险责任是保险人应履行的最重要、最基本的义务。保险合同成立并生效后，一旦发生责任范围内的保险事故，保险人就要按照合同的规定赔偿或者给付保险金。保险人承担保险责任的主要内容包括保险赔偿及相关费用的支付。其中，相关费用主要包括施救费用、争议处理费、检验费用等，支付相关费用的义务主要由财产保险公司承担，这在《保险法》第五十七条第二款、第六十四条中有明确的规定。

对于保险人履行赔偿和给付义务的期限，《保险法》也作出了明确的规定。《保险法》第二十三条第一款规定："保险人收到被保险人或者受益人的赔偿或者给付保险金的请求后，应当及时作出核定；情形复杂的，应当在三十日内作出核定，但合同另有约定的除外。保险人应当将核定结果通知被保险人或者受益人；对属于保险责任的，在与被保险人或者受益人达成赔偿或者给付保险金的协议后十日内，履行赔偿或者给付保险金义务。保险合同对赔偿或者给付保险金的期限有约定的，保险人应当按照约定履行赔偿或者给付保险金义务。"这一条款保障了被保险人或受益人能够及时获得保险金。

如果保险人未按照《保险法》的规定和保险合同的约定履行赔偿或给付义务的，则构成违法。在此种情况下，保险人除支付保险金外，还应当赔偿被保险人或者受益人因此受到的损失[①]。

2. 条款说明

《保险法》第十七条第一款规定："订立保险合同，采用保险人提供的格式条款的，保险人向投保人提供的投保单应当附格式条款，保险人应当向投保人说明合同的内容。"保险人之所以应履行条款说明义务是因为大多数保险合同是附和合同，采用格式条款，而格式条款大多是由保险人单方制定，投保人缺乏相应的专业知识，对合同条款内容的理解可能有偏差或误解，这可能导致被保险人、受益人的利益受损。

对于保险合同中的责任免除条款，《保险法》有更为明确和严格的规定。《保险法》第十七条第二款规定："对保险合同中免除保险人责任的条款，保险人在订立合同时应当在投保单、保险单或者其他保险凭证上作出足以引起投保人注意的提示，并对该条款的内容以书面或者口头形式向投保人作出明确说明；未作提示或者明确说明的，该条款不产生效力。"由于免责条款是保险合同当事人双方约定的免除保险人责任的条款，当发生免责范围内的保险事故时，被保险人或受益人将得不到保险保障，直接影响投保方的利益。因此，在订立保险合同时，对于免责条款，保险人不但要在保险单上明确列明，还需向投保人明确说明，否则该免责条款不产生法律效力，一旦发生免责范围内的保险事故，保险人依然要进行赔偿或给付。

3. 及时签发保险单证

投保人提出保险要求，经保险人同意承保，保险合同成立。保险人应当及时向投保人签发保险单或者其他保险凭证。

4. 退还保险费与现金价值

在特定情况发生时，保险人应退还保险费或者现金价值。该义务在《保险法》的许多条文中均有体现，关于退还保险费的规定，可以参见《保险法》第十六条、第三十二条、第五十四条、第五十五条、第五十六条、第五十八条的规定。关于退还现金价值的规定，可以参见《保险法》第四十三条、第四十四条、第四十五条、第四十七条的规定。例如，投保人因重大过失未履行如实告知义务，对保险事故的发生有严重影响的，保险人对于合同解除前发生的保险事故，不承担赔偿或者给付保险金的责任，但应当退还保险费。投保人故意造成被保险人死亡、伤残或者疾病的，保险人不承担给付保险金的责任。投保人已交足二年以上保险费的，保险人应当按照合同约定向其他权利人退还保险单的现金价值。

---

① 详见《保险法》第二十三条第二款。

三、保险合同的变更

保险合同的变更是指在保险合同有效期内，投保人和保险人在协商的基础上对原合同进行修改和补充。在保险期限内，保险合同的主体、保险标的的危险程度等有可能发生变化，双方当事人所享受的权利及应承担的义务也随之变化，因此保险合同的变更在所难免。各国保险法一般都允许对保险合同进行变更，《保险法》第二十条规定："投保人和保险人可以协商变更合同内容。变更保险合同的，应当由保险人在保险单或者其他保险凭证上批注或者附贴批单，或者由投保人和保险人订立变更的书面协议。"由此可见，保险合同的变更必须由投保人和保险人协商决定且必须采用书面形式。

（一）保险合同主体的变更

保险合同主体的变更主要是指保险人、投保人、被保险人、受益人的变更。保险人变更主要是指因保险企业破产、解散、合并、分立等原因导致的变更。投保人、被保险人、受益人的变更为常见。

1. 投保人、被保险人的变更

（1）财产保险的情形。投保人是保险合同的一方当事人，财产保险合同的投保人变更又称为保险合同的转让。由于保险合同的主要形式是保单，因此这种变更又称为保单转让。在财产保险中，投保人、被保险人通常为同一人。一般情况下，财产保险的投保人、被保险人必须得到保险人同意才可变更，保险合同才可继续有效，否则保险合同终止。这是因为投保人、被保险人通常是保险标的的实际控制人，保险标的的安全程度随着控制人的变化而变化，保险人作为风险的承担者有权在审查新的投保人或被保险人后再决定是否继续承保或者是否增加保费。但是在一些特殊险种中，投保人、被保险人可随保险标的的转让而自动变更，无须征得保险人的同意，保险合同继续有效，如货物运输保险。

（2）人身保险的情形。在人身保险中，只要新的投保人具有法律规定的保险利益，无需经保险人同意，但必须告知保险人。如果是以死亡为给付保险金条件的保险合同，必须经被保险人书面同意。

在人身保险中，被保险人的寿命或身体是人身保险合同的标的，被保险人变更则意味着保险合同的标的发生了变更，保险人承担的风险也随之变更。因此，在个人人身保险中，保险人一般不允许个人保险的被保险人发生变更。但在团体人身保险中，被保险人的变更则比较常见，一般会对被保险人的变更进行规定，如某团体人身意外伤害保险合同中规定："在保险期间内，投保人因其人员变动，需增加、减少被保险人时，应以书面形式向保险人提出申请。保险人同意后出具批单，并在本保险合同中批注。"团体人身保险的保险人在审核同意被保险人的变更的通常做法是：被保险人人数增加时，按约定增收未满期保险费；被保险人人数减少时，对减少的被保险人终止保险责任，并按约定退还未满期净保险费，但减少的被保险人本人或其保险金申请人已领取过任何保险金的，保险人不退还未满期净保险费。

2. 受益人的变更

受益人是人身保险中特有的关系人。《保险法》第四十一条规定："被保险人或者投保人可以变更受益人并书面通知保险人。保险人收到变更受益人的书面通知后，应当在保险单或者其他保险凭证上批注或者附贴批单。投保人变更受益人时须经被保险人同意。"在人身保险中，只要投保人、被保险人指定变更，无须经保险人同意，但应通知保险人，并办理变更手续。本质上，变更受益人的权利归属于被保险人，投保人未经被保险人同意不能随意变更受益人，而被保险人则可以随时变更受益人，但须通知保险人。受益人的变更要采用书面形式，保险人收到变更受益人的书面申请后，应在保险单上批注。

（二）保险合同内容的变更

保险合同内容的变更是指当事人双方享受的权利、承担的义务发生了变更，包括保险责任范围、保险期限、保险费、保险金额、缴费方式、被保险人职业、当事人住址及联系方式、保险标的数量或存放地点、争议处理等有关事项的变更。有些事项变更与保险人所承担的风险密切相关，比如保险财产的存放地点发生变更、被保险人的职业发生变动，可能导致保险费率变化或者保险人解除保险合同。有些事项的变更则不影响保险人承担的风险，比如投保人的住址、电话等的变更，其主要目的是确保业务联系的通畅，此种事项的变更一般不会导致保险费率的变更。

四、保险合同的终止

保险合同的终止是指保险合同成立后，因法定或约定的事由发生，使合同中确定的当事人之间的权利义务归于消灭，法律效力完全消失。终止是保险合同发展的最终结果。保险合同终止的原因主要有以下几种：

（一）因期限届满而终止

无论在保险期限内是否发生过保险事故以及是否得到过保险赔付，保险期限届满后保险合同自然终止，这是保险合同终止的最基本、最普遍的原因。例如，在定期寿险中，保险期满时被保险人依然生存，也就是说没有发生保险责任事故，保险人不需支付死亡保险金。保险合同终止，保险人的保险责任随之终止。

（二）因保险合同完全履行而终止

保险事故发生后，保险人完全履行了赔偿或给付保险金义务后，保险责任即告终止。例如，终身寿险中的被保险人因保险事故死亡，保险人全额支付保险金给受益人后，保险合同终止；在财产保险中，保险标的被大火焚毁，保险人赔偿被保险人全部损失后，保险合同终止。

（三）因保险标的的全部灭失而终止

保险标的由于非保险事故发生而灭失的，保险标的已不存在，保险合同终止，保险人无须承担赔偿或支付保险金责任。例如，人身意外伤害保险的被保险人因疾病而死亡，企业财产保险的保险标的因遭受责任免除事故而灭失，保险合同终止。

（四）因保险合同解除而终止

保险合同的解除是指在保险合同有效期满之前，当事人双方依照法律或约定事由解除约定的法律关系，使保险合同的效力提前消灭的行为。解除合同是保险合同终止的常见原因之一。《保险法》第十五条规定："除本法另有规定或者保险合同另有约定外，保险合同成立后，投保人可以解除合同，保险人不得解除合同。"《保险法》的这一规定明确了投保人具有可以任意解除保险合同的权利和自由，只需通知保险人，无须征得保险人同意。然而投保人享有的解除权在某些情况下也受到法律规定和合同约定的限制。对于保险费，《保险法》第五十四条规定："保险责任开始前，投保人要求解除合同的，应当按照合同约定向保险人支付手续费，保险人应当退还保险费。保险责任开始后，投保人要求解除合同的，保险人应当将已收取的保险费，按照合同约定扣除自保险责任开始之日起至合同解除之日止应收的部分后，退还投保人。"

《保险法》对保险人解除保险合同进行了严格限制，一般情况下保险人不能解除合同。法律制定此项规定主要原因包括两个方面：一方面，在保险合同中投保人一般代表被保险人、受益人的利益，是通过购买保险产品转移风险的主体，其权益受合同保障，有权决定是否继续享受保险保障，即意味着其既有投保的权利和自由，也有退保的权利和自由；另一方面，保险人是保险保障的提供者，若其在保险事故即将发生前解除合同，被保险人或受益人将得不到赔付，直接损害投保方的利益，保险也即失去了其保险保障的职能。

保险合同解除权的形式主要有两种：一种是法律的规定，即法定解除；另一种是保险合同的约定，即约定解除。

1. 法定解除

保险合同的法定解除权是《保险法》或相关法律法规直接规定的保险合同双方当事人可以解除合同的权利。

（1）投保人的法定解除权。《保险法》中对于合同解除的主旨是以投保人可以任意解除保险合同为原则，以不能解除保险合同为例外。也就是说，投保人可以随时解除合同，但是其解除权也有法律规定的限制情形。《保险法》第五十条规定："货物运输保险合同和运输工具航程保险合同，保险责任开始后，合同当事人不得解除合同。"一般情况下，货物运输保险合同和运输工具航程保险合同是以运动中的财产作为保险标的，以货物运输的过程或运输工具航程为保险期限，保险期限相对较短且保险责任开始时间不同于其他险种。例如，某国境内的水路、陆路货物运输保险合同对于保险期限的规定为："保险责任的起讫期是自签发保险凭证和保险货物离起运地发货人的最后一个仓库或储存处所时起，至该保险凭证上注明的目的地的收货人在当地的第一个仓库或储存处所时终止。"保险责任开始后，保险标的已处于运动之中，保险人无法时刻掌控保险标的的安全和使用情况，保险人承担了很大的风险，若此时投保人解除保险合同，对保险人是非常不利的，因此保险责任开始后，投保人不能解除合同。

（2）保险人的法定解除权。与投保人相比，保险人可以依法行使的解除权非常有限，《保险法》中对于保险人有权解除保险合同的情形制定了明确的规定，主要有以下几种：

①投保人违反如实告知义务。《保险法》第十六条第二款规定："投保人故意或者因重大过失未履行前款规定的如实告知义务，足以影响保险人决定是否同意承保或者提高保险费率的，保险人有权解除合同。"

②投保人或被保险人欺诈。保险欺诈行为发生后，保险人有权解除保险合同的情形主要有两种：一是被保险人或受益人谎称发生保险事故；二是故意制造保险事故。《保险法》第二十七条规定："未发生保险事故，被保险人或者受益人谎称发生了保险事故，向保险人提出赔偿或者给付保险金请求的，保险人有权解除合同，并不退还保险费。投保人、被保险人故意制造保险事故的，保险人有权解除合同，不承担赔偿或者给付保险金的责任；除本法第四十三条规定外，不退还保险费。"

③被保险人年龄误告。根据《保险法》第十六条和第三十二条的规定，投保人申报的被保险人年龄不真实，并且其真实年龄不符合合同约定的年龄限制的，保险人可以在合同订立两年内解除合同，并按照合同约定退还保险单的现金价值。然而保险人在合同订立时已经知道投保人未如实告知真实年龄的，保险人不得解除合同；发生保险事故的，保险人应当承担赔偿或者给付保险金的责任。

④投保人、被保险人未履行维护保险标的安全的义务。《保险法》第五十一条第三款规定："投保人、被保险人未按照约定履行其对保险标的的安全应尽责任的，保险人有权要求增加保险费或者解除合同。"

⑤被保险人未履行危险增加通知的义务。《保险法》第四十九条第三款规定："因保险标的的转让导致危险程度显著增加的，保险人自收到前款规定的通知之日起三十日内，可以按照合同约定增加保险费或者解除合同。保险人解除合同的，应当将已收取的保险费，按照合同约定扣除自保险责任开始之日起至合同解除之日止应收的部分后，退还投保人。"

⑥人身保险合同效力中止逾两年。分期支付保险费的合同，投保人在支付了首期保险费后，未按约定或未定期限支付当期保险费的，合同效力中止。合同效力中止2年后双方未就恢复保险合同效力事宜达成协议的，保险人有权解除。

⑦标的物发生部分损失。《保险法》第五十八条规定："保险标的发生部分损失的，自保险人赔偿之日起三十日内，投保人可以解除合同；除合同另有约定外，保险人也可以解除合同，但应当提前十五日通知投保人。合同解除的，保险人应当将保险标的未受损失部分的保险费，按照合同约定扣除自保险责任开始之日起至合同解除之日止应收的部分后，退还投保人。"

2. 约定解除

保险合同的约定解除权是指保险合同双方当事人在合同中约定的在一定情况下可以解除合同的权利。只要保险合同中约定的解除事由不违反法律规定并且不损害社会公共利益及第三方利益，则为有效。一旦约定的解除事由出现，一方当事人就可以依约解除保险合同。在保险合同订立时，当事人既可以约定解除合同的事由，也可以约定解除合同的行使期限。

思政案例：　《民法典》对保险合同条款的完善提出挑战

2020 年 5 月 28 日，第十三届全国人民代表大会第三次会议表决通过了《中华人民共和国民法典》，这是新中国第一部以"法典"命名的法律，它标志着在依法治国的总体框架下，我国民事法律制度建设在经历了长期的探索、实践与完善之后，将开启一个全新的时代。同时，《民法典》颁布与实施的背景具有极为特殊的时代特征，它是在我国实施新时代中国特色社会主义发展战略，加快完善社会主义市场经济体制，推动治理体系和能力现代化的历史背景下推出的，成为我国保险业深化改革和转型升级的一个重要契机、推手和动力。

《民法典》对保险条款的完善提出了以下几个方面的挑战。

一、保险业需进一步完善保险合同中的格式条款

（一）进一步完善格式条款无效的情形

《民法典》第四百九十七条规定格式条款无效的三种情形包括：一是符合民事法律行为无效一般规定的格式条款无效；二是不合理免除或减轻己方责任、加重对方责任、限制对方主要权利的格式条款无效；三是排除对方主要权利的格式条款无效。该条规定在《中华人民共和国合同法》第四十条规定的基础之上，新增"限制对方主要权利"内容，并且对"免除或减轻格式条款提供方责任、加重对方责任、限制对方主要权利"增加了"不合理"限制。

关于格式条款，《保险法》第十九条规定："采用保险人提供的格式条款订立的保险合同中的下列条款无效：（一）免除保险人依法应承担的义务或者加重投保人、被保险人责任的；（二）排除投保人、被保险人或者受益人依法享有的权利的。"保险条款属于格式条款，《保险法》关于格式条款无效的规定主要来自《中华人民共和国合同法》，《民法典》生效后，判断保险条款是否无效，需要根据《民法典》的规定。因此，保险公司应合理设计保险条款，除了关注条款的合法合规性之外，日后还需要注意评估相关条款的合理性，是否存在不合理地免除或减轻保险人责任、加重保险消费者责任、限制保险消费者主要权利的相关条款。

（二）格式条款的提示及说明义务

第一，《民法典》对格式条款的提示及说明义务的规定与《保险法》的规定略有不同。《民法典》规定采用格式条款订立合同的，提供格式条款的一方应采取合理的方式提示对方注意免除或减轻其责任等与对方有重大利害关系的条款，按照对方的要求对该条款予以说明。未履行提示或说明义务，致使对方没有注意或理解与其有重大利害关系的条款的，对方可以主张该条款不成为合同的内容。

《保险法》第十七条规定："订立保险合同，采用保险人提供的格式条款的，保险人向投保人提供的投保单应当附格式条款，保险人应当向投保人说明合同的内容。对保险合同中免除保险人责任的条款，保险人在订立合同时应当在投保单、保险单或者其他保险凭证上作出足以引起投保人注意的提示，并对该条款的内容以书面或者口头形式向投保人作出明确说明；未作提示或者明确说明的，该条款不产生效力。"《最高人民法院关于适用〈中华人民共和国保险法〉若干问题的解释（二）》第九条规定："保险人提供的格式合同文本中的责任免除条款、免赔额、免赔率、比例赔付或者给付等免除或者减轻保险人责任的条款，可以认定为保险法第十七条第二款规定的'免除保险人责任的条款'。保险人因投保人、被保险人违反法定或者约定义务，享有解除合同权利的条款，不属于保险法第十七条第二款规定的'免除保险人责任的条款'。"

第二，保险公司应当结合《民法典》的规定，对格式条款进行梳理。保险条款是格式条款，根据《保险法》的规定，应对格式条款进行主动说明，对免除或减轻保险人责任的条款，应予以主动明确说明和主动提示。结合《民法典》的规定，将保险条款划分为三类：免除或减轻保险人责任的条款、其他与保险消费者有重大利害关系的条款、与保险消费者无重大利害关系的条款。对前述三类条款，《保险法》和《民法典》作出了不同的规定要求，理论上应按从严规定进行处理。具体而言，对免除或减轻保险人责任的条款，保险公司应进行主动提示和主动明确说明；对其他与保险消费者有重大利害关系的条款，保险公司应进行主动提示和主动说明；对与保险消费者无重大利害关系的条款，保险公司不需要提示，但需要主动说明。

因此，保险公司应结合《民法典》的相关规定，将保险条款中除了免除或减轻保险人责任条款之外的其他与保险消费者有重大利害关系的条款进行梳理，为避免"标识内容范围过大，反而把一些需要作特别说明的内容变得不那么显眼"的问题，建议可以将保险条款中的"免除或减轻保险人责任的条款"和"与对方有重大利害关系的条款"区分开来，分别采用不同方式进行提示，例如，对于免除或减轻保险人责任的条款的文字予以加黑加粗提示，对于"与对方有重大利害关系的条款"的文字，可以采用下划线等方式提示。

二、保险业应充分关注《民法典》关于诉讼时效的规定

《民法典》第一百八十八条将普通诉讼时效期间规定为三年，将起算时间点规定为自权利人知道或应当知道权利受到损害以及义务人之日起，与《中华人民共和国民法总则》一致。《保险法》第二十六条规定："人寿保险以外的其他保险的被保险人或者受益人，向保险人请求赔偿或者给付保险金的诉讼时效期间为二年，自其知道或者应当知道保险事故发生之日起计算。人寿保险的被保险人或者受益人向保险人请求给付保险金的诉讼时效期间为五年，自其知道或者应当知道保险事故发生之日起计算。"关于人寿保险以外的其他保险的诉讼时效问题，实务中一直存在不同观点。随着《民法典》的生效以及未来《保险法》的进一步修订，关于人寿保险以外的其他保险的诉讼时效问题，应该会更加明确。在未进一步明确之前，保险公司应考虑在保险条款中直接约定诉讼时效根据法律规定确定，即作出原则性约定。

资料来源：中国保险学会课题组.《民法典》实施给保险行业带来的机遇与挑战［J］.保险理论与实践，2021（4）：127-158.

第四节　保险合同争议的处理和解释原则

保险合同争议是指在保险合同订立后，合同主体在合同履行过程中产生意见分歧或纠纷。这种意见分歧或纠纷有些是合同条款的文字表达不清、不够准确造成的；有些是双方对合同条款及文字的理解不同造成的；有些是由于违约造成的。不管产生争议的原因是什么，发生争议以后都需要按照一定的程序进行处理和解决。保险合同发生争议时主要涉及两个问题：一是争议处理方式，二是保险合同的解释。

一、保险合同争议的处理方式

《民法典》第二百三十三条规定："物权受到侵害的，权利人可以通过和解、调解、仲裁、诉讼等途径解决。"由此可见，保险合同争议处理的方式主要有以下几种：

（一）和解

和解是指在保险合同争议产生后，争议双方或多方在自愿、平等、互谅、互利的基础上，通过协商对争议事项达成一致，消除纠纷，保证合同的继续履行。采用协商和解的方式解决保险合同争议简单、便利，有助于提高彼此之间的信任感及合作意识，有利于合同的顺利执行。

（二）调解

调解是指保险合同的争议各方在第三方的主持下，通过教育疏导，摆事实讲道理，促成各方求同存异、达成协议、解决纠纷的办法。第三方主要包括人民法院、合同管理机关、人民调解委员会等。如果一方当事人不愿意调解，则不能进行调解。如果调解不成立或调解后又反悔的，可以申请仲裁或者直接向法院起诉。

（三）仲裁

仲裁是指争议各方依照仲裁协议，自愿将争议交由其共同信任、法律认可的仲裁机构的仲裁员进行裁判，并受该裁判约束的一种制度。仲裁具有法律效力，当事人必须执行。仲裁通常也是以争议各方事前约定为前提，而调解的基础是争议各方的自由意志。

理解仲裁有三点需要注意。一是申请仲裁必须以双方自愿为基础，没有达成仲裁协议或单方申请仲裁的，仲裁委员会将不予受理。二是仲裁和诉讼互斥，订有仲裁协议的，一方向人民法院起诉，人民法院将不予受理。三是仲裁实行一裁终局的制度，裁决作出后，当事人就同一纠纷再次申请仲裁或者向人民法院起诉的，仲裁委员会或者人民法院不予受理。

（四）诉讼

诉讼是指国家司法机关依照法定程序，解决纠纷、处理案件的专门活动。发生纠纷时，保险合同争议各方有权以自己的名义提起诉讼，请求人民法院通过审判来保护自身的权益。诉讼必须遵循一定的程序，包括提起诉讼、法院的审理和裁决、执行等。诉讼是解决保险合同争议的最激烈的、最终的方式，具有强制性、权威性。

《中华人民共和国民事诉讼法》第二十五条对保险合同纠纷的管辖法院作了明确规定："因保险合同纠纷提起的诉讼，由被告住所地或者保险标的物所在地人民法院管辖。"最高人民法院为了进一步明确涉及运输工具和货物运输的保险纠纷的管辖，在《最高人民法院关于适用〈中华人民共和国民事诉讼法〉的解释》中，第二十一条规定："因财产保险合同纠纷提起的诉讼，如果保险标的物是运输工具或者运输中的货物，可以由运输工具登记注册地、运输目的地、保险事故发生地人民法院管辖。因人身保险合同纠纷提起的诉讼，可以由被保险人住所地人民法院管辖。"

二、保险合同的解释原则

保险合同的解释是对保险合同条款内容的理解和说明。合同解释的目的是通过阐明合同条款的含义，明确当事人的真实意思表示，明确当事人的权利义务关系，正确处理保险合同的争议。虽然在订立保险合同时要求合同条款的文字应清楚准确、内容应明确具体，但是文字表达的多义性与不确定性、保险合同内容的专业性、合同当事人之间的利益冲突或未预知事项的发生等均会造成当事人对保险合同条款的理解不一致，从而影响保险合同的有效执行。因此，正确解释保险合同具有十分重要的现实意义。保险合同的解释原则主要包括文义解释原则、意图解释原则、有利于被保险人和受益人的解释原则以及补充解释原则。保险合同的解释比较复杂，在保险实践中，往往需要采取多种解释原则才能达到确定合同含义、明确当事人权利义务的目的。

（一）文义解释原则

文义解释也称语法解释、文法解释、文理解释，是最基本、最初步的解释方法，是按照保险合同条款所用的文字、词句、用语使用方式并结合合同上下文内容对合同条款内容所做的解释。合同条款由语言文字构成，文义解释原则专注于法律条文本身，尊重保险合同条款所使用的词句，尽量避免条文之外事物的干扰，从而正确理解合同条款所要表达的内容和意义。如果同一词语多次出现在同一保险合同中，其前后解释应当一致。对于保险专业术语或其他专门术语，有立法解释的，以立法解释为准；没有立法解释的，以司法解释、行政解释为准；对于没有立法、司法或行政解释的专业术语，应按本行业的通用含义解释。一般情况下，保险合同的解释仅靠文义解释是不够的，是很难确切地阐释法条的真意的，还需借助其他解释方法，但文义解释是其他解释方法适用的前提。文义解释原则是保险合同解释的最基本原则。

（二）意图解释原则

意图解释是指按照合同当事人订立保险合同时的真实意思进行的解释。意图解释尊重当事人在保险合同中表达的真实意思。在订立保险合同时往往要求内容明确、文字清晰准确，但是即使是合同当事人在订约时字斟句酌、深思熟虑地制定出最完备、最周全的合同条款，也仍然会存在诸多的不足与漏洞，如语焉不详、用词不当、规则缺失、不合时宜等。当保险合同条款用语模糊不清，若按照文义解释便会违背当事人订立保险合同的目的时，应当根据保险合同的条款内容、当事人订约的目的和背景以及其他客观实际情况推定当事人的真实意思，进而明确保险合同的条款含义。

推定当事人真实意思的做法包括：当事人的书面约定与口头约定的内容不一致时，以书面约定为准；投保单与保险单或其他保险凭证的内容不一致时，以投保单为准，但不一致的情形系经保险人说明并经投保人同意的，以投保人签收的保险单或其他保险凭证载明的内容为准；合同的基本条款与特约条款内容不一致时，以特约条款为准；保险合同的条款内容采用批注优于正文、后批注优于先批注、手写优于打印、加贴批注优于正文批注的规则进行解释。这样就更能反映当事人的真实意图。值得注意的是，意图解释原则往往用于保险合同条款文义不清导致当事人对同一条款理解有异议的情形。

（三）有利于被保险人和受益人的解释原则

《保险法》第三十条规定："采用保险人提供的格式条款订立的保险合同，保险人与投保人、被保险人或者受益人对合同条款有争议的，应当按照通常理解予以解释。对合同条款有两种以上解释的，人民法院或者仲裁机构应当作出有利于被保险人和受益人的解释。"《民法典》第四百九十八条规定："对格式条款的理解发生争议的，应当按照通常理解予以解释。对格式条款有两种以上解释的，应当作出不利于提供格式条款一方的解释。格式条款和非格式条款不一致的，应当采用非格式条款。"由此可见，《保险法》对保险条款解释的规定与《民法典》对格式条款解释的规定是高度一致的。由于该解释原则不利于合同条款起草人，因此又被称为不利解释原则。

保险合同是附和合同，具有很强的专业性，其格式条款由保险人单方面制定，更多地体现了保险人的意志。在订立保险合同时，投保方只能选择接受或拒绝保险人事先已拟定好的条款。因此，为了保障合同非起草方的权益，法律明确规定，对合同条款有两种以上解释的，人民法院或者仲裁机构应当作出有利于被保险人和受益人的解释，这体现了法律的公平性和公正性。但是关于这一规定的适用应当注意的是，并非双方当事人对保险条款的任何争议都必须作出有利于被保险人和受益人的解释。当双方当事人对保险条款的内容理解不一致时，应当遵循公平和诚实信用原则，按照合同所使用的词句、合同的目的、保险交易习惯等进行合理解释。只有当保险条款的含义含混不清或产生多种理解时，才应当援引上述规定，作出有利于被保险人和受益人的解释。

（四）补充解释原则

补充解释是指当保险合同条款约定内容有遗漏或不完整时，应当借助于商业习惯、国际惯例，在公平原则的基础上，对保险合同欠缺的内容进行务实、合理的补充解释，以便合同能够继续履行。

思政案例： 不利解释原则维护社会公平正义

公平正义是人类追求美好社会的一个永恒主题，是社会发展进步的一种价值取向，也是社会和谐稳定发展的必然要求。实现社会公平正义是中国共产党人的一贯主张和奋斗目标，也是发展中国特色社会主义的重大任务。保险中的不利解释原则维护了处于弱势地位的被保险人和受益人的权益。

49 岁的孙先生作为投保人，购买了两份分红型的年金保险产品，并购买了该产品的附加险——提前给付重大疾病保险，保险金额均为 10 万元，孙先生作为被保险人。该附加险保险利益条款第六条约定了 30 种符合理赔条件的特定疾病，其中明确单侧肾脏切除手术和双侧卵巢或睾丸完全切除手术属理赔范围，而部分切除手术不在保障范围内。其他条款约定，被保险人在约定的日期后患有符合理赔条件的特定疾病的，保险公司应按附加险保险金额的 15% 给付特定疾病保险金。后孙先生在保险期间患右侧肾肿瘤，在医院接受了右侧部分肾切除术，右肾被部分切除。孙先生向保险公司提出理赔，要求保险公司支付特定疾病保险金 3 万元。

然而保险公司认为，因疾病或意外伤害导致至少单侧肾脏切除才符合理赔条件，而孙先生因疾病仅导致右侧肾脏部分切除，不符合理赔的条件。因协商未果，孙先生一纸诉状诉至法院。

一审法院认为，保险合同合法有效。案件争议焦点在于附加险保险利益条款中约定的单侧肾脏切除手术是否包含单侧肾脏"部分"切除的情形。单从利益条款文义理解上，难以直接得出单侧肾脏切除手术即指单侧"全部"切除的唯一结论；结合附加险相关条款，其他脏器的切除手术分"完全"和"部分"切除的不同理赔情形。因此，"单侧肾脏切除手术"在未明确约定"部分"切除非理赔范围时，理应解读为单侧肾脏切除手术作为理赔的特定疾病也存在"完全"和"部分"两种情形，因此法院判决保险公司按约支付保险金 3 万元。

保险公司不服提出上诉，中级人民法院经审理，二审维持了原判。

《民法典》明确规定，合同争议条款以合同文本所用词句本身的文义解释为基础，同时将相关条款联系起来进行综合分析判断，通过整体解释等方式准确探究合同真意，公平合理确定合同双方真实意思表示；对可能出现多种解释的条款的理解，则应适用对格式条款提供方不利解释规则。

本案例中，尽管肾脏以及卵巢或睾丸系不同的人体器官，但同一保险合同对相同性质条款，在逻辑含义、合同目的等方面具有参照性，且相关条款结合起来进行整体解释符合法律规定，因此结合合同其他条款关于人体其他器官切除手术作"部分"和"完全"两种情形的区分，单侧肾脏切除手术也可以作类似情形的区分。孙先生和保险公司对条款解读出现差异，因为保险公司作为提供格式条款一方，所以法院作出不利于保险公司的解释。

从维护公平正义、保护被保险人和受益人（经济上的弱者）利益的目的出发，《保险法》规定的不利解释原则是十分有必要的。在保险合同订立过程中，保险人不应当依靠自己的专业知识与经验增加投保人的责任，减轻自己的义务，这样的行为不仅违背道德和法律的要求，也与社会主义的公平正义相违背。

资料来源：陈立东，牟聪. 有"典"规范 保险理赔不再难［N］. 人民法院报，2021-12-11（03）.

重要术语

保险合同　双务合同　附和合同　射幸合同　定值保险合同　不定值保险合同
保险人　投保人　被保险人　受益人　保险标的　保险金额　保险费　保险责任
责任免除　保险期限　保险价值　投保单　暂保单　保险单　有效合同　无效合同
要约　承诺　保险合同的成立　保险合同的生效　保险合同的变更　保险合同的终止

复习思考题

1. 什么是保险合同？保险合同的主要特点有哪些？
2. 保险合同的要素包括哪些内容？
3. 保险合同成立的要件有哪些？
4. 保险合同生效的要件有哪些？
5. 简述投保人的主要义务。
6. 简述保险人的主要义务。
7. 保险合同的争议处理方式有哪些？
8. 简述保险合同的解释原则。

参考文献

1. 赵苑达. 保险学［M］. 2版. 上海：立信会计出版社，2013.
2. 魏华林，林宝清. 保险学［M］. 3版. 北京：高等教育出版社，2017.
3. 兰虹. 保险学基础［M］. 3版. 成都：西南财经大学出版社，2010.
4. 张洪涛. 保险学［M］. 4版. 北京：中国人民大学出版社，2014.
5. 王海艳，郭振华. 保险学［M］. 北京：机械工业出版社，2011.
6. 贾林青. 保险法［M］. 北京：中国人民大学出版社，2013.

第四章　保险的基本原则

第一节　保险利益原则

所谓保险利益原则，也称为可保利益原则，是指在签订和履行保险合同的过程中，投保人或被保险人对保险标的必须具有保险利益。保险利益既是订立保险合同的前提条件，也是保险合同生效及在存续期间保持效力的前提条件。对于人身保险而言，投保人只有对被保险人具有保险利益，才有条件或有资格与保险人订立保险合同，签订的保险合同才能生效，否则为非法的或无效的合同。在保险合同生效及履行过程中，如果投保人或被保险人失去了对保险标的的保险利益，保险合同也随之可能失效。

一、保险利益及其确立条件

（一）保险利益的含义

《保险法》第十二条规定："人身保险的投保人在保险合同订立时，对被保险人应当具有保险利益。财产保险的被保险人在保险事故发生时，对保险标的应当具有保险利益。人身保险是以人的寿命和身体为保险标的的保险。财产保险是以财产及其有关利益为保险标的的保险。被保险人是指其财产或者人身受保险合同保障，享有保险金请求权的人。投保人可以为被保险人。保险利益是指投保人或者被保险人对保险标的具有的法律上承认的利益。"

保险利益是指投保人或被保险人对保险标的具有的法律上承认的经济利益。这种经济利益因保险标的的完好、健在而存在，因保险标的的损毁、伤害而受损。从法学的角度看，保险利益作为保险合同的效力要件，投保人或被保险人对保险标的不具有保险利益的，保险合同不具有法律效力。这主要包含两层含义：其一，只有对保险标的有保险利益的人才具有投保的资格；其二，是否具有保险利益是判断保险合同能否生效或赔偿的依据。

例如，某人拥有一套住房，如果房子正常存在，他可以居住或者出租、出售以获得利益，但是如果房子已损毁，他不仅无法居住，更谈不上出租、出售，经济上显然要遭受到损失。因此，保险利益体现的是投保人或被保险人与保险标的之间的经济利益关系。

（二）保险利益成立的条件

保险利益是保险合同得以成立的前提，无论是财产保险合同，还是人身保险合同，都应以保险利益的存在为前提。保险利益的构成必须具备下列条件：

1. 保险利益必须是合法的利益

投保人或被保险人对保险标的利益必须是法律认可并受到法律保护的利益，即在法律上可以主张的利益，必须符合法律规定，与社会公共利益相一致。违法或损害社会公共利益而产生的利益都不能成为保险利益。例如，在财产保险中，投保人对保险标的所有权、占有权、使用权、收益权或对保险标的所承担的责任等，必须是依照法律法规、有效合同等合法取得、合法享有、合法承担的利益，因违反法律规定或损害社会公众利益而产生的利益，不能作为保险利益。又如，以盗窃、诈骗、贪污、走私等非法手段所获取的财物都不能成为保险合同的标的，由此而产生的利益不能构成保险利益，如果投保人为不受法律认可的利益投保，则保险合同无效。

2. 保险利益必须是确定的利益

确定的利益包括客观上或事实上已经存在或已经确定和能够确定的利益。已经确定的利益是指事实上的利益，即现有利益。例如，投保人已取得财产所有权或使用权而由此享有的利益。能够确定的利益是指客观上可以实现的利益，即预期利益或期待利益。预期利益是基于现有利益在未来可能产生的利益，必须具有客观依据，仅凭主观预测、想象可能会获得的利益不能成为保险利益。例如，生产型企业因其生产、销售产品而未来能够实现的利润，即预期利润属于期待利益。现有的运费保险和利润损失保险等均是直接以预期利益作为保险标的。

3. 保险利益必须是经济上的利益

经济上的利益是指投保人或被保险人对保险标的的利益价值必须能够用货币衡量。保险的目的是弥补被保险人因保险标的出险所遭受的经济损失，如果当事人对经济损失的利益无法用货币计量，则保险人将无法对该经济损失进行补偿或给付。因此，无法用货币衡量其价值的利益不能成为保险利益。在财产保险中，由于保险标的本身是可以估价的，保险利益也可以用货币来衡量。然而人身保险合同的保险利益则有一定的特殊性。由于人身无价，只要求投保人对被保险人具有法律上承认的利害关系，就认为投保人对被保险人具有保险利益，人身保险的保险利益也就不能用货币来衡量。在个别情况下，人身保险的保险利益也可以加以计算和限定，如债权人对债务人生命的保险利益可以确定为债务的金额。

二、坚持保险利益原则的意义

在保险的理论与实践中，坚持保险合同的成立必须具有保险利益这一原则的意义在于：

（一）限制损失赔偿金额

财产保险合同是补偿性合同，保险合同保障的是被保险人的经济利益，补偿的是被保险人的经济损失，而保险利益以投保人对保险标的的现实利益以及可以实现的预期利益为范围，因此是保险人衡量损失及被保险人获得赔偿的依据。保险人的赔偿金额不能超过保险利益，否则被保险人将因保险而获得超过其损失的经济利益，这既有悖于损失补偿原则，又容易诱发道德风险和赌博行为。另外，如果不以保险利益为原则，还容易引起保险纠纷。例如，借款人以价值100万元的房屋作抵押向银行贷款80万元，银行将此抵押房屋投保，房屋因保险事故全损，作为被保险人的银行的损失是80万元而非100万元，其最多只能获得80万元的赔偿。

（二）防止道德风险的发生

保险赔偿或保险金的给付以保险标的遭受损失或保险事件的发生为前提条件，如果投保人或被保险人对保险标的无保险利益，那么该标的受损，对他来说不仅没有遭受损失，相反还可以获得保险赔偿，这样就可能诱发投保人或被保险人为牟取保险赔偿而故意破坏保险标的的道德风险。反之，如果有保险利益存在，即投保人或被保险人在保险标的上具有经济利益，这种经济利益因保险标的受损而受损，因保险标的的存在而继续享有，这样投保人或被保险人就会关心保险标的的安危，认真做好防损防险工作，使其避免遭受损害。即使有故意行为发生，被保险人充其量也只能获得其原有的利益，因为保险利益是保险保障的最高限度，保险人只是在这个限度内根据实际损失进行赔偿，因此被保险人也无利可图。而在人身保险方面，保险利益的存在更为必要，如果投保人可以以任何人的死亡为条件获取保险金，其道德风险发生的后果是不堪设想的。

（三）防止赌博行为的发生

保险与赌博均是基于偶然事件的发生而受损或获益，但是赌博是完全基于偶然因素，通过投机取巧牟取不当利益的行为。有人为了侥幸获取暴利，会不惜一切代价去冒险，甚至以他人的损失为代价。由于赌博将确定的赌注变成了不确定的输赢，增加甚至创造了风险，导致了社会的不安定，因此被世界上大多数国家的法律所禁止。保险是基于人类互助共济的精神，通过保险补偿被保险人由于保险事故所造成的经济损失，从而保障社会再生产的顺利进行，保障人民生活的安定。因此，为了使保险区别于赌博，并使其不成为赌博，就必须要求投保人对保险标的具有保险利益，被保险人只有在经济利益受损的条件下，才能得到保险赔偿，从而实现保险损失补偿的目的。如果保险不以保险利益存在为前提，则将与赌博无异。

在保险发展历史上，在16世纪末17世纪初的英国曾出现过保险赌博。投保人对与自己毫无利害关系的标的进行投保，一旦发生保险事故就可以获得相当于保险费数倍的巨额赔款，于是人们就像在赛马场上下赌注一样买保险。这严重影响了社会的安定，于是英国政府于 17 世纪中叶通过立法禁止了这种行为，从而维护了正常的社会秩序，保证了保险事业的健康发展。

三、各类保险的保险利益来源

由于财产保险与人身保险的保险标的性质不同，因此在保险合同的订立和履行过程中对保险利益原则的应用也不尽相同。各类保险的保险利益来源如下：

(一) 财产保险的保险利益来源

财产保险的保险利益体现的是投保人或被保险人与保险标的之间的经济利益关系。这种利益关系包括现有利益和期待利益。现有利益随物权的产生而存在，但不以所有权利益为限。抵押权人、留置权人对相应的标的物都拥有保险利益。预期利益不是一种空想的利益，必须具有得以实现的合同根据或法律依据，是法律上认可的利益。例如，正常运营的企业的预期利润、房东预期的租金收入、货物运输承运人的预期运费收入等。预期利益不能是一种虚幻的期待，如平民选秀活动与明星梦。

财产保险的保险利益来源于投保人对保险标的所拥有的各种权利，这些权利包括：

1. 财产所有权

财产所有人对其拥有的财产具有保险利益，如果财产遭受损害，财产所有人将蒙受经济损失。

2. 财产经营权、使用权

虽然财产并不为投保人所拥有，但是由于投保人对财产拥有经营权或使用权而享有由此产生的利益及承担相应的责任，所以财产的经营者或使用者对其负责经营或使用的财产具有保险利益。例如，酒店的业主将酒店交由酒店管理公司管理，酒店管理公司拥有酒店的管理权并享有管理酒店而产生的经济利益，同时也对酒店资产的安全性和完整性负责，因此酒店管理公司对其所管理的酒店具有保险利益。又如，租车人在承租期间对其所租用的车辆具有保险利益，因为如果车辆完好，租车人可以根据租车合同的规定使用，以实现其租车的目的，但是如果车辆受损，租车人必须对车主赔偿损失。

3. 财产承运权、保管权

财产的承运人或保管人对其负责运输或保管的财产具有保险利益。因为虽然财产的承运人或保管人不是该财产的所有人，但他们与该财产具有法律认可的经济利害关系。承运人将货物安全运至目的地则可以向托运人收取运费，如果货物在运输途中遭受损失，则承运人必须对托运人赔偿损失。同样，财产的保管人，如仓储公司要对受托仓储的货物和商品的安全负责，如果货物在仓储期间受损，仓储公司要对货主承担赔偿责任，反之则可以取得保管费收入。

4. 财产抵押权、留置权

抵押是一种债务的担保，抵押人为债务人，抵押权人为债权人。债务人提供给债权人作为抵押担保的财产，虽然并不转移其所有权或占有权，但是当债务人不能依据合同约定偿还借款时，债权人有权处理抵押财产，从而得到赔偿。因此，抵押权人对抵押财产具有经济上的利害关系，即保险利益。留置也是一种债务的担保，留置与抵押的区别是债权人在债权受偿之前即拥有对债务人作为清偿债务担保的财产的占有权，即留置权，当债务人不能依约偿还债务时，留置权人即有权处理留置的财产，因而也具有保险利益。

（二）责任保险的保险利益来源

责任保险的保险利益来源于被保险人在生产经营、业务活动以及日常生活中因疏忽或过失造成他人人身伤害或财产损失，按照法律规定对受害人应当承担的经济赔偿责任。各国法律都规定，行为人侵犯他人民事权利应承担相应的法律后果——民事责任。民事责任的表现形式之一是赔偿损失。因此，只要存在发生民事赔偿责任的可能性，因承担赔偿责任而支付赔偿金额和其他费用的人就具有责任保险的保险利益。例如，医生在行医过程中因其过错或疏忽致病人死亡或伤残、病情加剧、痛苦增加等；律师在自己的能力范围内、职业服务中所发生的一切疏忽、错误或遗漏过失行为而给当事人带来损失；会计师违反会计业务上应尽的责任和义务而使他人遭受损害；等等。又如，根据有关法律的规定，产品的制造商、销售商、修理商等由于产品的缺陷造成消费者的人身伤害或财产损失，应承担经济赔偿责任，因此产品的制造商、销售商、修理商等对消费者使用其产品造成的损害赔偿具有可保利益。这些应负的民事赔偿责任即为责任利益，责任利益因民事责任而产生，也以民事责任的赔偿数额为限额。

（三）信用保证保险的保险利益来源

信用保险的保险标的是各种信用行为。在经济交往中，权利人与义务人之间基于各类经济合同而存在经济上的利益关系，当义务人因种种原因不能履约时，会使权利人遭受经济损失。例如，国际贸易中，卖方对已售出的货物具有保险利益，因为卖方的货物虽已发运，但买方可能会拒收货物，拒付货款。信用和保证保险是典型的以合同违约责任产生的保险利益。在经济合同中因义务人不履行合同条件，致使权利人受到经济损失，权利人或义务人可以通过投保信用保证保险，由保险人承担经济赔偿责任。在这里保险人承担的是一种信用风险，权利人或义务人对于这种信用具有保险利益。

信用保险是权利人要求保险人担保对方（义务人）信用的保险，一旦义务人不履行义务，就会造成权利人的经济损失，因此权利人对于义务人的信用有保险利益。保证保险是义务人根据权利人的请求，要求保险人担保自己本人信用的保险，由于义务人不履行义务，致使权利人受到损失，由义务人的担保人即保险人负责赔偿，因此义务人对请求保险人对信用给予保证有保险利益。

（四）人身保险的保险利益来源

人身保险的保险利益来源于投保人与被保险人之间所具有的各种利害关系。

1. 人身关系

这种情况是指投保人以自己的生命或身体作为保险标的。任何人对自己的生命或身体都有处分权，当然具有保险利益。

2. 亲属关系

这种情况是指投保人的配偶、子女、父母等家庭成员，即血缘、婚姻及抚养关系。根据伦理观点，这种情况一般不会出现道德风险，并且他们相互间还负有法律规定的抚养或赡养义务。但各国对于亲属关系的范围规定不同，有的仅限于直系近亲，有的则范围较大。

3. 债权债务关系

由于债权人债权的实现有赖于债务人依约履行义务，债务人的生死存亡，关系到债权人的切身利益，因此债权人对债务人具有保险利益。但保险利益的数额应以债务人实际承担的债务为限。

4. 雇佣关系

由于企业或雇主与其雇员之间具有经济利益关系，因此企业或雇主对雇员具有保险利益。企业或雇主可以作为投保人为其雇员订立人身保险合同。

世界各国对于人身保险保险利益的立法有所不同。例如，英美法系国家基本采用"利益主义原则"，投保人以他人的寿命或者身体为保险标的所订立的保险合同是否具有保险利益，以投保人和被保险人相互间是否存在金钱上的利害关系或者其他私人相互间的利害关系为判断依据，有利害关系则有保险利益。大陆法系国家大多采用"同意主义原则"，投保人以他人的寿命或者身体为保险标的所订立的保险合同是否具有保险利益，不论投保人和被保险人之间有无利害关系，均以投保人是否已经取得被保险人的同意为判断依据，投保人征得被保险人同意订立保险合同的，对被保险人有保险利益。还有一些国家采用了"利益和同意兼顾的原则"。

我国的保险立法和实务基本上是实行"利益和同意兼顾的原则"。《保险法》第三十一条规定，"投保人对下列人员具有保险利益：（一）本人；（二）配偶、子女、父母；（三）前项以外与投保人有抚养、赡养或者扶养关系的家庭其他成员、近亲属；（四）与投保人有劳动关系的劳动者。除前款规定外，被保险人同意投保人为其订立合同的，视为投保人对被保险人具有保险利益。订立合同时，投保人对被保险人不具有保险利益的，合同无效。"另外，为了保证被保险人的人身安全，《保险法》第三十四条规定："以死亡为给付保险金条件的合同，未经被保险人同意并认可保险金额的，合同无效。"

四、保险利益的时效要求

（一）财产保险保险利益的时效规定

财产保险通常不仅要求投保人在投保时对保险标的具有保险利益，而且要求保险利益在保险有效期内始终存在，特别是发生保险事故时，被保险人对保险标的必须具有保险利益。如果投保人或被保险人在订立保险合同时具有保险利益，但在保险合同履行过程中失去了保险利益，则保险合同随之失效，保险人不承担经济赔偿责任。这是由财产保险的补偿性所决定的，没有保险利益就无所谓损失，自然也就无须补偿。我国在2009年对《保险法》进行修订之后，保险人一般只对保险事故发生时是否具有保险利益有严格要求，而对于投保时是否具有保险利益已不再追究。《保险法》第十二条规定："财产保险的被保险人在保险事故发生时，对保险标的的应当具有保险利益。"《保险法》第四十八条规定："保险事故发生时，被保险人对保险标的的不具有保险利益的，不得向保险人请求赔偿保险金。"由此可见，财产保险对保险利益的要求重点在保险事故发生时。

（二）人身保险保险利益的时效规定

人身保险强调投保人在订立保险合同时对被保险人必须具有保险利益，保险合同生效后，就不再追究投保人对被保险人的保险利益问题，法律允许人身保险合同的保险利益发生变化，合同的效力依然保持。

当投保人为自己买保险时，当然对保险标的的具有保险利益，在保险合同有效期内也具有保险利益。但人身保险合同投保人与被保险人不是同一人的情况比较多见，如丈夫为妻子投保、企业为职工投保等，如果投保人签约时对被保险人具有保险利益，那么保险合同生效后即使投保人与被保险人的关系发生了变化，如夫妻离婚、职工离开原企业等，投保人对被保险人没有了保险利益，保险合同的效力不受影响，保险事故发生时保险人应承担保险金给付责任。原因在于：人身保险合同是给付性合同，不是补偿性合同，因而不必要求保险事故发生时投保人对保险标的的一定具有保险利益，另外人身保险合同的保险标的是人，且寿险合同多数具有储蓄性，被保险人受保险合同保障的权利不能因为投保人与被保险人保险利益的丧失而被剥夺，否则就会违背保险的宗旨，有失公平。

五、确定保险利益价值的依据

财产保险保险利益价值的确定是依据保险标的的实际价值，即投保人对保险标的所具有的保险利益的价值。投保人只能根据保险标的的实际价值投保，在保险标的实际价值的限度内确定保险金额，如果保险金额超过保险标的的实际价值，超过部分无效。《保险法》第五十五条第三款规定："保险金额不得超过保险价值。超过保险价值的，超过部分无效，保险人应当退还相应的保险费。"

人身保险由于保险标的是人的生命或身体，是无法估价的，其保险利益无法以货币计量，因此人身保险金额的确定是依据被保险人的需要与支付保险费的能力。

六、保险利益的转移

保险利益的转移是个比较复杂的问题，它往往与保险标的的转移、保险合同转让密切相关。在人身保险中，一般不存在保险利益的转移问题。在财产保险中，保险利益的转移主要是由于财产保险标的物的转让引起。财产保险标的转让的，保险标的的受让人承继被保险人的权利和义务，但是被保险人或受让人应当及时通知保险人，货物运输保险合同和另有约定的合同除外。《保险法》第四十九条第一、二款规定："保险标的转让的，保险标的的受让人承继被保险人的权利和义务。保险标的转让的，被保险人或者受让人应当及时通知保险人，但货物运输保险合同和另有约定的合同除外。"

根据国际惯例，在海上保险中对保险利益的要求有所例外，即不要求投保人在订立保险合同时具有保险利益，只要求被保险人在保险标的遭受损失时，必须具有保险利益，否则就不能取得保险赔偿。英国《1906 年海上保险法》第六条第一款规定：被保险人在保险标的物发生损失时必须享有保险利益，尽管在订立保险契约时其没取得保险利益的必要。这是由于海上保险的利益方比较多，经济关系复杂，保险合同经常随物权的转移而转让，保险标的不受被保险人所控制，而财产保险的目的是补偿被保险人所遭受的经济损失，所以海上保险只要求被保险人在保险标的受损时具有保险利益即可。《中华人民共和国海商法》（以下简称《海商法》）第二百二十九条规定："海上货物运输保险合同可以由被保险人背书或者以其他方式转让，合同的权利、义务随之转移。合同转让时尚未支付保险费的，被保险人和合同受让人负连带支付责任。"

海上保险中船舶的转让与货物的转让是不同的，货物的转让可以不经保险人同意而自由转让保险合同，船舶的转让不允许船舶的被保险人背书转让船舶保险合同。《海商法》第二百三十条规定："因船舶转让而转让船舶保险合同的，应当取得保险人同意。未经保险人同意，船舶保险合同从船舶转让时起解除；船舶转让发生在航次之中的，船舶保险合同至航次终了时解除。合同解除后，保险人应当将自合同解除之日起至保险期间届满之日止的保险费退还被保险人。"

第二节　最大诚信原则

最大诚信原则作为保险的四大基本原则之一，最早起源于海上保险。在早期的海上保险中，投保人投保时作为保险标的的船舶或者货物经常已经航行在海上或停靠在其他港口。在当时的条件下，真实情况如何只能依赖于投保人的告知，保险人根据投保人的告知决定是否承保及估算保险风险、确定保险费率。因此，投保人或被保险人告知的真实性对保险人来说有重大的影响。诚信原则对保险合同当事人的要求较一般的民事合同要求就更高、更具体，即要遵守最大诚信原则。英国《1906年海上保险法》第十七条规定：海上保险合同是建立在最大诚信原则基础上的合同，如果任何一方不遵守这一原则，另一方可以宣告合同无效[①]。

---

① 英文原文：A contract of marine insurance is a contract based upon the utmost good faith, and, if the utmost good faith be not observed by either party, the contract may be avoided by the other party.

一、最大诚信原则的含义

诚信就是"诚实守信"。诚实，即任何一方当事人对另一方当事人不得隐瞒、欺骗。守信，即任何一方当事人必须善意、全面地履行自己的义务。诚信原则是各国立法对民事、商事活动的基本要求。例如，《民法典》第七条规定："民事主体从事民事活动，应当遵循诚信原则，秉持诚实，恪守承诺。"如果当事人在订立合同过程中故意隐瞒与订立合同有关的重要事实或者提供虚假情况，以及有其他违背诚实信用原则的行为，给对方造成损失的，应当承担损害赔偿责任。

由于保险经营活动的特殊性，保险活动中对诚信的要求更为严格，要求合同双方在订立和履行保险合同过程中做到最大诚信。最大诚信原则的基本含义是：保险合同当事人订立合同及在合同有效期内，应依法向对方提供足以影响对方作出订约与履约决定的全部实质性重要事实，同时绝对信守合同订立的约定与承诺；否则，受害方可主张合同无效或不履行合同约定的义务或责任，还可以对因此受到的损害要求对方予以赔偿。

二、最大诚信原则产生的原因

（一）信息的不对称

在保险经营活动中，由于保险市场的特殊性，保险合同双方当事人对与保险合同有关的信息了解程度不一样，也就是存在信息不对称。

一方面，信息不对称表现为有关保险标的的信息不对称。由于保险标的具有广泛性、复杂性，只有投保方对保险标的的风险状况最为了解，而保险人作为风险承担者却难以完全把握。受成本费用所限，保险人也不可能对每一保险标的的风险状况进行实地调查，只能根据投保人的告知与陈述来决定是否承保、如何承保及确定费率。为了保证保险人的利益，必须要求投保方基于最大诚信原则履行告知与保证义务。

另一方面，信息不对称表现为有关保险合同条款的信息不对称。由于保险合同是附和合同，合同中的内容都是由保险人制定的，投保方只能表示接受或不接受。而保险条款比较复杂，专业性强、技术含量高，一般的投保人和被保险人难以全面了解，这就需要保险人本着最大诚信原则，履行其应尽的责任和义务。

（二）保险合同的附和性

保险合同因投保人与保险人意思表示一致而成立，并以双方相互诚实信用为基础，投保人向保险人支付保险费转移风险，相当程度上是基于信赖保险人对保险条款所作的解释和说明。保险合同是典型的附和合同，合同中的内容都是由保险方单方制定的，而保险合同条款又较为复杂，专业性强，一般的投保人和被保险人不易理解与掌握，保险费率是否合理、承保条件及赔偿方式是否苛刻等，投保方是难以了解的。最大诚信原则要求保险人基于最大诚信原则，履行其应尽的责任与义务。

（三）保险合同的射幸性

保险合同是一种典型的射幸合同。保险合同是约定未来保险事故发生时，由保险人承担赔偿损失或给付保险金责任的合同。投保人购买保险后能否获得保险金的赔付取决于在保险合同有效期内保险事故是否发生，这在财产保险合同中表现得尤为明显。从个体保障角度看，保险人的保险责任远远高于其所收取的保费，倘若投保方不诚实（欺骗与隐瞒）或不守信用（不遵守承诺），保险的赔付水平将高于保险人的最初预计，从而导致保险人无法持续经营。

三、最大诚信原则的内容

最大诚信原则的内容包括告知、保证、弃权与禁止反言。告知与保证主要是对投保人或被保险人的约束，弃权与禁止反言则主要是对保险人的约束。

（一）告知

1. 告知的含义

告知是指在订立保险合同时，投保人应当将与保险标的有关的重要事实如实地向保险人陈述，以便让保险人判断是否接受承保或以什么条件承保；保险人也应当将与投保人利害相关的实质性重要事实据实通告投保人。

对于什么是重要事实，英国《1906 年海上保险法》是这样来表述的[①]：影响谨慎的保险人在厘定保险费和决定是否接受承保的每一项资料都认为是重要事实。《保险法》第十六条第二款也对此作出相应的规定："投保人故意或者因重大过失未履行前款规定的如实告知义务，足以影响保险人决定是否同意承保或者提高保险费率的，保险人有权解除合同。"由此可见，重要事实是指对保险人决定是否接受或以什么条件接受投保起决定作用的事实，如有关投保人和被保险人的详细情况，有关保险标的的详细情况，危险因素及危险变化、增加的情况，曾经发生的损失记录以及向保险人索赔的情况等。

2. 投保人告知的形式

投保人告知的形式有两种，即无限告知和询问告知两种。

无限告知又称事实告知，是指法律或保险人对告知的内容没有明确规定，投保方须主动地将保险标的的状况及有关重要事实如实告知保险人。询问告知又称有限告知、主观告知，是指投保方只对保险人所询问的问题如实回答，而对询问以外的问题投保方可无须告知。

无限告知对投保人的要求比较高，大多数国家的保险立法是采用询问告知的形式，我国也采用了这一形式。《保险法》第十六条规定："订立保险合同，保险人就保险标的或者被保险人的有关情况提出询问的，投保人应当如实告知。"因此，对于某一事项是否为重要事实，在询问告知的立法形式下，通常将保险人询问的事

---

① 英文原文：A representation is material which would influence the judgment of a prudent insurer in fixing the premium, or determining whether he will take the risk.

项推定为重要事实，而保险人未询问的事项推定为非重要事项，由于什么才是与保险标的有关的重要事实只有保险专业人士清楚，所以以保险人依其专业知识制定的询问内容作为重要事实的推定。

3. 投保人告知的内容

在保险合同订立和保险合同有效期内，投保方应向保险人告知的主要内容如下：

（1）订立保险合同，保险人就保险标的或者被保险人的有关情况提出询问的，投保人应当如实告知；

（2）在合同有效期内，保险标的的危险程度显著增加的，被保险人应当按照合同约定及时通知保险人；

（3）保险标的转移时或保险合同有关事项有变动时投保人或被保险人应通知保险人，经保险人的确认后，方可变更合同并保证合同的效力；

（4）投保人、被保险人或者受益人知道保险事故发生后，应当及时通知保险人；

（5）重复保险的投保人应当将重复保险的有关情况通知各保险人。

4. 投保人无须告知的情况

投保人或被保险人并不一定要告知保险人其知道的一切情况，对下列情况无须申报：

（1）危险程度降低的任何情况；

（2）保险人知道或推定应该知道的情况；

（3）保险人表示不要知道的情况；

（4）根据保险单明示保证条款，无须申报的事实。

5. 保险人的说明义务

保险人的说明义务也称保险人的告知，说明内容主要是影响投保人是否投保及如何投保的一切事项。保险人有义务在订立保险合同前向投保人详细说明保险合同的各项条款，并对投保人有关合同条款的提问作出直接、真实的回答，就投保人有关保险合同的疑问进行正确的解释。保险人说明义务的重点是保险合同的免责条款，因为免责条款直接关系保险人对被保险人是否承担赔偿责任的范围，对投保决策具有决定性的作用。如果不对这些条款予以说明，投保人的投保决策可能与其真正的需要发生冲突，会影响投保人或被保险人的利益。

保险人的告知形式有两种，即明确列明和明确说明。明确列明是指保险人把投保人决定是否投保的有关内容，以文字形式在保险合同中明确载明；明确说明则不仅要将有关保险事项以文字的形式在保险合同中载明，而且还须对投保人进行明确的提示，对重要条款作出正确的解释。我国法律采取后一种方式，《保险法》第十七条第二款规定："对保险合同中免除保险人责任的条款，保险人在订立合同时应当在投保单、保险单或者其他保险凭证上作出足以引起投保人注意的提示，并对该条款的内容以书面或者口头形式向投保人作出明确说明；未作提示或者明确说明的，该条款不产生效力。"

思政案例：　　　　　如实告知才能获得保险保障

党的二十大报告指出："弘扬诚信文化、健全诚信建设长效机制。"诚信是公民基本道德规范的要求，为社会主义市场经济运行、社会主义精神文明建设、国家治理能力提升提供了重要思想支撑。最大诚信原则在保险经营中有着举足轻重的地位，它要求每个人都应当对自己的语言和行为负责。

2018 年 10 月 28 日，王某住院治疗，被诊断患有高血压 2 级。2019 年 2 月 24 日，投保人张某在线为王某向保险公司购买了医疗保险，保险期间为一年，保险责任为一般医疗保险和重大疾病医疗保险金。

保险条款载明："订立本合同时，本公司就投保人和被保险人的有关情况提出询问，投保人应当如实告知。如果投保人故意或者因重大过失未履行前款规定的如实告知义务，足以影响本公司决定是否同意承保或者提高保险费率的，本公司有权解除本合同，对于合同解除前发生的保险事故，不承担赔偿或者给付保险金的责任。"投保时，保险公司就被保险人的就医情况提出询问，其中包括被保险人是否曾有 2 级或以上高血压（收缩压大于 160 mmHg，舒张压大于 100 mmHg）。张某投保时未告知王某曾被诊断患有高血压 2 级的事实。

保险期间内，王某因"突发头痛"在医院住院治疗，入院诊断为脑出血和高血压 2 级。出院后张某向保险公司提出医疗费的理赔申请，保险公司以王某于 2018 年诊断为"高血压 2 级"违反健康告知条款为由拒赔，并告知将于后续解除保险合同。王某遂向法院提起诉讼，请求确认保险公司解除合同的行为无效，并请求保险公司向其赔偿保险金。

一审法院经审理后判决：驳回王某的诉讼请求。王某不服，提起上诉。中级人民法院判决：驳回上诉，维持原判。

保险业是一种集中风险、分摊损失的行业，如实告知义务的履行关乎保险合同的订立、保险合同的内容以及保险人需要承担的责任，直接影响到保险合同双方当事人权利与义务的平衡。如实告知义务是最大诚信原则在《保险法》中的重要体现，是保险合同有效成立的基础，也是保险合同的基本行为准则。对保险人就被保险人的有关情况提出的询问，投保人应当如实告知。

本案中，针对被保险人有无"2 级及以上高血压（收缩压大于 160 mmHg，舒张压大于 100 mmHg）"的疾病或症状，保险公司已提出了明确易懂的询问。一般人均可理解，该询问需要投保人如实回答。在已被医疗机构明确诊断为高血压 2 级并进行治疗的情况下，王某以其血压值未达到"收缩压大于 160 mmHg，舒张压大于 100 mmHg"为由，主张其不属于高血压 2 级，故无须告知高血压 2 级的事实。该主张与医疗机构已作出的诊断及实际治疗情况明显不符，张某投保时隐瞒了王某在投保前不久被诊断为高血压 2 级的事实，明显与案涉保单询问的要求不符，违反了如实告知义务，故本案判决驳回了王某的诉讼请求。

诚信是中华民族的传统美德，也是社会主义核心价值观的重要内容。在保险活动中，最大诚信原则是各方都需遵循的基本原则，这既是保护保险消费者利益的迫切需要，也是保险行业可持续发展的重要前提。

资料来源：佚名. 广州法院保险纠纷典型案例［EB/OL］.（2023-09-14）［2024-02-20］. ht-tps://www.gzcourt.gov.cn/yqfkdt/ck597/2023/09/14114347831.html.

（二）保证

1. 保证的含义

保证是最大诚信原则的另一项重要内容。所谓保证，是指保险人要求投保人或被保险人对某一事项的作为或不作为，或对某种事态的存在或不存在作出的许诺。保证是保险人签发保险单或承担保险责任的条件，其目的在于控制风险，确保保险标的及其周围环境处于良好的状态中。保证属于保险合同的重要内容。

2. 保证的分类

（1）根据保证事项是否已存在，保证可分为确认保证与承诺保证。

确认保证是指投保人或被保险人对过去或现在某一特定事实的存在或不存在的保证。确认保证主要是基于特定事实是否存在的状态的确认，而不是对该事实以后的发展情况作出保证。例如，投保人身保险时，投保人保证被保险人在过去和投保时健康状况良好，但不保证今后也一定健康。正是被保险人未来面临患病的风险，现在才有投保的必要。

承诺保证是指投保人对将来某一特定事项的作为或不作为的保证，即对该事项今后的发展作出保证。例如，投保家庭财产保险时，投保人或被保险人保证不在家中放置危险品；投保家庭财产盗窃险时，投保人或被保险人保证家中无人时门窗要关好、上锁。这些都属于承诺保证。

（2）根据保证存在的形式，保证可分为明示保证与默示保证。

明示保证是指以文字和书面的形式载明于保险合同中，从而成为保险合同的条款。例如，机动车辆保险条款中"被保险人必须对保险车辆妥善保管、使用、保养，使之处于正常技术状态"以及财产保险条款中"24 小时警卫"等都是明示保证，明示保证是保证的重要形式。

默示保证一般是国际惯例通行的准则，习惯上或社会公认的被保险人应当在保险实践中遵守的规则，而不载明于保险合同中。默示保证的内容通常是以往法庭判决的结果，是保险实践经验的总结。默示保证在海上保险中运用相对较多，如海上保险的默示保证有三项：保险的船舶必须有适航能力；按预定的或习惯的航线航行；必须从事合法的运输业务。

默示保证与明示保证具有同等的法律效力，被保险人都必须严格遵守。

3. 告知和保证的区别

告知与保证都是对投保人或被保险人诚信的要求，但二者还是有区别的。对此英国著名的大法官曼斯菲尔德是这样解释的："告知与保证不同，告知仅须实质上正确即可，而保证必须严格遵守。例如，被保险船舶保证于 8 月 1 日开船，而延迟至 8 月 2 日才解缆，这即为违反保证条款。"在邓晗诉哈特莱（Dehann V Hartley）一案中，一艘船舶被保证开航前需配备 50 名以上船员，可是事实上船舶开航时只配备了 46 名船员，以后在航行途中又增加了 6 名船员，法院判定保险人有权宣告保险单无效。可见，告知强调的是诚实，对有关保险标的的重要事实如实申报；而保证则强调守信，恪守诺言，言行一致，许诺的事项与事实一致。因此，保证对投保人或被保险人的要求比告知更为严格。此外，告知的目的在于使保险人能够准确估计其承担的风险，而保证的目的则在于控制风险。

（三）弃权与禁止反言

从上述告知和保证的内容及其要求可见，虽然从理论上来说，最大诚信原则适用于保险双方当事人，但是在保险实践中，更多的是体现在对投保人或被保险人的要求上。由于保险人控制着保险合同的拟定，并在保险合同中约定诸多投保人或被保险人应当履行的特定义务，以此作为保险人承担保险责任的前提条件，因此保险人在保险合同的履行过程中，特别是对保险合同的解除和保险赔偿金的给付享有十分广泛的抗辩机会。有鉴于此，为了保障被保险人的利益，限制保险人利用投保方违反告知或保证而拒绝承担保险责任，各国保险法一般都有弃权与禁止反言的规定，以约束保险人及其代理人的行为，平衡保险人与投保人或被保险人的权利义务关系。

弃权是指保险人放弃其在保险合同中可以主张的某种权利，保险人一旦弃权，则不得重新主张该项权利。禁止反言是指保险人明知有影响保险合同效力的因素或者事实存在，却以其言辞或行为误导不知情的投保人或被保险人相信保险合同无瑕疵，则保险人不得再以该因素或者事实的存在对保险合同的效力提出抗辩，即禁止保险人反言。

弃权一般因保险人单方面的言辞或行为而发生效力。构成保险人的弃权必须具备两个条件：第一，保险人必须知道投保人或被保险人有违反告知义务或保证条款的情形，因而享有合同解除权或抗辩权。第二，保险人必须有弃权的意思表示，包括明示表示和默示表示。例如，在海上保险中，保险人已知被保险船舶改变航线而没有提出增加保险费或解除合同，则视为保险人放弃对不能改变航线这一要求的权利，如因改变航线而发生的保险事故造成的损失，保险人不能拒绝赔偿。

弃权与禁止反言的限定，不仅可约束保险人的行为，要求保险人为其行为及其代理人的行为负责，同时也维护了被保险人的权益，有利于保险双方权利义务关系的平衡。《保险法》第十六条第二款规定："投保人故意或者因重大过失未履行前款规定的如实告知义务，足以影响保险人决定是否同意承保或者提高保险费率的，保险人有权解除合同。"《保险法》第十六条第三款规定："前款规定的合同解除权，自保险人知道有解除事由之日起，超过三十日不行使而消灭。自合同成立之日起超过二年的，保险人不得解除合同；发生保险事故的，保险人应当承担赔偿或者给付保险金的责任。"《保险法》第十六条第六款规定："保险人在合同订立时已经知道投保人未如实告知的情况的，保险人不得解除合同；发生保险事故的，保险人应当承担赔偿或者给付保险金的责任。"

（四）违反最大诚信原则的法律后果

1. 投保人违反告知义务的法律后果

在保险实务中，投保人或被保险人违反告知义务的情形主要如下：

（1）由于疏忽而未告知，或者对重要事实误认为不重要而未告知；

（2）误告，即由于对重要事实认识的局限，包括不知道、了解不全面或不准确等而导致的误告，但并非故意欺骗；

（3）隐瞒，即明知某些事实会影响保险人承保的决定或承保的条件而故意不告知；

（4）欺诈，即怀有不良的企图，捏造事实，故意进行不实告知。

不管投保人或被保险人的动机如何，未尽如实告知义务时，根据各国保险法的规定，保险人有解除保险合同的权利。因为投保人或被保险人违反如实告知的义务，会使得保险人在承保后处于不利的地位，若继续维持保险合同的效力，不仅对保险人不公平，也损害了其他被保险人的利益。正是基于此种考虑，《保险法》对此制定了具体的规定：

（1）关于解除保险合同的规定。《保险法》第十六条第二款规定："投保人故意或者因重大过失未履行前款规定的如实告知义务，足以影响保险人决定是否同意承保或者提高保险费率的，保险人有权解除合同。"

《保险法》第二十七条第一款、第二款规定："未发生保险事故，被保险人或者受益人谎称发生了保险事故，向保险人提出赔偿或者给付保险金请求的，保险人有权解除合同，并不退还保险费。投保人、被保险人故意制造保险事故的，保险人有权解除合同，不承担赔偿或者给付保险金的责任；除本法第四十三条规定外，不退还保险费。"

（2）关于不承担赔偿或给付保险金责任的规定。《保险法》第十六条第四款规定："投保人故意不履行如实告知义务的，保险人对于合同解除前发生的保险事故，不承担赔偿或者给付保险金的责任，并不退还保险费。"

《保险法》第二十七条第三款规定："保险事故发生后，投保人、被保险人或者受益人以伪造、变造的有关证明、资料或者其他证据，编造虚假的事故原因或者夸大损失程度的，保险人对其虚报的部分不承担赔偿或者给付保险金的责任。"

《保险法》第四十九条第二款规定："保险标的转让的，被保险人或者受让人应当及时通知保险人，但货物运输保险合同和另有约定的合同除外。"《保险法》第四十九条第四款规定："被保险人、受让人未履行本条第二款规定的通知义务的，因转让导致保险标的危险程度显著增加而发生的保险事故，保险人不承担赔偿保险金的责任。"

（3）关于退还保险费或按比例减少保险金的规定。《保险法》第十六条第五款规定："投保人因重大过失未履行如实告知义务，对保险事故的发生有严重影响的，保险人对于合同解除前发生的保险事故，不承担赔偿或者给付保险金的责任，但应当退还保险费。"

《保险法》第三十二条规定："投保人申报的被保险人年龄不真实，并且其真实年龄不符合合同约定的年龄限制的，保险人可以解除合同，并按照合同约定退还保险单的现金价值。保险人行使合同解除权，适用本法第十六条第三款、第六款的规定。投保人申报的被保险人年龄不真实，致使投保人支付的保险费少于应付保险费的，保险人有权更正并要求投保人补交保险费，或者在给付保险金时按照实付保险费与应付保险费的比例支付。投保人申报的被保险人年龄不真实，致使投保人支付的保险费多于应付保险费的，保险人应当将多收的保险费退还投保人。"

2. 保险人违反说明义务的法律后果

保险人违反说明义务的常见情形如下：

（1）未尽责任免除条款明确说明义务；

（2）在保险业务活动中隐瞒与保险合同有关的重要情况，欺骗投保方；

（3）拒不履行保险赔付义务；

（4）阻碍投保方履行如实告知义务；

（5）诱导投保方不履行如实告知义务；

（6）承诺给投保方非法保险费回扣或其他利益等。

对于保险人未履行说明义务的法律后果，《保险法》第十七条第二款进行了规定："对保险合同中免除保险人责任的条款，保险人在订立合同时应当在投保单、保险单或者其他保险凭证上作出足以引起投保人注意的提示，并对该条款的内容以书面或者口头形式向投保人作出明确说明；未作提示或者明确说明的，该条款不产生效力。"

3. 违反保证的法律后果

保险活动中，无论是明示保证还是默示保证，保证的事项均属重要事实，因而被保险人一旦违反保证的事项，保险合同即告失效，或者保险人拒绝赔偿损失或给付保险金，而且除人寿保险外，保险人一般不退还保费。

符合下列情况之一，保险人不得以被保险人破坏保证为由使合同失效或解除合同：

（1）因环境变化使被保险人无法履行保证事项；

（2）因国家法律、法令、行政规定等变更，使被保险人不能履行保证事项，或履行保证事项就会违法时；

（3）被保险方破坏保证由保险人事先弃权所致，或保险人发现破坏保证仍保持沉默，亦视为弃权。

保证是对某个特定事项的作为与不作为，不是对整个保险合同的保证，因此在某种情况下，违反保证条件只部分地损害了保险人的利益，保险人只应就违反保证部分拒绝承担履行赔偿义务。违反确认保证，保险合同自始无效；违反承诺保证，保险合同自违背之时起归于无效。被保险人破坏保证而使合同无效时，保险人无须退还保险费。

第三节　近因原则

一、近因原则的含义

当保险标的遭受损害时，被保险人能否得到保险赔偿或取得保险金，取决于损害事故发生的原因是否属于保险责任，若属于保险责任，保险人责无旁贷，必须承担赔偿损失或给付保险金的义务；若是除外责任，保险人可以免责。

但是在保险实践中，保险标的的损害并不总是由单一的原因造成的，损害发生的原因经常是错综复杂的，其表现形式也是多种多样的，有的是同时发生，有的是不间断地连续发生，有的则是时断时续，而且这些原因有的属于保险责任，有的又不属于保险责任。对于这一类因果关系较为复杂的赔案，保险人应如何判定责任归属呢？这就需要根据近因原则来进行分析。

所谓近因，不是指在时间上或空间上与损失结果最接近的原因，而是指造成损失的最直接、最有效、起主导作用或支配作用的原因。近因原则是指在风险事故与保险标的的损害关系中，如果近因属于保险风险，保险人应负赔付责任；如果近因属于不保风险，保险人不负赔偿责任。也就是说，只有当承保风险是损失发生的近因时，保险人才负责赔偿。英国《1906年海上保险法》第五十五条第一款规定①：本法规定及除保险单另有规定外，保险人对承保风险作为近因而导致的任何损失承担保险责任，但是，如前所述，保险人将不对承保风险并非近因而导致的任何损失承担保险责任。

在保险的发展历史中，1918年莱兰船舶有限公司诉诺维奇联合火灾保险公司案（Leyland Shipping Co. V Norwich Union Fire Insurance Society-1918）是一个著名的案例，这一案例有助于我们对近因原则的理解。第一次世界大战期间，一艘名为"艾卡丽亚号"的船舶在驶往法国勒哈佛尔港的途中，被德国潜艇发射的鱼雷击中后出现了一个大洞，严重受损，但船长依然将船舶驶到了目的港。船舶到达目的港后即进行修理，后天气预报有暴风雨来临，港口当局害怕船舶沉没在码头泊位而妨碍其他船舶的进出，遂命令该船舶驶往外港停泊。后暴风雨侵袭，在风浪的作用下船舶进水沉没，该船舶只投保了普通船舶保险而未投保战争险。船舶公司向保险人提出索赔，保险人以船舶的损失并非保险近因而拒赔。船舶公司索赔遭拒后诉至法院。审理此案的英国上议院大法官罗得·肖（Lord Shaw）认为，导致船舶沉没的原因包括鱼雷击中和海浪冲击，但船舶在鱼雷击中后始终没有脱离危险，因此船舶沉没的近因是鱼雷击中而不是海浪冲击。他认为，近因不是指时间上的接近，真正的

---

① 英文原文：Subject to the provisions of this Act, and unless the policy otherwise provides, the insurer is liable for any loss proximately caused by a peril insured against, but, subject as aforesaid, he is not liable for any loss which is not proximately caused by a peril insured against.

近因是指效果上的接近,是导致承保损失的真正有效原因。近因所表示的是对结果产生作用的最有效的因素。如果在各种因素或原因同时存在的情况下选择一个作为近因,那么必须选择那个具有现实性、决定性和有效性的原因。英国通过该案确立了"近因原则",后来这一原则很快被其他国家的立法所确认。

近因原则是保险理赔中必须遵循的重要原则,坚持近因原则,有利于正确、合理地判定损害事故的责任归属,从而有利于维护保险双方当事人的合法权益。

二、近因原则的应用

从理论上来说,近因原则比较简单,但在实践中要从错综复杂的众多原因中找出近因则有相当的难度。认定近因的关键是确定风险因素与损失之间的关系,确定这种因果关系的基本方法有两种:一是从最初事件出发,按逻辑推理直到最终损失发生,最初事件就是最后一个事件的近因;二是从损失开始,沿系列自后往前推,追溯到最初事件,如没有中断,最初事件即为近因。从近因的认定与保险责任的确定来看,主要包括以下几种情况:

(一)单一原因造成的损害

单一原因造成的损害,即损失由单一原因造成。如果保险标的损失由单一原因所致,则该原因即为近因。若该原因属于保险责任事故,则保险人应负赔偿责任;反之,若该原因属于责任免除项目,则保险人不负赔偿责任。

(二)同时发生的多种原因造成的损害

同时发生的多种原因造成的损害,即损失由多种原因造成,而且这些原因几乎同时发生,无法区分时间上的先后顺序。如果损失的发生有同时存在的多种原因,且对损失都起决定性作用,则它们都是近因。保险人是否承担赔付责任,应区分两种情况:第一,如果这些原因都属于保险责任,保险人则承担赔付责任;相反,如果这些原因都属于除外责任,保险人则不承担赔付责任。第二,如果这些原因中既有保险责任,也有除外责任的,保险人是否承担赔付责任则要看损失结果是否能够分清,对于损失结果可以分别计算的,保险人只负保险责任所致损失的赔付;对于损失难以划分的,保险人一般不予负责赔付或者与被保险人协商解决,对损失按比例分摊。

(三)连续发生的多种原因造成的损害

如果损失的发生是由具有因果关系的连续事故所致,保险人是否承担赔付责任,要区分两种情况:第一,如果这些原因中没有除外风险,则这些保险风险即为损失的近因,保险人应负赔付责任。第二,如果这些原因中既有保险风险,又有除外风险,则要看损失的前因是保险风险还是除外风险。如果前因是保险风险,后因是除外风险,且后因是前因的必然结果,则保险人应承担赔付责任;相反,如果前因是除外风险,后因是保险风险,且后因是前因的必然结果,保险人则不承担赔付责任。

例如,二战时英国曾经有一仓库投保了火灾保险后因德国飞机的轰炸而起火受损，于是该仓库投保人向法院提起诉讼，要求保险人赔偿。法院经审理认为，造成该仓库起火的近因是战争行为，不属于一般的火灾保险范围，因此判决保险人不予承担责任。

又如，上海一大楼起火，本身损失不大，但是由于火灾烧及电线造成短路，致使楼下机器停转，并引发一系列事故，最终使机器和大楼受到严重损失。法院判决，顶楼失火是造成上述事故的近因，保险人应当在火灾保险单的范围内赔偿损失。

以上案例说明了损失的发生至少有两种风险，有保险风险和除外风险，需要判断前因还是后因才是导致损失发生最直接、最有效的近因。

（四）间断发生的多种原因造成的损害

造成损失的风险事故先后出现，但前因与后因之间不相关联，即后来发生的风险是另一个新爆发而又完全独立的原因造成的，而不是前因造成的直接或自然的结果。这种情况下，新介入的独立原因即为近因。如果该近因属于保险责任范围内的风险，保险公司应该对风险所致损失承担赔偿责任；反之，则保险公司不负责赔偿。

在保险实践中，由于致损原因的发生与损失结果之间的因果关系错综复杂，判定近凶和运用近因原则并不是件容易的事。我国的《保险法》和《海商法》都没有关于"近因原则"的明确规定，使得保险合同双方当事人在处理相关案件时缺乏足够的法律依据，在一定程度上影响了保险工作的开展和赔案的处理。虽然我国的法律没有关于"近因原则"的规定，但《最高人民法院关于审理保险纠纷案件若干问题的解释》（征求意见稿）第十九条曾对"近因"作出了规定："人民法院对保险人提出的其赔偿责任限于以承保风险为近因造成损失的主张应当支持。近因是指造成承保损失起决定性、有效性的原因。"

第四节　损失补偿原则

一、损失补偿原则的概念

损失补偿是保险的基本职能，也是保险事业的出发点和归宿点，因而损失补偿原则是保险的重要原则。损失补偿原则是指保险合同生效后，当保险标的发生保险责任范围内的损失时，通过保险赔偿，使被保险人恢复到受灾前的经济原状，但不能因损失而额外受益。

损失补偿原则体现了保险的宗旨，即确保被保险人通过保险可以获得经济保障，同时又要防止被保险人利用保险从中牟利，从而保证保险事业健康、有序地发展。

损失补偿原则主要适用于财产保险以及其他补偿性保险合同。

二、损失补偿原则的基本内容

（一）被保险人请求赔偿的条件

被保险人请求保险赔偿时必须具备以下条件：

1. 被保险人对保险标的具有保险利益

根据保险利益原则，财产保险不仅要求投保人或被保险人投保时对保险标的具有保险利益，而且要求在保险合同履行过程中，特别是保险事故发生时，被保险人对保险标的必须具有保险利益，否则就不能取得保险赔偿。

2. 被保险人遭受的损失在保险责任范围内

被保险人遭受的损失在保险责任范围内包括两个方面：一是遭受损失的必须是保险标的；二是保险标的的损失必须是由保险风险造成的。只有符合这两个条件，被保险人才能要求保险赔偿，否则保险人不承担赔偿责任。

3. 被保险人遭受的损失能用货币衡量

如果被保险人遭受的损失不能用货币衡量，保险人无法核定损失，从而也无法支付保险赔偿。保险赔偿应以补偿实际损失金额为限。

（二）损失补偿原则的限制条件

1. 以实际损失为限

在补偿性保险合同中，保险标的遭受损失后，保险赔偿以被保险人所遭受的实际损失为限，全部损失全部赔偿，部分损失部分赔偿。例如，企业投保财产综合险，确定某类固定资产保险金额为 30 万元，一起重大火灾事故发生使其全部毁损，损失时该类固定资产的市价为 25 万元，保险人按实际损失赔偿被保险人 25 万元。

2. 以保险金额为限

保险金额是指保险人承担赔偿或给付保险金责任的最高限额。赔偿金额只应低于或等于保险金额而不应高于保险金额，因为保险金额是以保险人已收取的保费为条件确定的保险最高责任限额，超过这个限额，将使保险人处于不平等的地位。即使发生通货膨胀，仍以保险金额为限。例如，某套房屋按实际价值 100 万元投保火灾保险，3 个月后房屋毁于火灾，发生火灾当时该房屋的市价上涨为 120 万元。此时被保险人的实际损失是 120 万元，但由于保险金额是 100 万元，所以保险人只赔付 100 万元。

3. 以保险利益为限

保险人的赔偿以被保险人所具有的保险利益为前提条件和最高限额，这意味着被保险人所获得的赔偿以其对受损标的的保险利益为最高限额。财产保险中，如果保险标的受损时财产权益已全部转让，则被保险人无权索赔；如果被保险人丧失了对保险标的的部分保险利益，那么保险人对被保险人的赔偿仅以仍然存在的那部分保险利益为限。

（三）损失补偿范围与实现方式

1. 损失补偿范围

损失补偿首先必须以保险事故发生为前提，以造成保险标的的损失为结果。补偿既包括保险标的的损失，也包括造成保险标的损失的各种费用。损失补偿范围主要包括：

（1）对被保险人因自然灾害或意外事故造成的经济损失的补偿；

（2）对被保险人依法应对第三者承担的经济赔偿责任的经济损失的补偿；

（3）对商业信用中违约行为造成的经济损失的补偿；

（4）对被保险人支付的必要的合理的费用的补偿（包括损失施救费用、查勘检验鉴定费用及诉讼仲裁费用）。

2. 损失补偿的实现方式

损失补偿方式的选择主要是依据受损标的性质以及受损状况。通常采用的损失补偿方式有以下几种：

（1）现金赔付。现金赔付方式是保险人最常用的一种方式，尤其是财产损失保险、责任保险等，通常都采用现金赔付的方式。

（2）修理。当保险标的发生部分损失或部分零部件的残损时，通常保险人委托有关维修部门对受损标的物予以修理，修理费用由保险人予以承担，如汽车保险。

（3）更换。更换作为一种损失补偿方式，在个别情况下也是有效的。当受损标的物的零部件因保险事故灭失而无法修复时，保险人通常采用替代、更换的方式进行补偿，如机动车辆的挡风玻璃保险。

（4）重置。重置是当被保险标的损毁或灭失时，保险人负责重新购置与原被保险标的等价的标的，以恢复被保险人财产的原来面目。因重置的风险较大，除有特殊规定，保险人一般不采取这种方式。

（四）损失补偿的方式

损失补偿的方式是损失补偿原则的具体应用，财产保险补偿方式主要有以下两种：

1. 第一危险赔偿方式

第一危险赔偿方式又称第一损失赔偿方式，把保险财产的价值分为两个部分：第一部分为保险金额以内的部分，这部分已投保，保险人对其承担损失赔偿责任；第二部分为超过保险金额的部分，这部分由于未投保，因此保险人不承担损失赔偿责任。由于保险人只对第一部分的损失承担赔偿责任，故称为第一损失赔偿方式。

第一危险赔偿方式是在保险金额限度内，按照实际损失赔偿。计算公式如下：

当损失金额≤保险金额时，赔偿金额＝损失金额

当损失金额＞保险金额时，赔偿金额＝保险金额

2. 比例赔偿方式

比例赔偿方式是按保障程度，即保险金额与损失发生时保险财产的实际价值的

比例计算赔偿金额。计算公式如下：

赔偿金额＝损失金额×（保险金额/损失发生时保险财产的实际价值）

采用比例计算赔偿方式，保障程度越高，即保险金额越接近保险财产的实际价值，赔偿金额也就越接近损失金额。如果保障程度是百分之百，赔偿金额就等于损失金额。因此，被保险人若想得到十足的补偿，就必须按财产的实际价值足额投保。

思政案例： **损失补偿原则防止不当得利**

习近平总书记强调，中国式现代化是全体人民共同富裕的现代化。中国式现代化既要创造比资本主义更高的效率，又要更有效地维护社会公平，更好实现效率与公平相兼顾、相促进、相统一。保险作为社会稳定器蕴含着互助和普惠基因，有助于减少意外灾害事故损失，稳定人民生活，促进社会公平。损失补偿原则作为财产保险在理赔中需要遵循的一项基本原则，能够防止被保险人利用保险牟取不当得利，维护社会公平，有助于充分发挥保险机制在创造社会财富、缩小城乡差距以及社会保障体系建设中的作用。

2017年9月，司机李某驾驶一辆轿车与丁某驾驶的重型普通货车在河北省肃宁县某地追尾相撞，造成两车受损的交通事故。该事故经肃宁县公安交警大队作出事故认定书：李某负此事故的主要责任，丁某负此事故的次要责任。王某系李某所驾驶轿车的所有人，其在呼和浩特某保险公司购买有机动车损失保险。肃宁县系事故发生地，故王某向肃宁法院提起诉讼，要求保险公司赔偿车辆损失、公估费用等共计32万余元。

本案最大的难点就是车辆损失的确定，双方差异较大。王某要求保险公司按照公估价格进行赔偿，鉴定机构作出的公估报告书，评估结果注明配件价格同4S店价，确定涉案车辆损失金额为304 403元，而残值仅为2 200元。保险公司经过理赔系统核损，认可王某的车损价值为131 322元，并指出同类型同年份的车辆购买价格在25万元左右，如果按照4S店的价格进行赔付，车辆的实际损失与残值已经远远超过车辆的实际价值。后鉴定机构向肃宁法院出具了说明，该车辆事故前的实际价值为396 464元。

主审法官认为，法院经审理查明，王某的车辆系从他人处购买，初次登记时间为2011年，在保险公司投保了机动车损失险，责任限额为331 408元，保险公司应按保险合同约定赔付王某该车因保险事故所受的合理合法损失。

但事故车辆受损比较严重，自事故发生至本案开庭之日，已经三年多时间，该车并未实际维修，车主王某亦未与保险公司协商维修事宜，公估报告不足以证实实际损失。考虑到保险法中的损失补偿原则，避免王某因为保险获益，故酌定保险公司自认的车损金额为赔偿依据，依法判决保险公司赔付王某131 322元，在事故车辆实际维修以后，超出赔付金额的部分可另行主张。本案判决作出后，双方均未上诉。

保险法有一项重要的原则就是损失补偿原则，就是保险人在保险合同约定的保险事故发生后，对其所遭受的实际损失或损害，可以获得充分的补偿。简单来说，就是在保险限额内，损失多少补偿多少。该原则适用于财产保险。保险法充分保护被保险人因保险事故遭受的损失，但不允许被保险人通过投保获得额外利益，否则将引发道德风险和不良示范。

在一般情况下，在双方当事人对车损数额争议不大，法院是会采纳鉴定机构作出的鉴定结论的。但本案情况比较特殊，涉案车辆发生事故后，受损比较严重，经过三年多的时间，车主王某均未提出协商维修事宜，也并未实际维修。如果王某车辆并不在4S店进行维修，而选择在其他修理店进行维修，那么其就可能因为保险的赔付获益，这就违背了损失补偿原则，对保险公司显失公平。况且，涉案车辆的残值较低，王某对涉案车辆进行维修的可能性很小。

本案综合考虑车辆现状、车辆残值等因素，先让保险公司按照其自认的车损价格进行赔付，待王某的维修费用实际发生后，对其超出部分可另行主张，这样做到了双方利益的平衡。

资料来源：郭明洋.财产保险遵循损失补偿原则 当事人不能因保险获益［N］.河北法制报，2021-03-02（04）.

三、损失补偿原则的例外

损失补偿原则虽然是保险理赔的一项基本原则，但在保险实务中有以下一些例外情况：

（一）定值保险

定值保险是指保险合同双方当事人在订立保险合同时，约定保险标的的价值，并以此确定为保险金额，视为足额投保。当保险事故发生时，保险人不论保险标的的损失在当时的市价如何，即不论保险标的的实际价值大于或小于保险金额，均按损失程度十足赔付。计算公式如下：

保险赔款＝保险金额×损失程度

定值保险合同中的保险赔款可能超过实际损失，如市价下跌，则保险金额可能大于保险标的的实际价值；相反，如果市价上涨，则保险金额可能小于保险标的的实际价值。因此，定值保险是损失补偿原则的特例。海上货物运输保险通常采用定值保险的方式，这是因为运输货物出险地不固定，目的地的市价也不一样，如果按照损失当时的市价确定损失，不仅麻烦，而且容易引起纠纷甚至诱发道德风险，故采用定值保险的方式。

（二）重置价值保险

重置价值保险是指以被保险人重置或重建保险标的所需费用或成本确定保险金额的保险。一般财产保险是按保险标的的实际价值投保，发生损失时，按实际损失赔付，使受损的财产恢复到原来的状态，由此恢复被保险人失去的经济利益。但是由于通货膨胀、物价上涨等因素，有些财产（如建筑物或机器设备）即使按实际价值足额投保，保险赔款也不足以进行重置或重建。为了满足被保险人对受损的财产进行重置或重建的需要，保险人允许被保险人按超过保险标的实际价值的重置或重建价值投保，发生损失时，按重置费用或成本赔付。这样就可能出现保险赔款大于实际损失的情况，因此重置价值保险也是损失补偿原则的特例。

（三）人身保险

人身保险合同不是补偿性合同，而是给付性合同。由于人身保险的保险标的是无法估价的人的生命或身体机能，其保险利益也是无法估价的。被保险人发生伤残、死亡等事件，给其本人及家庭所带来的经济损失和精神上的痛苦都不是保险金所能弥补得了的，保险金只能在一定程度上帮助被保险人及其家庭缓解由于保险事故的发生而带来的经济困难，帮助其摆脱困境，给予其精神上的安慰。人身保险的保险金额或赔偿限额是根据被保险人的需要和支付保险费的额度来确定，当保险事故或保险事件发生时，保险人按双方事先约定的金额或限额赔付。因此，损失补偿原则不适用于人身保险。

第五节　损失补偿原则的派生原则

损失补偿原则的派生原则包括代位原则和分摊原则，它们是遵循损失补偿原则的必然要求和结果。

一、代位原则

代位原则是损失补偿原则的派生原则，是指在财产保险中，由于第三者责任导致发生保险事故造成保险标的的损失，保险人按照保险合同的约定履行保险赔偿义务后，依法取得对保险标的的所有权或对保险标的的损失负有责任的第三者的追偿权。

代位原则包括权利代位和物上代位。

（一）权利代位

权利代位又称代位求偿权，是指在财产保险中，保险标的由于第三者责任导致保险损失，保险人向被保险人支付保险赔款后，在赔偿金额的限度内，依法取得对第三者的索赔权。

《保险法》第六十条第一款规定："因第三者对保险标的的损害而造成保险事故的，保险人自向被保险人赔偿保险金之日起，在赔偿金额范围内代位行使被保险人对第三者请求赔偿的权利。"

《海商法》第二百五十二条规定："保险标的发生保险责任范围内的损失是由第三人造成的，被保险人向第三人要求赔偿的权利，自保险人支付赔偿之日起，相应转移给保险人。"

在财产保险中，当保险标的发生损失，既属于保险责任，又属于第三者负有经

116

济赔偿责任时，被保险人有权向保险人请求赔偿，也可以向第三者责任方请求赔偿。如果被保险人已从责任方取得全部赔偿，保险人即可免去赔偿责任；如果被保险人从责任方得到部分赔偿，保险人在计算赔偿金时，将相应扣减被保险人从第三者已取得的赔偿。如果被保险人首先向保险人提出索赔，保险人应当按照保险合同的规定支付保险赔款，被保险人取得保险赔款后，应将向第三者责任方追偿的权利转移给保险人，由保险人代位行使向第三者追偿的权利。被保险人不能同时取得来自保险人和第三者的赔款而获得双重或多于保险标的实际损害的补偿。

1. 权利代位的作用

（1）维护损失补偿原则，防止被保险人得到双重赔偿。由于损失补偿原则要求被保险人获得的补偿不得超过其遭受的损害，而当保险事故是由第三者责任造成且该种损害的原因又属保险责任时，被保险人有权依据保险合同向保险人请求赔偿，也有权对造成损害的第三者要求赔偿。由于被保险人同时拥有两方面的损害赔偿请求权，被保险人行使请求权的结果就可能就其同一保险标的的损害获得双重的或多于保险标的实际损害的补偿，这不符合损失补偿原则。因此，在被保险人取得保险赔偿后，应当将向第三者请求赔偿的权利转移给保险人，由保险人代位追偿。代位追偿原则的规定的目的就在于防止被保险人获得双重利益。

（2）有利于被保险人及时获得经济补偿，尽快恢复正常的生产和生活。被保险人之所以购买保险，就是为了在发生损失后能够及时得到赔偿以迅速恢复正常的生产和生活。第三者的侵权行为对被保险人而言也属于意外风险，但在实务中，向第三者追偿往往是漫长的过程。因此，先由保险人定损理赔，再由保险人向第三者追偿，这样被保险人就能及时得到赔付，保护被保险人的利益。

（3）有利于维护社会公共利益和保险人的合法利益。为了维护社会公共利益，保障公民、法人的合法权益不受侵害，要求致害人应对受害人承担经济赔偿责任，不能因为受害人已经得到了保险赔偿就免除致害人的责任，否则就不符合公平原则。通过代位求偿，保险人可以向致害人追回支付的赔偿费用，从而维护保险人的合法利益。

2. 代位求偿权产生的条件

代位求偿权产生必须具备下列四个条件：

（1）保险标的损失的原因属于保险责任范围，保险人应当承担赔偿责任。只有保险责任范围内的事故造成保险标的的损失，保险人才负责赔偿，否则保险人无须承担赔偿责任。对保险责任范围以外的损失，由于与保险人无关，也就不存在保险人代位追偿的问题，受害人只能向有关责任方索赔或自己承担损失。

（2）保险事故的发生是由第三者的责任造成的，被保险人对第三者享有赔偿请求权。只有被保险人有权向第三者请求赔偿，并在取得保险赔偿后才能将向第三者请求赔偿的权利转移给保险人，由保险人代位追偿。

（3）被保险人不能放弃向第三方追偿的权利。

（4）保险人必须首先向被保险人履行赔偿责任。因为代位追偿权是债权的转移，在债权转移之前是被保险人与第三者之间特定的债权债务关系，与保险人没有直接的法律关系。保险人只有依照保险合同的规定向被保险人给付保险赔偿金后，才能依法取得对第三者请求赔偿的权利。

3. 保险人在代位求偿中的权益范围

（1）保险人在代位求偿中享有的权益以其向被保险人赔付的金额为限，如果保险人向第三者追偿到的款额大于其对被保险人的赔偿，其超过部分应归还给被保险人所有。保险人不能通过行使代位追偿权而获得额外的利益，损害被保险人的利益。

（2）当第三者造成的损失大于保险人支付的赔偿金额时，被保险人有权就未取得赔偿部分对第三者请求赔偿。《保险法》第六十条第三款规定："保险人依照本条第一款规定行使代位请求赔偿的权利，不影响被保险人就未取得赔偿的部分向第三者请求赔偿的权利。"

（3）被保险人不能损害保险人的代位求偿权并要协助保险人行使代位追偿权。《保险法》第六十一条规定："保险事故发生后，保险人未赔偿保险金之前，被保险人放弃对第三者请求赔偿的权利的，保险人不承担赔偿保险金的责任。保险人向被保险人赔偿保险金后，被保险人未经保险人同意放弃对第三者请求赔偿的权利的，该行为无效。被保险人故意或者因重大过失致使保险人不能行使代位请求赔偿的权利的，保险人可以扣减或者要求返还相应的保险金。"《保险法》第六十三条规定："保险人向第三者行使代位请求赔偿的权利时，被保险人应当向保险人提供必要的文件和所知道的有关情况。"

4. 保险人取得代位求偿权的方式

保险人取得代位求偿权的方式一般有两种：一是法定方式，即权益的取得无须经过任何人的确认；二是约定方式，即权益的取得必须经过当事人的磋商、确认。《保险法》第六十条第一款规定："因第三者对保险标的的损害而造成保险事故的，保险人自向被保险人赔偿保险金之日起，在赔偿金额范围内代位行使被保险人对第三者请求赔偿的权利。"无须经过被保险人的确认。

但是在保险实践中，保险人支付保险赔款后，通常要求被保险人签署"赔款收据与权益转让书"，特别是海上货物运输保险，保险人在确认保险责任和理赔金额后即预先安排被保险人签署"赔款收据与权益转让书"，货物的损失往往涉及船方或其他第三者的责任，而保险人向责任方追偿的时间却受到时效的限制。"赔款收据与权益转让书"能起到确认保险赔款的时间和赔款金额，同时也就确认了保险人取得代位追偿权的时间和向第三者追偿所能获得的最高赔偿额的作用。

5. 代位求偿的对象及其限制

保险代位求偿的对象为对保险事故的发生和保险标的的损失负有民事赔偿责任的第三者，可以是自然人，也可以是法人。保险人赔偿被保险人损失后，依法取得对第三者代位追偿的情况包括：

（1）第三者对被保险人的侵权行为，导致保险标的遭受保险事故和损失，依法应承担损害赔偿责任。《民法典》第一千一百六十五条规定："行为人因过错侵害他人民事权益造成损害的，应当承担侵权责任。依照法律规定推定行为人有过错，其不能证明自己没有过错的，应当承担侵权责任。"《民法典》第一千一百六十六条规定："行为人造成他人民事权益损害，不论行为人有无过错，法律规定应当承担侵权责任的，依照其规定。"民事责任是以经济利益为特点，即受害人所遭受的经济损失要由致害人给予补偿。因此，第三者应对其侵权行为导致的保险标的的损失承担赔偿责任。例如，第三者违章行驶，造成交通事故，导致被保险车辆的损失，第三者依法应对被保险人承担侵权的民事损害赔偿责任。

（2）第三者不履行合同规定的义务，造成保险标的的损失，根据合同的约定，第三者应对保险标的的损失承担赔偿责任。例如，第三者通过拾得遗失物行为，占有保险标的并拒绝归还，造成被保险人的损失，根据法律规定，应当向第三者即拾得人进行追偿。

（3）第三者不当得利行为造成保险标的的损失，依法应承担赔偿责任。例如，第三者通过拾得遗失物行为，占有保险标的并拒绝归还，造成被保险人的损失，根据法律规定，应当向第三者即拾得人进行追偿。

（4）其他依据法律规定，第三者应承担的赔偿责任。例如，海上保险中，共同海损的受益人对共同海损负有分摊损失的责任。

代位求偿的对象往往受到法律的限制或约束。《保险法》第六十二条规定："除被保险人的家庭成员或者其组成人员故意造成本法第六十条第一款规定的保险事故外，保险人不得对被保险人的家庭成员或者其组成人员行使代位请求赔偿的权利。"这是因为被保险人的家庭成员或其他组成人员往往与被保险人具有一致的利益，某一个成员的利益受损，被保险人的利益同样遭受损失；某一成员的利益得到保护，被保险人的利益实质上也得到保护。如果保险人对被保险人先行赔付，然后再向被保险人的家庭成员或其组成人员追偿损失，则等于又向被保险人索还，被保险人的损失将得不到真正的补偿，保险也就失去了其以保障为内涵的意义。

此外，如前所述，代位求偿权一般不适用于人身保险。《保险法》第四十六条规定："被保险人因第三者的行为而发生死亡、伤残或者疾病等保险事故的，保险人向被保险人或者受益人给付保险金后，不享有向第三者追偿的权利，但被保险人或者受益人仍有权向第三者请求赔偿。"但是从理论上来讲，在医疗保险中，保险人赔付的医疗费用保险金应属于对被保险人支出医疗费用的补偿，不仅有价值，而且还是可以确定。因此，在费用型的医疗保险中，保险人对于因第三者责任而支付的保险金在理论上仍然是可以进行追偿的。

（二）物上代位

物上代位是指保险标的遭受保险责任保险范围内的损失，保险人按保险金额全部赔付后，依法取得该标的的所有权，即代位取得对受损保险标的的权利与义务。

1. 物上代位产生的基础

物上代位通常产生于对保险标的的推定全损的处理。所谓推定全损，是指保险标的遭受保险事故，尚未达到完全损毁或完全灭失的状态，但实际全损已不可避免；或者修复和施救费用将超过保险价值；或者失踪达一定时间，保险人按照全损处理的一种推定性损失。由于推定全损是保险标的并未完全损毁或者灭失，即还有残值，而失踪可能是被他人非法占有并非物质上灭失，日后或许能够得到索还，所以保险人在按全损支付保险赔款后，理应取得保险标的的所有权，否则被保险人就可能由此而获得额外的利益。

2. 物上代位权的取得

保险人物上代位权的取得是通过委付来实现的。所谓委付，是指保险标的发生推定全损时，投保人或被保险人将保险标的的一切权益转移给保险人，而请求保险人按保险金额全数赔偿的行为。委付是一种放弃物权的法律行为，在海上保险中经常采用。

委付的成立必须具备以下的条件：

（1）委付必须由被保险人向保险人提出。《海商法》第二百四十九条第一款规定："保险标的发生推定全损，被保险人要求保险人按照全部损失赔偿的，应当向保险人委付保险标的。保险人可以接受委付，也可以不接受委付，但是应当在合理的时间内将接受委付或者不接受委付的决定通知被保险人。"委付通知是被保险人向保险人作推定全损索赔之前必须提交的文件，被保险人不向保险人提出委付，保险人对受损的保险标的只能按部分损失处理。委付通知通常采用书面的形式。

（2）委付应是就保险标的的全部提出请求。由于保险标的的不可分性，委付也具有不可分性，所以委付应就保险标的的全部提出。如果仅委付保险标的的一部分，而其余部分不委付，则容易产生纠纷。但如果保险标的是由独立可分的部分组成，其中只有一部分发生委付原因，可仅就该部分保险标的请求委付。

（3）委付不得附有条件。《海商法》第二百四十九条第二款明确规定："委付不得附带任何条件。"例如，船舶失踪而被推定全损，被保险人请求委付，但不得要求日后如若船舶被寻回，将返还其受领的赔偿金而取回该船。因为这会增加保险合同双方关系的复杂性，从而增加保险人与被保险人之间的纠纷。

（4）委付必须经过保险人的同意。被保险人向保险人发出的委付通知，必须经保险人的同意才能生效。保险人可以接受，也可以不接受。因为委付不仅将保险标的的一切权益转移给保险人，同时也将被保险人对保险标的的所有义务一起转移给了保险人。《海商法》第二百五十条规定："保险人接受委付的，被保险人对委付财产的全部权利和义务转移给保险人。"因此，保险人在接受委付之前必须慎重考虑，权衡利弊，即受损保险标的的残值是否能大于将要由此而承担的各种义务和责任风险所产生的经济损失，不能贸然从事。例如，船舶因沉没而推定全损，被保险人提出委付，保险人要考虑打捞沉船所能获得的利益是否大于打捞沉船以及由此而产生的各项费用支出。

被保险人提出委付后，保险人应当在合理的时间内将接受委付或不接受委付的决定通知被保险人。如果超过合理的时间，保险人对是否接受委付仍然保持沉默，应视为不接受委付的行为，但被保险人的索赔权利并不因保险人不接受委付而受到影响。在保险人未作出接受委付的意思表示之前，被保险人可以随时撤回委付通知。但保险人一经接受委付，委付即告成立，双方都不能撤销，保险人必须以全损赔付被保险人，同时取得保险标的物上代位权，包括标的物上的所有权利和义务。

3. 保险人在物上代位中的权益范围

由于保险标的的保障程度不同，保险人在物上代位中所享有的权益也有所不同。《保险法》第五十九条规定："保险事故发生后，保险人已支付了全部保险金额，并且保险金额等于保险价值的，受损保险标的的全部权利归于保险人；保险金额低于保险价值的，保险人按照保险金额与保险价值的比例取得受损保险标的的部分权利。"即在足额保险中，保险人按保险金额支付保险赔偿后，即取得对保险标的的全部所有权。在这种情形下，由于保险标的的所有权已经转移给保险人，保险人在处理标的物时所获得的利益如果超过所支付的赔偿金额，超过的部分归保险人所有。此外，如有对第三者损害赔偿请求权，索赔金额超过其支付的保险赔偿金额，也同样归保险人所有，这一点与代位求偿权不同。而在不足额保险中，保险人只能按照保险金额与保险价值的比例取得受损标的的部分权利。由于保险标的的不可分性，保险人在依法取得受损保险标的的部分权利后，通常将该部分权利作价折给被保险人，并在保险赔偿中作相应的扣除。

物上代位是一种所有权的代位。代位求偿权中可以取得的是向第三者的追偿权。与代位求偿权不同，保险人一旦取得物上代位权，就拥有了该受损标的的所有权，处理该受损标的所得的一切收益归保险人所有，即使该利益超过保险赔款仍归保险人所有。委付在海上保险中最为常见。例如，某公司从国外进口一批散装原糖，卸货后发现原糖受到硫酸铵的残余物污染，收货人估计精炼加工整理费会超过原糖的价值，于是将受损货物委付给保险人，保险人按推定全损赔付，并接受了委付，受损货物的所有权即归属保险人。日后，因原糖价格上涨，保险人处理受损货物的所得利益超过了赔款，则全归保险人获得。又如，假定某公司船舶保险金额为1亿元，因保险责任范围内的损失原因在某海域发生触礁而沉没，由于技术条件的限制而不能及时打捞，因此保险人很难确定沉船的损失情况，对被保险人提出的委付申请决定接受，并对此事故按推定全损方式赔付了全部保险金额。事故发生3年后，保险人委托打捞公司将沉船成功打捞，此时由于国际海运的复苏，船舶价格上涨，该沉船经修复后以1.3亿元价格出售，打捞和修复费用为2 000万元，保险人获利1 000万元。被保险人认为保险人不当得利，要求保险人将其收益的1 000万元归还被保险人。后经司法判决，被保险人败诉。因为被保险人通过委付已经丧失了对于这艘船舶的全部利益。

二、分摊原则

（一）分摊原则的含义

分摊原则也是损失补偿原则的派生原则，是指在重复保险的情况下，当保险事故发生时，各保险人采取适当的分摊方法分配赔偿责任，使被保险人既能得到充分的补偿，又不会超过其实际损失而获得额外的利益。分摊原则主要运用于重复保险的情况。

《保险法》第五十六条第四款规定："重复保险是指投保人对同一保险标的、同一保险利益、同一保险事故分别与两个以上保险人订立保险合同，且保险金额总和超过保险价值的保险。"对于重复保险，各国保险立法都规定，投保人有义务将重复保险的有关情况告知保险人。《保险法》第五十六条第一款规定："重复保险的投保人应当将重复保险的有关情况通知各保险人。"《保险法》并未对重复保险行为加以禁止，但为了防止重复保险的存在所产生的不良后果，防止被保险人获得额外利益，对各保险人如何承担赔偿责任进行了规定，并对各保险人的赔偿金额总和进行了限制。

（二）重复保险的分摊方式

在重复保险情况下，当保险事故发生时，保险标的遭受的损失由各保险人分摊。分摊的方式主要有以下三种：

1. 比例责任分摊方式

比例责任分摊方式是指按各保险人所承保的保险金额与总保险金额的比例分摊保险赔偿。计算公式为：

$$某保险人赔偿责任 = \frac{某保险人的保险金额}{所有保险人的保险金额之和} \times 损失金额$$

例如，甲、乙两家保险公司同时承保同一保险标的的同一风险，甲保险单的保险金额为 8 万元，乙保险单的保险金额为 12 万元，损失金额为 10 万元。两家保险人的保险金额总和为 20 万元。

甲保险人应赔付款额 = 10×8/20 = 4（万元）

乙保险人应赔付款额 = 10×12/20 = 6（万元）

甲、乙两家保险公司分别承担 4 万元和 6 万元的赔款，赔款总额为 10 万元，正好等于被保险人的实际损失。

2. 限额责任分摊方式

限额责任分摊方式是以在没有重复保险的条件下，各保险人依其承保的保险金额应负的赔偿限额与各保险人应负赔偿限额总和的比例承担损失赔偿责任。计算公式为：

$$某保险人赔偿责任 = \frac{某保险人独立责任限额}{所有保险人独立责任限额之和} \times 损失金额$$

例如，仍以上述例题为例，甲保险人的独立责任限额为 8 万元，乙保险人的独立责任限额为 10 万元。

甲保险人应赔付款额 = 10×8/（8+10）≈ 4.44（万元）

乙保险人应赔付款额 = 10×10/（8+10）≈ 5.56（万元）

甲公司承担赔偿 4.44 万元，乙公司承担赔偿 5.56 万元，两家保险公司赔款的总和也是 10 万元。限额责任分摊方式与比例责任分摊方式的共同点是各保险人都是按照一定的比例分摊赔款责任，两者的区别是计算分摊比例的基础不同，前者以赔偿责任为计算基础，后者则以保险金额为计算基础。

3. 顺序责任分摊方式

顺序责任分摊方式是指由先出单的保险人先在其保险金额限度内负责赔偿，后出单的保险人只有在损失金额超出前一家保额的情况下，才依次在自身保额限度内赔偿超出的部分。用此方式计算上例，甲保险人的赔偿金额为 8 万元，乙保险人的赔偿金额是 2 万元。

《保险法》第五十六条第二款规定："重复保险的各保险人赔偿保险金的总和不得超过保险价值。除合同另有约定外，各保险人按照其保险金额与保险金额总和的比例承担赔偿保险金的责任。"显然，《保险法》规定的重复保险的分摊方法主要采用的是保险金额比例责任制。

重要术语

保险利益　最大诚信原则　告知　重要事实　保证　明示保证　默示保证
弃权　禁止反言　近因原则　损失补偿原则　代位原则　权利代位　物上代位
推定全损　委付　重复保险　分摊原则

复习思考题

1. 什么是保险利益原则？为什么保险合同的成立必须具有保险利益的存在？
2. 保险利益成立的条件是什么？
3. 分析财产保险的保险利益来源。
4. 保险利益时效的要求是什么？
5. 什么是最大诚信原则？其主要内容有哪些？
6. 违反最大诚信原则的法律后果有哪些？
7. 何谓近因原则？如何判定损失近因？
8. 什么是损失补偿原则？损失补偿原则的派生原则是什么？
9. 保险人代位求偿权的产生必须具备哪些条件？
10. 权利代位与物上代位有什么区别？
11. 委付的成立必须具备哪些条件？
12. 重复保险的分摊方式有哪几种？请掌握各种分摊方式的具体计算方法。

参考文献

1. 魏华林，林宝清. 保险学 ［M］. 4 版. 北京：高等教育出版社，2017.

2. 钟明. 保险学 ［M］. 2 版. 上海：上海财经大学出版社，2011.

3. 王绪瑾. 保险学 ［M］. 5 版. 北京：高等教育出版社，2011.

4. 孙蓉，兰虹. 保险学原理 ［M］. 3 版. 成都：西南财经大学出版社，2010.

5. 庹国柱. 保险学 ［M］. 6 版. 北京：首都经济贸易大学出版社，2011.

第五章　财产保险

第一节　财产保险概述

一、财产保险的概念与特点

（一）财产保险的概念

财产保险有广义与狭义之分。广义的财产保险是指以财产及相关的经济利益为保险标的，以补偿被保险人的经济损失为目的的保险。狭义的财产保险也称财产损失保险，专指以物质财产为保险标的的各种保险业务。

财产是金钱、财物以及民事权利义务的总和，既包括有形的物质财产（如房屋、机器设备、家庭财产等），又包括无形的财产权利（如债权、著作权等）、财产责任（如产品责任）、商业信用及其他经济利润（如预期利润）等，这些有形财产和无形财产均可作为财产保险的标的。《保险法》第十二条第四款规定："财产保险是以财产及其有关利益为保险标的的保险。"

（二）财产保险的特点

与人身保险相比较，财产保险具有以下几个特点：

1. 保险标的具有可估价性

财产保险合同中有一项特殊的内容——保险价值。这意味着财产保险的保险标的的价值是确定的、可以用金钱来衡量的。对于有形财产而言，其本身就具有客观的市场价值；对于无形财产而言，投保人对其具有的经济利益也必须是确定的、可以用货币来估算的。作为人身保险标的的人的生命和身体是难以用金钱衡量其价值的。这是财产保险和人身保险最大的区别。

2. 保险金额的确定以保险价值为标准

财产保险的保险标的本身具有保险价值，因此保险金额是在对保险标的进行估价的基础上确定的，既可以按照保险标的的市场价值确定，也可以按照其账面价值或重置价值去确定。与财产保险不同，人身保险的保险金额通常是根据投保方的需求和缴费能力，由投保人与保险人进行协商来确定的。

3. 财产保险是补偿性保险

基于财产保险标的的性质，财产保险是补偿性保险，保险标的的损失可以用货币来衡量。保险事故发生后，保险人对被保险人的赔偿要遵循损失补偿原则，即在保险金额限度内，按保单约定的赔偿方式，损失多少赔偿多少，被保险人不得获得超过实际损失的利益。因此，财产保险中出现重复保险时会按照约定赔偿方式由多家保险公司分摊赔款，最终达到被保险人的赔偿不能超过其损失的目的。多数人身保险，尤其是人寿保险是给付性保险，人的生命和身体不能用金钱来衡量价值，因此不存在通过重复保险不当得利的问题。

4. 财产保险的保险期限较短

财产保险与人身保险不同，大部分险种的保险期限为一年期或一年内的短期。由于期限短，保险实务中要求投保人投保时一次性缴清保险费，保险费不计利息。财产保险形成的保险基金一般不能作为保险人中长期投资的资金来源。财产保险只有保障性，不具有储蓄性，保险单没有现金价值。

5. 财产保险的风险管理专业化

与人身保险相比，财产保险的保险标的来自各行各业，种类繁多，所承保的风险类别也随保险技术的发展而增加。首先，保险人对风险的识别、评估和费率测算工作中涉及的技术和知识比较多，显示其业务经营的复杂性和技术性。其次，财产保险风险分布不均衡、损失集中。例如，承保的高额保险（如飞机保险、卫星保险）和巨灾保险，一旦发生保险事故，保险人的赔偿金额巨大，严重影响保险人的经营稳定。因此，为分散风险，使财务稳定，保险人往往要借助再保险在保险人之间再一次分散风险。最后，财产保险不仅需要保前控制风险，而且尤其需要重视保险期间的风险管控。在财产保险经营过程中，防灾减损成为业务中的重要内容和经营环节，保险公司内部需要相应设立专门机构和聘请专业人员来进行风险管理工作。

二、财产保险的保险价值和保险金额

（一）保险价值与保险金额的概念

1. 保险价值的概念

保险价值是保险标的在某一特定时期内用货币估算的经济价值。保险价值是财产保险合同的特有概念，是确定保险金额与赔偿计算的依据。

2. 保险金额的概念

保险金额是指保险人在保险合同中承担赔偿或给付保险金责任的最高限额。财产保险的保险金额是根据保险标的的保险价值来确定的，一般作为保险人对受损标的的最高赔偿额度，以及施救费用的最高赔偿额度，也是保险人计算保险费的依据。

（二）足额保险、不足额保险和超额保险

1. 足额保险

足额保险是指财产保险合同的保险金额与保险标的出险时的保险价值相等。在足额保险中，当保险标的发生保险事故使被保险人遭受损失时，保险人对被保险人按实际损失进行赔偿，损失多少，赔偿多少。

2. 不足额保险

不足额保险是指财产保险合同的保险金额小于保险标的的出险时的保险价值。不足额保险的产生一般有两种情况：一是投保时投保人仅以保险价值的一部分投保，使保险金额小于保险价值；二是投保时保险金额等于保险价值，但在保险合同有效期内，保险标的的市场价上涨，造成出险时保险单上约定的保险金额小于保险价值。在不足额保险中，除另有约定外，被保险人发生保险事故遭受损失时，保险人按照保险金额与保险价值的比例承担赔偿责任，也就是说被保险人自己承担未投保部分的风险。

3. 超额保险

超额保险是指财产保险合同的保险金额大于保险标的的出险时的保险价值。超额保险的产生一般有两种情况：一是投保时投保人以高于保险价值的金额投保，使保险金额大于保险价值；二是投保时保险金额等于保险价值，但在保险合同有效期内，保险标的的市场价下跌，造成出险时保险单上的保险金额大于保险价值。根据损失补偿原则，保险金额超过保险价值的，其超过部分无效。

（三）定值保险、不定值保险、重置价值保险和第一危险责任保险

依据保险价值确定的时间及保险价值确定的方式，财产保险的承保方式分为以下四种：

1. 定值保险

定值保险是指保险合同双方当事人事先确定保险标的的价值并在合同中载明的财产保险。发生保险事故时，不论出险时保险标的的价值实际是多少，保险人均按保险单上约定的保险价值及保险金额计算赔偿。在保险实务中，定值保险一般适用于不易确定价值或无客观市场价值的特殊标的，如艺术品等，以避免发生纠纷。除此以外，运输中的货物由于流动性较大，各地货物价格差别也大，实务中也采用定值保险的方式承保。

2. 不定值保险

不定值保险是投保人和保险人在订立保险合同时不在合同中载明保险价值，只确定保险金额的财产保险。不定值保险的保险价值是在出险时确定的，通常可以按

照出险时的实际价值或出险时的重置价值确定。

3. 重置价值保险

重置价值保险是投保人与保险人双方约定按保险标的重置价值确定保险金额的一种特殊承保方式。其实质是一种经过保险人认可的超额保险。重置价值保险适用于被保险人某些保险标的折旧后仍然获得全额保障以利于恢复生产经营，如机器设备。

4. 第一危险责任保险

第一危险责任保险是指经保险人同意，投保人以保险标的的实际价值的一部分投保，并以此确定保险金额。保险金额一经确定，只要损失金额在保险金额范围内，就视为足额保险，保险人按保险标的的实际损失赔偿。其实质是一种经过保险人认可的不足额保险。即把保险价值分成两部分，已经投保部分为第一危险，保险人在该范围内负责赔偿，超出保险金额的保险价值部分为第二危险，视为未投保部分，保险人不负责赔偿。第一危险责任保险适用于一次保险事故发生不可能发生全损的保险标的且保险标的的保险价值完全评估有难度的情形，如家庭财产保险。

三、财产保险的分类

财产保险有狭义和广义之分。狭义的财产保险仅指财产损失保险，广义的财产保险按照保险标的的不同可以分为财产损失保险、责任保险和信用保证保险。

（一）财产损失保险

1. 火灾保险

火灾保险是指以存放在固定场所并处于相对静止状态的财产及其有关利益为保险标的的保险，保险人承保被保险人的财产因火灾、爆炸、雷击及其他合同约定的灾害事故所造成的损失。我国目前开展的火灾保险主要有企业财产保险、家庭财产保险以及各种附加险和特约保险，如盗窃保险、现金保险和机器损坏保险等。

2. 运输工具保险

运输工具保险是指保险人承保因灾害事故发生造成的运输工具本身的损失及第三者责任的保险。我国的运输工具保险主要有机动车辆保险、船舶保险和飞机保险等。

3. 工程保险

工程保险是指保险人承保各类工程项目在建设和施工过程中，因灾害事故发生造成的损失、费用和责任的保险。工程保险是一种包括财产损失保险和责任保险在内的综合性保险，分为建筑工程保险、安装工程保险和科技工程保险。

4. 农业保险

农业保险是指保险人承保种植业、养殖业保险标的因灾害事故的发生而遭受经济损失的保险。按保险标的分类，种植业保险可分为农作物保险和林木保险；养殖业保险可分为畜牧保险和水产养殖保险，也可以细分为大牲畜保险、中小家畜家禽保险、畜牧保险、淡水养殖保险和海水养殖保险。

5. 货物运输保险

货物运输保险是指保险人承保货物在运输过程中因灾害事故及外来风险的发生而遭受损失的保险。我国的货物运输保险分为海上货物运输保险、内陆货物运输保险和邮包保险等。

（二）责任保险

责任保险是指保险人承保被保险人在进行各种生产经营活动、业务活动或日常生活中，因疏忽、过失等行为造成他人的财产损失或人身伤亡，依法应承担的经济赔偿责任的保险。责任保险是以民事损害赔偿责任为保险对象的保险，属于广义财产保险范畴，适用于财产保险的一般经营理论，但责任保险又有独特的内容和经营特点，从而形成独立体系的保险业务。

（三）信用保证保险

信用保证保险是指由保险人作为保证人向权利人提供担保的一类保险业务。当被保证人的作为或不作为致使权利人遭受经济损失时，保险人负经济赔偿责任。信用保证保险分两类，一类是保证保险，另一类是信用保险，区别在于投保人的不同。信用保险的投保人是权利人，要求保险人担保义务人的信用；保证保险的投保人是义务人自己，要求保险人向权利人担保自己的信用。信用保证保险主要有合同保证保险、忠诚保证保险、商业信用保证保险、投资保险和出口信用保险等。

四、财产保险的赔偿方式

财产保险有三种基本的赔偿方式，依据不同的赔偿方式计算的赔偿金额是不相同的，保险单上要对赔偿方式制定具体的规定。

（一）比例责任赔偿方式

比例责任赔偿方式是按保障程度，即按照保险标的的保险金额与损失时保险财产的实际价值的比例计算赔偿金额。计算公式为：

赔偿金额=损失金额×保险金额/损失时保险财产的实际价值

采用比例责任赔偿方式，保障程度越高，即保险金额越接近保险财产的实际价值，赔偿金额就越接近损失金额。

（二）第一危险责任赔偿方式

第一危险责任赔偿方式是把保险财产价值分为两部分，第一部分为保险金额以内的部分，称其为第一危险责任，保险人对其承担损失赔偿责任；第二部分是超过保险金额的部分，称其为第二危险责任，保险公司不负责。计算公式为：

当损失金额≤保险金额时，赔偿金额=损失金额

当损失金额＞保险金额时，赔偿金额=保险金额

（三）限额赔偿方式

限额赔偿方式分为限额责任赔偿方式和免责限度赔偿方式。

限额责任赔偿方式，即在财产保险合同中约定承担保险责任的赔偿限额，保险人对未达到约定限额的损失部分承担赔偿责任，超过约定限额的则不予赔偿。这种

赔偿方法多应用于农业保险。例如，对农作物保险，假定以保险金额1 000元作为限额（以亩产量1 000千克，每千克农作物收购价1元计算），当实际收获量为800千克时，因为被保险人只获得800元的收益，未达到1 000元的限额，所以保险人应赔付200千克的损失，即200元。

免责限度赔偿方式，即损失在限度内时，保险人不负赔偿责任，超过限度时保险人才承担赔偿或给付责任。免责限度可分为相对免责限度和绝对免责限度两种。

相对免责限度是指保险人规定一个免赔额或免赔率，当保险财产受损程度超过免赔限度时，保险人按全部损失赔付，不进行任何扣除。计算公式为：

赔偿金额＝保险金额×损失率

绝对免责限度是指保险人规定一个免赔额或免赔率，当保险财产受损程度超过免赔限度时，保险人扣除免赔额（率）后，只对超过部分负赔偿责任。计算公式为：

赔偿金额＝保险金额×（损失率−免赔率）

相对免赔额（率）主要用于减少因零星的小额赔款而必须办理的理赔手续，以节省费用；绝对免赔额（率）主要用于货物运输保险和工程保险中，由正常损耗或自然损耗而非灾害事故所导致的损失，保险人不应承担赔偿责任。同时，免赔额或免赔率的规定可以增强被保险人防灾防损的责任感，总体上有利于保险经营。

第二节　火灾保险

一、火灾保险的概念与特点

（一）火灾保险的概念

火灾保险简称火险，是指以存放在固定场所并处于相对静止状态的财产物资为保险标的，由保险人承担保险财产遭受保险事故损失的经济赔偿责任的一种财产保险。

早期的火灾保险仅承保火灾风险，承保的对象也仅限于不动产。随着社会经济的发展，物质财富不仅种类日益繁杂，而且面临的其他风险也日渐扩大，因此火灾保险也在不断发展。现在的火灾保险承保的风险范围已经扩展到火灾及其他各种自然灾害乃至意外事故损失，承保的标的也扩展到各种不动产与动产，在承保形式上既有主险也有附加险。

（二）火灾保险的特点

火灾保险是一个传统的财产保险业务，其特点如下：

第一，火灾保险的保险标的只能是存放在固定场所并处于相对静止状态下的各种财产物资。

第二，火灾保险承保财产的地址不得随意变动，确实需要变动的应征得保险人的同意。

第三，火灾保险承保的保险标的比较繁杂，包括生产、经营、消费、生活等方方面面的财产物资。

二、火灾保险的内容

（一）适用范围

从保险业务来源看，火灾保险是适用范围最广泛的一种保险业务，任何组织、家庭、个人自有或代管的财产物资，均可投保。

从保险标的范围看，火灾保险的可保财产包括房屋及其他建筑物和附属装修设备、各种机器设备、工具、仪器、生产用具、管理用具及低值易耗品、原材料、半成品、在产品、产成品或库存商品和特种储备商品，以及各种生活消费资料等。

（二）保险责任和除外责任

火灾保险发展至今，承保的保险责任通常包括以下四个部分：

（1）火灾及相关危险，包括火灾、爆炸、雷电。

（2）各种自然灾害，包括洪水、台风、龙卷风、暴风、暴雨、泥石流、海啸、雪灾、冰雹、冰凌、崖崩、滑坡等。地震也是可以承保的风险，但许多国家的保险公司往往将其单列出米承保，以便控制这类特殊风险。

（3）有关的意外事故，包括飞行物体及空中运行物体的坠落、被保险人的电、气、水设备因火灾发生的意外等。

（4）施救费用，即采取必要的、合理的施救措施对造成保险财产的损失进行施救、整理所支出的合理费用。

通常以下风险属于火灾保险的除外责任，并在保单上注明：

（1）战争、军事行动或暴力行为、敌对行为、政治恐怖活动。

（2）核反应、核辐射和放射性污染。

（3）被保险人及其代表的故意行为或纵容行为。

（4）保险标的遭受保险事故引起的各种间接损失。

（5）保险标的本身缺陷、保管不善而致的损失，以及变质、霉烂、受潮、虫咬、自然耗损、自然磨损、自燃等。

（6）行政行为或执法行为所致的损失。

（三）费率

火灾保险的费率通常以每千元保额为计算单位，费率的表达形式为千分率。在厘定火灾保险的费率时，通常要综合考虑以下因素：

1. 建筑结构及建筑等级

建筑结构分为钢骨结构、砖石结构和木结构。根据建筑行业的有关规定，按照建筑质量与抗风险能力从高到低划分，建筑物通常被划分为一等、二等、三等，这些都是保险人制定火灾保险费率的首要依据。

2. 占用性质

相同或相近的建筑物，用途不同，风险也不同。占用性质分为工业、仓储、普通三大类。每类再根据危险大小分等级。工业类按产品、生产过程中的操作工艺和使用原材料的危险程度来划分；仓储类按储存物品的危险程度来划分；普通类按用途危险程度来划分。

3. 地理位置和周边环境

由于火灾保险承保的标的必须存放在固定处所，所处的地理位置有无特定风险对火灾保险费率的确定影响很大。例如，地势低洼容易水淹、山下容易有泥石流、沿海容易有台风等。保险人还要考虑周边环境对投保标的的影响，如发生火灾有没有被延烧的可能、建筑物是否处于狭窄街区、救火通道是否畅通、有无防火阻隔墙等。

4. 投保人安全管理水平

一是管理者对安全工作的态度；二是有无完善的安全管理制度以及落实情况；三是防灾防损设施是否齐全，是否处于正常工作状态。

5. 投保风险的种类和大小

火灾保险保单既可以投保一种风险也可以投保多种风险，投保人选择投保风险的种类与投保金额的多少确定保险人承担风险的程度，这也是费率厘定时考虑的因素。

6. 其他因素

例如，投保人历史损失数据、索赔记录，当地保险市场竞争因素和类似业务承保经验等。

三、火灾保险的主要险种

火灾保险按投保人不同可分为团体火灾保险和家庭火灾保险（家庭财产保险），团体火灾保险适用于一切企事业单位和机关团体，其中以企业财产保险为重要业务。

（一）企业财产保险

1. 保险责任

企业财产保险是火灾保险的主要险种，包括企业财产基本险和企业财产综合险。

根据我国现行财产保险基本险条款，保险责任如下：

（1）火灾、爆炸、雷击；

（2）飞行物体和空中运行物体的坠落造成的损失；

（3）被保险人拥有财产所有权的自用的供电、供水、供气设备因保险事故遭受破坏，引起停电、停水、停气以及造成保险标的的直接损失；

（4）发生保险事故时为抢救保险标的或防止灾害蔓延，采取合理的必要措施而造成保险标的的损失；

（5）保险事故发生后，被保险人为防止或者减少保险标的的损失所支付的、必要的、合理的费用。

企业财产保险综合险是在基本险的基础上，保险责任增加了12种自然灾害（洪水、台风、龙卷风、暴风、暴雨、泥石流、雪灾、冰雹、冰凌、崖崩、突发性地陷和滑坡）。

2. 除外责任

企业财产保险基本险的除外责任如下：

（1）战争、军事行动或暴力行为、敌对行为、政治恐怖活动；

（2）核反应、核辐射和放射性污染；

（3）被保险人及其代表的故意行为或纵容行为；

（4）地震、洪水、台风、龙卷风、暴风、暴雨、泥石流、雪灾、冰雹、冰凌、崖崩、地陷、滑坡、水暖管爆裂、抢劫、盗窃；

（5）保险标的遭受保险事故引起的各种间接损失；

（6）保险标的的本身缺陷、保管不善而致的损失，以及变质、霉烂、受潮、虫咬、自然耗损、自然磨损、自燃、烘焙等所造成的损失；

（7）行政行为或执法行为所致的损失；

（8）其他不属于保险责任范围的损失和费用。

企业财产保险综合险的除外责任如下：

（1）战争、军事行动或暴力行为、敌对行为、政治恐怖活动；

（2）核反应、核辐射和放射性污染；

（3）被保险人及其代表的故意行为或纵容行为；

（4）地震所造成的损失；

（5）保险标的遭受保险事故引起的各种间接损失；

（6）保险标的的本身缺陷、保管不善而致的损失，以及变质、霉烂、受潮、虫咬、自然耗损、自然磨损、自燃、烘焙等所造成的损失；

（7）堆放在露天或罩棚下的保险标的以及罩棚由于暴风、暴雨造成的损失；

（8）行政行为或执法行为所致的损失；

（9）其他不属于保险责任范围的损失和费用。

3. 保险标的

（1）可保财产。可保财产是指保险人可以直接承保的财产，企业财产保险的可保财产包括属于被保险人所有或与他人共有而由被保险人负责的财产、由被保险人经营管理或替他人保管的财产、具有其他法律上承认的与被保险人有经济利害关系的财产。可保财产的物质形态有固定资产和流动资产，通常包括房屋及其他建筑物和附属设备、机器及设备、生产工具、管理工具及低值易耗品、原材料、半成品、成品、账外及已摊销的财产等。

（2）特约可保财产。特约可保财产是指须经保险人与被保险人特别约定，并且在保险单上载明，才能由保险人承保的财产。特约可保财产可以分三类：一是财

第五章

财产保险

133

产的市场价格变化大，保险金额难以确定的财产，如金银、珠宝、玉器、首饰、古玩、古书、字画、邮票、艺术品、稀有金属和其他珍贵财物；二是价值高、风险特别的财产，如堤堰、水闸、铁路、道路、涵洞、桥梁、码头；三是风险较大，需要提高费率的财产，如矿井、矿坑内的设备和物资。

（3）不保财产。企业财产保险基本险和综合险均不予承保的财产主要包括：

①属于国有资源的财产，如土地、矿藏、矿井、矿坑、森林水产资源；

②不能用货币衡量其价值的财产和利益，如文件、账册、图表、技术资料；

③不是实际的物资，容易引起道德风险的财产，如货币、票证、有价证券；

④与法律法规或政策相抵触的财产，如违章建筑、危险建筑、非法占用的或非法取得的财产（盗窃赃物）；

⑤不属于企业财产保险的承保范围，应投保其他险种的财产，如运输过程中的物资、领取营运执照并正常运行的机动车辆等。

4. 保险金额

企业财产保险的保险金额一般分项确定，主要分为固定资产和流动资产两大类。

固定资产的保险金额有以下几种确定方式：

（1）按账面原值确定；

（2）按账面原值加成数确定；

（3）按重置重建价值确定；

（4）按其他方式确定。

账面原值是指在建造或购置固定资产时所支出的货币总额，可以以投保人的固定资产明细账为依据。

流动资产的保险金额有以下几种确定方式：

（1）按最近 12 个月的平均账面余额确定；

（2）按最近月份，即投保月份上月的流动资产账面余额确定；

（3）按最近 12 个月任意月份账面余额确定。

此外，账外财产和代管财产可以由被保险人自行估价或按重置价值确定保险金额。

5. 赔偿处理

企业财产保险的赔偿处理中，应注意以下问题：

（1）发生保险责任范围内的损失，保险人按照保险金额与保险价值的比例承担赔偿责任。

（2）不论何种财产，当发生全部损失时，受损财产保险金额与当时保险价值相比较，赔偿限度以较低者为限。当发生部分损失时，若受损财产保险金额高于或等于当时保险价值，按实际损失或修复费用赔偿；若受损财产保险金额低于当时保险价值，属于不足额保险，按比例计算赔偿。

（3）对被保险财产分项计赔。固定资产、流动资产、账外资产和代保管财产的赔偿金额应根据会计明细账（卡）分项计算，每项财产仅适用自身的赔偿限额，不可以互相借用。

（4）施救费用的赔偿另行计算。发生合理必要的施救、保护、整理费用，其赔付数额与保险财产的损失赔偿金额分别计算，即按另一个保额计算，如果保险标的损失部分按比例计算赔偿，则该费用也按相同比例计算赔偿。

（5）残值处理。保险人在计算赔款应考虑财产遭受损失后尚余可以利用的经济价值，如果折价归被保险人，赔款应相应扣除，如果由保险人回收，则计算赔偿时不作扣减。

（6）保险金额的减少与恢复。保险标的遭受部分损失经保险人赔偿后，其保险金额应相应减少，被保险人需要恢复保险金额时，应补交保险费，由保险人出具批单批注。

（7）重复保险的赔偿。若保险财产存在重复保险，各保险人按比例分摊损失的方式承担各自应负的赔偿责任，其总赔偿金额以该财产的实际损失为限。

（二）机器损坏保险

1. 概念

机器损坏保险是从企业财产保险演变而来的一种独立业务，是以企业、矿山的各类机器、设备、机械、装置，如车床、电机、发电机组、电力输送设备、生产加工设备及附属设备等为保险标的的保险。投保人的机器设备在保险期限内工作、闲置、检修保养时，因突然发生不可预料的事故，造成的机器设备的全损或零部件的损坏，由保险人负经济赔偿责任。

2. 特点

机器损坏保险的特点如下：

（1）保险金额根据重置价值确定。

（2）适用于所有安装验收完毕并转入生产经营的机器设备及其配套设施。

（3）承保的损失以电气事故和（非恶意）人为事故为主。

（4）机器设备的自然磨损、氧化腐蚀、内在缺陷等造成的损失不保。

（5）机器损坏保险既可以单独出单承保，也可以作为企业财产保险的附加险投保，保险期限一般为一年，或者与企业财产保险的期限一致。

（三）营业中断保险

1. 概念

营业中断保险又称利润损失保险，是指对被保险人因物质财产遭受自然灾害或意外事故等导致损毁后，在一段时间内停产、停业或营业受影响的间接经济损失及营业中断期间发生的必要的费用支出提供保障的保险。营业中断保险是企业财产保险的附加和补充，承保风险与企业财产保险一致。

2. 保险金额与赔偿期限

营业中断保险的保险金额是按企业上年度账册中的销售额或营业额加上本年度业务发展趋势及通货膨胀等因素为基础，计算本年度预期毛利润额来确定。

保险赔偿期限是指在保险期限内发生了灾害事故后到恢复正常生产经营的一段时期。营业中断保险只负责保险赔偿期内所遭受的损失，即由保险双方事先估计企业财产受损后要恢复原有的生产经营状况所需要的时间，确定为赔偿期限，该期限是影响保险费率的因素之一。

（四）家庭财产保险

1. 概念

家庭财产保险是以城乡居民的家庭财产为保险标的，由于火灾及有关自然灾害、意外事故造成保险财产损失，保险人承担经济赔偿责任的财产损失保险。

2. 特点

家庭财产保险的特点如下：

（1）业务来源广。家庭财产保险的保险标的是各类拥有所有权的家庭财产。国家统计局公布的第七次全国人口普查主要数据显示，截至 2020 年 11 月 1 日，全国人口约为 14.1 亿人，共有家庭户约 4.9 亿户。这为家庭财产保险提供了广阔的业务来源。

（2）业务分散，额小量大。城乡居民均是以家庭或个人为单位的，不仅居住分散，而且物质财产的积累有限，单个保单的承保额不高、保费支出少，但业务量很大。

（3）危险结构比较单一。家庭财产面临的主要是火灾、盗窃等危险，这种危险结构与团体火灾保险有着巨大的差异。因此，保险人需要有针对性地做好危险选择与防损工作。

（4）保险赔偿有特色。一方面，家庭财产保险的赔案大多表现为零散小额赔案，需要保险人投入相当多的人力来处理；另一方面，保险人对家庭财产保险的理赔一般采取有利于被保险人的第一危险赔偿方式，在保险金额内损失多少赔偿多少，而不需要像团体火灾保险那样按照保险金额与投保财产实际价值的比例分摊损失。

（5）险种设计不断创新。为满足大众需要，家庭财产保险除了传统的保障性业务，还有兼顾储蓄性、投资性的产品，居民家庭最为关心的现金、金银、珠宝、玉器、钻石、首饰等贵重物品也可以受到保障。根据现代家庭风险特点，保险人提供更多的附加险给投保人选择，如室内财产盗抢综合险、水暖管爆裂及水渍险、家用电器用电安全损失险、居家责任险、高空坠物责任险、家庭雇佣责任险、家政服务人员第三者责任险、房屋出租人责任险及家养宠物责任险等，保障十分全面。

3. 保险责任

保险财产只有在保险单载明的地址内，由于遭受保险事故而造成的损失，保险人负责赔偿，具体包括：

（1）火灾、爆炸、雷电、冰雹、雪灾、洪水、地陷、崖崩、冰凌、龙卷风、泥石流、地面突然下陷、突发性滑坡；

（2）空中运行物体坠落，以及外来的建筑物或其他固定物体的倒塌；

（3）暴风或暴雨使房屋主要结构（外墙、屋顶、屋架）倒塌造成保险财产的损失；

（4）因防止保险责任范围内的灾害事故蔓延或因施救、保护所采取必要的措施而造成保险财产的损失和支出的合理费用。

4. 保险金额

房屋及室内附属设备、室内装修的保险金额由被保险人根据财产的购置价或市场价自行确定。室内财产的保险金额由被保险人根据当时的实际价值自行确定，并且按照保险单上规定的保险财产项目列明。特约财产的保险金额由被保险人和保险人双方约定。家庭成员可以就同一家庭财产投保多份家庭财产保险，但保险金额超过保险价值的部分无效。

5. 赔偿处理

家庭财产保险对室内财产的损失一般采用第一危险赔偿方式，即在发生保险责任范围内的损失时，应按实际损失赔偿，但须按照分项投保、分项赔偿原则，且最高赔偿金额不得超过保险金额。但是对房屋的损失仍采取比例赔偿方式赔偿。

对于合理的施救保护费用，最高赔偿金额以不超过该险别的保险金额为限。

发生重复保险，保险人要按照比例分摊损失责任。

6. 主要险种及附加险

（1）普通家庭财产保险。普通家庭财产保险是专门为城乡居民家庭开设的一种通用性家庭财产保险业务，保险期限为1年，保险费率采用千分率，由投保人根据保险财产实际价值确定保险金额作为保险人赔偿的最高限额。

（2）家庭财产两全保险。家庭财产两全保险在普通家庭财产保险的基础上衍生的一种家庭财产保险业务，具有保险和储蓄双重功能，即投保人向保险人交付保险储金，保险人以储金在保险期内所生利息为保险费收入，当保险期满，无论是否发生保险事故或是否进行过保险赔偿，其本金均须返还给被保险人。保险金额以每份计算，投保份数依投保人家庭财产的实际价值估计，保险期限有1年、3年、5年等多种。

（3）长效还本家庭财产保险。长效还本家庭财产保险简称长效家财险，是在家庭财产两全保险的基础上衍生的一个险种，主要特点是一次投保，长期有效。投保人在投保时交付一定数额的保险储金，保险期满1年后，若被保险人不领取所交的储金，保险期限自动续转，不需要另办手续，直至被保险人退保或者死亡，保险责任才终止。长效家财险的优点主要在于：一是简化投保手续，二是降低业务成本，三是为保险人提供了可进行长期投资的资金来源。

（4）团体家庭财产保险。团体家庭财产保险是为适应机关、团体、学校、企事业单位为职工统一办理家财险及附加盗窃险的需要而采用的一种承保方式。一般采用固定保险金额的办法，不考虑各个家庭的不同情况和需求。被保险人可根据自己实际情况再另外购买家庭财产保险。

（5）个人贷款抵押房屋综合保险。个人贷款抵押房屋综合保险包括财产损失保险和还贷保证保险，是适应个人贷款购买商品房日益增多、贷款人有发生意外影响还贷能力的风险而开发的保险业务。保险责任分两部分：一部分是因火灾爆炸、指定自然灾害造成抵押房屋的损失以及合理施救费用；另一部分是因意外伤害事故导致房屋抵押贷款人死亡或伤残，而丧失全部或部分还贷能力，造成连续 3 个月未履行或未完全履行抵押合同约定的还贷责任的，保险人承担全部或部分还贷责任。

（6）投资保障型家庭财产保险。投资保障型家庭财产保险是集保障性、储蓄性、投资性于一身的新型家庭财产保险。投保人缴纳保险投资金，保险投资金由保险人运用，保险期限内发生保险事故造成保险财产损失，保险人负责赔偿。合同期满后，无论被保险人是否获得过保险赔偿，均可以领取本金并获得保险人所承诺的投资收益。

（7）附加盗窃险。附加盗窃险是家庭财产保险的附加险，相同地址的保险财产由于遭受外来盗抢、有明显现场痕迹，经公安部门确认的盗抢行为所致丢失、损毁的直接财产损失且 3 个月内未能破案的，保险人负责赔偿。无明显入屋盗窃痕迹所致损失、门窗未上锁所致损失或内部人员盗窃所致的损失除外。

（8）附加家用电器用电安全保险。附加家用电器用电安全保险是家庭财产保险的附加险，因为电压异常或供电线路因自然灾害、意外事故、人为事故等造成供电线路事故，造成家用电器的损坏损毁，保险人负责赔偿。对恶意行为、违规用电、超负荷用电及电器自然老化、内在缺陷等所致损失除外。

（9）附加管道破裂及水渍保险。附加管道破裂及水渍保险负责被保险人室内的自来水管道、下水管道和暖气管道（含暖气片）突然破裂致使水流外溢或邻居家漏水造成被保险人保险财产的损失。对故意行为、私自改动原管道设计、施工或试压过程造成损失不负责。

（10）附加居家责任保险。附加居家责任保险，被保险人及其同住的家庭成员在保单载明地址的住所，因使用、安装或存放其所有或租借的财产时，由于过失或疏忽造成第三者的人身伤亡或财产的直接损毁，在法律上应由被保险人承担民事损毁赔偿责任的，以及引起的相关法律费用，保险人负责赔偿。

第三节　运输工具保险

一、运输工具保险的概念与特点

（一）运输工具保险的概念

运输工具保险是指专门承保各种机动运输工具，包括机动车辆、船舶、飞机、摩托车等各种以机器为动力的运载工具，因其在使用过程中遭受自然灾害或意外事故，导致保险财产直接损失的，由保险人负责赔偿的保险。

（二）运输工具保险的特点

由于运输工具保险承保的保险标的运输工具处于经常移动的状态中，所以运输工具保险具有以下特点：

(1) 保险标的具有流动性和多样性；

(2) 因运输方式不同而风险不同；

(3) 运输工具在使用过程中发生事故，往往会损害第三者或公众的利益。

二、机动车辆保险

（一）机动车辆保险的概念与特点

1. 机动车辆保险的概念

机动车辆保险承保机动车辆因遭受自然灾害和意外事故所造成的保险车辆本身的损失、合理的施救和保护费用，以及对第三者的人身伤害和财产损失依法应由被保险人承担的经济赔偿责任。

随着我国经济和交通的不断发展，机动车辆保险业务发展迅猛，成为国内财产保险业务中业务量最大的险种。

2. 机动车辆保险的特点

（1）保险标的出险概率较高。机动车辆经常处于运动状态，很容易发生碰撞及其他意外事故，从而造成财产损失和人身伤亡。加上驾驶人员的疏忽、过失等人为因素，导致交通事故发生频繁，车辆出险概率较高。

机动车辆具有高度的流动性，出险面广且分散。机动车辆的流动性决定了机动车辆保险查勘定损服务具有地点上的不确定性，服务的数量和难度高于普通的财产保险，因而无论是承保还是理赔，保险服务的投入都是比较大的。

（2）业务量大，普及率高。在我国，一方面现代物流以及汽车工业的迅猛发展使社会上各种车辆的数量日益增多；另一方面交通设施建设和城市管理水平严重滞后，机动车辆所带来的风险成为人们生产、生活中急需转嫁的主要风险，保险公司为此提供全方位的保障，业务量激增。为保障受害人的利益，2004年5月1日实施的《中华人民共和国道路交通安全法》第十七条规定"国家实行机动车第三者责任强制保险制度"，更加大了机动车辆保险的普及率。

（3）扩大保险利益。机动车辆保险中，针对车辆所有者和使用者可能出现不是同一个人的情况，为了对被保险人和第三者提供更充分的保障，条款中明确规定只要是被保险人允许的合格的驾驶员使用保险车辆，也视为其对保险标的具有保险利益，但在保险有效期内，保险车辆转卖、转让、赠送应通知保险人，否则保单有可能失效。

（4）被保险人自负责任与无赔款优待。为了有利于被保险人维护、养护车辆，使其保持安全行驶的良好状态，并督促驾驶员安全行车，以减少事故的发生，保险合同一般规定：根据驾驶员在交通事故中所负责任，车辆损失险和第三者责任险在保险人赔偿的过程中实行绝对免赔率；保险车辆在一年保险期限内无赔款，第二年续保时可以按保险费的一定比例享受无赔款优待。

（二）机动车辆保险的费率

机动车辆保险在经营中主要考虑人、车、路、环境四大风险要素，根据风险类别和风险大小实施风险等级费率，使投保人所缴纳的保险费与其风险状况相匹配。

1. 驾驶员特征

主要根据被保险车辆驾驶员的各种风险因素，如年龄、性别、驾驶年限、婚姻状况、职业、安全行驶记录等来确定费率。

2. 车辆使用性质

按使用性质分类，车辆可以分为营业车辆和非营业车辆。受利益驱动，营业车辆通常比非营业车辆使用率高、风险也高。

3. 车辆种类

车辆包括各种客车、货车、特种车、拖拉机、摩托车以及挂车等。车辆种类不同，风险不同。

4. 车辆产地

车辆按产地分为进口车和国产车两大类，因产地不同带来的价值差异而采用不同的费率。

5. 车辆品牌

不同的品牌费率系数不同。

6. 车辆行驶区域

按照车辆使用地区的地理环境、道路状况、治安状况等不同而采用不同的费率。

7. 无赔款优待

车辆上一保险年度或连续保险年度内无赔款，续保时可享受无赔款优惠费率。

（三）机动车辆保险的种类

1. 车辆损失险

车辆损失保险的保险责任范围包括以下三个方面：

（1）被保险人或被保险机动车驾驶人在使用被保险机动车过程中，因自然灾害、意外事故造成被保险机动车直接损失，且不属于免除保险人责任的范围，保险人依照保险合同的约定负责赔偿。

（2）保险期间内，被保险机动车被盗窃、抢劫、抢夺，经出险地县级以上公安刑侦部门立案证明，满 60 天未查明下落的全车损失以及因被盗窃、抢劫、抢夺受到损坏造成的直接损失，且不属于免除保险人责任的范围，保险人依照本保险合同的约定负责赔偿。

（3）发生保险事故时，被保险人或驾驶人为防止或者减少被保险机动车的损失所支付的必要的、合理的施救费用，由保险人承担；施救费用数额在被保险机动车损失赔偿金额以外另行计算，最高不超过保险金额。

车辆损失险的保险金额可由保险双方根据新车购置价、车辆实际价值或在新车购置价中协商确定。

2. 机动车辆交通事故责任强制保险

2004 年 5 月 1 日，《中华人民共和国道路交通安全法》实施。该法第一次以法律的形式明确规定我国实行机动车辆第三者责任强制保险制度。机动车辆交通事故责任强制保险于 2006 年 7 月 1 日正式实施。

机动车辆交通事故责任强制保险（以下简称"交强险"）与机动车第三者责任险（以下简称"三责险"）在保险种类上属于同一个险种，都是保障道路交通事故中第三方受害人获得及时有效赔偿的险种。但交强险是法定强制保险，而三责险是商业性的保险。两者存在以下差别：

（1）三责险采取的是过错责任原则，即保险人根据被保险人在交通事故中所承担的事故责任来确定其赔偿责任。交强险实行的是"无过错责任"原则，即无论保险人是否在交通事故中负有责任，保险人均在责任限额内分项予以赔偿。

（2）出于有效控制风险的考虑，三责险规定了较多的责任免除事项和免赔率（额）。交强险的保险责任几乎涵盖了所有道路交通风险，且不设免赔率（额），其保障范围远远大于三责险。

（3）三责险以盈利为目的，属于商业保险业务。交强险实行不盈利、不亏损的经营原则，要求分开管理，单独核算。

（4）三责险的条款费率各家保险公司可以存在差异，并设有多个档次的责任限额。交强险是全国统一条款费率，并按照被保险人在事故中有责任或无责任设定了死亡伤残赔偿限额①、医疗费用赔偿限额②和财产损失赔偿限额③，实行分项限额赔付。交强险的责任限额如表 5-1 所示。

表 5-1　交强险责任限额　　　　　　　　　　　　　　　　单位：元

项目	死亡伤残	医疗费用	财产损失
有责任	180 000	18 000	2 000
无责任	18 000	1 800	100

由于交强险实行广覆盖、低限额的保障模式，投保人在投保交强险的基础上，可以根据自身的保障需求，加保商业三责险以获得更加充分的保障。

---

① 死亡伤残赔偿限额是指被保险机动车发生交通事故，保险人对每次保险事故所有受害人的死亡伤残费用所承担的最高赔偿金额。死亡伤残费用包括丧葬费、死亡补偿费、受害人亲属办理丧葬事宜支出的交通费用、残疾赔偿金、残疾辅助器具费、护理费、康复费、交通费、被抚养人生活费、住宿费、误工费，被保险人依据法院判决或调解承担的精神损害抚慰金。

② 医疗费用赔偿限额是指被保险机动车发生交通事故，保险人对每次保险事故所有受害人的医疗费用所承担的最高赔偿金额。医疗费用包括医药费、诊疗费、住院费、住院伙食补助费，必要的、合理的后续治疗费、整容费、营养费。

③ 财产损失赔偿限额是指被保险机动车发生交通事故，保险人对每次保险事故所有受害人的财产损失所承担的最高赔偿限额。

3. 第三者责任保险

第三者责任保险是指被保险人或其允许的合格驾驶员在使用保险车辆过程中发生意外事故，致使第三者遭受人身伤亡或财产的直接损毁，依法应由被保险人支付的赔偿金额，保险人在保险单赔偿限额内负责赔偿的保险。

这里的第三者是指除投保人、被保险人和保险人以外的，因保险车辆发生意外事故遭受人身伤亡或财产损失的受害者；造成损害的事故必须是非故意行为所致的意外事故；保险人赔偿的范围通常是交强险保障范围以上的部分，并且只是赔偿事故造成的直接损失，对间接损失保险人不负责。

第三者责任保险的责任限额规定为 10 万 ~ 1 000 万元等各档次，投保人可根据自身需要选择投保。

4. 车上人员责任险

车上人员责任保险承保保险期间内，被保险人或其允许的驾驶人在使用被保险机动车过程中发生意外事故，致使车上人员遭受人身伤亡，且不属于免除保险人责任的范围，依法应当对车上人员承担的损害赔偿责任，保险人依照保险合同的约定负责赔偿。车上人员责任险每人的最高赔偿限额由被保险人和保险人在投保时协商确定。投保乘客座位数按照被保险机动车的核定载客数（驾驶人座位除外）确定。

5. 附加险

车辆损失险项下附加险主要有绝对免赔率特约险、车轮单独损失险、新增加设备损失险、车身划痕损失险、修理期间费用补偿险、发动机进水损坏除外特约险、机动车增值服务特约条款等险种。第三者责任险项下附加险主要有绝对免赔率特约险、车上货物责任险、精神损害抚慰金责任险、法定节假日限额翻倍险、医保外医疗费用责任险、机动车增值服务特约条款等。车上人员责任险项下附加险主要有绝对免赔率特约险、精神损害抚慰金责任险、医保外医疗费用责任险、机动车增值服务特约条款。

（四）机动车辆保险的理赔注意事项

第一，被保险人发生保险事故应尽快向交通管理部门报案，并在规定时间内向保险公司报案。

第二，被保险车辆发生保险事故遭受损失，保险人依照保险合同承担相应的赔偿责任，应尽量采取修复的方式。在修理前，被保险人应当会同保险人检验定损，确定修理项目、修理方式和修理费用，否则保险人有权重新核定或拒绝赔偿。

第三，交通事故责任分为全部责任、主要责任、同等责任和次要责任四个等级，实际认定以交警部门出具的"交通事故责任认定书"为准。商业三责险理赔中，上述责任属于保险责任范围，保险人应当在赔偿限额内承担赔偿责任；否则，即使被保险人被裁定有责任，保险人也可以依照责任免除条款而不予承担赔偿责任。

第四，商业三责险中，根据被保险人车辆在事故中所承担的责任比例不同，免赔率也不同，负全部责任的免赔 20%、负主要责任的免赔 15%、负同等责任的免赔 10% 和负次要责任的免赔 5%。

第五，保险事故造成人员伤亡时，保险人按照"交通事故人员创伤临床诊疗指南"和国家基本医疗保险的标准核定医疗费用。

第六，全车盗抢险中，如被盗抢的被保险车辆找回，应将该车辆归还被保险人，同时收回相应的赔款；若被保险人不愿意收回原车，则车辆的所有权益归属保险人。

第七，由于机动车辆保险赔案多涉及第三者责任方，保险人根据被保险人赔偿请求，按照保险合同约定了以赔偿后，在赔偿金额范围内代为行使被保险人对第三者请求赔偿的权利。

思政案例：　　　　　车险综合改革促进车险高质量发展

高质量发展是全面建设社会主义现代化国家的首要任务。2020 年 9 月 19 日起实施的车险综合改革是车险行业贯彻落实高质量发展战略、提升供给体系水平和质量的深刻变革。改革贯彻以人民为中心的发展思想，更好维护消费者权益，健全了以市场为导向、以风险为基础的车险条款费率形成机制，从而形成价格市场决定、要素有序流动、资源高效配置的新业态，让市场在资源配置中起决定性作用，推动车险高质量发展。2020 年 9 月 19 门，中国银保监会发布了《关于实施车险综合改革的指导意见》，其内容包括总体要求、提升交强险保障水平、拓展和优化商业车险保障服务、健全商业车险条款费率市场化形成机制、改革车险产品准入和管理方式、推进配套基础建设改革、全面加强和改进车险监管、明确重点任务职责分工、强化保障落实九部分。

我国车险综合改革的影响主要体现在以下几个方面：

第一，在拓展和优化商业车险保障服务方面，主要体现在对扩大保险责任、删除免赔约定、丰富新产品的影响。车险综合改革将商业车险原有 4 个主险合并为车损险、车上人员责任险、第三者责任险 3 个主险，优化了商业车险保障服务，删减了实践中容易引发理赔争议的免责条款、事故责任免赔率、无法找到第三方免赔率等免赔约定，为消费者提供了更加全面完善的车险保障服务，也为保险公司减少保险纠纷创造了条件，但因扩大了保险责任范围，在保险事故一定的情况下，增加了保险公司赔付保险金支出。

在扩大车损险保险责任范围方面，车险综合改革将全车盗抢险保险责任归并到车损险的保险责任，同时玻璃单独破碎险、车辆划痕险、自然损失险、涉水险合并到车损险。在基本不增加消费者保费支出的原则下，车险综合改革支持行业拓展商业车险保障责任范围，理顺商业车险主险和附加险责任，减少了车险合同纠纷，为消费者提供了更加全面完善的车险保障服务。同时，在保费不变的条件下，车险综合改革降低了保险费率，保险公司可能会增加保险金赔付支出。

车险综合改革提高了商业三责险责任限额，便于更好满足消费者风险保障需求，有效发挥化解纠纷作用；同时，丰富商业车险产品，促进行业开发新能源车险、机动车延长保修险等示范条款、机动车里程保险等创新产品；引导行业制定包括道路救援、代驾服务等增值服务示范条款。这些都有助于为消费者提供更加丰富的车险保障服务。

第二，在健全商业车险条款费率市场化形成机制方面，车险综合改革一是完善了行业纯风险保费测算机制；二是合理将附加费用率上限由 35% 下调为 25%，赔付率由 65% 提高到 75%；三是逐步放开自主定价系数浮动范围，将自主渠道系数和自主核保系数整合为自主定价系数；四是将赔付记录由 1 年扩大到至少 3 年，并降低了对偶然赔付消费者的费率上调幅度等。这些改革举措赋予保险公司自主定价权，促使保险公司改善管理、降低费用率，同时也有助于减少保险事故，助力保险公司提质增效。

第三，在改革商业车险产品准入和管理方式方面，车险综合改革发布了新商业车险示范产品，准入方式由审批制改为备案制；支持中小财险公司优先开发差异化创新产品。该举措可以调动保险公司研发能力，赋予其车险产品研发自主权，体现了更好满足消费者需要、发挥市场配置资源的要求，也对保险公司在人员素质、经营管理和技术研发上提出了更高要求。

第四，在交强险改革方面，车险综合改革主要体现在责任限额与地区差别费率浮动上。车险综合改革发布新款统一交强险产品，支持行业按照修订后的交强险责任限额和道路交通事故费率浮动系数，拟订并报批新交强险产品。在责任限额中，除财产损失无过错责任限额不变，其余责任限额均大幅提高。在过错责任条件下，总赔偿限额从 12.2 万元增加到 20 万元，死亡伤残赔偿限额 18 万元，医疗费用赔偿限额 1.8 万元，财产损失赔偿限额 0.2 万元；在无过错责任条件下，依次为 1.99 万元、1.8 万元、0.18 万元、0.1 万元。同时，车险综合改革根据各地区交强险综合赔付率高低设置不同的费率浮动系数，以保证费率的公平性。提高责任限额将会使被保险人得到更高的保障，同时在保险事故和保费一定的条件下，也将增加赔付支出，提高赔付率。

第五，在推进配套基础建设改革方面，车险综合改革全面推行车险实名缴费制度，积极推广电子保单制度，加强新技术研究应用。这些改革均对财产保险公司经营提出了更高要求，有助于促进信息透明，防止销售误导等不诚信行为，更加便捷车险承保、理赔等服务，从而提升车险运行效率，夯实车险服务基础。

第六，在全面加强和改进车险监管方面，车险综合改革完善费率回溯和产品纠偏机制，提高准备金监管有效性，强化偿付能力监管刚性约束，防范垄断行为和不正当竞争。这些改革将保障车险市场的稳健有序发展。

资料来源：王绪瑾，周静娴. 提升车险改革质效［J］. 中国金融，2022（01）：59-60

三、船舶保险

船舶保险是指以各种船舶、水上装置及其碰撞责任为保险标的的一种运输工具保险，是财产保险业务的重要险种之一，在保险业的发展史上具有特殊的地位。

船舶保险适用于各种团体单位、个人所有或与他人共有的机动船舶与非机动船舶，以及水上装置等，一切船东或船舶使用人都可以投保。投保船舶必须具有港航监督部门签发的适航证明和按规定配备持有职业资格证书的船员，从事客货营运的船舶必须持有工商部门核发的营业执照。建造或修理中的船舶、试航的船舶、石油钻探船，以及从事捕捞作业的渔船，都不属于船舶保险的保险范围。

船舶保险主要负责赔偿有关自然灾害、意外事故造成船舶本身损失，由此产生的施救费用、救助费用、共同海损分摊，并承担因碰撞造成对方损失应由被保险人承担的经济赔偿责任。

船舶保险的保险金额通常采取一张保险单一个保险金额的形式，但承保船舶本身的损失、费用支出和碰撞责任等，分别以船舶保险的保险金额为最高赔偿限额。费率厘定需要综合考虑船舶的种类、结构、新旧程度、航行区域、吨位大小、使用性质等因素，同时参照历史损失记录和国际船舶保险界的费率标准。

四、飞机保险

飞机保险是随着飞机制造业和航空运输业的发展而兴起的险种，也称航空保险。该保险是以飞机及其相关责任风险为保险对象的保险，主要包括飞机机身保险、战争及劫持保险、飞机第三者责任保险、旅客责任保险、货物责任保险等若干业务。

（一）飞机机身保险

飞机机身保险以飞机机身，包括机壳、推进器、仪器及特别安装的附件为保险标的，当保险标的发生损失或损坏，保险人均负责赔偿。飞机机身保险的保险金额通常采用不定值方式承保。

（二）战争及劫持保险

战争及劫持保险是指凡由于战争、敌对行为或武装冲突、拘留、扣押、没收、被劫持和被第三者破坏等原因造成的保险飞机的损失、费用，以及引起的被保险人对第三者、旅客应负的法律责任及费用，由保险人负责赔偿的保险。

（三）飞机第三者责任保险

飞机第三者责任保险承保投保人依法应负的有关飞机对地面、空中或机外的人员造成意外伤害、死亡事故、财物损毁的损失赔偿责任，第三者不包括机上乘客及航空公司雇佣人员。

（四）旅客责任保险

旅客责任保险承保旅客在乘坐或上下飞机时发生意外事故，致使旅客受到人身伤害和财产损失，由保险人承担赔偿责任。

（五）货物责任保险

货物责任保险是指航空公司对委托人托运的货物负有法定或合同责任，已办理托运手续装载在保险飞机的货物，如在运输过程中发生损失，根据法律、合同规定应由承运人负责的，由保险人给予赔偿的保险。

第四节　工程保险

一、工程保险的概念与特点

（一）工程保险的概念

工程保险是指以各种工程项目为主要承保对象，承保工程期间建筑物及其材料可能遭受的物质损失和费用损失及被保险人对第三者的人身伤害与财产损失所应承担的赔偿责任的保险。现代工程保险除了包括传统的建筑工程险和安装工程险外，还包括了技术含量更高的科技工程险。

（二）工程保险的特点

与传统的财产保险相比，工程保险具有以下特点：

1. 保险标的的特殊性

工程保险承保的标的大部分处于暴露状态，既会受到各种自然灾害的影响，也会受到人为因素，如施工经验、施工方式、技术设计和管理水平、防灾水平、道德水平等的影响，抵御风险的能力大大低于普通财产保险标的。

2. 被保险人的广泛性

工程项目涉及方很多，主要有业主、承包人、分承包人、技术顾问、设备供应商、贷款银行等，每一方都有与工程相关的各自利益，为充分保障各方利益，工程保险常常以一张保险单的形式把所有利益方列为共同被保险人，即共保交叉责任条款。

3. 承保风险的综合性

建筑工程本身是一个动态的过程，涉及的风险类型比较广泛，因此工程保险的风险保障具有综合性，既承保工程期间工程本身、施工机具或工地设备、物料所遭受的损失，也承保因施工给第三者造成的物质损失或人身伤亡的责任风险。工程保险采用一揽子保险形式。

4. 保险期限的不确定性

工程保险的保险责任限期一般根据工期来确定，工期自工程动工之日起或项目的材料设备卸至工地开始，直至工程竣工验收或投入使用时止，一年两年甚至数年都有，投保时投保人和保险人根据工程计划确定，随工程变化也可以申请延长。

5. 保险金额的变动性

工程保险的保险标的价值随工程的进度与工程材料以及人工的不断投入而逐渐增加，因此保险金额的确定以及修正有别于其他财产保险。

二、建筑工程保险

（一）保险标的与保险金额

建筑工程保险的保险标的范围广泛，既有物质财产部分，也有第三者责任部分，为了方便确定保险金额，在建筑工程保险单明细表中列出的保险项目通常包括以下几个部分：

1. 物质财产部分

物质财产部分包括建筑工程本身、工程所有人提供的物料和项目、安装工程项目、建筑用机械、装置及设备、工地内现成的建筑物、场地清理费以及所有人或承包人在工地上的其他财产七项。每一项均须独自确定保险金额，七项保险金额之和构成建筑工程物质损失项目的总保险金额。

2. 第三者责任

第三者责任是指被保险人在工程保险期间因意外事故造成工地附近的第三者人身伤亡或财产损失依法应负的赔偿责任，保险人对该项责任采用赔偿限额制。

（二）保险责任与保险期限

建筑工程保险的保险责任分为物质部分的保险责任和第三者责任两大部分。其中，物质部分的保险责任主要有保险单上列明的各种自然灾害和意外事故，如洪水、风暴、水灾、暴雨、地陷、冰雹、雷电、火灾、爆炸等多项，同时还承保盗窃、工人或技术人员过失等人为风险。

与一般财产保险不同的是，建筑工程保险采用的是工期保险单，即保险责任的起讫通常以建筑工程的开工到竣工为期。

思政案例：　　　　　港珠澳大桥背后的保险力量

2018年10月23日上午，港珠澳大桥开通仪式在广东珠海举行。这座东接香港，西接珠海、澳门，全程55千米的港珠澳大桥是粤港澳三地首次合作共建的超大型跨海交通工程，工程克服了许多世界级难题，集成了世界上最先进的管理技术和经验，习近平总书记称之为"国家工程、国之重器"。港珠澳大桥的建设书写了一个"中国创造"的传奇故事，而保险业在其中扮演了重要的护航保障角色，再一次为支持我国实体经济建设做出了卓越贡献。

在港珠澳大桥建设过程中，保险业充分发挥自身行业功能，通过全面的风险管理和风险保障，服务整个项目工程的施工建设全过程，多方协商解决三地跨境车辆保险问题，保障三地真正实现互联互通，为港珠澳大桥这个举世瞩目的国家工程保驾护航。

早在2008年大桥工程可行性研究报告刚上报国家发展改革委之时，保险工作安排便已提上日程。在2009年10月国务院正式批准港珠澳大桥工程可行性研究报告后，当时国内承保能力最强的人保财险即对大桥工程项目风险的风险管理方式、承保方案等方面进行了分析。

为向大桥项目提供更为完善的风险管理和保险保障方案，人保财险对大桥工程建设面临的主要风险因素作出了非常细致的排列分析，包括自然灾害风险、热带气旋、船舶碰撞风险、不可预见的地质灾害风险、意外施工事故风险、设计错误风险、风险管理水平风险等进行了量化分析，并提出了相应的风险管理建议。

珠江口一带沿海是热带气旋较为频繁登陆的区域，2017年8月的台风"天鸽"即在珠海正面登陆。人保财险根据近几十年的承保经验统计，热带气旋是海上工程项目损失的最主要原因，损失金额占比在50%及以上，而港珠澳大桥长达9年的建设工期，更加大了工程建设面临的风险。近两年，大桥就经受了两次超强台风"天鸽"和"山竹"的袭击。

此外，由于大桥主体工程项目施工工艺、技术、环境、程序复杂，施工单位须经过适应和摸索的阶段，其世界唯一的深埋沉管隧道设计、制造、安装部分风险集中，工程量巨大，而且一旦发生风险，设备重建、工期延长等高额重置成本也是该项目的高风险因素之一。

重大基建项目由各施工方按照各自承建的标段分别开展保险承保工作是比较常见的方式，优点是比较灵活，为项目管理方减轻工作负担；缺点是风险保障管理由分散的各承建施工方自行开展，一方面施工方为控制总成本，可能不合理缩减保险保障，致使实际保障不足；另一方面保险风险控制方面缺乏统筹和系统性管理，增加了整个项目风险管理的难度。由项目方整体招标风险承保方尽管有助于整体风险控制和风险保障，但囿于统筹成本较高等各方面因素，往往难以实行。

港珠澳大桥工程项目整体承保的方式，改变了以往很多重大基建项目由项目施工方针对中标工程段自行确定保险方案、各自分别招标保险公司承保的方式，使得整个项目风险管理的标准更加统一，也提升了整个项目的风险保障能力。

2010年9月，港珠澳大桥管理局公开招标首席承保公司及共保公司。2010年12月10日，港珠澳大桥管理局发布中标公示，由人保财险作为港珠澳大桥主体工程项目建筑工程一切险及第三者责任险首席承保公司，承保份额为50%，其他共保公司份额分别为平安产险15%、太平洋产险13%、大地财险12%、中银保险6%、太平财险4%。达信保险经纪公司为港珠澳大桥主体工程的保险经纪公司，保险期限约为6年，投保金额高达278亿元，创下迄今为止内地单个工程保险标的新高，也为中国保险业进入大型建设与高风险项目积累了宝贵的原创性经验。

尽管组成了实力强大的共保体，但面对港珠澳大桥如此超大规模及技术难度的大型海上工程项目，国内保险市场的承保能力只能承担本项目保险的部分份额，大部分的保险份额还需得到国际再保险市场的支持。

同样，基于统筹风险管理的考虑，项目由业主单位大桥管理局及经纪人统筹再保险，向所有参加项目的国内保险人公司提供了良好的支撑，并最大限度保障业主单位的权益。按照程序，项目最终确定了瑞士再保险公司、苏黎世保险有限公司作为联合首席再保险人，共同分担项目风险。

通过统筹共保体及国际一流再保险人为港珠澳大桥服务，为这个超级工程的复杂潜在风险奠定了强有力的保险保障基础。

目前，国内主要的保险公司已形成比较成熟的风险管理模式，包括风险认识、风险查勘、制定应急预案、提出防灾防损建议等，但这些在事故真正发生前往往并不能引起被保险人足够的重视。在港珠澳大桥建设过程中，通过保险业全面参与，建立了全球化的项目风险管理体系，尽早预测将要发生的风险并将损失降到最低，为大桥最终按计划安全顺利建成发挥了重要作用。

资料来源：王小波. 港珠澳大桥通车！一起看保险如何护航国家工程［EB/OL］.（2018-10-23）［2024-02-20］. https://www.sohu.com/a/270826524_618588.

三、安装工程保险

（一）安装工程保险的概念与特点

1. 安装工程保险的概念

安装工程保险是指专门承保新建、扩建或改造的工矿企业的机器设备、钢结构建筑物，在整个安装、调试期间由于除外责任以外的一切危险造成保险财产的物质损失、间接费用以及安装期间造成的第三者财产损失或人身伤亡，被保险人依法应承担的经济赔偿责任的保险。

2. 安装工程保险的特点

安装工程保险与建筑工程保险在形式上和内容上基本一致，但也存在以下一些区别：

（1）建筑工程保险的标的是随着工程进度逐步增加的，风险责任也随标的增加而增加；安装工程保险一开始就负有全部的风险责任。

（2）建筑工程保险的标的多数处于暴露状态，遭受自然灾害损失的可能性较大；安装工程保险的标的多数在建筑物内，遭受自然灾害的可能性较小，但技术性强，受人为事故损失的可能性大。

（3）建筑工程保险不负责因设计错误而导致的一切损失；安装工程保险负责因设计错误所引起的其他财产损失，但因设计错误造成的财产本身损失除外，安装工程险偏重承保人为风险。

（4）安装工程保险中，机器设备未正式运转，许多风险不容易发生，只有到安装完毕后的试车阶段，各种问题会集中显露，即安装工程保险存在试车风险；建筑工程保险没有试车风险。

（二）保险标的与保险金额

1. 保险标的

安装工程保险的保险标的主要包括安装项目、土建工程项目、场地清理费、工程所有人或承包人在工地上的其他财产（如施工机具、工地内现有建筑物等）。

2. 保险金额

安装工程保险根据保险标的的不同，保险金额的确定可以分为以下四种情况：

（1）安装项目的保险金额为该项目完成时的总价值，包括设备费用、原材料费用、安装费、建造费、运费、保费、关税、其他税项和费用，以及由工程所有人提供的原材料和设备费用。

（2）土建工程项目以不超过该工程总保额的 20% 为限。

（3）场地清理费按总工程价一定比例为限（一般大工程 5% 以内，小工程 10%

以内）。

（4）工程所有人或承包人在工地上的其他财产的保险金额与建筑工程保险相同。

3. 保险期限

安装工程保险的保险期限为工程期限，但一般包括试车期。只有试车考核通过之后，工程才正式移交。对旧的机器设备不负责试车风险。

四、科技工程保险

科技工程保险是以各种重大科技工程或科技产业为保险标的的综合性财产保险，主要有海洋石油开发保险、航天保险和核能保险等。

（一）海洋石油开发保险

海洋石油开发保险是以现代海洋石油工业从勘探到建成、生产整个开发过程中的风险为承保责任，以工程的所有人或承包人为被保险人的一种科技工程保险。海洋石油开发保险作为一种工程保险业务，分四个阶段进行：普查勘探阶段、钻探阶段、建设阶段和生产阶段，每一阶段均以工期为保险责任起讫期。海洋石油开发保险的主要险种有勘探作业工具保险和钻探设备保险，主要风险有海洋风险、井喷风险、火灾爆炸风险和损害赔偿责任。

（二）航天保险

航天保险是以航天产品的生产与应用为保险内容，以航天活动中的各种意外事故风险为保险责任，并根据航天产品的研制、安装、发射、运行等分阶段提供风险保障的一种科技工程保险业务。航天保险的主要险种有发射前保险、发射保险和寿命保险，主要风险有爆炸、运行失常、意外故障、气候因素、太空意外碰撞以及人为疏忽或过失等。

（三）核能保险

核能保险是指以核能工程项目为保险标的、以核能工程中的各种核事故和核责任风险为保险责任的科技工程保险。核能保险是核能民用工业发展的必要风险保障措施，也是对其他各种保险均将核风险除外不保的一种补充。因核能保险的风险的特殊性，需要有政府作为后盾。

核能保险的险种主要有财产损毁保险、核能安装工程保险、核能工程责任保险和核原料运输保险等，其中财产损毁保险与核能工程责任保险是主要业务。核能保险的主要风险有核事故风险、自然灾害、设备运转故障以及人为因素等。在保险经营方面，保险人一般按照核电站的选址勘测、建设、生产等不同阶段提供相应的保险，从而在总体上仍然具有工期性，当核电站正常运转后，则可以采用定期保险单承保。

科学技术发展永无止境，科技成果转化及其产业化发展也永无止境，保险为科学技术保驾护航，不断设计出新的保险产品，如科技成果保险（承保科技成果在转化与应用过程中的风险，包括高科技全产品研发责任险、关键研发设备险、高管人员及关键研发人员团体健康保险和意外保险等）和计算机及网络技术保险（承保计算机与网络技术应用过程中的各种风险，如计算机硬件损失保险、软件保险、网络安全保险、病毒保险等）。

第五节　农业保险

一、农业保险的概念与特征

（一）农业保险的概念

农业保险是指种植业、养殖业在生产、哺育以及成长过程中，当遭到自然灾害或意外事故而产生经济损失时，由保险人提供经济赔偿的一种保险。农业是利用动物、植物的生活机能，通过人工培育，以获得大量产品，提供给社会各个阶层一个基础产业。农业是国民经济的基础，为社会大众提供消费品，为国家建设提供粮食、副食品和轻化工业原料等。农业保险作为财产保险的有机组成部分，是服务于农业生产发展的一种风险管理工具。

（二）农业保险的特点

农业保险的标的物是有生命的动、植物。动物和植物的成长受自然界客观条件的影响很大，无论是经济发达的国家，还是经济欠发达的国家都是一样。农业生产的丰收与否不仅影响从事农业的生产者，而且关系到广大消费者、加工工业部门以及外贸部门。农业保险的特点概括起来有以下几点：

1. 农业保险具有季节性、连续性和不稳定性的特点

种植业和养殖业生产周期有长有短，在生产过程中，资金的投放、物料的消耗、产品的收获、资金的回收具有明显的季节性、连续性和不稳定性。

2. 农业保险面广量大

种植业和养殖业的特点决定农业保险是大规模成片投保的，农业保险需要投入的人力和物力比其他财产保险要多。

3. 农业保险受自然风险和经济风险、技术风险的多重制约

农业生产除了受自然界地理、气象的影响外，还受当时与当地的经济环境、技术水平的影响和制约，农业保险也必然要受到自然风险和经济风险、技术风险的多重制约。

4. 农业保险的风险结构具有特殊性

农业保险主要面对各种气象灾害和生物灾害，尤其是水灾、冰雹、低温灾害、干热风、病虫害等。

5. 农业保险需要政府的支持

由于农业生产面临的风险大、损失率高，单凭商业保险运营，赔付率高居不下令保险公司压力很大，需要政府在财政税收、贷款政策等方面的支持。

二、农业保险的险种结构

（一）种植业保险

种植业保险是指以各种粮食作物、经济作物、林木、水果及果树为主要对象的保险，主要有农作物保险、林木保险、水果和果树保险等。农作物保险是以水稻、小麦、大豆、高粱、玉蜀黍、棉花、烟叶、茶、桑、麻、甘蔗、药材、烤烟、蔬菜等粮食作物和经济作物为承保对象的保险。种植业保险一般又分为生长期农作物保险和收获期农作物保险。前者只承保作物生长阶段的风险损失，后者承保农作物成熟后收获期、储藏和初加工期的风险损失。林木保险是指不同的经济实体所营造的人工林和自然林为承保对象的保险。

（二）养殖业保险

养殖业保险是指以各种畜禽和水产动物为主要对象的保险，包括大牲畜保险、小牲畜保险、家禽保险、水产养殖保险和其他特种养殖保险。

三、农业保险的保险金额

2005年12月29日，第十届全国人大常委会第十九次会议高票通过决定，自2006年1月1日起废止《中华人民共和国农业税条例》，取消除烟叶以外的农业特产税，全部免征农业税。近几年来，我国政府对农业保险的投入逐年加大，政府对农业保险的保险金额和保费进行补贴。根据不同的险种，保险金额的确定不大一样。以水产养殖业保险为例，一般是以承保的水域面积作为承保单位，然后据此计算保险金额。以种植业保险为例，以承保面积（亩、公顷）作为承保单位，计算保险金额，比如每亩（1亩约等于666.67平方米）保险金额1 000元。以能繁母猪保险为例，能繁母猪的每头保险金额参照当地饲养成本或市场价值的一定比例，比如确定为1 500元。总之，农业保险的险种不同，保险金额的确定也不一样。

鉴于农业保险风险大、损失率高的特点，在确定保险金额方面应实行较低保额制，以利于保险公司控制风险。常见的保险金额确定方式主要有以下几种方式：

（一）按产量确定保险金额

保险人根据各地同一风险区域同一类标的一定时期平均产量作为保险标的的预期收获量，并以其作为保险价值，保险金额则按该保险价值的一定成数确定。生长期农作物保险和水产养殖保险适用这种方式。

（二）按成本确定保险金额

保险人根据各地同类保险标的投入的平均成本作为确定保险金额的依据，一般以费用成本为多，主要为了控制道德风险。

（三）按市场价格或协商价格确定保险金额

由保险人与被保险人双方协商确定投保标的的保险金额。一般根据投保标的的生长期、用途、价值等进行估价，然后按照一定成数确定保险金额。

四、农业保险的风险控制

农业保险的保险标的面临的风险多而且频繁，风险单位大，风险难以有效分散。受保险意识和保险技术的制约，在自愿投保的条件下，逆选择屡屡发生，道德风险也难以防范。因此，保险人在经营农业保险时要采取有效措施加强风险控制。常见的主要方式如下：

第一，因地制宜选择可保风险，偏重于损失率较低的风险，合理厘定费率。

第二，实行不足额保险，合理确定保险金额，承担产量或价值的60%～80%为宜，采取与被保险人共担风险的做法来防止道德风险。

第三，扩大承保范围，分散保险风险。采取国家、集体、农民共担保费做法鼓励农民投保，以扩大保险覆盖面，或在一定范围实行协商统保来达到分散风险的目的。

第四，实行差别费率和绝对免赔，鼓励被保险人加强管理、减少索赔。

第五，加强防灾防损。保险人与当地农技、气象、植保、水利等部门密切配合，做好防灾宣传、灾情预告、灾后施救等各项工作，避免或减轻灾害所造成的损失。

第六，实行无赔款保费优待。目的在于鼓励被保险人精心管理保险财产并做好防灾防损工作。

第七，养殖业保险实行承保观察期，防止投保人将带病的养殖对象投保，特别是新购进的养殖标的，应隔离观察，避免疾病传染造成更大损失，也避免保险人不必要的赔付。

思政案例：　　　　　　天气指数保险助推乡村振兴

党的二十大报告指出，全面推进乡村振兴，健全覆盖全民、统筹城乡、公平统一、安全规范、可持续的多层次社会保障体系。作为分散农业生产经营风险的重要手段，农业保险对保障农民收益、服务保障国家粮食安全、促进乡村振兴等具有十分重要的作用。

有别于传统农险的承保难、定损难、争议大等痛点，气象指数类保险产品直接以官方公开发布的气象数据作为理赔依据，不需要核定实际损失，触发条件透明、客观，赔付手续简单，理赔速度更快，免去了大量的查勘过程，不仅有效提高服务效率，还可显著降低服务成本。

2023年7月28日，第5号台风"杜苏芮"以强台风级别登陆福建晋江沿海，触发福建泉州农业巨灾天气指数保险项目理赔。为助力泉州农业快速恢复生产，台风过境72小时内，中国人寿财险泉州市中心支公司就将300万元预付赔款支付至泉州市农业农村局账上。

收到300万元预付赔款当天，泉州市农业农村局当即下发《关于下达"杜苏芮"台风灾后粮食生产补助资金（农业巨灾天气指数保险赔偿金）的通知》，明确补助对象和范围，并对各地农业农村部门如何高效合理使用资金作出具体要求。

为推进泉州乡村振兴创新示范区建设及政府灾害救助和应急管理体系建设，2022 年 9 月，泉州市农业农村局为泉州全市农业产业投保了农业巨灾天气指数保险。该保险项目由中国人寿财险泉州市中心支公司承保，以泉州市农业农村局作为投保人和被保险人，累计为泉州全市农业产业提供低温、台风气象巨灾风险保障 1 500 万元。

该保险结合泉州地区历史低温、台风气象巨灾事件造成的损失数据，科学设定气象灾害指数，作为保险赔偿的依据，当约定的气象站观测到的泉州辖内气象灾害指数达到或超过设定标准时，即视为发生保险事故，保险公司根据约定标准进行赔偿。

泉州农业巨灾天气指数保险项目的落地和大灾后保险企业的高效理赔，有效提升了政府灾后救助能力和效率，助力治理体系和治理能力现代化，推进政府灾害救助和应急管理体系建设，不仅增强了救灾资金的灵活性，也有效破解了财政预算"无灾不能用，有灾不够用"的难题，为泉州农业产业发展和乡村振兴工作撑起了坚实的"保护伞"。

资料来源：陈衍水. 天气指数保险撑起农业"保护伞"［J］. 农村财务会计，2023（10）：45–46.

第六节　货物运输保险

一、货物运输保险的概念与特征

（一）货物运输保险的概念

货物运输保险是以货物运输有关的财产、利益或责任作为保险标的一种保险，被保险人或投保人缴纳保险费，保险人按照约定的条款承担保险赔偿责任。货物运输保险分为铁路货物运输保险、水路货物运输保险、航空货物运输保险、公路货物运输保险。由于投保险别不同，其保险费率各异，赔偿的范围也有区别。货物运输保险在性质上属于财产保险范畴，是一种特殊形式的财产保险。

（二）货物运输保险的特征

货物运输保险的保障对象大多为从事国际国内贸易的经营者，货物从一个国家或地区到运送到另一个国家或地区。因此，货物运输保险有许多与众不同的特点。

1. 承保风险的综合性

货物运输保险承保的风险已经超过一般财产保险的承保风险范围。既有财产和利益上的风险，又有责任上的风险；既有海上风险，又有陆上风险；既有自然灾害和意外事故引起的客观风险，又有外来原因引起的主观风险；既有静止状态中的风险，又有流动状态中的风险等。

2. 保险种类的多样性

在货物运输保险中，由于运输方式及各种保险标的需要获得的风险保障多种多样，客观上要求多种多样的险种和险别，以满足不同的需求。货物运输保险的险种包括运输货物保险、运输工具保险和运费保险等，而各种保险又因运输方式的不同，分为海洋货物运输保险、陆上货物运输保险、航空货物运输保险等。在同一类险种中，根据承保责任范围的不同又可以分为平安险、水渍险和一切险等。

3. 保障对象的多变性

货物运输保险保障对象的多变性是指被保险人发生变更。由于货物所有人将货物托运之后，就失去了对货物的控制与管理。货物是否发生损失取决于货物本身因素和运送人的因素，与货主没有必然的联系。因此，货物运输保险单可以随着保险标的物的转让而转让，也不需要征得保险人的同意，只要原被保险人在保险单上背书即可。货物在运输过程中不断变换其所有人，货物所有者的不断更换使被保险人不断发生变化。

4. 保险关系的国际性

除国内货物运输保险之外，海洋货物运输保险的保障对象大都从事国际贸易、远洋运输。国际贸易本身就是国与国之间、地区与地区之间的贸易往来，货物通过运载工具，运往全球各地。贸易的国际性使海洋货物运输保险也成为一种国际性的保险。正是由于这种原因，海洋货物运输保险的买卖，应当遵循国际惯例和通用准则的有关规定。解决海洋货物运输保险发生的纠纷，同样应当遵循国际惯例和通用准则。

5. 理赔过程的复杂性

货物运输保险的承保标的以运输的货物为主。货物要求从起运港运到目的港，一般采用"仓至仓"条款，以实现其航运经营的目的。因此，保险标的在长途运输中，经常处于流动状态，保险标的出险的概率较大。对于小的赔案，可以委托当地的理赔代理人进行查勘理赔，但是对于大的案件，出险之后需要派理赔人员到异地对货损检验和理赔。如果发生纠纷，需要聘请懂英语、熟悉货物运输的律师，因而增加了理赔过程的复杂性。

二、货物运输保险的分类

货物运输保险的分类跟其他财产保险一样，可以从不同的角度加以划分。根据国际保险市场上通常使用的几种分类标准，对货物运输保险进行以下分类。

（一）按运输工具分类

按运输工具进行分类，货物运输保险可以分为水路货物运输保险、铁路货物运输保险、公路货物运输保险、航空货物运输保险。

1. 水路货物运输保险

水路货物运输保险是指以船舶等水上运输工具在运输过程中的各类货物为保险标的，当保险货物遭受损失时，由保险人按承保险别的责任范围负赔偿责任的保险。水路货物运输是国内外贸易活动的重要组成部分，特别是海上货物运输，其历史悠久，法律规定最为全面。水路货物运输保险依据地域范围划分，可分为国内水路货物运输保险和国际海上货物运输保险。

2. 铁路货物运输保险

铁路货物运输保险是指在铁路运输货物的过程中，各类货物因遭受保险责任范围内的自然灾害或意外事故所造成的损失能够得到经济补偿而设立的一种保险。铁路货物运输保险依据地域范围划分，可分为国内铁路货物运输保险和国际铁路货物运输保险。

3. 公路货物运输保险

公路货物运输保险是指以公路运输过程中的各类货物为保险对象，保险人对保险货物在运输过程中发生责任范围内的损失时给予赔偿的一种保险。公路货物运输保险依据地域范围划分，可分为国内公路货物运输保险和国际公路货物运输保险。在保险责任方面，由于公路运输货物在运输途中客观上还可能需要驳运（利用驳船过河），因此，在驳运过程中因驳运工具遭受搁浅、触礁、沉没、碰撞而导致的损失，保险人亦负责赔偿。

4. 航空货物运输保险

航空货物运输保险是指以航空运输过程中的各类货物为保险标的，投保了航空货物保险的货物在运输途中因保险责任造成货物损失时，由保险公司承担经济赔偿责任的一种保险。航空货物运输保险依据地域范围划分，可分为国内航空货物运输保险和国际航空货物运输保险。

（二）按保险期限分类

按保险期限分类，货物运输保险可分为航程保险、定期保险和混合保险三种。

1. 航程保险

航程保险是指按保险合同规定保险人只负责指明的港口之间的一次航程，往返程或多次航程为责任起讫。货物运输保险及不定期航行的船舶往往采用这种保险。这种保险并不规定起讫时间，不受时间限制。但是起运港从什么时候开始、目的港到什么时候终止必须加以明确，否则会造成责任上的争执，如果保险单上载有保险期限"从货物装船时起"，就意味着货物装上船以后，保险责任才算开始，保险人对装船前的风险，包括从岸上到船边的运输风险不承担责任。如附加驳运保险条款，则这段责任又可包括进去。保险单有关保险责任的终止，根据海上保险法的规定，保险人负责到"安全卸岸"为止，但是货物运抵卸货港后，必须采取习惯做法，在合理的时间里卸到岸上。习惯方法还包括用驳船从大船上运到岸上。因此，责任的终止与责任的开始相比，较为宽松。对于保险责任的开始，有的国家规定，货物一经到岸，就开始承担责任。有的国家还规定，货物运到码头、准备装船时，就开始承担责任。

2. 定期保险

定期保险承保一定航期内保险标的遭受风险的损失。船舶保险一般采用定期保险，保险期限可由保险合同的双方协商确定，可以是1年，也可以是半年或3个月，其保险责任起讫同其他保险一样，通过约定载于保险单上。假如保险单上约定的保险期已满，而船舶仍在海上航行，只要被保险人事先通知保险人，保险合同继续有效，直至船舶抵达目的港为止。延续期间按月比例增收保险费。定期保险的索赔权利要受到保险单规定的航行区域的限制。

3. 混合保险

混合保险是一种航程保险与定期保险相结合的保险。混合保险承保的是一定时间内特定航程过程中的风险，这种保险对规定的保险期限以外的期间所发生的损失不负责赔偿，因此具有定期保险的性质。混合保险对于原定航程以外航行区域发生的损失也不承担赔偿责任，因此又具有航程保险的性质。在货物运输保险实务中，混合保险以承保航程为主，但为避免航程中拖延时间过长，保险人常用时间加以限制。在这种情况下，保险人的责任期限终止是以先发生者为标准。

（三）按承保方式分类

按承保方式分类，货物运输保险可分为逐笔保险、预约保险、流动保险和总括保险。

1. 逐笔保险

逐笔保险是指对一批货物，由投保人逐笔向保险人申请保险。保险人根据每批货物或每艘船舶的航程、危险程度、标的状况以及要保条件等情况考虑是否承保和确定费率，这是最普遍的承保方式。每张保险单上必须明确保险名称、保险数量、保险金额、运输工具、保险期限、保险条件和保险费率，不需要其他证明或文件。

2. 预约保险

预约保险是由保险人与被保险人双方订立一个协议，规定总的保险范围，包括险别、费率、运输工具、航程区域以及每批货物的最高保险金额等。保险期限可以是定期的，如 1 年、2 年等；也可以是长期的，即没有确切的终止期限，如果任何一方需要取消合同，仅需提前 30 天提交书面通知（但是战争险通知期限为 7 天）。被保险人的出口货物索赔将由保险人在目的港的分支机构直接处理，就地赔付既方便又快捷。

3. 流动保险

流动保险是一种预约的定期保险，期限不少于 3 个月，一般不规定船名和航线，只对船型进行限制，并对每条船每次事故的货物损失确定一个限额。被保险人在保险期限内，对于需要运输货物的总价值进行估计，每批货物发运时，通知保险人自动承保。每批申报的出运金额，要在该流动保险单的保险总额内扣除，当保险总额被每批申报出运金额扣除完后，保险人的责任终止。当保险合同到期时再结算保险费，多退少补。这种流动保险的好处在于一次解决问题，不需要对每批货物逐一协议保险条件和临时确定保险费率。但是流动保险的适用范围比预约保险要狭窄得多。

4. 总括保险

总括保险基本上与流动保险相同，不同的是总括保险在确定总保险金额后，采取一次收齐保险费的办法，然后逐笔递减每装运一批货物的保险金额，直到总金额全部扣除完毕。总保险金额如在保险期满时尚有结余则保险费不退。如发生损失，根据恢复条款规定，经保险人同意可以在已扣减的保险金额中，按照损失赔款数字给予补足。但是此项补足部分应按规定另加收保险费。

三、海上货物运输保险

海上货物运输保险是指保险人承保货物在运输途中因海上自然灾害、意外事故或外来原因而导致的损失承担保险赔偿的责任的保险。

（一）海上货物运输保险的特点

除了上述谈到的货物运输的基本特征外，海上货物运输有其自身的特点。

1. 承保时间长于其他货物运输保险

海上货物运输是跨国远洋运输，根据目的地距离的远近，保险承保时间有所不同。例如，我国沿海港口运往欧洲（如汉堡、鹿特丹）的货物时间长，一般需要 30~35 天时间，因而承保的时间也长。我国沿海港口运往韩国、日本一般只需要一个星期左右的时间。从武汉到欧洲的铁路国际货运专线，单程运输耗时仅 17 天左右①。

2. 承保风险大于陆上货物运输保险的风险

由于海上货物运输时间长，面临的风险较大。特别是全天候运输，即不分白昼与黑夜，"风雨无阻"地航行，其风险远远大于公路运输的风险。相对来说，公路货物运输保险的风险要小于海上货物运输保险承保的风险，因为公路运输遇到恶劣天气时，可以暂停运输。

3. 运输条款采用汉英对照的形式

我国国内货物运输保险条款、投保单、保险合同统一采用中文格式，而海上货物运输保险条款、投保单以及保险合同统一采用汉英对照的形式。这种设计旨在让国内外商投保人以及外国投保人能读懂条款的内容，也体现海上货物运输保险从语言的角度也能够体现具有的国际性特点。

（二）海上货物运输保险的险种和保险责任

我国海上货物运输保险的险种分为基本险和附加险。基本险包括平安险、水渍险和一切险三种。附加险包括一般附加险、特别附加险和特殊附加险三种。

1. 平安险的保险责任

平安险的英文简称是"FPA"，英文原意是"不负责单独海损"。随着国际航运和国际贸易发展的需要，这一险种经过多年的实践与发展，平安险的保险责任已经超出仅对全损赔偿的范围，保险人对某些原因造成的部分损失也负责赔偿。平安险的责任范围如下：

（1）货物在运输途中，因恶劣气候、雷电、海啸、地震、洪水等自然灾害造

---

① 万进，吕作武. 武汉本月开通至欧洲货运专列，货运时间大大缩短［EB/OL］. http://info.3g.qq.com/g/s?g_f=18449&aid=bb_ss&id=hb_20140404022755&g_ut=3&rloop=1.

成整批货物的全部损失或推定全损。

（2）运输工具遭受搁浅、触礁、沉没、互撞、与流冰或其他物体碰撞以及失火、爆炸等意外事故造成货物的全部或部分损失。

（3）运输工具发生搁浅、触礁、沉没、焚毁等意外事故的情况下，货物在此前后又在海上遭受恶劣气候、雷电、海啸等自然灾害所造成的部分损失。

（4）在装卸或转运时，由于一件或数件、整件货物落海造成的全部或部分损失。

（5）被保险人对遭受承保责任危险的货物采取抢救、防止或减少货损的措施而支付的合理费用，但以不超过该批被救货物的保险金额为限。

（6）运输工具遭遇海难后，在避难港卸货、存仓及运送货物所产生的特别费用。

（7）共同海损的牺牲、分摊和救助费用。

（8）运输契约订有"船舶互撞责任"条款，根据该条款规定应由货主偿还船主的损失。

2．水渍险的保险责任

水渍险的英文简称是"WA"或"WPA"，英文原意是"负责单独海损的赔偿"。水渍险承保的责任范围除包括平安险的各项责任外，还负责由于恶劣气候、雷电、海啸、地震、洪水等自然灾害所造成的部分损失。水渍险对于货物因自然灾害造成的部分损失也负赔偿责任，而平安险对于这种部分损失不负赔偿责任，这就是两者的区别所在。因此，水渍险的保险责任大于平安险的保险责任。

3．一切险的保险责任

一切险的保险责任，除承保上述平安险和水渍险的责任外，还承保被保险货物在海上运输途中由于各种外来原因造成的全部损失或部分损失。一切险中的保险责任指的"外来原因"并非运输途中的一切外来风险，而是一般附加险中的 11 种风险。

由于一切险的保险责任范围最大，提供的保险保障比较充分，各类货物都能适用，特别是粮油食品、纺织纤维类商品和精密仪器仪表等都应投保一切险。

4．基本险的除外责任

除外责任是指保险人不承担的损失或费用。保险人在保险条款中规定除外责任的目的，在于进一步明确自己承保的责任范围，对于条款中列明的不属于保险责任范围内的风险事故造成的被保险货物的损失或由此而产生的费用不承担赔偿责任。《海洋货物运输保险条款》基本险（平安险、水渍险和一切险）的除外责任如下：

（1）被保险人的故意行为或过失造成的损失。

（2）属于发货人责任引起的损失。

（3）在保险责任开始前，被保险货物已存在的品质不良或数量短差造成的损失。

（4）被保险货物的自然耗损、本质缺陷、特性以及市价跌落、运输延迟引起的损失或费用。

（5）属于战争险条款和罢工险条款规定的保险责任和除外责任的货损。

（三）海上货物运输保险的保险期限

保险期限是指保险人承担保险责任的起讫期限。我国海上货物运输保险基本险的保险期限以"仓至仓条款"为准。这规定了保险人对被保险货物承担责任的空间范围，从货物运离保险单载明起运港发货人的仓库时开始，一直到货物运抵保险单载明的目的港收货人的仓库时为止。

1. 正常运输情况下的保险期限

正常运输是指按照正常的航程、航线行驶并停靠港口，货物到达收货人的最后仓库，保险责任即行终止。

（1）被保险货物运抵目的港，并全部卸离船舶后，未被收货人立即运到自己的仓库。遇到这种情况，保险责任可以从货物全部卸离船舶时起算满 60 天终止。如果在 60 天内货物到达收货人仓库，保险责任即在到达仓库时终止。

（2）被保险货物运抵卸货港，收货人提货后并不将货物运往自己的仓库，而是将货物进行分配、分派或分散转运。遇到这种情况，保险责任就从开始分配时立即终止。

（3）被保险货物以内陆为目的地，收货人提货后运到内陆目的地自己的仓库，保险责任从起运起立即终止。

（4）收货人提货后没有将货物直接运往自己在内陆目的地的仓库，而是先行存入某一仓库，然后在这个仓库对货物进行分配、分派或分散转运，即使其中一部分货物运到了保单所载明的内陆目的地的最后仓库，则先行存入的某一仓库视为收货人的最后仓库，保险责任在货物到达该仓库时终止。

2. 非正常运输情况下的保险责任期限

（1）被保险货物如在非保险单载明的目的地出售，保险责任至交货时终止，但不论任何情况，均以被保险货物在卸货港全部卸离船舶满 60 天为止。

（2）被保险货物如在上述 60 天期限内继续运往保险单载明的原目的地或其他目的地时，保险责任仍按正常运输情况下所规定的"仓至仓"条款内容办理。

（四）海上货物运输保险的保险金额与保险费计算

1. 保险金额的概念

保险金额是被保险人对保险标的实际投保金额，是保险人承担赔偿或者给付保险金责任的最高限额。这是保险公司承担保险责任的标准和计收保险费的基础。当保险货物发生保险责任范围内的损失时，保险金额就是保险公司赔偿的最高限额。因此，投保人购买货物运输保险时，一般向保险公司申报保险金额。

一般来讲，保险金额应与保险价值相等，但实际上也常出现不一致的情况。保险金额与保险价值相等称之为足额保险。被保险人申报的保险金额小于保险价值称之为不足额保险。在此情况下，保险货物发生损失时，保险公司按保险金额与保险价值的比例承担补偿责任。被保险人申报的保险金额大于保险价值，就是超额保险。在不定值保险条件下，超额部分无效。

2. 保险金额与保险费的计算

国际贸易中的货物运输保险的保险金额一般以发票价值为基础来确定。按照国际贸易惯例，进出口货物运输保险的保险金额在 CIF 价格基础上适当加成。CIF 是成本（cost）、保险（insurance）和运费（freight）的缩写，保险费由卖方承担。根据国际商会制定的《国际贸易术语解释通则》和《跟单信用证统一惯例》中有关规定，在 CIF 价格的基础上加成 10%。

（1）CIF 价格条件下，保险金额与保险费的计算。公式表示如下：

保险金额＝CIF 价格×（1＋加成率）

保险费＝保险金额×费率

（2）CFR 价格条件下，保险金额与保险费的计算。CFR 是成本（cost）和运费（freight）的缩写，保险费由买方承担。凡是以 CFR 价格成交的货物，都不能以 CFR 价格为基础直接加成计算保险金额和保险费，而应先把 CFR 转化为 CIF 价格再加成计算保险金额和保险费。公式表示如下：

$$CIF = \frac{CFR}{1-(1+加成率)\times 保险费率}$$

保险金额＝CIF×（1＋加成率）

保险费＝保险金额×费率

例如，广州机器进出口公司出口广州本田轿车 50 辆到巴西，启运港是广州，目的港是里约热内卢。以 CFR 价格成交，每辆 12 000 美元，保险费率为 1%，以 CIF 价格加成 10% 计算保险金额和保险费。

第一步：换算成 CIF 价格。

$$CIF = \frac{50 \times 12\ 000}{1-(1+10\%)\times 1\%} \approx 606\ 673（美元）$$

第二步：计算保险金额。

保险金额＝CIF 价格×（1＋加成率）
＝606 673×（1＋10%）＝667 340（美元）

第三步：计算保险费。

保险费＝保险金额×费率
＝667 340×1%＝6 673.4（美元）

（3）FOB 价格条件下，保险金额与保险费的计算。

FOB 是英文"Free on Board"的缩写，即船上交货价，也称离岸价格，保险费由买方承担。凡是以 FOB 价格成交的货物，都不能以 FOB 价格为基础直接加成计算保险金额和保险费，而应先把 FOB 价格转化为 CIF 价格再加成计算保险金额和保险费。

$$CIF = \frac{FOB+运费}{1-(1+加成率)\times 保险费率}$$

保险金额＝CIF×（1+加成率）

保险费＝保险金额×费率

（五）海上货物运输保险被保险人的义务

根据《海商法》的规定，海上运输货物保险被保险人的义务如下：

第一，及时缴纳保险费。除货物保险合同另有约定外，被保险人应当在合同订立后立即支付保险费；被保险人支付保险费前，保险人可以拒绝签发保险单证。

第二，被保险人违反合同约定的保证条款时，应当立即书面通知保险人。保险人收到通知后，可以解除合同，也可以要求修改承保条件、增加保险费。

第三，发生保险事故，立即报案。一旦海上运输货物的保险事故发生，被保险人应当立即通知保险人，并采取必要的合理措施，防止或者减少损失。被保险人收到保险人发出的有关采取防止或者减少损失的合理措施的特别通知的，应当按照保险人通知的要求处理。对于被保险人违反此规定造成的扩大的损失，保险人不负赔偿责任。

四、国内货物运输保险

国内货物运输保险是指以国内运输过程中的货物为保险标的，在标的物遭遇自然灾害或意外事故造成的损失时，保险公司给予经济补偿的保险。

（一）保险责任

货物在运输过程中由于下列原因造成的损失，保险公司负赔偿责任：

（1）火灾、爆炸、雷电、冰雹、暴风、暴雨、洪水、海啸、地震、地陷、崖崩造成的损失。

（2）运输工具发生火灾、爆炸、碰撞造成的损失，以及因运输工具在危难中发生卸载造成的损失或支付的合理费用。

（3）在装货、卸货或转载时发生意外事故造成的损失。

（4）利用船舶运输时因船舶搁浅、触礁、倾覆、沉没或遭到码头坍塌造成的损失，以及依照国家法令或一般惯例应分摊的共同海损费用和救助费用。

（5）利用火车、汽车、大车、板车运输时，因车辆倾覆、出轨、隧道坍塌或人力、畜力的失足造成的损失。

（6）利用飞机运输时，因飞机倾覆、坠落、失踪以及遭遇恶劣气候或其他危难事故发生抛弃行为造成的损失。

（7）在发生上述灾害或事故时，遭受盗窃或在纷乱中造成的散失。

（8）施救或救助保险货物支出的合理费用。

（二）保险期限

保险责任自保险货物离开起运地点的仓库或储存处所时生效，至到达目的地收货人的仓库或储存处所时终止。如果未到达收货人的仓库或储存处所，则其最长责任有效期以保险货物在卸离最后运输工具的10天为限。

五、航空货物运输保险

航空货物运输保险是指以航空运输过程中的各类货物为保险标的，客户投保了航空货物保险之后，货物在运输途中因保险责任造成货物损失时，由保险公司承担赔偿责任的保险。

（一）保险责任

下列保险事故造成保险货物的损失，保险人应该负航空货物保险赔偿责任：

（1）火灾、爆炸、雷电、冰雹、暴风、暴雨、洪水、海啸、地陷、崖崩造成的损失。

（2）因飞机遭受碰撞、倾覆、坠落、失踪（在 3 个月以上），在危难中发生卸载以及遭受恶劣气候或其他危难事故发生抛弃行为造成的损失。

（3）因受震动、碰撞或压力而造成破碎、弯曲、凹瘪、折断、开裂的损失。

（4）因包装破裂致使货物散失的损失。

（5）凡属液体、半流体或者需要用液体保藏的保险货物，在运输途中因受震动、碰撞或压力致使装容器（包括封口）损坏发生渗漏而造成的损失，或用液体保藏的货物因液体渗漏而致保藏货物腐烂的损失。

（6）遭受盗窃或者提货不着的损失。

（7）在装货、卸货时和港内地面运输过程中，因遭受不可抗力意外事故及雨淋造成的损失。

（8）施救或救助保险货物而支付的直接合理费用，但以不超过保险金额为限。

（二）保险期限

航空货物运输保险的保险责任期限是自保险货物经承运人收讫并签发保险单时起，至该保险单上的目的地的收货人在当地的第一个仓库或储存处所时终止。但保险货物运抵目的地后，如果收货人未及时提货，则保险责任的终止期最多延长至以收货人接到到货通知单以后的 15 天为限。

六、邮包保险

邮包运输保险是指承保邮包通过海、陆、空三种运输工具在运输途中由于自然灾害、意外事故或外来原因造成的包裹内物件的损失的保险。以邮包方式将货物发送到目的地可能通过海运，也可能通过陆上运输或航空运输，或者经过两种或两种以上的运输工具运送。不论通过何种和几种运送工具，凡是以邮包方式将贸易物货运达目的地的保险均属邮包保险。

邮包保险按其保险责任分为邮包险和邮包一切险两种。邮包险与海洋运输货物保险水渍险的责任相似，邮包一切险与海洋运输货物保险一切险的责任基本相同。

（一）保险责任

邮包保险分为邮包险和邮包一切险。被保险货物遭受损失时，保险公司按保险单上订明的承保险别的条款规定，负赔偿责任。

1. 邮包险保险责任

（1）被保险邮包在运输途中由于恶劣气候、雷电、海啸、地震、洪水自然灾害，或者由于运输工具遭受搁浅、触礁、沉没、碰撞、倾覆、出轨、坠落、失踪，或者由于失火、爆炸意外事故造成的全部或部分损失。

（2）被保险人对遭受危险的货物采取抢救，防止或减少货损的措施而支付的合理费用，但以不超过该批获救货物的保险金额为限。

2. 邮包一切险保险责任

除包括上述邮包险的各项责任外，本保险还负责被保险邮包在运输途中由于外来原因所致的全部或部分损失。

（二）保险期限

本保险期限自被保险邮包离开保险单所载起运地点寄件人的处所运往邮局时开始生效，直至该项邮包运达保险单所载目的地邮局，自邮局签发到货通知书当日午夜起算满15天终止。但在此期限内邮包一经递交至收件人的处所时，保险责任即行终止。

第七节　责任保险

一、责任保险的概念与特征

（一）责任保险的概念

《保险法》对责任保险的定义是："责任保险是指以被保险人对第三者依法应负的赔偿责任为保险标的的保险。"责任保险的主要种类有公众责任保险、产品责任保险、雇主责任保险、职业责任保险等。

（二）责任保险的特征

1. 对第三方承担赔偿责任

责任保险与财产保险不同，财产保险的目标是补偿特定资产损失，责任保险是为被保人向遭受损失的第三方赔偿。因为许多个人与组织的活动都会对第三方造成潜在不良后果，这种保险因而可以在个人与商业领域中得到广泛的应用。

2. 受法律与监管环境的制约

由于购买责任保险的目的是减少被保险人的法律风险，所以该保险的发展在常见的司法管辖范围内对法律与监管环境的敏感度很高。例如，强制责任保险是政府的一种工具，用来解决许多涉及公众权益的问题，如公众的健康与环境问题。

3. 保险人难以对责任风险进行评估

责任保险属于一种"长尾巴"式的业务，其索赔在保单过期很长时间之后还继续存在。由于无法预知法律环境中的潜在因素与不利于己的变化，保险人常受到索赔频率突然提高、索赔金额突然上升等问题的困扰。

二、责任保险与法律关系

（一）责任保险与法律关系的内容

责任保险与法律关系的内容是指在责任保险主体之间所具有的联系方式。这种联系是以平衡责任为追求，因此其作为贯彻责任保险法律关系的内容，本质是调整各自主体间的权利义务关系。

（二）责任保险法律关系的主体

责任保险法律关系主体是建立在"人与人"之间的。人是责任保险法律关系的具体承受者和参加者，可以是自然人也可以是法人。在责任保险法律关系中，保险人、被保险人（投保人）相互享有权利并承担义务。

（三）责任保险法律关系的客体

责任保险法律关系的客体是被保险人对第三人依法应负的赔偿责任。责任保险的标的是具有财产性质的民事赔偿责任，而不包括其应负的刑事责任、行政责任和非财产性质的民事责任。

三、责任保险的种类

（一）产品责任保险

产品责任保险是指当产品制造者、销售者等生产、销售有缺陷的产品造成他人财产损失或人身伤亡时，由保险公司承担经济赔偿责任的保险。产品责任以各国的产品责任法律制度为基础。

1. 保险责任

（1）被保险人生产、销售、分配或修理的产品发生事故，造成用户、消费者或其他任何人的人身伤害或财产损失，依法应由被保险人承担的损害赔偿责任，保险人在保险单规定的赔偿限额内予以赔偿。

（2）被保险人为产品责任事故支付的法律费用及其他经保险人事先同意支付的合理费用，保险人也负赔偿责任。

2. 除外责任

（1）被保险人承担的合同责任，除非这种责任变成法律责任。

（2）不属于产品责任范围的其他法律责任，如雇主对其雇员应负的工伤责任可由劳工险或雇主责任保险负责。

（3）属于被保险人所有、照管或控制的财产的损失。

（4）被保险人未按有关法律、法规生产或销售的产品发生事故导致的责任和费用。

（5）产品本身的损失以及回收有缺陷的产品所需的费用等（由产品保证保险负责赔偿）。

（二）雇主责任保险

雇主责任险是指当被保险人雇佣的员工在受雇过程中，因遭受意外事故或职业性疾病导致伤残或死亡时，由保险人承担赔偿责任的保险。

1. 保险责任

在保险合同期间内，凡被保险人的雇员，在其雇佣期间因从事保险单所载明的被保险人的工作而遭受意外事故或患与工作有关的国家规定的职业性疾病所致伤残或死亡，对被保险人因此依法应承担的下列经济赔偿责任，保险公司依据保险合同的约定，在约定的赔偿限额内予以赔付：

（1）死亡赔偿金；

（2）伤残赔偿金；

（3）误工费用；

（4）医疗费用。

2. 除外责任

（1）被保险人的雇员由于职业性疾病以外的疾病、传染病、分娩、流产以及因上述原因接受医疗、诊疗所致的伤残或死亡；

（2）由于被保险人的雇员自伤、自杀、打架、斗殴、犯罪及无照驾驶各种机动车辆所致的伤残或死亡；

（3）被保险人的雇员因非职业原因而受酒精或药剂的影响所致的伤残或死亡；

（4）被保险人的雇员因工外出期间以及上下班途中遭受意外事故而导致的伤残或死亡；

（5）被保险人直接或指使他人对其雇员故意实施的骚扰、伤害、性侵犯，而直接或间接造成其雇员的伤残、死亡；

（6）任何性质的精神损害赔偿、罚款、罚金；

（7）被保险人对其承包商雇佣雇员的责任；

（8）在中华人民共和国境外，包括我国香港、澳门和台湾地区，发生的被保险人雇员的伤残或死亡；

（9）国家医保局、人力资源社会保障部发布的《国家基本医疗保险、工伤保险和生育保险药品目录》规定之外的医药费用；

（10）假肢、矫形器、假眼、假牙和配置轮椅等辅助器具；

（11）住宿费用、陪护人员的误工费、交通费、生活护理费、丧葬费用、供养亲属抚恤金、抚养费；

（12）战争、军事行动、恐怖活动、罢工、暴动、民众骚乱或由于核子辐射所致被保险人雇员的伤残、死亡或疾病；

（13）其他不属于保险责任范围内的损失和费用。

（三）职业责任保险

职业责任保险是指当各种专业技术人员由于工作上的疏忽或过失，造成合同一方或他人的人身伤害或财产损失时，由保险人承担经济赔偿责任的一种保险。在保险实务中，主要有医生、药剂师、会计师、律师、建筑工程师、美容师等职业责任保险。

1. 保险责任

职业责任保险的责任范围因职业间的差异而有较大的不同，职业责任保险的保险人主要负责以下赔偿：

（1）赔偿金。赔偿金是指专业人员由于职业上的疏忽、错误或失职造成的损失的赔偿金，且无论损失是否发生在保险合同的有效期内，只要受损害的第三人在合同有效期内提起索赔的应由被保险人承担的赔偿金都在此列。

（2）费用。费用是指事先经保险人同意支付的各项费用，一般包括诉讼费用及律师费用等。

2. 除外责任

职业责任保险中保险人的除外责任根据所承保职业的类别的不同存在较大的差异，除了责任保险的一般除外责任外，通常规定保险人对下列事项不负责赔偿：

（1）被保险人与未取得相关专业技术任职资格的人员发生的业务往来导致的损失；

（2）超越代理权的行为导致的损失；

（3）泄露个人隐私或商业秘密等造成的损失等。

（四）公众责任保险

1. 保险责任

公众责任保险是指以被保险人的公众责任为承保对象，当致害人在公众活动场所的过错行为致使他人的人身或财产遭受损害时，保险人对依法应由致害人承担的对受害人的经济赔偿责任进行赔偿的保险。公众责任保险的保险责任，包括被保险人在保险期内、在保险地点发生的依法应承担的经济赔偿责任和有关的法律诉讼费用等。

2. 除外责任

（1）被保险人故意行为引起的损害事故；

（2）战争、内战、叛乱、暴动、骚乱、罢工或封闭工厂引起的任何损害事故；

（3）人力不可抗拒的原因引起的损害事故；

（4）核事故引起的损害事故；

（5）有缺陷的卫生装置及除一般食物中毒以外的任何中毒；

（6）由于震动、移动或减弱支撑引起的任何土地、财产或房屋的损坏责任；

（7）被保险人的雇员或正在为被保险人服务的任何人所受到的伤害或其财产损失，他们通常在其他保险单下获得保险；

（8）各种运输工具的第三者或公众责任事故，由专门的第三者责任保险或其他责任保险险种承保；

（9）公众责任保险单上列明的其他除外责任等。

思政案例：深圳市试点环境污染强制责任保险，守护绿水蓝天

党的二十大报告指出："大自然是人类赖以生存发展的基本条件。尊重自然、顺应自然、保护自然，是全面建设社会主义现代化国家的内在要求。必须牢固树立和践行绿水青山就是金山银山的理念，站在人与自然和谐共生的高度谋划发展。"环境污染责任保险作为绿色保险最具代表性的险种，在保护自然生态环境、推动绿色发展方面起到不可替代的重要作用。

中共中央、国务院于2015年9月印发的《生态文明体制改革总体方案》以及生态环境部于2018年5月部务会议审议并原则通过的《环境污染强制责任保险管理办法（草案）》明确要求，在环境高风险领域建立"环境污染强制责任保险制度"，环境污染强制责任保险试点工作启动。环境污染强制责任保险是指以企事业单位和其他生产经营者因突发环境事件或生产经营活动中污染环境导致第三者人身、财产或生态环境损害应当承担的赔偿责任为保险标的的强制性保险。

深圳市是生态环境部确定的环境污染责任保险试点城市之一，实行环境污染强制责任保险制度也是深圳综合改革试点要求。深圳市生态环境局联合深圳银保监局联合印发《深圳市环境污染强制责任保险实施办法》（以下简称《办法》），对该险种免责条款、保费标准、赔偿范围、赔偿标准等问题作出明确规定，《办法》于2021年7月15日开始实施。2021年7月，国任财产保险股份有限公司、中国平安财产保险股份有限公司分别与相关企业签订首批保单，标志着深圳环境污染强制责任保险制度改革正式落地。

深圳市探索建立环境污染强制责任保险的"深圳模式"，主要有如下亮点：

第一，深圳市坚持立法引领，将环境污染强制责任保险制度写入《深圳经济特区绿色金融条例》，率先从投保范围、保险产品要求以及监管机制三个方面建立环境污染强制责任保险制度，环境污染强制责任保险成为全国生态环境领域的唯一法定强制性险种。深圳市研究出台《深圳市环境污染强制责任保险实施办法》，明确投保范围、保费标准、保险责任、赔偿标准、免责条款等内容。

第二，深圳市构建"保险+科技"服务机制，创新"风控服务费"专项列支制度，规定保险公司需提前提取不低于保费金额的25%用于风险防控服务，压实保险公司风险防控服务责任，同时搭建覆盖环境污染责任险的风控云平台，建立专业应急队伍及环境风险地图，确保事故第一时间帮助企业做好应急处置工作。

第三，深圳市创新费率浮动杠杆机制，打破传统定价模式，首创"根据污染因子数据测算保额"方式，打破传统环境责任险"一刀切"的定价模式，费率因子与企业排污因子直接挂钩浮动机制，企业环境风险低，费率低；企业环境风险高，费率高。

据统计，2021年，深圳市环境污染强制责任保险出单925单，保费2 506万元，为环境高风险企业提供风险保障27.65亿元，赔款1 101.9万元（包括正在理

赔中的案例），实现环境高风险企业全覆盖。同时，深圳市环境污染强制责任保险还为企业提供风险服务和应急服务。

深圳市推行环境污染强制责任保险制度，为绿水青山加上"保险杠"，有效提升企业环境风险保障水平，为全国提供了可推广、可复制的经验。

资料来源：窦延文. 深圳在全国率先建立环境污染强制责任保险制度［N］. 深圳特区报，2022-02-25（A05）.

第八节　信用保证保险

一、信用保证保险的概念与特征

（一）信用保证保险的概念

信用保证保险是以信用风险为保险标的保险，实际上是由保险人（保证人）为信用关系中的义务人（被保证人）提供信用担保的一类保险业务。在业务习惯上，因投保人在信用关系中的身份不同，信用保证保险分为信用保险和保证保险两类。

1. 信用保险

信用保险是权利人投保义务人的信用，对义务人不守信用给权利人造成的经济损失由保险人承担赔偿责任的保险。例如，商品的出口方（权利人）担心进口方（义务人）不遵守合同约定支付货款或不能如期支付货款，而要求保险人担保，保证其在遇到上述风险而受到损失时，由保险人给予经济补偿。

2. 保证保险

保证保险是被保证人根据权利人的要求，请求保险人担保自己信用的保险。如果由于被保证人的违约或者违法行为导致权利人遭受经济损失，保险人将给予赔偿。例如，建筑工程承包合同规定，承包人应在和业主签订承包合同后 15 个月内交付工程项目，业主（权利人）为了能够按时接收项目，可以要求承包人（被保证人）提供保险公司的履约保证，保证业主因承包人不能按时完工所致经济损失由保险公司（保证人）赔偿。

（二）信用保证保险的特征

信用保证保险的特征如下：

（1）信用保证保险承保的是一种信用风险。

（2）在实务中，信用保险和保证保险只有在义务人不能履约时，才由保险人代为赔偿。

（3）信用保证保险承保的风险包括各种主客观风险，具有不规律性。

（4）信用保证保险在厘定费率时一般不以大数法则为基础。

二、信用保证保险与一般财产保险的区别

第一，信用保证保险承保的是信用风险，补偿因信用风险给债权人造成的经济损失，而不是承保物质风险，补偿由于自然灾害和意外事故造成保险标的的经济损失。因而无论权利人还是义务人要求投保，保险人事先都必须对被保证人的资信情况进行严格审查，认为确有把握才能承保，如同银行对贷款申请人的资信必须严格审查后才能贷款一样。

第二，在信用保险与保证保险中，实际上涉及三方的利益关系，即保险人（保证人）、权利人和义务人（被保证人）。当保险合同约定的事故发生致使权利人遭受损失，只有在义务人（被保证人）不能补偿损失时，才由保险人代其向权利人赔偿，从而表明这只是对权利人经济利益的担保。在一般财产保险中，只涉及保险人和被保险人的利益关系，而且因约定保险事故发生所造成的损失，无论被保险人有无补偿能力，保险公司都得予以赔偿。

第三，从理论上讲，保险人经营信用保证业务只是收取担保服务费而无盈利可言，因为信用保险与保证保险均由直接责任者承担责任，保险人不是从抵押财物中得到补偿，就是行使追偿权追回赔款。保险费精算基础也不相同，一般财产保险的费率主要涉及自然风险因素，相对容易一些，而信用保证保险的费率主要涉及的是政治、经济和个人品德因素，相对困难一些。

三、信用保险的种类

（一）国内信用保险

国内信用保险又称商业信用保险，是指在商业活动中，一方当事人为了避免另一方当事人的信用风险，其作为权利人要求保险人将另一方当事人作为被保证人并承担由于被保证人的信用风险而使权利人遭受商业利益损失的保险。

国内信用保险主要有赊销信用保险、贷款信用保险和个人信用保险。

1. 赊销信用保险

赊销信用保险又称卖方保险，是保险人为卖方进行的各种形式的延期付款或分期付款行为提供信用担保的一种信用保险业务。

2. 贷款信用保险

贷款信用保险是保险人对贷款人（银行或其他金融机构）与借款人之间的借贷合同进行担保并承保其信用风险的保险。

3. 个人信用保险

个人信用保险是以各类企事业单位和社会团体在与具有权利能力和行为能力的自然人发生民事行为中可能发生因自然人侵犯而产生的利益损失为保险标的的保险。

（二）出口信用保险

出口信用保险是承保出口商在经营出口业务的过程中因进口商方面的商业风险或进口国方面的政治风险而遭受的一种特殊的保险。

根据保险期限不同，出口信用保险可分为短期出口信用保险和中长期出口信用保险；根据保险责任起讫时间不同，出口信用保险可分为运前的保险和出运后的保险；根据承保方式不同，出口信用保险可分为综合保单出口信用保险、选择保单出口信用保险和特别保单出口信用保险；根据承保风险不同，出口信用保险可分为商业风险保险和政治风险保险。

（三）投资保险

　　投资保险是承保被保险人因投资引进国的政治局势动荡或政府法令变动引起的投资损失的保险，又称政治风险保险。开展投资保险的主要目的是鼓励资本输出。作为一种新型的保险业务，投资保险于 20 世纪 60 年代在欧美国家出现以来，现已成为海外投资者进行投资活动的前提条件。国外的投资保险，一般由投资商在本国投保，保障的是本国投资商在外国投资的风险，投资商是被保险人。我国的投资保险则可由保险公司为外国的投资商保险，保障的是外国投资商在我国投资的风险，以配合国家引进外资的政策，从而带有保证保险的性质。

四、保证保险的种类

（一）合同保证保险

　　合同保证保险又称为履约保证保险，是承保因被保证人不履行各种合同义务而造成权利人的经济损失的一种保险。合同保证保险的保险标的是被保证人的履约责任。

（二）忠诚保证保险

　　忠诚保证保险又称为诚实保证保险，是指因被保证人（雇员）的不诚实而且使权利人（雇主）遭受损失时，由保证人（保险人）承担经济赔偿责任的一种保证保险。

（三）产品保证保险

　　产品保证保险又称为产品质量保证保险，是指承保制造商、销售商或修理商因制造、销售或修理的产品本身的质量问题而造成被保险人遭受诸如修理、重新购置等经济损失赔偿责任的保险。

重要术语

财产保险　定值保险　不定值保险　重置价值保险　第一危险　财产损失保险
火灾保险　机器损坏保险　营业中断保险　家庭财产保险　运输工具保险
机动车辆保险　机动车辆交通事故责任强制保险　船舶保险　飞机保险　工程保险
建筑工程保险　安装工程保险　科技工程保险　农业保险　货物运输保险
海上货物运输保险　责任保险　产品责任保险　公众责任保险　职业责任保险
雇主责任保险　信用保险　保证保险

复习思考题

1. 简述财产保险的特点。
2. 简述机动车辆保险的特点。
3. 简述机动车辆保险费率厘定的考虑因素。
4. 试比较商业第三者责任保险与机动车辆交通事故责任强制保险。
5. 简述工程保险的特点。
6. 简述农业保险的特点。
7. 简述农业保险的保险金额确定方式。
8. 简要说明货物运输保险的特点。
9. 海洋货物运输保险的种类有哪些？
10. 平安险的保险责任包括哪些？
11. 简述责任保险的类别。
12. 信用保证保险与一般财产保险的区别有哪些？

参考文献

1. 许谨良. 财产保险原理与实务 ［M］. 上海：上海财经大学出版社，2010.
2. 袁建华. 海上保险原理与实务 ［M］. 4 版. 成都：西南财经大学出版社，2014.
3. 魏华林，林宝清. 保险学 ［M］. 4 版. 北京：高等教育出版社，2017.
4. 张虹，陈迪红. 保险学教程 ［M］. 2 版. 北京：中国金融出版社，2012.
5. 孙蓉，兰虹. 保险学原理 ［M］. 3 版. 成都：西南财经大学出版社，2010.

第六章　人身保险

第一节　人身保险概述

一、人身保险的概念与分类

（一）人身保险的概念

人身保险是指以人的寿命或身体为保险标的的一种保险。人身保险的投保人根据保险合同的约定，向保险人支付保险费，当被保险人在保险期限内发生死亡、伤残、疾病、年老等事故或生存至保险期满时，保险人承担给付保险金的责任。

普通的人身保险主要用以应付人们在日常生活中遭受的各种意外伤害、疾病、死亡等不幸事故以及在年老退休时经济上可能面临的困难。随着保险经营的不断创新，一些新型的人身保险产品在具有保险保障功能的同时，还具有一定的投资功能，用以满足保单持有人对投资的需求。

（二）人身保险的分类

按照不同的划分标准，人身保险可以分为不同的种类。常见的分类方式如下：

1. 按照保障范围分类

按照保障范围的不同，人身保险可以分为人寿保险、人身意外伤害保险和健康保险。这是人身保险最主要的分类方式。

（1）人寿保险。人寿保险是以人的寿命作为保险标的，以被保险人在保险期限内生存或死亡作为给付保险金条件的一种人身保险。人寿保险是最主要、最基本的人身保险，又可以分为死亡保险、生存保险、生死两全保险三种。

（2）人身意外伤害保险。人身意外伤害保险是指以被保险人的身体作为保险标的，以被保险人在保险期限内因遭受意外伤害造成死亡、残疾作为给付保险金条件的一种人身保险。

（3）健康保险。健康保险是以被保险人的身体为保险标的，保障被保险人在疾病或意外事故所致伤害时的费用或收入损失获得补偿的一种人身保险，包括疾病保险、医疗保险、失能收入损失保险和护理保险。

2. 按照投保方式分类

按照投保方式不同，人身保险可以分为个人人身保险、联合人身保险和团体人身保险。

（1）个人人身保险。个人人身保险是一张保单仅承保一个被保险人，是最普通、最常见的一种投保方式。

（2）联合人身保险。联合人身保险是以两个或两个以上、有一定经济利害关系的被保险人作为一个联合体（如夫妻）投保的人身保险。

（3）团体人身保险。团体人身保险是以一张总的保单为某一个团体的绝大多数（一般要求为总人数的75%以上）或全部成员提供保险保障的人身保险。

3. 按照保单是否参与分红分类

按照保单是否参与分红，人身保险可以分为分红保险和非分红保险。

（1）分红保险。分红保险是保险公司在每个会计年度结束后，将上一个年度该类分红保险的可分配盈余，按一定比例，以现金红利或增值红利的形式分配给保单持有人的一种寿险产品，被保险人不仅得到了保险保障，还可以分享保险公司的经营成果。红利的分配方式有多种，可以领取现金，可以抵交保费，可以累积生息，可以购买增额缴清保险，保单持有人可以根据自己的需求选择分红方式。

（2）非分红保险。非分红保险是传统的人寿保险，投保人在缴纳保费后不参与保险人的经营，没有任何盈余分配的保险。购买此类保险，投保人的主要目的是获得保险保障。

4. 按照被保险人的风险程度分类

按照被保险人的风险程度不同，人身保险可以分为标准体保险、弱体保险和完美体保险。

（1）标准体保险。标准体保险又称为健体保险，是指被保险人的风险程度属于正常的标准范围，可以按照标准费率承保，绝大多数被保险人都属于标准体。

（2）弱体保险。弱体保险又称为次健体保险，是指由于被保险人的风险程度高于正常的风险范围，不能用标准费率承保，需要采取一些限制条件承保的人身保险，如加收额外保险费、削减保险金额等。

（3）完美体保险。完美体保险是指被保险人的风险程度低于正常的标准范围，可以采用比标准费率更为优惠的费率承保。

5. 按照保险期限分类

按照保险期限不同，人身保险可以分为长期保险和短期保险。

（1）长期保险。长期保险是指保险期限在一年以上的人身保险业务，人寿保险一般属于长期业务，保险期限一般为十几年、几十年，甚至人的一生。

（2）短期保险。短期保险是指保险期限在一年以下（包含一年）的人身保险业务，人身意外伤害保险、健康保险大多数属于短期保险。

二、人身保险的特征

由于人身保险的保险标的的特殊性，使得人身保险具有与其他保险类别不同的特点，主要表现在以下几点：

（一）保险标的不能用货币衡量其价值

财产保险的保险标的是物质财产及其相关利益，保险标的的价值可以用货币来衡量。人身保险的保险标的是人的寿命和身体，人的寿命和身体是无价的，因此不能用货币来衡量，也不存在不同被保险人的保险价值高低不同。

在实务中，人身保险的保险金额是由投保人和保险人协商来确定，通常需要考虑以下几个方面：

一是被保险人的实际需求，保险金额不能定得太高，超出投保人可负担的保险范围，也不能定得太低，使得不能发挥保险的保障功能。对于人身保险的需求程度可以采用"生命价值理论"或者"人身保险设计"的方法来进行粗略的计算。

二是要和投保人的缴费能力相匹配，投保人不能不顾自身的保费负担能力，一味贪图较高的保险金额，否则一旦投保人不能持续缴纳保费，保险合同就会因此而失效，从而损坏被保险人的利益。

三是要在保险公司的承保能力范围内，一旦被保险人的需求超出保险人的承保能力，则双方也无法达成保险合同。

（二）保险金额的定额给付性

由于人身保险的保险标的是人的寿命和身体，不能用货币来衡量，因此保险人在履行保险合同的赔付义务时，只能按照双方事先约定的保险金额来给付保险金，而不能像财产保险那样，依据损失补偿原则，按照被保险人的实际损失来赔偿。正因为如此，从补偿原则里面派生出来的分摊原则和代位原则不适用于人身保险，在人身保险中也不存在重复保险、不足额保险、超额保险的问题，但健康保险中的医疗费用保险例外。

（三）保险利益的特殊性

财产保险的保险利益是依据保险标的的保险价值来确定的，因此财产保险的保险利益有量的限制，不能超出保险标的的实际价值，超出的部分也无效。人身保险的保险利益是依据人与人之间的关系而确定的，这种关系无法用货币来衡量其价值，只能考虑投保人对被保险人有没有保险利益，而不考虑保险利益的金额是多少。人身保险的保险利益的特殊性还体现在保险利益的存在时间上。一般来说，在人身保险中，只要求投保人在投保的时候对被保险人具有保险利益即可，至于在保险事故发生的时候有没有保险利益则没有硬性要求。例如，一对夫妇在婚姻关系存续期间，丈夫为妻子购买了一份人身保险，投保当时，由于双方是配偶关系，所以丈夫对妻子具有保险利益，保险合同有效。在保险合同有效期间，双方离婚，配偶关系解除，投保人对被保险人不再具有保险利益，但保险合同依然有效。在财产保险中，一般只要求发生保险事故的时候对保险标的具有保险利益。

（四）保险期限的长期性

人身保险合同，特别是人寿保险合同往往是长期合同，保险期限短则数年，长则十几年、几十年，甚至人的一生。保险期限的长期性，使得人身保险的经营极易受到外界影响，如利率、通货膨胀以及保险公司对未来预测的偏差等因素的影响。

三、人身保险的作用

（一）为人们提供经济保障

人们的日常生活常常会由于受到一些突然的变故而受到经济冲击，致使家庭和个人的经济生活失去平衡，甚至难以为继。人身保险的作用之一就是在各种风险事故发生的时候能够为人们的生活带来经济上的安定。例如，某家庭的主要经济来源者因为意外事故或疾病导致伤残、死亡或丧失工作能力而使家庭经济陷入困境，或者由于年老而丧失劳动能力不能为自己提供良好的养老保障。人身保险的投保人通过事先的财务安排，通过缴纳保费的方式，向保险人转嫁死亡、伤残、疾病、年老等风险，当发生保险事故的时候，能够从保险公司得到一笔保险金为个人和家庭提供经济保障。

（二）成为重要的投资手段

长期寿险的储蓄性使得人身保险可以成为一种良好的投资手段，特别是分红保险、投资连结保险和万能保险等新型寿险产品，在向保单持有人提供保险保障的同时，还可以向保单持有人提供投资收益，分享保险公司的经营成果。随着保险业的不断发展以及保险消费者保险观念的不断提升，具有投资功能的人身保险，特别是分红保险，已成为人身保险的重要组成部分。

（三）保持社会的稳定

人身保险可以保持社会的安定，这正是由于人身保险的保障作用可以使人们解除后顾之忧，并具有一定的安全感，从而使社会秩序得以稳定，起到"社会稳定器"的作用。

第二节　人身保险合同的常见条款

人身保险合同条款是保险合同双方当事人权利义务的约定。在长期实践的过程中，有些合同条款逐渐规范化、标准化，成为保险人共同采用的标准条款。《保险法》对人身保险合同也规定了若干标准条款内容，如不可抗辩条款、年龄误告条款、宽限期条款、复效条款、自杀条款等。本节讨论的重点内容为国内外常见的人身保险合同条款。

一、不可抗辩条款

不可抗辩条款又称不可争条款，是指自人身保险合同订立时起，超过法定时限（通常为2年）后，保险人将不得以投保人在投保时违反如实告知义务，如误告、漏告、隐瞒某些事实为理由，而主张合同无效或拒绝给付保险金。

不可抗辩条款的产生与最大诚信原则有直接关系。人身保险合同是最大诚信合同，根据最大诚信原则的要求，投保时要如实告知被保险人的年龄、职业、健康状况等足以影响保险人是否同意承保以及以何种条件承保的因素。如果投保人隐瞒真实情况，保险人查实后可主张合同无效，从而不承担保险责任。但人身保险合同的期限一般较长，投保多年后，被保险人的情况必然发生变化，如果不加限制，保险人有可能滥用这一权利，从而侵害投保人的权益。因此，法律上规定一个期间，保险人可在此期间内对投保人的不实告知进行审查，并有权解除合同，一旦超过该期限，保险人不得再主张合同无效或不承担给付保险金的责任。

《保险法》第十六条规定："订立保险合同，保险人就保险标的或者被保险人的有关情况提出询问的，投保人应当如实告知。投保人故意或者因重大过失未履行前款规定的如实告知义务，足以影响保险人决定是否同意承保或者提高保险费率的，保险人有权解除合同。前款规定的合同解除权，自保险人知道有解除事由之日起，超过三十日不行使而消灭。自合同成立之日起超过二年的，保险人不得解除合同；发生保险事故的，保险人应当承担赔偿或者给付保险金的责任。"

二、年龄误告条款

年龄误告条款是针对投保人申报的被保险人年龄不真实，而真实年龄又符合合同限制年龄的情况设立的。《保险法》第三十二条规定："投保人申报的被保险人年龄不真实，致使投保人支付的保险费少于应付保险费的，保险人有权更正并要求投保人补交保险费，或者在给付保险金时按照实付保险费与应付保险费的比例支付。投保人申报的被保险人年龄不真实，致使投保人支付的保险费多于应付保险费的，保险人应当将多收的保险费退还投保人。"年龄误告条款调整的对象不仅包括投保人申报的被保险人的年龄不真实，而真实年龄符合合同限制的合同，也包括被保险人真实年龄不符合合同约定的年龄限制，但自合同成立之日起已超过2年的有效合同。

如若投保时投保人申报的被保险人年龄不真实，并且其真实年龄不符合合同约定的年龄限制的，保险人可以解除合同，按照合同约定退还保单的现金价值即可。该合同解除权适用不可抗辩条款规定。

三、宽限期条款

宽限期条款适用于合同约定分期支付保险费的寿险合同，是指投保人支付首期保险费后，未按时缴纳续期保险费的，法律规定或合同约定给予投保人一定的宽限时间（一般规定为 30 天或 60 天），在此期间，保险合同效力正常，若保险事故发生，则保险人按规定承担给付保险金的责任，但可以扣除所欠保费及利息；超过宽限期仍未支付保险费的，则保险人有权中止保险合同效力。

《保险法》第三十六条规定："合同约定分期支付保险费，投保人支付首期保险费后，除合同另有约定外，投保人自保险人催告之日起超过三十日未支付当期保险费，或者超过约定的期限六十日未支付当期保险费的，合同效力中止，或者由保险人按照合同约定的条件减少保险金额。被保险人在前款规定期限内发生保险事故的，保险人应当按照合同约定给付保险金，但可以扣减欠交的保险费。"

四、复效条款

为保护被保险人和受益人的利益，投保人支付首期保费后，在宽限期结束后仍未缴纳续期保险费的，保险合同效力中止。保险合同效力中止后，经投保人与保险人协商并达成协议，在投保人补缴保险费本息后，合同效力恢复。但是自合同效力中止之日起 2 年双方未达成复效协议的，保险人有权解除合同。

《保险法》第三十七条规定："合同效力依照本法第三十六条规定中止的，经保险人与投保人协商并达成协议，在投保人补交保险费后，合同效力恢复。但是，自合同效力中止之日起满二年双方未达成协议的，保险人有权解除合同。保险人依照前款规定解除合同的，应当按照合同约定退还保险单的现金价值。"

复效条款仅适用于因投保人欠缴保险费而导致保单效力中止的情形，其他原因引起的失效则不在此范围内。投保人申请复效时须满足以下条件：第一，必须在规定的期限内提出申请；第二，提供被保险人的可保证明；第三，补缴失效期间未缴的保险费及利息。

复效条款对于被保险人来说更为有利，与重新投保不同，复效是原合同的延续，原合同的主体、客体与权利义务约定不变。

五、自杀条款

所谓自杀，是指个体蓄意或自愿采取各种手段结束自己生命的行为。在人寿保险产生之初的很长一段时间内，"自杀"一直被作为合同除外责任，主要是为了防止道德风险，避免蓄意自杀时通过保险方式谋取保险金。但对于包含死亡保险责任的人身保险来说，自杀也是死亡的一种，某些时候被保险人可能是因为遭受意外打击或心态失常而选择自我结束生命，并非有意图谋保险金。因此，为了保障投保人、被保险人和受益人的利益，现在很多寿险合同都将自杀列入合同条款，规定合同生效之日起一定期限（通常是 2 年）后被保险人自杀身故的，保险人可以按照合同约定给付保险金。

《保险法》第四十四条规定："以被保险人死亡为给付保险金条件的合同，自合同成立或者合同效力恢复之日起二年内，被保险人自杀的，保险人不承担给付保险金的责任，但被保险人自杀时为无民事行为能力人的除外。保险人依照前款规定不承担给付保险金责任的，应当按照合同约定退还保险单的现金价值。"

六、共同灾难条款

共同灾难条款是确定被保险人与受益人同时遇难事件时，保险金归属问题的条款。该条款规定，受益人与被保险人在同一事件中死亡，且不能确定死亡先后顺序的，推定受益人死亡在先。若有第二受益人的，则由第二受益人领取保险金；若没有，则保险金作为被保险人的遗产处理。

《保险法》第四十二条规定："受益人与被保险人在同一事件中死亡，且不能确定死亡先后顺序的，推定受益人死亡在先。"受益人先于被保险人死亡，没有其他受益人的，被保险人死亡后，保险金作为被保险人的遗产，由保险人依照《民法典》的规定履行给付保险金的义务。

共同灾难条款的出现，避免了理赔中很多纠纷，使问题的处理得以简化。

七、不丧失现金价值条款

不丧失现金价值条款是指长期性寿险合同的保单持有人享有保单现金价值的权利，不因合同效力的变化而丧失。这意味着，即使保险单失效了，保单持有人仍享有保险单的现金价值。《保险法》规定缴费满 2 年的人身保险合同即产生现金价值，但自杀条款例外，即使被保险人在合同成立后 2 年内自杀，也应计算其保单的现金价值，而无论其是否缴足 2 年以上保险费。

因为长期性的寿险合同一般实行均衡保险费率，在合同生效后的初始阶段，投保人缴纳的保费超过当时的自然保费，预缴的保费加上利息形成责任准备金。当投保人在交付一定时期（一般为 2 年）保险费后，寿险合同就有了一定量的现金价值。该部分现金价值的所有权归属保单持有人，不因合同的变化而丧失。保单持有人可以选择有利于自己的方式来处理保单的现金价值，一般有三种方式：第一，退保，领取退保金。第二，将原保单改为缴清保单，即将现金价值作为趸缴保费，在原保单的保险期限和保险责任不变的情况下，重新确定保险金额。缴清保险的保险金额比原保单的保险金额小。第三，将原保单改为展期保单，即将现金价值作为趸缴保费，改为与原保单保险金额相同的死亡保险，保险期限相应缩短。

八、保险费自动垫缴条款

保险费自动垫缴条款是指分期支付保险费的长期人身保险合同中，投保人已按期缴足一定时期（一般为 2 年）分期保费的，若以后分期保费超过宽限期仍未缴纳，而保单当时的现金价值足以垫缴保险费及利息时，保险人将自动垫缴其应付保险费和利息，使得保单继续有效，直至累计的垫缴本息达到保单的现金价值为止。

保险费自动垫缴条款适用于分期支付保费的人寿保险，以保单所具有的现金价值帮助投保人渡过经济难关，维持合同效力。当保单终止时，保险人无须再支付退保金，只需注销保单，并向保单持有人发出终止保险合同的书面通知。因此，保险人用保单的现金价值自动垫缴保费时，必须事先征得投保人的同意，即在保险合同中事先约定，或者由投保人签章委托。

九、保单贷款条款

保单贷款条款是指在长期性人身保险合同中，投保人可以以具有现金价值的保险单作为质押，在现金价值数额内，向其投保的保险人申请贷款。保单贷款后，投保人应按期归还贷款本金及利息，如果在到期前或归还前发生保险事故，则保险人在支付保险金时扣除贷款本息；如果投保人未按时归还贷款本息，当贷款本息达到保单现金价值时，保险合同自行终止，保险人应向投保人或被保险人发出终止保险合同的书面通知。

保单贷款的金额一般为现金价值的 80%~90%，贷款的期限多以 6 个月为限，通常到期后可以续贷，贷款利率等于或略高于金融机构的类似贷款利率。保单贷款条款的目的主要是为了方便投保人融通资金，降低保单解约率，同时也增加了保险人资金运用的渠道。但保单贷款的净收益率远小于保险人将该笔资金运用于其他投资所能得到的净收益率。因此，保单贷款实际上是保险人给予投保人的优惠条款。

十、保单转让条款

长期性寿险保单一般具有现金价值，是有价证券，而有价证券的所有人可以对其持有的财产进行合法处理。因此，投保人在不侵害受益人既得权益的情况下，保单可以转让。保单的转让分为绝对转让和抵押转让。

绝对转让是指投保人将其对保单的权益完全转移给他人，且这一转让不能撤销。绝对转让必须以被保险人的生存为前提，在绝对转让下，如果被保险人死亡，则保险金将全部归属于受让人，而不是原受益人。

抵押转让是指投保人暂时将保单的某些权益转让给银行或其他债权人，为贷款提供担保，在抵押转让状态下，如果被保险人死亡，受让人得到的是已转让权益的那部分保险金，其余的仍然归受益人所有。

大多数寿险保单的转让都是抵押转让，在保单转让时，保单持有人应书面通知保险人，由保险人批单方能生效。

十一、红利选择权条款

如果投保人购买的保险是分红保险，则可以获得保单红利，分享保险人的经营成果。红利选择权条款是指分红保单的保单持有人可以选择领取红利的方式。一般情况下，保险人提供以下 6 种红利领取方式供其选择：

第一，领取现金，即保单持有人以现金方式领取保险人已经公布的红利。

第二，抵减保费，即用红利支付到期的续期保险费，保险人向保单持有人寄送一份红利通知书，列明红利金额和扣除红利后应缴的保险费。

第三，累积生息，即将红利留存在保险公司，保险人支付相应的利息，保单持有人可以在任何时候提取累积的红利和利息。

第四，增加保险金额，即将红利作为趸缴保险费，购买到期日与原保单相同的缴清保险。

第五，购买定期寿险，即用红利作为趸缴净保费购买一年期定期保险，但该保险的最高保险金额不能超过保单的现金价值。

第六，提前满期，即在生存性质的保险中，将红利并入责任准备金内，使被保险人可以提前领取保险金。

十二、战争除外条款

战争除外条款规定将战争和军事行动作为人身保险的除外责任。因为战争中往往有大量的人员死亡，远远超过了正常的死亡率。这种不可预期的伤亡将给保险公司的经营带来不稳定因素，因此各国保险公司通常将战争和军事行动作为其除外责任。运用战争除外条款时，通常有两种标准：第一，因果型标准，即要求造成死亡的直接原因是战争；第二，事态型标准，即只要是被保险人在服兵役期间的死亡，无论其是否因为战争，保险人均可以免除责任。

第三节　人寿保险

一、普通型人寿保险

人寿保险是以被保险人的生命为保险标的，以被保险人的生存或死亡作为保险事故，在保险期间内发生保险事故时，保险人依照保险合同给付保险金的一种人身保险。人寿保险分为普通型人寿保险和创新型人寿保险。普通型人寿保险包括死亡保险、生存保险、生死两全保险和年金保险等；新型人寿保险包括分红保险、万能保险和投资连结保险等。

（一）死亡保险

死亡保险是以被保险人在保险期间内死亡为给付保险金条件的保险。按照保险期限的不同，死亡保险又分为定期死亡保险和终身死亡保险。

1. 定期死亡保险

定期死亡保险即定期寿险，是指在保险合同约定的期间内，被保险人发生死亡事故，保险人按照合同约定给付保险金的一种人寿保险。如果被保险人在保险期间届满时仍然生存，保险合同即行终止，保险人既不给付保险金，也不退还已缴的保险费。

与其他人寿保险相比，定期寿险有以下明显的特点：

（1）保险期限一定。定期寿险的保险期限可以为 5 年、10 年、15 年、20 年、

25 年或 30 年不等，有的以达到特定年龄（如 60 岁、70 岁）为保险期限，也有的应保户的要求而提供的 1 年或短于 1 年的定期寿险。

（2）名义保费比较低廉。定期寿险提供的危险保障不含有储蓄的性质，如果被保险人生存，则其缴纳的保险费及其利息用于分摊死亡者的保险金。因此，在相同保险金额、相同投保期限的情况下，购买定期寿险较终身寿险、两全保险等其他寿险保费更加低廉。

（3）保险费不退还。定期寿险在合同中规定一定时期为保险有效期，若被保险人在约定期限内死亡，保险人给付受益人约定的保险金；若被保险人在保险期限届满时仍然生存，保险合同即行终止，保险人无给付义务，亦不退还已收的保险费。

（4）容易增加逆向选择和诱发道德风险。定期寿险的低保费和高保障使得被保险人的逆向选择增加，同时也容易诱发道德风险。

（5）可续保性。可续保的定期寿险保单给予保单持有人在保险期间结束时继续投保的权利，而无须提供可保证明。几乎所有的 1 年期、5 年期、10 年期定期寿险保单都包含可续保条款。为了控制逆选择，一般会在续保的最高次数以及被保险人的最高续保年龄上进行限制。

（6）可转换性。很多定期寿险都可以进行转换，允许保单持有人将定期寿险转换为终身寿险或两全保险，而无须提供额外的可保证明。为了防止逆选择，具有可转换权的定期寿险保单费率比类似没有转换权的保单要高。

近年来，具有低保费、高保障特点的定期寿险越来越受到消费者的青睐，特别是其为中低收入群体分散风险起到了至关重要的作用。

2. 终身死亡保险

终身死亡保险即终身寿险，是指保险人对被保险人终身提供死亡保障的人寿保险。对每一个被保险人来说，死亡是确定的，只是死亡的时间不确定，因此终身寿险实质上是一种不定期的死亡保险。

通常，终身寿险具有以下特点：

（1）没有确定的保险期限。终身寿险合同自生效之日起，至被保险人死亡为止，无论死亡何时发生，保险人均按照合同约定给付保险金。

（2）给付的确定性。人终有一死，因此，每一张有效的终身寿险保单必然发生给付，只是给付的时间不确定而已。

（3）储蓄性。终身寿险的保险费中包含储蓄成分，保单生效一定时期后具有现金价值。现金价值等于过去缴纳保费的积累值与过去保险成本积累值之间的差额，现金价值不会因为保单效力的改变而丧失，若保单持有人中途退保可获得一定数额的退保金。

（4）在某种程度上，终身寿险具有两全保险和定期寿险的特性。终身寿险是基于假设所有的被保险人在一定年龄前死亡的生命表来定价的。例如，在中国，生命表中规定的最高年龄为 105 岁。实际上，并非所有的被保险人都会在这一年龄前死亡。因此，从公平性角度出发，对于生存到这一年龄的被保险人，保险人应该向其支付保险金，因为在被保险人达到 105 岁时，该保单的责任准备金已经等于保险金额，超过 105 岁后已经不存在纯粹的保障功能了，所以保险人可以终止保单。因此，终身寿险就好比是一种特殊的两全保险，即保险期间至被保险人 105 岁的两全保险。另外，从精算的角度看，终身寿险可以视为保险期间到 105 岁的定期寿险，终身寿险定价方式与定期寿险定价方式相同。在此观点下，用于定价的生命表中已经假设所有活过 104 岁的被保险人都在 105 岁这一年中死亡，因此 105 岁时的给付也等同于死亡给付。

(5) 保险费率高于定期寿险。终身寿险是一种不定期的死亡保险，为被保险人的终身提供保障，无论被保险人何时死亡，保险人都有给付保险金的义务。因此，终身寿险保险费率高于定期寿险。终身寿险集合了保险保障与储蓄投资功能于一身，对家庭资产保全、储蓄投资等起到积极作用。

(二) 生存保险

生存保险是以被保险人在保险期限届满或达到某一年龄时仍然生存为给付条件，并按照保险合同约定的金额向被保险人给付保险金的人寿保险。若在保险期间内被保险人死亡，则被保险人不能得到保险金，且所缴纳的保费不予退还。

生存保险的特点主要如下：

(1) 保险期间内被保险人死亡，保险人不负保险责任，也不退还已经缴纳的保险费。保险人按照合同给付生存者的保险金，不仅包含本人所缴纳的保费及利息，而且还包括了保险期间内其他死亡者所缴纳的保费及利息。

(2) 投保生存保险的目的是满足被保险人一定期限之后的特定需要。例如，为年幼的子女投保子女教育金保险，在子女读大学时可以有一笔教育基金；为被保险人自己投保年金保险，在年老时可以有一笔养老基金。

(3) 生存保险具有储蓄性。生存保险为被保险人今后的生活或工作提供基金，以满足未来消费开支，类似于一种储蓄。

现在的人寿保险公司单独经营此险种的不多，而是和其他寿险险种结合使用。例如，将生存保险和死亡保险结合，成为生死两全保险；将死亡保险、年金保险结合，成为综合保障型年金保险。

(三) 生死两全保险

生死两全保险又称储蓄保险、混合保险、生死合险、两全保险，是指保险期间内以被保险人的生存或死亡为给付保险金条件的人寿保险。无论被保险人在保险期间内死亡，还是在保险期间届满时仍然生存，保险人都承担给付保险金的责任。

生死两全保险的主要特点如下：

(1) 两全保险是死亡保险和生存保险的结合。

(2) 储蓄性强。两全保险是定期的死亡保险和生存保险的结合，无论被保险人生存或死亡，保险人都给付保险金，从而使得两全保险具有储蓄性质，保单具有现金价值。

（3）保险费率高。两全保险承保被保险人的生存或死亡，所以每张保单的保险金给付是必然的，因此其保险费率较高。

在国内保险市场上，由于兼具储蓄和保障的双重功能，两全保险尤其是分红型两全保险的市场接受程度很高，该类业务占据了寿险市场的很大份额。

二、创新型人寿保险

创新型人寿保险是指包含保险保障功能并至少在一个投资账户中拥有一定资产价值的人身保险。20 世纪 70~80 年代，欧美国家正值高通货膨胀及高利率时代，消费者想通过购买金融工具来获得高回报，银行和证券公司开发出大量创新的金融产品，从而吸引了大量的个人金融资产，而保险公司传统型保险产品的给付无法应对高通胀，造成保险公司资金外流，这就迫使欧美的寿险业者纷纷调整传统型寿险产品设计方向，开发出"投资型保险"，即创新型寿险产品。

目前，中国市场上创新型寿险主要有分红保险、万能保险和投资连结保险。

（一）分红保险

1. 分红保险的概念

分红保险又称利益分配保险，是指保险公司将其实际经营成果优于定价假设的盈余，按一定比例向保单持有人进行分配的人寿保险。这里的保单持有人，是指按照合同约定享有保险合同利益及红利请求权的人。分红保险、非分红保险以及分红保险产品与其附加的非分红保险产品必须分设账户，独立核算。

2. 分红保险的特点

（1）保单持有人与保险人共享经营成果。与传统型寿险相比，分红保险的被保险人不仅能获得合同规定的各种保障，而且保险公司每年还要将分红保险产生的部分盈余以红利的形式分配给保单持有人。《分红保险管理暂行办法》规定：保险公司每一会计年度向保单持有人实际分配盈余的比例不低于当年全部可分配盈余的70%。因此，分红保险的保单持有人实际上与保险公司共享经营成果。

（2）保单持有人与保险人共担经营风险。在传统型人寿保险中，保险公司的盈利与投保人无直接关系，而在分红保险中，投保人所获得的红利与保险公司的经营状况息息相关。在保险公司经营状况较好的年份，投保人分到的红利会多一些；在保险公司经营状况不佳的年份，投保人分到的红利会少一些，甚至没有红利。因此，分红保险中的保险人和保单持有人是共同承担投资风险的。

（3）定价的精算假设比较保守。寿险产品的定价主要以预定死亡率、预定收益率和预定费用率三个因素为依据，预定因素与实际经营情况的差距将会直接影响到保险公司的经营成果。对于分红保险来说，由于保险公司要将可分配盈余以分红的形式分配给保单持有人，所以在定价假设时较为保守，即保单的价格较高，从而在实际经营过程中可能产生更多的可分配盈余，为保单持有人提供更多的红利。

(4) 保证利益与非保证利益相结合。分红保险的保险利益主要有保险保障和盈余分配，在保险期间内，被保险人能按照合同约定获得保险保障，该部分不受保险公司经营状况影响，因而该部分利益是保证利益。保单红利部分则受到保险公司经营状况的影响，可高可低，甚至可以没有，该部分利益是非保证的。

(5) 保险金给付、退保金中含有红利。在身故给付时，分红保险的受益人除了获得合同约定的保险金外，还可以得到未领取的累积红利和利息；在满期给付时，被保险人在获得保险金的同时，还可以领取未领取的累积红利和利息。分红保险的保单持有人在退保时除了可以得到保单的现金价值，还可以领取未领取的累积保单红利及其利息。

(6) 经营公开透明。在传统型人寿保险中，投保人对保险人的经营状况是不了解的。在分红保险中，保险人对经营的分红保险实行单独立账、单独核算，并定期向投保人寄送分红业绩报告等相关资料。分红保险、非分红保险以及分红保险产品与其附加的非分红产品必须分设账户，独立核算。分红保险采用固定费用率方法的，其相应的附加保费收入和佣金、管理费用支出等不列入分红保险账户；采用固定死亡率方法的，其相应的死亡保费收入和风险保额给付不列入分红保险账户。

3. 分红保险红利的来源

分红保险的红利实质上是保险公司保单盈余的分配。盈余是保单资产份额高于负债的那部分价值。每年由公司的精算等相关部门计算盈余中可作为红利分配的数额，并由公司董事基于商业判断予以决定，由此决定分配的数额即为可分配盈余。保单盈余的来源主要有三个，即死差益（损）、利差益（损）、费差益（损）。

(1) 死差益（损）。死差益是指被保险人中的实际死亡人数比预定死亡人数少时所产生的盈余。反之，则为死差损。

死差益 =（预定死亡率−实际死亡率）×风险保额①

　　　　 = 风险保费总额−实际支付的保险金

(2) 利差益（损）。利差益是指保险公司实际的投资收益率高于预定的投资收益率时所产生的盈余。反之，则为利差损。

利差益 =（实际利率−预定利率）×责任准备金总额

　　　　 = 实际利息收入−预定利息收入

(3) 费差益（损）。费差益是指保险公司实际营业费用率低于预定附加费用率时所产生的盈余。反之，则为费差损。

费差益 =（预定费用率−实际费用率）×保险费总额

　　　　 = 附加保费总额−实际营业费用总额

除了上述三个主要红利来源外，还有失效收益，资产增值，残疾给付、意外加

---

① 风险保额是指保险金额与寿险责任准备金的差额。

倍给付、年金预计给付额等与实际给付额的差额。

4. 红利的分配方式

红利的分配方式包括增加保额和现金分配两种方式。保险公司会在保险条款中载明保单采用的红利分配方式,且红利的分配满足公平性和可持续性原则。

(1)增加保额。增加保额即增额红利分配,是指在整个保险期间内每年以增加保险金额的方式分配红利,增加的保额一旦公布,则不得取消。采用增额红利分配方式的保险公司可以在合同终止时以现金方式给付终了红利。

(2)现金分配。现金分配即现金红利分配,是指直接以现金的方式将盈余分配给保单持有人。保险公司为了满足投保人的不同需求,通常会提供多种现金红利领取方式,比如现金、抵缴保费、累积生息以及购买缴清保险等。

(二)万能保险

1. 万能保险的概念

万能保险是一种产品运作机制完全透明、可灵活缴纳保费、可随时调整保障水平、将保障和投资功能融于一体的新型人寿保险。保单持有人缴纳首期保险费后,可以按照自己的意愿选择任何时候缴纳任何数量的保费,只要保单的现金价值足以支付保单的相关费用,有时甚至可以不再缴纳保费。在保险期间内,保单持有人在具备可保性的前提下,可以根据自己的需要提高保险金额,也可以降低保险金额。

2. 万能保险的经营流程

万能保险的保单持有人先缴纳一笔首期保费,首期保费有一个最低限额,首期的各种费用支出要从保费中扣除。根据被保险人的年龄、性别、保险金额计算出死亡给付分摊额以及一些附加优惠条件(如可变保费)等费用,并从所交保费中扣除。死亡给付分摊是不确定的,而且常常是低于保单预计的最高水平。进行这些扣除后,剩余部分就是保单最初的现金价值,这部分价值通常是新投资利率计息计到期末,成为第一期期末账户价值。许多万能保险收取较高的首年退保费用以避免保单过早终止。在保单的第二个周期(通常1个月为1周期),期初的账户价值为上一周期期末的账户价值,在这一周期内,保单持有人可以根据自己的情况缴纳保费,如果首期保费足以支付第二个周期的费用及死亡给付分摊额,在第二个周期内保单持有人就可以不缴纳保费。如果前期的账户价值不足,保单就会由于保费缴纳不足而失效,本期的死亡给付分摊及费用分摊也要从上期期末现金价值余额及本期保费中扣除,余额就是第二期期初的保单账户价值。这部分余额按照新投资利率累积至期末,成为第二个周期末的账户价值。这一过程不断重复,一旦账户价值不足以支付死亡给付分摊额及费用,又没有新的保费缴纳,该万能保单就会失效。万能保险的经营流程如图6-1所示。

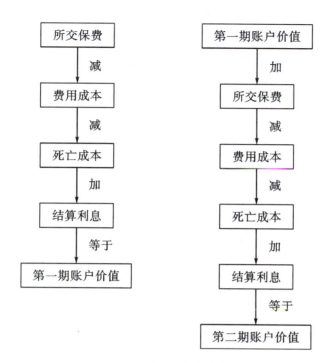

图 6-1　万能保险经营流程图

3. 万能保险的特点

（1）账户式管理，交费灵活。保险公司为每个购买万能保险的投保人设立独立的现金价值账户，账户包括收入和支出两个项目。收入项目包括新交付保险费、保证获得利息、额外投资回报；支出项目包括死亡及其他保障费用、管理费用和手续费用、退保及部分提取等费用。此外，万能保险的投保人交费方式灵活，保险公司一般会对每次交费的最高和最低限额进行规定，只要符合保单规定，投保人可以在任何时间不定额地缴纳保费。大多数保险公司仅规定第一期保费必须足以涵盖第一个月的费用和死亡成本，但实际上大多数投保人支付的首期保费会远远高于规定的最低金额。缴纳首期保费后，如果保单的现金价值足以支付第二期及以后各期的风险保费及保单管理费，投保人也可以不缴纳保费，保单仍然有效。

（2）运作机制透明。万能保险经营具有较高的透明度，投保人可以了解保单内部经营情况，如保费、死亡给付、利息率、死亡率、费用率和现金价值以及它们之间相互作用的各种预期结果等情况。保单的现金价值每年随保费缴纳情况、费用估计、死亡率及收益率等变化而变化。保险公司定期公布结算利率及账户价值，每年或每半年，也可以每季度向保单持有人寄送财务报告。

（3）保险金额可以灵活调整。在整个保险期间内，万能保险的保单持有人在具有可保性的条件下可以增加保险金额，也可以减少保险金额。

（4）死亡给付模式的特殊性。万能保险通常提供两种死亡给付方式，即 A 方式和 B 方式。A 方式是一种均衡给付的方式，B 方式是随着保单现金价值的变化而变动的给付方式。A方式中，死亡给付的金额在保险期间内固定，净风险保额每期都进行调整，使得净风险保额和现金价值之和等于均衡的死亡给付额（见图6-2）。因此，如果保单的现金价值增加了，风险保额就会等额减少；反之，如果现金价值减少了，风险保额就会等额增加。A方式与其他传统的具有现金价值的给付方式的保单较为类似。B方式中，规定了死亡给付金额为均衡的净风险保额与现金价值之和（见图6-3）。因此，如果保单现金价值增加了，则死亡给付额也会等额增加。

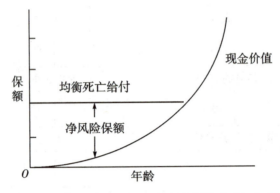

图6-2　万能保险的固定死亡给付金额模式（A方式）

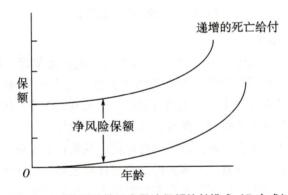

图6-3　万能保险的固定风险保额给付模式（B方式）

（5）结算利率的特殊性。万能保险为保单持有人提供最低保证利率，且最低保证利率不得为负。保险公司为保单持有人设立万能账户，万能账户可以是单独账户，也可以是公司普通账户的一部分。保险公司为万能账户设立平滑准备金，用于平滑不同结算期的结算利率，平滑准备金不可以为负，且只能来自实际投资率与结算利息之差的积累。当万能账户的实际投资收益率小于最低保证利率时，保险公司可以通过减少平滑准备金弥补其差额。不能补足时，保险公司应当通过向万能账户注资补足差额。万能账户不得出现资产小于负债的情况。

（6）费用收取的特殊性。与传统的人寿保险相比，万能保险收取的费用具有项目上的特殊性。万能保险可以并且仅可以收取以下几种费用：

①初始费用，即保险费进入万能账户之前扣除的费用，万能保险初始费用不得

以减少保单账户价值的形式扣除。

②风险保险费，即保单死亡风险保额的保障成本，其计算方法为死亡风险保额乘以死亡风险保险费费率。风险保险费通过扣减保单账户价值的方式收取。

③保单管理费，即为维护保险合同向投保人或被保险人收取的管理费用。保单管理费是一个与保单账户价值无关的固定金额，在保单首年度与续年度可以不同，且保险公司不得以保单账户价值的一定比例收取保单管理费。

④手续费。保险公司可在提供部分领取等服务时收取，用于支付相关的管理费用。

⑤退保费用，即保单退保或部分领取时保险公司收取的费用，用以弥补尚未摊销的保单获取成本。退保费用在第一保单年度不得超过领取部分个人账户价值的10%，保单生效若干年（如5年）后该项目费用应降为零。

（三）投资连结保险

1. 投资连结保险的概念

投资连结保险简称投连险，是指包含保险保障功能并至少在一个投资账户拥有一定资产价值的人身保险。投资连结保险的投资账户是资产单独管理的资金账户，投资账户划分为等额单位，单位价值由单位数量及投资账户中资产或资产组合的市场价值决定。投保人可以自由选择投资账户，投资风险完全由投保人承担。除有特殊规定外，保险公司的投资账户与其管理的其他资产账户或投资账户之间不得存在债权、债务关系，也不承担连带责任。

投资连结保险的保单现金价值与单独投资账户（或称基金）资产相匹配，现金价值直接与独立账户资产投资业绩相连，一般没有最低保证。大体而言，独立账户的资产免受保险公司其余负债的影响，资本利得或损失一旦发生，无论其是否实现，都会直接反映到保单的现金价值上。不同的投资账户，可以投资在不同的投资工具上，比如股票、债券和货币基金等。投资账户可以是外部现有的，也可以是公司自己设立的。除了各种专类基金供投保人选择外，由寿险公司确立原则，组合投资的平衡式或管理式基金也非常流行。约定条件下，保单持有人可以在不同的基金间自由转换，而不需支付额外的费用。

一般而言，投资连结保险产品应当满足以下最低要求：

（1）包含一项或多项保险责任。

（2）至少连结到一个投资账户上。

（3）保险的保障风险和费用风险由保险公司承担。

（4）投资账户的资产单独管理。

（5）保单价值应当根据该保单在每一投资账户中占有的单位数及其单位价值确定。

（6）投资账户中对应某张保单的资产产生的所有投资净收益（损失），都应当划归该保单。

（7）每年至少应当确定一次保单的保险保障。

（8）每月至少应当确定一次保单价值。

此外，《投资连结保险精算规定》规定：个人投资连结保险在保单签发时的死亡风险保额不得低于保单账户价值的5%；年金保险①的死亡风险保额可以为零；团体投资连结保险的死亡风险保额可以为零。投资连结保险及投资账户均不得保证最低投资回报率。

2. 投资连结保险的特点

（1）投资账户独立。设置单独的投资账户管理投资连结保险资产是投资连结保险的重要特征。保险人收到投保人缴纳的保险费后，按照事先约定将保费的一部分或全部分配到投资账户，并转换为投资单位。保险人每过一段时间对投资账户进行评估，公布投资单位价格，评估间隔有的按月，有的按周。

（2）运作机制透明。与分红保险、万能保险一样，投资连结保险也具有很强的透明性。这主要体现在资金管理透明和信息发布上。

①投资连结保险为每个客户单独设立保单账户，记录其投资单位数量及变化状况，且其投资管理的每项费用比例均明确列明于合同条款之中。

②保险公司定期对投资账户的资产价值进行评估，并定期向投保人公布计价日投资账户单位价格；保险公司定期向投保人寄送投资报告书报告投资状况；保险公司定期向监管部门报送投资账户年度财务报告，接受监管部门的监督。

（3）保险费交费的灵活性。与传统寿险相比，投资连结保险交费灵活，保险金额可以灵活调整，投资账户之间也可以灵活转换。从设计方法上来看，投资连结保险主要有两种不同的交费方式：一种方式是在固定交费的基础上增加保险费假期，允许投保人不必按约定的日期交费，而保单照样有效，避免了因为超过60天宽限期而致的失效。另外还允许投保人在缴纳约定的保险费外，可以随时再支付额外的保险费，增加了产品的灵活性。另一种方式是取消了交费期间、交费频率、交费数额的概念。投保人可以随时支付任意数额（有最低数额的限制）的保险费，并按约定的计算方法进入投资账户。这种方式对客户来说灵活性最高，但保险公司对保费支付的可控性与可预测性降低，同时也提高了对内部操作系统的要求。

（4）保险责任和保险金额的特殊性。投资连结保险不仅有死亡给付、残疾给付、生存领取等传统寿险的基本保险责任，一些产品还加入了保费豁免、失能保险金、重大疾病、医疗给付等保险责任。在死亡保险金额的设计上，存在两种方法：一种是死亡保险金额以保险金额和投资账户价值两者较大的为准（方式A）；另一种是死亡保险金额以保险金额和投资账户价值之和为准（方式B）。

方式A的死亡给付金额在保单年度前期是不变的，当投资账户价值超过保险金额后，随投资账户价值波动。方式A的优点在于被保险人的死亡保障不会低于预先确定的金额，同时降低了投保人的保险保障成本。因为随着被保险人年龄的增加，预期死亡率也升高，保险保障成本也相应上涨，特别是在高年龄段尤其明显，

---

① 此处的年金保险是指提供有年金选择权的投资连结保险。

采用方式 A，可以避免被保险人在需要养老时反而要支付过高的保险保障成本。方式 B 的死亡给付金额随投资账户价值而不断波动，但风险保额（死亡给付金额与投资账户价值之差）保持不变。方式 B 的优点是便于客户理解，但在高年龄段，被保险人要支付较高的保险保障成本，这时一般需要提供转换年金的选择权，否则有可能出现投资收益不足以支付保险保障成本而导致投资账户价值减少的情况。

(5) 费用收取的透明性。与传统寿险和分红保险相比，投资连结保险费用收取十分透明，投资连结保险可以收取的费用如下：

①初始费用，即保险费进入投资账户之前扣除的费用。

②买入卖出差价，即投保人买入和卖出投资单位的价格之间的差价。

③死亡风险保险费，即保单死亡风险保额的保障成本。风险保险费是通过扣除投资单位数的方式收取的，其计算方法为死亡风险保额乘以死亡风险保险费费率。保险公司可以通过扣除投资单位数的方式收取其他保险责任的风险保险费。

④保单管理费，即为维护保险合同向投保人或被保险人收取的管理费用。保单管理费是一个与保单账户价值无关的固定金额，在保单首年度与续年度可以不同，保险公司不得以账户价值一定比例的形式收取保单管理费。

⑤资产管理费。资产管理费按账户资产净值的一定比例收取，该比例每年不超过 2%。

⑥手续费。保险公司在提供账户转换、部分领取等服务时收取，用以支付相关的管理费用。

⑦退保费用，即保单退保或部分领取时保险公司收取的费用，用以弥补尚未摊销的保单获取成本。

三、年金保险

(一) 年金保险的概念

年金保险是指在被保险人生存期间，保险人按照合同约定的金额、方式，在约定的期限内，有规则地、定期地向被保险人给付保险金的人寿保险。

年金保险是以被保险人的生存为给付条件的，因此具有生存保险的特点。年金保险是为了避免寿命较长者的经济收入无法得到充分保障而进行的一种经济储备，故年金又称为养老金，许多时候不做特别说明用途时，年金保险多数指养老年金保险。

(二) 年金保险的分类

1. 按缴费方式不同，年金保险可以分为趸缴年金和期缴年金。

(1) 趸缴年金。趸缴年金是指投保人一次性缴清全部保险费，然后从约定的年金给付开始日起，受领人按期领取年金。

(2) 期缴年金。期缴年金是指保险费由投保人采用分期支付的方式缴纳，然后于约定年金给付开始日起，受领人按期领取年金。

2. 按被保险人人数不同，年金保险可以分为个人年金、联合年金、最后生存者年金和联合及生存者年金。

（1）个人年金。以一个被保险人的生存作为年金给付条件的年金称为个人年金。

（2）联合年金。以两个或两个以上被保险人的生存作为年金给付条件的年金称为联合年金。在数个被保险人中，任一个被保险人死亡，年金即停止支付。

（3）最后生存者年金。以两个或两个以上被保险人中至少尚有一个人生存作为年金给付条件，且给付金额不发生变化的年金称为最后生存者年金。年金的给付持续到其中最后一个生存者死亡为止，且给付金额保持不变。

（4）联合及生存者年金。以两个或两个以上被保险人中至少尚有一个人生存作为给付条件，但给付金额随着被保险人人数的减少而进行调整的年金称为联合及生存者年金。年金的给付持续到最后一个被保险人死亡为止，但给付金额根据仍存活的被保险人数进行相应的调整。

3. 按年金给付起始时间不同，年金保险可以分为即期年金和延期年金。

（1）即期年金。合同成立后，保险人即行按期给付年金的称为即期年金。即期年金必须以趸缴保费的方式购买。

（2）延期年金。给付时间双方约定，投保后间隔一定时期开始领取年金的称为延期年金。延期年金可以趸缴，也可以期缴。

4. 按给付方式不同，年金保险可以分为纯粹终身年金、最低保证年金和定期生存年金。

（1）纯粹终身年金。纯粹终身年金是以被保险人生存为给付条件，当被保险人死亡时，即停止给付，既不退还保费，也不给付现金价值的年金。该款年金适合无继承人且身体健康的人购买。

（2）最低保证年金。最低保证年金是为了防止被保险人过早死亡而丧失领取年金的权利而产生的年金形式。最低保证年金分为确定给付年金和退还年金两种。确定给付年金按给付年度数来保证被保险人及其受益人的利益，这种年金形式确定给付的最少年数，若在规定期内被保险人死亡，被保险人指定的受益人将继续领取年金直至期限结束；退还年金是按照给付的金额来保证被保险人及其受益人的利益，这种形式的年金确定给付的最低金额，当被保险人领取的年金总额低于最低保证金额时，保险人以现金方式一次或分期退还其差额。

（3）定期年金。定期年金是指保险人与被保险人约定年金给付期限的年金。定期年金分为确定年金和生存年金。确定年金是指在约定的给付期限内，无论被保险人是否生存，保险人都必须给付年金直至约定的年金给付期限结束；生存年金是指在约定给付期限内，只要被保险人生存就给付年金，直至被保险人死亡为止。

5. 按给付金额是否变化，年金保险可以分为定额年金和变额年金。

（1）定额年金，即保险人每次按固定金额给付的年金。这种年金的给付数额是固定的，不随投资收益水平的变动而变动。

（2）变额年金，即保险人根据资金账户的资产价值变动情况确定每次给付年金金额的年金。这种年金可以克服定额年金在通货膨胀下保障水平降低的缺点。

6. 按照是否参与分红，年金保险可以分为分红型年金和非分红型年金。

（1）分红型年金，即保险人在保险费收取、给付期间以及给付年金条件确定的基础上，根据保险人相关业务经营成果确定发放红利数额，并随年金一起发放。

（2）非分红型年金，即保险费数额、年金金额、给付期间以及给付年金条件等均为固定的年金。

7. 按照保费缴付与年金给付的顺序，年金保险可以分为正向缴费年金和反向缴费年金。

（1）正向缴费年金，即保险费缴付在先，年金给付在后，也就是累积期间和给付期间绝对不交叉的传统年金保险。

（2）反向缴费年金，即年金给付在先，保费缴付在后的年金。反向缴费年金最典型的代表就是住宅反向抵押按揭年金。

思政案例： **"第三支柱"助力"老有所养"**

随着我国人口老龄化持续深化，《中华人民共和国国民经济和社会发展第十四个五年规划和2035年远景目标纲要》明确提出，发展多层次、多支杆养老保险体系，提高企业年金覆盖率，规范发展第三支柱养老保险。党的二十大报告提出："完善基本养老保险全国统筹制度，发展多层次、多支柱养老保险体系。"

个人养老金属于第三支柱保险中由国家制度安排的部分，是我国多层次、多支柱养老保险体系的重要组成部分。

2022年4月21日，《国务院办公厅关于推动个人养老金发展的意见》印发，从总体要求、参加范围、制度模式、缴费水平、税收政策、资金投资与领取、运营与监管等多方面对我国个人养老金制度作出总体安排，提出推动个人养老金发展坚持政府引导、市场运作、有序发展的原则，确立了政府政策支持、个人自愿参加、市场化运营的个人养老金制度框架。

2022年11月4日，中国银保监会、人力资源社会保障部等五部门联合发布《个人养老金实施办法》（以下简称《实施办法》），对个人养老金参加流程、资金账户管理、机构与产品管理、信息披露、监督管理等方面做出具体规定。《实施办法》明确规定，商业银行可以通过本机构柜面或者电子渠道，为参加人开立个人养老金资金账户，并支持参加人通过商业银行结算账户、非银行支付机构、现金等途径缴费。

2022年11月25日，个人养老金制度在北京、上海、广州、西安、成都等36个先行城市或地区启动实施。

与个人养老金制度相关的各项政策落地后，中国银保监会迅速部署，向各地银保监局及保险公司下发了《关于印发商业银行和理财公司个人养老金业务管理暂行办法的通知》《关于保险公司开展个人养老金业务有关事项的通知》（以下简称

《通知》），鼓励商业银行、保险公司积极参与个人养老金业务。

《通知》明确了首批共 34 家可开展个人养老金业务的展业机构及中国银保监会对机构的具体要求，同时也明确了保险公司开展个人养老金业务的基本要求、产品种类以及对保险公司业务经营的监管要求等内容。

随后，多家银行、保险公司加快在个人养老金相关产品布局上的步伐，并在 2022 年 11 月 25 日个人养老金制度启动实施的当天正式上线养老金业务。

实施个人养老金制度对满足人民群众多样化养老需求、促进经济社会持续健康发展具有重要意义。其中，税收优惠成为引导民众参与个人养老金制度的重要举措。根据政策安排，国家对个人养老金实施递延纳税优惠政策，对缴费者按每年 1.2 万元的限额予以税前扣除，对账户资金的投资收益不征税，领取时按 3% 较低税率征税。领取收入的实际税负下降，有助于引导人们为自己加强养老保障。

资料来源：李美丽. 着力补强第三支柱养老保险"短板" [N]. 农村金融时报，2023-02-20（A04）.

第四节　人身意外伤害保险

一、人身意外伤害保险的概念

（一）人身意外伤害的含义

人身意外伤害包含伤害和意外两层含义。伤害是指被保险人的身体受到侵害的客观事实；意外是就被保险人的主观状态而言，是指伤害的发生是被保险人事先没有预见到的或伤害的发生违背被保险人的主观意愿的。

人身意外伤害保险中所称的意外伤害是指在被保险人没有预见到或违背被保险人意愿的情况下，突然发生的外来致害物对被保险人的身体明显、剧烈地侵害的客观事实。

1. 伤害

伤害是指被保险人身体遭受外来事故的侵害发生了损失、损伤，使人体完整性遭到破坏或器官组织生理机能遭受阻碍的客观事实。意外伤害保险中，伤害必须是由外来致害物、侵害对象和侵害事实三个要素构成，缺一不可。

（1）致害物。致害物即直接造成伤害的物体或物质。没有致害物，就不能构成伤害，在意外伤害保险中，只有致害物是外来的，才被认为是伤害。按照致害物的不同，伤害可以分为：

①机械伤害，如机械设备、劳动工具、建筑物、凶器等对人体的伤害；

②自然伤害，如暴风、暴雨、洪水、雷电等对人体的伤害；

③化学伤害，如酸、碱、有毒气体、有毒液体等化工产品对人体的伤害；

④生物伤害，如野兽、家畜、花粉等生物对人体的伤害。

（2）侵害对象。侵害对象是致害物侵害的客体。在意外伤害保险中，只有致害物侵害的对象是被保险人的身体才能构成伤害，并且这种伤害是生理上的伤害，而不是指精神上、权利上的伤害。

（3）侵害事实。侵害事实即致害物以一定的方式破坏性地接触、作用于被保险人身体的客观事实。如果致害物没有接触或作用于被保险人的身体，就不能构成伤害。侵害方式一般分为碰撞、撞击、坠落、跌倒、坍塌、淹溺、灼烫、火灾、辐射、爆炸、中毒、触电、接触（包括接触高低温环境、接触高低温物体）、掩埋、倾覆等。

2．意外

意外是就被保险人的主观状态而言，指伤害的发生是被保险人事先没有预见到的或伤害的发生违背被保险人的主观意愿。

（1）被保险人事先没有预见到的伤害。

①伤害的发生是被保险人事先不能预见或无法预见的，如飞机失事等。

②伤害的发生是被保险人事先能够预见到的，但由于被保险人的疏忽而没有预见到，如停电时未切断电源修理电路，恢复供电时触电死亡等。

（2）伤害的发生违背被保险人的主观意愿。

①被保险人预见到伤害即将发生时，在技术上已不能采取措施避免，如海上航行突遇暴风雨，无法自救。

②被保险人已经预见伤害即将发生，在技术上也可以采取措施避免，但由于法律或职责上的规定，不能躲避，如警察与歹徒搏斗受伤。

3．意外伤害

意外的条件下构成的伤害才称之为意外伤害。仅有主观意外，而无客观伤害事实，不是意外伤害；仅有客观的伤害事实，而无主观的意外，也不是意外伤害。

（二）人身意外伤害保险的含义

人身意外伤害保险简称意外险，是指投保人向保险人缴纳保费后，如果被保险人在保险期间内遭受意外伤害并以此为直接原因或近因，在自遭受意外伤害之日起的一定时期内造成死亡、残疾、支出医疗费用或暂时丧失劳动能力，保险人给付被保险人或其受益人保险金的人身保险。

人身意外伤害保险有三层含义：首先，必须有客观意外事故发生，且事故原因是意外的、偶然的、不可预见的；其次，被保险人必须有因客观事故造成死亡或身体残疾的结果；最后，意外事故的发生和被保险人遭受人身伤亡的结果之间有着内在的、必然的联系，即意外事故是被保险人遭受伤害的直接原因，而被保险人遭受伤害是意外事故的后果。

人身意外伤害保险的保障项目主要有两类：第一类是死亡给付，即被保险人因遭受意外伤害造成死亡时，保险人给付死亡保险金；第二类是残疾给付，即被保险人因遭受意外伤害造成残疾时，保险人给付残疾保险金。

二、人身意外伤害保险的种类

人身意外伤害保险按保险责任、保险期限、投保动因、承保方式、保险危险、险种结构等方面的不同有不同的分类。

（一）按保险责任分类

按保险责任的不同，人身意外伤害保险可以分为以下三种：

（1）意外伤害死亡残疾保险，其保险责任是死亡给付和残疾给付。

（2）意外伤害医疗保险，其保险责任是意外伤害造成的医疗费用给付。

（3）意外伤害停工收入损失保险，其保险责任是意外伤害造成的暂时丧失劳动能力的停工收入给付。

（二）按保险期限分类

按保险期限的不同，人身意外伤害保险可以分为以下三种：

（1）一年期意外伤害保险，即保险期限为一年的意外伤害保险业务。

（2）极短期意外伤害保险，即保险期限不足一年，往往只有几天、几小时甚至更短的意外伤害保险。目前我国开办的公路旅游意外伤害保险、索道旅客意外伤害保险等，均属于极短期意外伤害保险。

（3）多年期意外伤害保险，即保险期限超过一年的意外伤害保险，保险期限可以是 3 年、5 年。

把人身意外伤害保险分为一年期、极短期和多年期的意义在于，不同的保险期限，计算未到期责任准备金的方法不同。

（三）按投保动因分类

按投保动因不同，人身意外伤害保险可以分为以下两种：

（1）自愿意外伤害保险，即投保人和保险人在自愿基础上通过平等协商订立保险合同的意外伤害保险。投保人可以选择是否投保以及向哪家保险公司投保，保险人可以选择是否承保，只有双方意思表示一致时才订立保险合同，确定双方的权利和义务。

（2）强制意外伤害保险又称法定意外伤害保险，即国家机关通过颁布法律、行政法规、地方性法规强制施行的意外伤害保险。

（四）按承保方式分类

按承保方式不同，人身意外伤害保险可以分为以下两种：

（1）个人意外伤害保险，即以个人方式投保的人身意外伤害保险，一张保险单只承保一名被保险人。

（2）团体意外伤害保险，即以团体方式投保的人身意外伤害保险，该保险是一个团体内的全部或大部分成员集体向保险公司办理投保手续，以一张保险单承保的意外伤害保险。团体指投保前已经存在的机关、学校、社会团体、企业、事业单位等，而不是为了投保结成的团体。与个人意外伤害保险相比，团体意外伤害保险具有简化手续、节省费用、有效防止逆选择等优越性。因此，在保险责任相同的条件下，团体意外伤害保险的费率要比个人意外伤害保险低。

（五）按保险危险分类

按保险危险不同，人身意外伤害保险可以分为以下两种：

（1）普通意外伤害保险承保的危险是在保险期限内发生的各种一般意外伤害，该保险是被保险人在保险有效期内，因遭受意外伤害而致死亡、残疾或暂时丧失工作能力时，由保险人给付保险金的保险。一般可保意外伤害是指在一般情况下都可以承保的意外伤害，除不可保意外伤害，特约保意外伤害以外，均属一般可保意外伤害。

（2）特定意外伤害保险，即以特定时间、特定地点或特定原因发生的意外伤害为保险危险的意外伤害保险。例如，旅行意外伤害保险、索道游客意外伤害保险、登山意外伤害保险和电梯乘客意外伤害保险等。

（六）按险种结构分类

按险种结构不同，人身意外伤害保险可以分为以下两种：

（1）单纯意外伤害保险，即一张保险单承保的保险责任只限于意外伤害。

（2）附加意外伤害保险有两种情况：一是其他保险附加意外伤害保险；二是意外伤害保险附加其他保险责任。

三、人身意外伤害保险的内容

（一）人身意外伤害保险的保险责任

1. 保险责任的内容

保险责任是指保险人承担的经济损失补偿或人身保险金给付的责任。人身意外伤害保险的保险责任项目包括死亡给付、残疾给付、医疗给付、住院津贴、失能津贴等。医疗给付、住院津贴和失能津贴通常附加于意外身故及残疾责任项下，保险人只有投保了前两项责任，才可以附加投保后三种责任。

死亡保险的责任是被保险人因疾病或意外伤害所致死亡，不负责意外伤害所致的残疾。两全保险的保险责任是被保险人因疾病或意外伤害所致的死亡以及被保险人生存到保险期结束。人身意外伤害保险、死亡保险和两全保险的责任比较如图 6-4 所示。

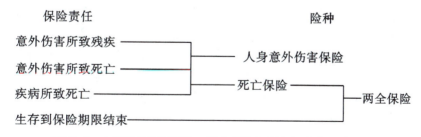

图6-4　人身意外伤害保险、死亡保险和两全保险责任对比图

2. 保险责任的构成条件

（1）**被保险人在保险期限内遭受了意外伤害**。被保险人在保险期限内遭受意外伤害是构成意外伤害保险责任的首要条件。这一条件包括两方面的要求：一方面是意外伤害必须是客观发生的事实，而不是臆想或推测的；另一方面是被保险人遭受的意外伤害的客观事实必须发生在保险期限之内。

（2）**被保险人死亡或残疾**。被保险人在责任期限内死亡或残疾，是构成意外伤害保险责任的必要条件之一。这一条件包括以下两方面要求：

①被保险人死亡或残疾。死亡是指个人生命活动的永久终止。公民死亡分为生理死亡和宣告死亡。生理死亡是指个体的心跳、呼吸、大脑均告停止时被确定的死亡；宣告死亡是指人民法院对下落不明满一定时期的公民，经利害关系人的申请而对其作出的宣告死亡的行为。《民法典》第四十六条规定："自然人有下列情形之一的，利害关系人可以向人民法院申请宣告该自然人死亡：（一）下落不明满四年；（二）因意外事件，下落不明满二年。因意外事件下落不明，经有关机关证明该自然人不可能生存的，申请宣告死亡不受二年时间的限制。"

残疾包括两种情况：第一种情况是人体组织的永久性残缺（或称缺损），如肢体断离；第二种情况是人体器官正常机能的永久丧失，如丧失视觉、听觉、嗅觉、语言机能、运动障碍等。

②被保险人的死亡或残疾发生在责任期限内。责任期限是人身意外伤害保险和健康保险特有的概念。责任期限是指当保险期限结束，保险公司仍无法判断、鉴定被保险人最终结果时，可适当延长一段时间，以对结果作出合理、公平的判断，这段延长的时间称为责任期限。人身意外伤害保险中，责任期限有 90 天、180 天，一般不超过 1 年。如果被保险人在保险期限内遭受意外伤害，在责任期限内死亡，则构成保险责任。但是，如果被保险人在保险期限内因意外事故下落不明，自事故发生之日起满 2 年，法院宣告被保险人死亡后，责任期限已经超过，为了解决这一问题，可以在人身意外伤害保险中订有失踪条款或在保险单上签注关于失踪的特别约定。失踪条款规定被保险人确因意外伤害事故下落不明超过一定期限（如 3 个月、6 个月等）时，视同被保险人死亡，保险人给付死亡保险金，如果被保险人以后生还，受领保险金的人应把保险金返还给保险人。

责任期限对于意外伤害造成的残疾实际上是确定残疾程度的期限。如果被保险人在保险期限内遭受意外伤害，责任期限内治疗结束并被确定为残疾，则根据确定的残疾程度给付残疾保险金；如果被保险人在保险期限内遭受意外伤害，责任期限结束时治疗仍未结束，尚不能确定最终是否造成被保险人残疾以及何种程度的残疾，即以责任期限结束时的残疾情况确定残疾程度，并按照这一残疾程度给付残疾保险金。此后，即使被保险人经过治疗痊愈或残疾程度减轻，保险人也不追回全部或部分残疾保险金；反之，即使被保险人加重了残疾程度或死亡，保险人也不追加给付保险金。

（3）**意外伤害是死亡或残疾的直接原因或近因**。人身意外伤害保险中，被保险人在保险期限内遭受了意外伤害，并且在责任期限内死亡或残疾，并不意味着构成保险责任，只有当意外伤害与死亡、残疾之间存在因果关系，即意外伤害是死亡或残疾的直接原因或近因时，才构成保险责任。意外伤害与死亡、残疾之间的因果关系包括以下三种情况：

①意外伤害是死亡、残疾的直接原因，即当意外伤害是被保险人死亡、残疾的直接原因时，才构成保险责任，保险人才按照保险金额给付死亡保险金或按照保险金额和残疾程度给付残疾保险金。

②意外伤害是死亡或残疾的近因，即意外伤害是引起直接造成被保险人死亡、残疾的事件或一连串事件的最初原因。

③意外伤害是死亡或残疾的诱因，即意外伤害使被保险人原有的疾病发作，从而加重后果，造成被保险人死亡或残疾。当意外伤害是被保险人死亡、残疾的诱因时，保险人不是按照保险金额和被保险人的最终后果给付保险金，而是比照身体健康者遭受这种意外伤害会造成何种后果给付保险金。

（二）人身意外伤害保险的给付方式

人身意外伤害保险属于定额给付型保险，当发生保险责任范围内的保险事故时，保险人按合同约定的保险金额给付死亡保险金或残疾保险金。

在人身意外伤害保险合同中，死亡保险金的数额是保险合同中约定的，当被保险人死亡时按合同约定保险金额进行支付。残疾保险金的数额则是由保险金额和伤残等级两个因素确定，在计算残疾保险金时，应先根据伤残情况，在同类别伤残下，确定伤残等级。然后根据伤残等级对应的百分比，确定保险金给付比例，残疾保险金的计算公式如下：

残疾保险金＝保险金额×保险金给付比例

《人身保险伤残评定标准》对功能和残疾进行了分类和分级，将人身保险伤残程度划分为1~10级，最重为第1级，最轻为第10级。与人身保险伤残程度等级相对应的保险金给付比例分为10档，伤残程度第1级对应的保险金给付比例为100%，伤残程度第10级对应的保险金给付比例为10%，每级相差10%。例如，眼球损伤或视功能障碍，《人身保险伤残评定标准》中根据实际情况，将残疾程度分为1~7级（见表6-1）。

表6-1 眼球损伤或视功能障碍

双侧眼球缺失	1级
一侧眼球缺失，且另一侧眼盲目5级	1级
一侧眼球缺失，且另一侧眼盲目4级	2级
一侧眼球缺失，且另一侧眼盲目3级	3级
一侧眼球缺失，且另一侧眼低视力2级	4级
一侧眼球缺失，且另一侧眼低视力1级	5级
一侧眼球缺失	7级

注：视功能是指与感受存在的光线和感受视觉刺激的形式、大小、形状和颜色等有关的感觉功能。人身保险伤残评定标准中的视功能障碍是指眼盲目或低视力。

人身意外伤害保险中，保险金额不仅是确定死亡保险金、残疾保险金数额的依据，而且是保险人给付保险金的最高限额，即保险人给付每一被保险人死亡保险金、残疾保险金累计不超过该被保险人的保险金额为限。

当同一次保险事故造成被保险人两处或两处以上伤残时，应首先对各处伤残程度分别进行评定，如果几处伤残等级不同，以最重的伤残等级作为最终的评定结论；如果两处或两处以上伤残等级相同，伤残等级在原评定基础上最多晋升1级，最高晋升至第1级。

若被保险人在保险期限内多次遭受意外伤害，则保险人对每次意外伤害造成的残疾或死亡均按照保险合同中的规定给付保险金，但给付的保险金累计不超过保险金额。

思政案例：　　　老年人意外伤害保险——银龄安康行动

由于老年人身体和生理上的特殊性，他们在日常生活中发生跌倒摔伤、碰撞受伤等意外伤害的概率要大大高于其他年龄段的人群，一旦丧失自理能力，将会加重老年人及其家庭的经济负担。老年人意外伤害保险是典型的社会服务领域涉老适老的商业保险产品，能有效发挥商业保险在减轻政府压力、补偿出险老年人家庭经济损失、服务社会治理等方面的作用。

2016年4月14日，全国老龄办、民政部等四部门联合下发了《关于开展老年人意外伤害保险工作的指导意见》（全国老龄办发〔2016〕32号），对各地开展老年人意外伤害保险提出指导意见。

2020年12月25日，广州市卫健委和民政局联合发布《关于推进"银龄安康行动"全覆盖的通知》（穗卫规字〔2020〕8号），由政府统筹组织为广州市60周岁及以上户籍老年人每人每年购买一份意外伤害综合保险（以下简称"统保"），确保广州市户籍老年人"银龄安康行动"的参保率达到100%。统保的方案概述如下：

一、统保对象

统保对象为广州市60周岁及以上户籍老年人，以上年年底广州市户籍老年人的数量为总参保人数。

二、承保单位

广州市老龄办、各区负责"银龄安康行动"的工作部门按政府采购相关规定选定老年人意外伤害综合保险的承保单位。

三、保险费用及经费来源

政府统保的老年人意外伤害综合保险费用为每人20元/年，具体在保险合同中约定。广州市老龄办负责全市最低生活保障家庭中的老年人、低收入困难家庭中的老年人、特困人员中的老年人、享受抚恤补助待遇的老年优抚对象、计划生育家庭中失去独生子女或独生子女三级以上残疾的老年人等五类60周岁及以上户籍特殊困难老年人（以下简称"五类特殊困难老年人"）的统保并落实经费；其余60周岁及以上户籍老年人由各区负责"银龄安康行动"工作部门落实统保及相关经费。统保所需经费可通过财政支持、福利彩票公益金资助、社会捐赠等多渠道方式筹集。

四、保障内容

以每人 20 元/年为标准的保障项目及保障金额如下：

（1）意外伤害身故（伤残）补偿金为 6 000 元；

（2）意外伤害住院津贴为 60 元/天（全年限 180 天）。

各区可以根据具体情况与承保单位协商调整、细化保障内容。

五、统保模式

广州市统保实行"大保单"模式，即广州市老龄办、各区负责"银龄安康行动"工作部门分别代表广州市五类特殊困难老年人、本区 60 周岁及以上户籍老年人（五类特殊困难老年人除外）与承保单位签订统保协议书，向承保单位统一支付保险费。

资料来源：根据广州市《关于推进"银龄安康行动"全覆盖的通知》及新华网相关资料整理。

第五节　健康保险

一、健康保险的概念

健康保险有狭义和广义之分，狭义的健康保险是指商业健康保险；广义的健康保险包括社会医疗保险和商业健康保险。本书所指的健康保险是商业健康保险。

健康保险是指以被保险人的身体为保险标的，对被保险人因遭受疾病或意外伤害事故所发生的医疗费用或导致工作能力丧失所引起的收入损失，以及因为年老、疾病或意外伤害导致需要长期护理的损失获得经济补偿的一种人身保险。

二、健康保险的特征

虽然健康保险是以人的身体为保险对象，属于人身保险的范畴，但是事实上健康保险有许多不同于人身保险的特点，一般来说，健康保险有以下几方面的特征：

（一）医疗保险适用代位原则和分摊原则

人身保险由于保险标的是被保险人的寿命和身体，不能用货币来衡量其价值，所以人身保险不适用损失补偿原则及其派生原则——代位原则和分摊原则，但健康保险中的医疗保险例外。医疗保险是对被保险人由于意外伤害或者疾病导致的医疗费用进行补偿，由于这种医疗费用是可以实际确定和计算的，因此当这种费用损失是由于第三者责任造成的时候，如果该医疗费用已经从第三方得到全部或部分补偿，保险人就可以不再给付，或者只给付第三方补偿后的差额。如果保险人已经支付了医疗保险金，则被保险人应当将向第三者请求赔偿的权利转让给保险人[1]。同样地，如果被保险人在两家或两家以上的保险公司投保了医疗保险，当发生保险事故导致医疗费用支出的时候，医疗费用的损失则在几家保险公司之间进行分摊。

(二) 承保标准较为严格

一方面，由于承保疾病造成的医疗费用、丧失劳动能力的损失等，健康保险的承保条件较人寿保险要严格得多，通常需要被保险人进行体检，并填写详细的投保单，告知既往病史、家族遗传疾病等。另一方面，由于信息的不对称，在健康保险中保险公司也比较容易面临道德风险和逆选择的风险。投保人带病投保、冒名顶替体检，被保险人无病住院、小病大养、伪造或者涂改医疗费用收据等情况时有发生，因此核保人员需要对健康保险的被保险人仔细审核，除了考虑其体格、家族病史等因素以外，其从事的职业、居住的地理位置等也是需要重点考虑的因素。在健康保险的承保标准方面，保险人一般会通过观察期、弱体保险、除外责任等方式来控制被保险人的逆选择和道德风险。

(三) 采取成本分摊的方法

在保险理赔的过程中，保险公司理赔人员为了防止有伪造医疗发票、涂改发票等欺诈行为的发生，必须对被保险人提供的医疗单证进行认真的审查。尽管如此，仍然还存在着道德风险发生的可能性。因此，为了尽可能地控制道德风险，在健康保险特别是医疗保险中，保险人对所承担的给付责任采用免赔额条款、比例共付、给付限额条款、观察期等规定进行成本分摊。

1. 免赔额条款

免赔额是保险公司在承保时规定的、发生保险事故所致的损失由被保险人自行负担的金额，免赔额也可以称之为自付额、扣除额。实行免赔额的基本做法是：当被保险人就医时，其费用在免赔额之内，被保险人自付，超出部分由保险公司补偿。超出免赔额保险公司开始偿付时的界限称为起付线。

在医疗保险中设置免赔额的主要目的是控制道德风险，减少医疗资源的浪费。如果被保险人无原则地多支付医疗保险费，则既损害了保险公司的利益，也损害了自己的利益，于是被保险人会主动地督促医疗服务单位尽量避免不必要的医疗费用支出。当然，降低了医疗费用的支出，会减少保险公司的经营成本。实际上设置免赔额还有一层考虑，那就是把轻微疾病所致的小额零星的医疗费用视为被保险人正常的生活费用，保险公司不予补偿不会造成被保险人的生活困难，还能减少被保险人的保费支出，显然是可行的。免赔额的明显缺陷是被保险人的医疗费用一旦超出了免赔额，无论医疗价格或医疗费用多么昂贵都由保险公司承担，与被保险人的自

---

[1] 《保险法》第四十六条规定："被保险人因第三者的行为而发生死亡、伤残或者疾病等保险事故的，保险人向被保险人或者受益人给付保险金后，不享有向第三者追偿的权利，但被保险人或者受益人仍有权向第三者请求赔偿。"这样就导致在实践中操作起来比较困难，法院通常会认为在医疗费用保险中保险人不得享有代位求偿权。

身利益无关。被保险人就会在没有任何经济负担的情况下毫无顾忌地大量消耗不必要的医疗服务，从而造成保险公司医疗保险成本的大幅度上升。

免赔额的形式有以下几种：

（1）绝对免赔额。被保险人支出的医疗费用只有超过免赔额才能得到赔付，赔付的金额为超过免赔额部分与除外医疗费用的差额，用公式表示如下：

保险公司赔付金额＝（实际医疗费用支出－除外医疗费用支出）－免赔额

（2）相对免赔额。被保险人支出的医疗费用只有超过免赔额才能得到给付，得到的金额为医疗费用实际发生额与除外医疗费用的差额，用公式表示如下：

保险公司赔付金额＝实际医疗费用支出额－除外医疗费用支出

2. 比例给付条款

给付比例是指保险人给付的医疗保险费占被保险人实际支出医疗费用的比重。大多数医疗保险合同中，对超过免赔额的医疗费用，采用按比例给付的方式，以分摊医疗成本。这样做，既保障了被保险人的经济利益，也促使被保险人节约医疗费用，有助于被保险人精打细算。

从国外的情况来看，自负比例一般约为20%。该费用的分摊特点是被保险人与保险人各方始终都承担一定比例的医疗费用，其总费用越低，自负比例越高。根据卫生经济学的需求价格弹性理论，给付比例能够改变医疗费用的分布。若自负部分定得太低，医疗服务需求对其价格没有任何反应，医疗消耗就会很大，医疗费用就会很多，道德风险发生的概率就会大大增加。反之，若自负部分定得太高，就会增加医疗保险需求者的心理压力，影响其经济承受能力，从而不利于医疗保险的开展。

3. 给付限额条款

限额给付是指在合同中规定最高给付金额，医疗费实际支出超过最高限额部分，由被保险人自己负担。保险人通常采用这种方法以控制总支出水平。限额给付适用于住院医疗保险，一般说来，超限额医疗费用的发生只是少部分人，所占比例较小。在保险实务中，保险人通常将保险责任限制与医疗费用的分摊方法结合起来控制被保险人的医疗费用支出，降低保险成本。

4. 观察期

观察期是指在合同生效一段时间内，被保险人发生保险事故，保险人不负保险责任。设置观察期的主要目的是减少由于带病投保导致的经营风险增加，从而降低赔付率。

医疗保险的观察期通常为30～90天，疾病保险的观察期大多为180天，意外伤害及意外医疗保险通常没有观察期。健康保险理赔过程中，需要首先审核被保险人出险时是否尚在保单观察期内，若还在观察期内，则按约定不承担保险金给付责任。一般情况下，续保或者连续投保一年期的健康保险时，不存在观察期。

（四）具有"健康风险管理"功能

传统的健康保险只强调健康风险的分担以及健康损失的事后补偿。随着健康保险理念的不断发展，新型的健康保险已经不再仅仅局限于损失的事后补偿，更加强调的是事前的风险控制。保险公司在销售健康保险产品后，不再是被动地处理各种事故发生后的索赔事件，而是对客户进行全过程的健康风险管理。通过健康教育、健康风险评估、体检方案设计、诊疗咨询、康复指导等多种有效方式，提高客户的健康水平，从而从源头上降低发病率和理赔风险，这样既能给客户带来高附加值的客户服务，提高客户对保险公司的黏度，又能够提高健康保险的盈利能力，推动健康保险业务的良性发展。"健康风险管理"的引入给传统的健康保险经营理念带来了革命性的变化，使健康保险由过去的"保疾病"变成真正的"保健康"，更加体现出健康保险为居民健康保驾护航的社会责任。

三、健康保险的种类

从不同的角度出发，按照不同的标准，可以对健康保险进行多种不同形式的分类，以下是健康保险较常见的几种分类形式：

（一）根据投保对象的不同划分

根据投保对象的不同，健康保险可以分为个人健康保险和团体健康保险。

1. 个人健康保险

个人健康保险是只对一个被保险人提供健康保障的健康保险，一般通过保险代理人或互联网渠道等进行销售，在承保、理赔和保费等方面都比团体健康保险要复杂。

2. 团体健康保险

团体健康保险是保险公司与团体保单持有人之间订立的健康保险合同，对该团体的成员提供健康保障。投保团体必须是在投保前就已经依法成立的组织，而不能是因为保险而临时集结在一起拼凑而成的团体。在团体医疗费用保险保障的对象中，有的产品还可以包括团体成员的家属和子女。由于团体健康保险的销售和管理都比个人健康保险简单，因此在同样的保障内容下，团体健康保险的管理成本要比个人健康保险低，因而保费也较个人健康保险优惠。

（二）根据保险责任的不同划分

根据保险责任的不同，健康保险可以分为疾病保险、医疗保险、失能收入损失保险和护理保险。

1. 疾病保险

疾病保险是以保险合同约定的疾病发生为给付保险金条件的保险。只要被保险人得到医院的疾病确诊通知书就可以给付保险金，而不论被保险人是否有因为治疗疾病而产生的医疗费用，通常是定额给付型，最主要的产品类型是重大疾病保险。

2. 医疗保险

医疗保险是健康保险的最重要组成部分，是指为被保险人提供医疗费用保障的保险，当被保险人因患病或伤害需支付药费、手术费、诊疗费、护理费、住院费等医疗费用时，由保险人按规定给付保险金的保险。被保险人投保医疗保险的目的在于补偿医疗费用的支出，所以医疗保险实际就是医疗费用保险，是医疗费用保险的简称。医疗保险的保险金给付以医疗费用的支出为条件。不同的医疗保险产品所保障的费用项目和补偿内容各不相同。

3. 失能收入损失保险

失能收入损失保险又称为失能保险、残疾收入保险、收入补偿保险，是指当被保险人由于疾病或意外伤害导致残疾，丧失劳动能力不能工作，以致失去收入或减少收入时，由保险人在一定期限内给付保险金的保险。失能收入保险的主要目的是为被保险人因丧失工作能力导致收入方面的丧失或减少提供经济上的保障，它并不承保被保险人因疾病或意外伤害所发生的医疗费用。

4. 护理保险

护理保险是指以因保险合同约定的日常生活能力障碍引发的护理需要为给付保险金条件，为被保险人的护理支出提供保障的保险，主要目的是为因年老、疾病或伤残而需要长期照顾的被保险人提供护理服务费用补偿。护理保险的主要形式是长期护理保险，除此之外，还有少儿看护保险、全残护理保险等。

（三）根据续保条件的不同划分

根据续保条件的不同，健康保险可以分为不可撤销健康保险、保证续保健康保险、有条件续保健康保险、选择性续保健康保险和可任意撤销健康保险等。

1. 不可撤销健康保险

不可撤销健康保险是指保险公司在任何情况下都不能拒绝投保人的续保申请，只要被保险人预交一定金额的保证费就有权利每年续保直至规定年数或者规定年龄（通常是 60 岁或 65 岁）。残疾收入损失保单通常是不可撤销的，而医疗费用保单很少是不可以解除的。这种保单由于保险人承担的风险大，因此保险成本也高。

2. 保证续保健康保险

保证续保健康保险是指保证被保险人续约至特定年龄为止（通常是 60 岁或终身），保险公司可以依据被保险人续保时的年龄、健康状况调整保费，而不考虑被保险人当时的健康状况如何，只要被保险人提出续保申请，保险人就必须继续承保，但调整权必须对同一类别的所有保单而不是个别保单行使。

3. 有条件续保健康保险

这种保单规定，保险人只能根据保单载明的特定理由拒绝续保（特定理由通常是被保险人的年龄和职业状况），而不能与被保险人的健康状况有关。因此，在一般情况下，保险人要按期续保其合同，直至某一特定的时间或年数，如承保 10 年以上或被保险人年龄达 50 岁。

4. 选择性续保健康保险

这种保单规定，保险人可以在某些约定日期（通常是保单生效对应日或保费到期日）拒绝续保。针对同类保单，保险人还可以增加保障的限制条件或增加保险费率。同类保单是指某一险种的所有保单，或对某一组特定的被保险人签发的所有保单。例如，在某一地区所有的同类有效保单，对某一特定年龄的被保险人签发的所有保单。

5. 可任意撤销健康保险

可任意撤销健康保险是最早的健康保险合同的形式。这种保单允许保险人在任何期间以任何理由解除保险合同，变更保费或变更责任范围。保险人只需向被保险人发出通知，保险合同即被解除，但解除合同时，对已经发生尚未处理完毕的保险事故，则仍需按原来合同规定的条件承担责任。这种保单的优点是保险人承担的风险小，因此其投保成本低，承保条件也相对宽松。

（四）根据给付方式的不同划分

根据给付方式的不同，健康保险可以分为定额给付型健康保险、费用补偿型健康保险和提供服务方式型健康保险等。

1. 定额给付型健康保险

定额给付型健康保险又称为津贴给付型健康保险，是指在合同中规定疾病种类或者治疗方式，保险公司向被诊断患有保险合同规定疾病的被保险人，一次或分期支付保险合同规定的金额。这种保险方式一般不需要提供医疗费用单据，而且与其他社会医疗保险的给付并不发生矛盾，对保险公司而言也比较好控制风险。

2. 费用补偿型健康保险

费用补偿型健康保险又称为报销方式健康保险，是一种较为普遍的给付方式，是指被保险人的患病治疗费用如果在保险公司规定的限额、范围以内，由保险公司予以报销补偿。

3. 提供服务方式型健康保险

提供服务方式型健康保险是指健康保险组织一般都使用向被保险人提供医疗服务方式，并由其向提供服务的医院和医生支付费用和报酬，被保险人在接受医疗服务后不用（或较少）支付医疗费用。

（五）根据保险合同结构形式的不同划分

根据保险合同结构形式的不同，健康保险可以分为健康保险主险和健康保险附加险。

1. 健康保险主险

健康保险主险是指健康保险可以单独出单，承保由于意外事故或者疾病造成的收入或者医疗费用损失，或者同时承保这两类损失。

2. 健康保险附加险

健康保险附加险是指不能单独出单，而是附加于主险之上作为附加险种出单，与主险同时投保的健康保险，如终身寿险中附加住院医疗费用补贴保险，学生、幼儿平安保险中附加意外伤害医疗保险和住院医疗保险。

思政案例：　　　　"穗岁康"提升群众医疗保障水平

党的二十大报告提出："促进多层次医疗保障有序衔接，完善大病保险和医疗救助制度，落实异地就医结算，建立长期护理保险制度，积极发展商业医疗保险。"这对进一步推动医疗保障事业高质量发展提出了具体要求。"穗岁康"作为商业补充健康保险的创新，有助于促进多层次医疗保障有序衔接，进一步解除市民医疗的"后顾之忧"，让市民有更多的获得感、幸福感、安全感。

2020年12月，广州市创新试点"政府指导、商业运作"的"穗岁康"商业补充健康保险，对广州市常住居民投保和理赔均不限年龄、不限既往症，自费药品不限病种范围、不限药品品种报销，年度保费180元即可最高享受245万元保障，待遇范围涵盖住院、门诊特定病种、普通门诊等，重点减轻医保目录范围外的自费医疗费用负担，并通过医保系统实现一站式结算，让广大市民买得起、买得到、便捷用、安心用。

广州市医疗保障局相关负责人介绍，自试点以来，"穗岁康"共为1 100多万名广州市参保群众的健康保驾护航，为740余万个家庭筑建起安心保障，解决了超过8.5万名患者在高额医疗费用方面的后顾之忧，得到了社会各界的广泛认可和支持。

在投保方面，"穗岁康"投保人数保持稳定在367万~384万人，投保率超过广州市基本医疗保险参保人数的28%。投保人群的平均年龄为41.8岁，年龄最大的为114岁的高龄老人，年龄最小的为刚出生20天的新生婴儿。除广州市基本医保参保人外，投保人群中还包括约21万名在广州市长期居住和工作的新业态从业人员，还有约1万名港澳居民投保"穗岁康"。

在赔付方面，从试点开始截至2023年9月底，"穗岁康"合计赔付48.6万人次，赔付金额14.6亿元，减轻个人负担率达37.8%。已获赔参保人中，人均获赔1.8万元，获赔金额最高的达104.9万元。"穗岁康"赔付金额排名前二位的疾病包括恶性肿瘤、尿毒症和肺部感染，均为临床常见的重大疾病，切实减轻了参保群众个人医疗费用负担，有效提升了参保群众的综合医疗保障水平。

参保人员参加"穗岁康"并足额缴纳保费后，可以按规定享受以下待遇：

待遇一：参保人员按规定在医保定点医疗机构住院和进行门诊特定病种治疗发生的基本医疗费用个人负担部分，由"穗岁康"资金按规定支付，年度累计最高支付限额为100万元。

待遇二：参保人员按规定在医保定点医疗机构住院发生的确因病情需要使用的合规药品费用和检验检查费用个人负担部分，由"穗岁康"资金按规定支付，年度累计最高支付限额为100万元。

待遇三：参保人员按规定在医保定点医疗机构进行门诊特定病种和普通门诊（急）诊治疗，确因病情需要发生的合规药品费用个人负担部分，由"穗岁康"资金按规定支付，年度累计最高支付限额为30万元。

待遇四：符合条件的参保人员按规定发生的特殊医用耗材费用、确因病情需要使用的长效针剂药品费用、见义勇为人员在救治期间发生的合规医疗费用，属于个人负担部分由"穗岁康"资金按规定支付。

"穗岁康"的待遇核算在享受相应社会医疗保险或其他相应医疗保障待遇后进行。属于享受广州市医疗救助待遇的参保人员，享受"穗岁康"待遇后，再按规定享受医疗救助待遇。

资料来源：薛仁政. 已赔付14.6亿元！2024年"穗岁康"将提供更多服务［EB/OL］.（2023-11-08）［2024-02-20］. https://news.ycwb.com/2023-11/08/content_52314217.htm.

重要术语

人身保险　人寿保险　联合保险　标准体保险　弱体保险　死亡保险　定期死亡保险
终身死亡保险　生存保险　两全保险　分红保险　万能保险　投资连结保险
年金保险　人身意外伤害保险　健康保险　疾病保险　医疗保险　失能收入损失保险
护理保险　医疗意外保险　保证续保健康保险

复习思考题

1. 简述人身保险的特点。
2. 简述人身保险的分类。
3. 简述定期死亡保险的特点。
4. 简述分红保险红利的来源及红利的分配方式。
5. 简述万能寿险的特点以及与投资连结保险的优劣势比较。
6. 简述年金保险的种类。
7. 如何理解人身意外伤害保险中的意外伤害？
8. 简述人身意外伤害保险中残疾保险金的给付方式。
9. 简述健康保险的特征。
10. 简述健康保险的分类。

参考文献

1. 魏华林，林宝清. 保险学［M］. 4 版. 北京：高等教育出版社，2017.
2. 王海燕，郭振华. 保险学［M］. 北京：机械工业出版社，2011.
3. 黄守坤，孙秀清. 保险学［M］. 北京：机械工业出版社，2009.
4. 陶存文. 人寿保险理论与实务［M］. 北京：高等教育出版社，2011.
5. 张旭升，周灿. 人身保险理论与实务［M］. 北京：电子工业出版社，2010.
6. 张晓. 商业健康保险［M］. 北京：中国劳动社会保障出版社，2005.
7. 陈滔. 健康保险［M］. 北京：中国财政经济出版社，2011.
8. 刘冬姣. 人身保险［M］. 北京：中国金融出版社，2022.

第七章　保险公司经营管理

第一节　保险公司经营管理概述

一、保险公司经营管理的概念

保险业经营是指保险企业为实现一定的经济目标而进行的筹划、决策以及决策实施的过程，也就是以获得一定的经济利益和实现特定职能为目的的经济行为[1]。保险业务经营活动通常包括展业、投保、承保、分保、防灾、理赔及资金运用等环节[2]。狭义的保险公司经营管理是指所有为获得公司持续发展和盈利所从事的一系列展业、承保、理赔、投资等业务管理活动。广义的保险公司经营管理还包括为提升经营效率所从事的组织、精算、财务、计划、人力、偿付能力等内部管理活动。本章主要讨论狭义的保险公司经营管理。

现代保险运作的思想就是把保险作为一种商品来经营，而不是把保险经营局限在互助互济方面。保险运作包括承保、核保、分保、投资、理赔等环节。保险公司的运作有经济核算、随行就市等一般原则，也有风险考量、风险选择等特殊原则。现代保险运作特征是以市场为导向，以竞争为手段，以经济效益为中心，以法律为准绳[3]。

二、保险公司经营的原则

（一）经济核算原则

经济核算原则是一般企业共同遵循的重要原则。经济核算是指利用价值形式，

---

① 刘金章. 保险学教程［M］. 北京：中国金融出版社，2003：127.
② 吴定富. 保险原理与实务［M］. 北京：中国财政经济出版社，2005：97.
③ 刘连生. 保险学［M］. 北京：中国财政经济出版社，2013：173.

记录、计算、分析和比较生产经营活动中的劳动耗费和劳动成果，使公司以收抵支，并取得盈利①。经济核算原则就是指自负盈亏的独立市场主体在日常经营活动中必须坚持经济核算。

1. 实行经济核算可以提升劳动生产率

在国内保险业恢复发展的相当长一段时期内，真正意义上的独立的、自负盈亏的保险市场主体不占主导地位，所以经济核算没有得到足够的重视，从而最终导致1997年年底发生"利差损"事件。直到2003年左右，在传统保险巨头陆续改制上市之后，经济核算原则才得到重视。通过经济核算，保险公司可以持续优化资源配置和使用方式，有效提升劳动生产率。

2. 实行经济核算可以比较和发现本公司的竞争优势

以价值形式进行的量化核算，便于比较不同公司的劳动成本和劳动效率等指标，从而便于进行纵向或横向的比较，有利于保险公司比较和发现本公司的竞争优势，有利于推动保险创新实践。例如，华安财产保险公司"万家连锁"门店计划等一系列改革举措的推出、平安财产保险公司等主导的车险电销渠道发展等。

3. 实行经济核算可以有效处理国家、公司和个人的利益关系

通过经济核算，可以衡量个人对公司的贡献，从而判断其应获得的合理报酬，有效化解国家、公司和个人的经济利益冲突，协调三者之间的经济利益关系，调动个人的积极性。

（二）市场导向原则

保险公司在经营过程中必须以客户需求为中心，这是因为供给最终是由需求决定。消费者需求的改变会导致保险公司经营重心等一系列要素随之发生改变。20世纪90年代初，我国改革开放的步伐加快，"下海潮"兴起，上海等经济发达地区出现了一批脱离传统社会保障体系的人，亟须商业保险填补这一空白。随后几年中，保险公司寿险业务经营重心由团体保险转向个人保险，并得到长足发展。到1997年年底，全国寿险保费收入首次超过财险保费收入。遵循市场导向原则，保险公司较好地抓住了这一次寿险发展机遇。当前正处于互联网消费快速发展时期，保险公司在经营中要继续遵循这一原则，把握本次罕见的历史发展机遇，大力发展互联网保险业务。

以市场为导向，还必须关注主要竞争者即其他同业保险公司的市场行为。处于市场竞争不同地位的保险公司，对本行业发展和对本企业发展的影响程度有差异。在我国，保险行业经常被称为"朝阳行业"，这也说明我国保险市场还处于快速发展的不稳定期。在特殊条件下，保险公司经营方面的细微改变都可能导致竞争力对比发生变化，并最终影响整个保险市场的竞争格局。1999年，平安人寿保险公司在国内率先推出投连险，这种产品策略的改变使平安人寿保险公司与中国人寿保险公司和太平洋人寿保险公司等的竞争态势出现明显改变。

---

① 魏巧琴. 保险公司经营管理 [M]. 上海：上海财经大学出版社，2012：15.

（三）薄利多销原则

薄利多销的确可以有效扩大销售量，压制竞争对手，但是不能保证本公司利润最大化，也不能保证本公司技术和服务领先必要的成术补偿。许多著名企业的发展历程已经证明这一判断。薄利多销原则不能普遍适用，但是保险公司经营有特殊性，这种特殊性主要源于保险职能的特殊性——保险社会管理职能。如果贯彻落实这一职能，保险公司就应该比其他行业企业更注重消费者利益最大化和社会利益最大化，而不是单方面的保险公司利益最大化。换言之，从企业社会责任的角度来看，薄利多销原则对大多数保险公司是适用的。

（四）风险大量原则

风险大量原则是指保险人在可保风险的范围内，根据自己的承保能力，努力承保尽可能多的风险和标的。第一，保险的经营过程实际上就是风险管理过程，而风险的发生是偶然的、不确定的，保险人只有承保尽可能多的风险和标的，才能建立起雄厚的保险基金，以保证保险经济补偿职能的履行。第二，保险经营是以大数法则为基础的，只有承保大量的风险和标的，才能使风险发生的实际情形更接近预先计算的风险损失概率，从而确保保险经营的稳定性。第三，扩大承保数量是保险企业提高经济效益的一个重要途径。

（五）风险选择原则

风险选择原则要求保险人充分认识、准确评价承保标的的风险种类与风险程度，以及投保金额恰当与否，从而决定是否接受投保。保险人对风险的选择表现在两方面：一方面是尽量选择同质风险的标的承保；另一方面是淘汰那些超出可保风险条件或范围的保险标的。保险公司可以进行事先风险选择，也可以进行事后风险选择。

1. 事先风险选择

事先风险选择是指保险人在承保前考虑决定是否接受承保。此种选择包括对"人"和"物"的选择。所谓对"人"的选择，是指对投保人或被保险人的评价与选择。所谓对"物"的选择，是指对保险标的及其利益的评估与选择。

2. 事后风险选择

事后风险选择是指保险人对保险标的风险超出核保标准的保险合同作出淘汰的选择。保险合同的淘汰通常有以下三种方式：

（1）等待保险合同期满后不再续保；

（2）按照保险合同规定的事项予以注销合同；

（3）保险人若发现被保险人有明显误告或欺诈行为，可以中途终止承保，解除保险合同。

（六）风险分散原则

风险分散原则一般是指由多个保险人或被保险人共同分担某一风险责任。其实这是从风险分散的主体因素来进行定义。保险公司可以与其他保险人等主体分散风险，如分保（再保险）、共同保险、风险证券化等。保险公司也可以与投保人或被保险人分散风险，如限制保险金额、规定免赔额（率）、实行比例承保、共付等。

此外，保险公司可以从时间因素方面进行风险分散，即确保保险合同期限不集中在某一特定时期或时点。保险公司也可以从地理因素方面进行风险分散，即确保所承保的业务不集中于某地或某些区域风险特征明显地区。保险公司甚至还可以从业务种类因素方面考虑进行风险分散，如确保各项业务相对均衡发展，不过度集中于某一种业务等。保险公司遵循风险分散原则需要综合考虑多种因素。

三、保险公司经营的目标

（一）长期目标、中期目标和近期目标

从保险公司发展战略的角度划分，保险公司经营目标可分为长期目标、中期目标和近期目标。

1. 长期目标

长期目标是保险公司总目标的集中概括，是保险公司经营所要实现的公司未来发展的预期结果。保险公司长远目标一般指保险公司 10 年或 10 年以上的远期规划。其主要内容包括保险公司的发展方向、经营规模和主要指标。

2. 中期目标

保险公司中期目标是保险公司长远目标的进一步分解和具体化，一般指保险公司 5 年经营活动的预期成果。保险公司中期目标是对保险公司总目标的更一般的概括。

3. 近期目标

保险公司近期目标是保险公司中期目标的分解和具体实施目标，一般指保险公司的年度或季度、月度目标。保险公司的近期目标是保险公司经营总体目标的详细描述。

（二）社会贡献目标、公司利益目标和个人利益目标

从利益的角度划分，保险公司经营目标可分为社会贡献目标、公司利益目标和个人利益目标。

1. 社会贡献目标

保险公司经营的社会贡献目标是由保险公司的社会经济地位决定的，为实现国民经济发展战略目标所制定的、具有良好社会效果的经营目标。保险公司经营的社会贡献目标的主要内容包括：为社会提供优质的保险服务，满足社会对保险的需求；利用自身技术优势，指导社会组织和个人进行风险管理活动，减少社会的净损失；承担和分散风险，提高社会抵御自然灾害的能力，促进新技术的运用、推广和社会资源的有效配置；为国家提供建设资金和税金等。

2. 保险公司利益目标

保险公司利益目标是保险公司生存和发展所必需的经济目标，是保险公司经营活动的直接内在动力。保险公司利益目标既关系到保险公司员工的生活水平和公司自身的发展，又关系到保险公司经营社会目标的实现程度。保险公司的利益目标直

接表现为盈利总额、利润率及利润留成、奖励基金等具体目标。对于股份制保险公司而言，保险公司经营的利益目标在很大程度上表现为股东利益目标。保险公司的经济效益的好坏直接关系到股东的切身利益，股东对保险公司的经营状况是十分关注的。因此，股份制保险公司应当保证保险公司利益目标的实现，方可确保股东投资的利益。

3. 个人利益目标

个人利益目标是保险公司全体员工在保险经营活动中所追求的物质利益和自我价值实现的目标。个人物质利益是劳动力再生产的需要，是保险公司员工从事保险经营活动的内在动力。从这种意义上讲，个人物质利益是保险经营目标的重要内容。自我实现是保险公司员工从事保险经营活动的另一个非常重要的动力。物质利益的需要、安全的需要、情感的需要、地位和尊重的需要、自我实现的需要，是一个人的需要的五大层次。显然，除物质利益需要外，个人还有其他需要。如果保险公司忽视这些需要，即员工的这些或部分需要不能得到满足，将降低员工的工作积极性和主动性，影响保险公司总目标的顺利实现。保险公司应当将尊重员工的自我价值的实现作为保险公司经营目标的重要内容之一。

第二节　保险营销管理

一、保险营销与保险营销理念

（一）保险营销的定义

保险营销是指识别潜在客户及其需求，制订促销计划和销售保险产品的一系列活动或过程。保险营销将营销学原理运用于保险企业的经营管理和保险产品的开发、生产与销售，运用整体营销或协同营销手段，将保险商品转移给消费者，从而实现保险公司长远经营目标。保险营销不是简单的保险单售卖或保险推销，而是包括保险市场调研与预测、销售渠道选择、客户关系管理、后续服务等内容，贯穿于保险产品的售前、售中和售后的一切活动，其核心是满足保险客户对风险管理的需要。

（二）保险营销的特点

1. 保险营销是保险企业的一种经营理念

保险营销是保险企业的一种经营指导思想、一种经营管理的哲学、一种导向、一种理念，具体就是如何处理好保险企业、消费者和社会三者之间的利益关系的问题。

2. 保险营销不等于保险推销

保险营销是以消费者的保险需求为出发点，而保险推销是以保险公司的产品为出发点；保险营销通过满足消费者需求来实现营销目标，而保险推销通过扩大消费者需求来实现推销目标；保险营销注重保险公司长远利益整体协调，而保险推销关注短期利益、缺乏整体协调。总之，保险营销绝对不是将保险产品推销出去这么简单。

3. 保险营销特别注重推销

由于保险商品及其消费具有无形性、非渴求性、消费滞后性、价格水平隐蔽性等特殊性，保险营销特别依赖推销。加强保险推销的管理，是由保险商品的特性决定的，是保险公司保持盈利性和持续性的必备条件。

4. 保险营销更适于非价格竞争

保险商品价格（费率）是依据对风险、保额损失率、利率等多种因素的分析，通过精确地计算而确定的，因此是较为科学的。为了规范保险市场的竞争，保证保险人的偿付能力，国家保险监督部门对保险费率进行统一管理，因此价格竞争在保险营销中并不占有重要地位，相反非价格竞争原则更适合于保险营销活动。当然，这种价格管理不能违反《中华人民共和国反垄断法》等相关法律规定。

（三）保险营销理念

保险营销理念是指保险营销的指导思想，主要回答保险企业究竟应以什么为中心来开展自己的经营活动的问题。现代市场营销学称这种经营管理思想为营销管理哲学，是保险公司经营管理活动的一种导向、一种观念，也是保险企业决策人员、营销人员的经营思想或商业观。经营管理思想正确与否对保险公司经营的兴衰成败具有决定性的意义。保险营销理念在不同的经济发展阶段、不同生产力发展水平及不同的市场形势下，表现出不同的时代特征。

1. 生产理念

生产理念又称生产导向，盛行于20世纪20年代以前，是一般工商企业的经营思想的沿用。这是一种指导保险公司行为的传统的、古老的理念之一。生产理念认为，企业以改进、增加生产为中心，生产什么产品就销售什么产品，即"以产定销"。具体到保险业，就是消费者可以接受任何买得到和买得起的保险险种，因而保险公司的任务就是努力提高效率，降低成本，提供更多的保险险种。生产理念产生和适用的条件是：第一，保险市场需求超过供给，保险人之间竞争较弱甚至于毫无竞争，消费者投保选择余地很小；第二，保险险种费率太高，只有科学准确地厘定费率并提高效率，降低成本，从而降低保险商品的价格，才能扩大销路。

当一个国家或地区保险市场主体单一，许多险种的供应还不能充分满足消费者的需要，市场的主要矛盾是产量的有无或贵贱问题，基本上是卖方市场时这种理念较为流行。例如，我国改革开放初期保险市场刚刚恢复，竞争尚未真正形成，特别是人保"一家独办"时期，保险市场处于卖方市场阶段，不需开展市场营销活动，结果滋生官商作风和服务水平差的行业不良风气。这反映出生产理念的显著缺陷，即将重点转移到了生产本身而忽略了其后续的服务。消费者从企业产品中获取的附加值较少，不利于提高消费者对产品的忠诚度，当竞争对手以更低的价格出售产品时，企业就会失去优势，难以应对价格竞争。因此，随着保险市场格局的变化，保险市场多元化竞争，独家垄断保险市场的局面被打破，这种理念的适用范围越来越小。

2. 产品理念

产品理念是一种与生产理念相类似的古老的经营思想，曾流行于 20 世纪 30 年代以前。这种理念认为，消费者最乐意接受高质量的险种，保险公司的任务就是多开发设计一些高质量有特色的险种。在商品经济不太发达的时代，在保险市场竞争不甚激烈的形势下，产品理念也许还有一定的道理。但是，在现代商品经济社会中，在多元化的保险市场形势下，保险人之间竞争激烈，没有一个保险公司，更没有一个险种能永远保持垄断地位，即使是再好的险种，没有适当的营销，通向市场的道路也不会是平坦的。

产品理念的缺陷主要表现在两个方面：一方面，产品理念片面强调产品本身，而忽视了市场的需求，主观上认为消费者总是青睐那些质量高、性能好、有特色、价格合理的险种。这样可能的结果是保险企业生产出来的保险商品脱离市场实际，消费者并不认同。另一方面，产品理念还会导致"营销近视症"，即保险公司过分注重自己的产品，高估自己的市场容量，忽视竞争对手的挑战，无视消费者的需求，采取了不合理或不符合实际的营销策略。

3. 推销理念

推销理念是生产理念的发展和延伸，流行于 20 世纪 30 年代至 40 年代末。推销理念的核心主张是企业应把注意力倾注于能生产出来的产品全力卖出去。推销理念是假设保险公司若不大力刺激消费者的兴趣，消费者就不会向该公司投保，或者投保的人很少。这种理念产生的原因是 20 世纪 20 年代，西方国家曾出现经济大萧条，市场上出现了产品堆积、供过于求的被动局面。于是很多保险公司纷纷建立专门的推销机构，大力实践推销技术，甚至不惜采用不正当的竞争手段。

推销理念和生产理念均属于脱离市场的理念，两者的区别是推销理念把推销作为重点，通过开拓市场扩大销售来获得利润；生产理念是以生产为中心，通过增加产量来降低成本获得利润。从表面上看，从以生产为中心转向以推销为中心，在经营思想上有明显的进展，但本质上推销理念仍然未脱离以生产为中心、以产定销的范畴。推销理念只是着眼于现有险种的推销，只顾千方百计地把险种推销出去，而顾客是否满意则被忽略。因此，在保险业进一步高度发展、保险险种更加丰富的条件下，这种指导思想往往会使保险公司得益于一时，而丧失长远的市场和利益。中国保险业恢复初期因急于开发市场、占领市场，而匆忙使大批未经严格培训的营销人员走街串巷、陌生拜访推销保险产品，虽然在普及保险知识和唤醒人们风险意识方面有一定的作用，但是在利益驱动下，某些营销人员在推销活动中故意或非故意地误导客户，曲解保险商品功能的做法已给社会造成负面影响，集中体现在许多客户对保险产生的不信任感，在一定程度上降低了民族保险业的竞争力。

4. 市场营销理念

市场营销理念是于 20 世纪 50 年代初第二次世界大战后在美国的新市场形势下

产生的，是商品经济发展史上的一种全新的经营哲学，是作为对上述理念的挑战而出现的一种企业经营哲学。市场营销理念以消费者的需要和欲望为导向，以整体营销为手段，来赢得消费者的满意，实现公司的长远利益。市场营销理念是保险公司经营思想上的一次根本性变革。新旧理念的区别有以下四个方面：

（1）起点不同。传统理念下的市场处于生产过程的终点，市场营销理念则以市场为起点并组织生产经营活动。

（2）中心不同。传统理念以卖方需要为中心，着眼于把已经"生产"出来的险种推销出去。市场营销理念则以消费者的需要为中心，不是供给决定需求，而是需求引起供给，有了需求和市场，然后才有生产和供给。

（3）手段不同。传统理念主要以广告等促销手段推销产品，市场营销理念主张通过"整体营销"手段，通过使顾客的欲望和需要得到满足来赢得顾客。

（4）终点不同。传统理念以销出产品取得利润为归宿，市场营销理念则强调通过顾客欲望和需要的满足来获得自身的利润，因此市场营销理念十分重视售后服务与客户意见的反馈。

5. 社会营销理念

20世纪70年代社会营销理念应运而生。社会营销理念的基本要求是保险公司在提供保险产品和服务时不但要满足消费者的需要和欲望，符合本公司的利益，还要符合消费者和社会发展的长远利益。由此可见，社会营销理念是一种消费者、企业与社会三位一体的营销理念，是保险营销理念发展的一个最高、最完善的阶段。

综上所述，五种营销理念可以分为两类：第一类是传统的经营理念，包括生产理念、产品理念和推销理念；第二类是创新理念，包括市场营销理念和社会营销理念。第一类理念的出发点是产品，是以卖方（保险企业）的要求为中心，目的是将保险商品销售出去以获取利润，这是以生产为中心和导向的经营理念。第二类理念的出发点是消费需求，是以买方（投保人）的需要为中心，其目的是从顾客需要满足过程中，使保险企业获得利润，这是一种以消费者（投保人）为导向或以保险市场为导向的经营理念。因此，两者实现目的的途径和方法是不同的。前者营销靠增加生产和强化销售，企业重点考虑的是"我擅长生产什么"；后者则组织以客户需要为中心的整体市场营销活动，企业首先考虑的是"市场需要什么"。

五种经营理念各自产生于不同的历史时代，与当时的生产力发展水平、商品供应状况和企业规模相适应。当这些经营理念随着历史的发展逐一产生后，并不意味着前者的消亡或后者取代前者，因为各个时期保险行业的发展水平、保险商品供求状况、保险企业规模大小并不平衡，因此同一时期不同保险公司可能有不同的经营理念。但是随着市场营销理念和社会营销理念的出现，鉴于创新理念所具有的先进性，它们无疑将会成为现代经营理念的主流。

二、保险营销组合

保险营销组合是指保险公司为了满足消费者的保险需求，实现营销目标而对一系列工具和手段的综合运用。保险营销组合一般有产品（product）、价格（price）、分销（place）、促销（promotion），简称保险营销组合"4P"。

（一）保险产品

1. 保险产品的概念

广义的产品也称商品，包括物质形态的产品和非物质形态的服务。消费者购买某种产品，不仅仅得到该产品的物质实体，还通过购买该产品来获得某方面利益的满足。从市场营销学的角度来看，产品是一个整体概念，是指能够提供给市场从而引起人们的注意，通过购买和消费，满足消费者某种欲望或需求的综合体。产品既包括具有物质形态的产品实体和产品的品质、特色、品牌，也包括产品所带来的非物形态的利益，如服务、策划、主意等。具体而言，产品的整体概念包括：核心产品、形式产品和延伸产品。

保险产品是保险人以市场需求为导向开发的，并提供给市场，满足消费者转嫁风险、补偿损失等需要的服务承诺，保险产品同样包含上述三个层次。保险产品的核心产品是消费者购买保险的目标所在，一般包括风险转嫁、社会地位的体现、投资工具等；保险产品的形式产品是保险核心产品的表现形式，是消费者保险需求的满足形式，一般包括意外保障、健康保障、子女教育、保单分红、损失补偿等；保险产品的延伸产品是消费者购买保险所获得的额外利益，一般包括免费体检、客户节活动、合约商户优惠、超出保单标准的服务水平承诺等。

2. 保险产品开发

保险产品开发是指保险公司根据保险目标市场的需求，在市场调查的基础上，组织设计保险新产品及改造保险旧产品等活动的过程。保险产品开发的程序有构思、构思的筛选、新险种测试、开发设计、试销与推广和商品化。保险产品开发一般可以采用以下策略：

（1）创新策略，即根据市场需求特点及趋势，设计开发出全新的保险产品。例如，著名的英国劳合社在保险产品开发上曾经多次开创先河。劳合社开发过世界上第一张汽车保险单、第一张飞机保险单、第一张海洋石油保险单、第一张卫星保险单等无数个新险种，从而奠定了劳合社在世界保险业中300年来的特殊地位。但是因创新型产品属于首创，保险公司要承担较大的风险。产品技术创新需要企业具有雄厚的技术实力、管理实力和营销实力，一般的小保险公司难以为之。我国保险业恢复发展以来，保险公司实力有所增长，在保险产品创新方面有所尝试。例如，"非典"保险、淘宝退运险、雾霾险等，取得一定的经济效益和社会效益。

（2）改进策略，即对现存保险公司的险种进行技术改进，保持其长处，克服其缺陷，以便对保险客户更具有吸引力。该策略的运用可节省公司的人力、物力，因此许多保险公司采用这一策略来竞争保险业务。但是改进策略也存在着险种"面孔老"并易被其他公司效仿的缺陷。对于小保险公司而言，走技术创新之路比较困难，而对现有产品进行适当改进，应该是一条捷径。例如，在传统的人寿保险产品基础上推出变额人寿保险、可调整的人寿保险、万能人寿保险和变额万能人寿保险等产品。改进可以是功能上的完善，也可以是保险费率、缴费方式、服务形式等方面的进步。

（3）引进策略，即直接从其他保险公司那里原样引进险种。这种策略因有具体参照物又不费财力、人力，风险甚小，虽然在具体运作中具有滞后性，但是亦为许多保险公司所采用。例如，中国平安保险公司参照日本一家保险公司率先在国内开办了癌症保险，结合中国的实际情况，推出了保障癌症风险的"平安康乐"保险。

（4）更新策略。更新策略比改进策略变化力度更大，往往涉及新的精算假设、法律规范等。具体而言，更新策略是指保险公司对过去开发过的老险种进行改进，使之符合保险客户的现实需求。例如，在我国香港特别行政区等寿险市场上，寿险保单被寿险公司不断翻新。一些保险公司纷纷在原有寿险保单的基础上推出分红保单、保值保单等多种保险单，以确保保险客户的投保信心，分担保险客户投保过程中十分担心的通货膨胀风险。

（二）保险价格

1. 保险费、保险价格和保险产品定价

保险费是投保人按一定保险条件，为取得保险人的保障，向保险人缴付的费用。例如，在财产保险中，保险人根据法律或合同办理的各种保险，在保险事故发生后，要承担一定的义务，即赔偿财产损失。很显然，投保人为此必须向保险人交付一定的费用，这种费用就是保险费。保险费是保险合同生效的重要因素。保险人所取得的保险费应当能够履行对投保人所负担的赔款并建立各种准备金，以及支付保险公司在经营上的支出。

保险价格也称保险费率，是保险人按单位保险金额向投保人收取保险费的标准，即收取的保费与提供的保险金额之间的比率，一般用千分比或万分比来表示。

保险产品定价简称保险定价，也称保险费率厘定，是指保险人在保险产品开发过程中，依据保险标的所面临风险的规律性（财产保险主要指损失概率，人身保险主要指死亡率等）、保险公司经营费用及经营状况、保险市场供求状况等因素而确定单位保险金额所应收取的保险费的行为。保险费率的厘定是否科学、公平、合理直接影响保险供求双方的切身利益，对保险营销工作成败有着深远影响。厘定保险费率，应根据保险标的的客观环境和主观条件形成有危险程度，运用数理统计方法来进行。保险费率不同于一般产品和劳务的价格，具有一些特殊性。

2. 保险价格的构成

保险价格（保险费率）由两部分构成，即纯费率和附加费率。纯费率是根据财产平均损失率或人口死亡率确定的。纯费率计算的保险费用于对正常损失进行赔偿或给付。财产保险的纯费率是为准备未来损失赔偿所确定的费率。纯费率是根据各类财产在一定时期内的总保险金额和总赔款支出的比率，即保额损失率来确定的。依据财产危险不确定因素，保险人要在纯费率的基础上加一定比例的稳定系数，使纯费率更具科学性和准确性。附加费率是指一定时期的经营费用总额与保险金额的比率。一般来说，保险公司的经营费用主要包括业务费用、防灾防损费用、准备金等。

3. 影响保险定价的因素

保险定价与其他行业产品定价类似，也会受到以下因素的影响：

（1）市场结构；

（2）产品定位；

（3）市场需求因素，如需求的价格弹性、需求的收入弹性、需求的交叉弹性；

（4）市场竞争因素，如价格竞争；

（5）企业自身因素，如成本费用、销售数量。

除此之外，保险定价还有其特殊影响因素。例如，在人身保险中，定价会受到预定死亡率、预定利率、预定费用率、解约率、分红率、伤残率等因素的影响。

4. 保险定价的原则

尽管影响财产保险和人身保险费率的因素不同，以及厘定的依据和方法不同，但是在厘定保险费率时都需要遵循一定的原则。

（1）保证补偿的原则。保险人按厘定的保险费率向投保人收取的保险费必须足以应付赔款支出及各种经营管理费用。保险的基本职能是通过补偿或给付提供经济保障，而保险费是保险人履行补偿或给付的主要资金来源。因此，保险人收取的保险费应能充分满足其履行赔偿或给付责任的需要，以保障被保险人的保险权益，并维持保险人的稳定经营。保险费率是保险人收取保费的依据，从实现保险基本职能的角度看，保险费率水平应与提供充分保障的要求相适应。否则，不仅会危害保险经营的稳定性，而且被保险人的合法权益也会因此而受到损害。

（2）公平性原则。保险费率应当与保险标的的风险性质和程度相适应。一方面，投保人所负担的保费应与其保险标的面临的风险程度、获得的保险保障程度、保险权利等相一致；另一方面，面临性质或程度相同或类似风险的投保人应执行相同的保险费率，负担相同的保险费，而面临不同性质、不同程度风险的投保人，则应实行差别费率，负担不同数额的保险费。

（3）合理性原则。合理性原则是指保险费率水平应与投保人的风险水平及保险人的经营需要相适应，既不能过高，也不能过低。费率过高，虽然有利于保险人获得更多的利润，但是同时加重了投保人的经济负担，不利于保险业务的扩大；费率过低，则会影响保险基本职能的履行，使被保险人得不到充分的经济保障。

（4）稳定灵活的原则。保险费率一经确定，应在一定时期内保持相对稳定，以保证投保人对保险公司的信任和信心。但从长期来看，保险费率还应随着风险的变化、保险保障项目和保险责任范围的变动及保险市场供求变化等情况进行调整，以保证保险费率的公平合理性。

（5）促进防损的原则。保险费率的厘定应体现防灾防损精神，即对防灾防损工作做得好的被保险人降低其费率或实行优惠费率，而对防灾防损工作做得差的被保险人可适当提高费率以示惩戒。

5. 保险定价的方法

保险定价的方法是保险公司为实现定价目标而选择的厘定费率的方法。定价方法通常分为三类：成本导向定价方法、竞争导向定价方法和客户导向定价方法。

（1）成本导向定价方法。成本导向定价方法是指保险公司制定的产品价格包含生产环节、销售环节以及服务环节发生的所有成本，以成本作为制定价格的唯一基础。当市场中只有一家保险公司，或者利用该方法的保险公司是市场的领导者时，成本导向定价方法最有效。成本导向定价方法可分为以下两种：

①成本加成定价方法，即在产品成本的基础上，加上预期利润额作为销售价格。成本加成定价法有计算简便、稳定性大、避免竞争、公平合理等优点。

②损益平衡定价法又称目标收益定价法，是保险公司为了确保投资于开发保单、销售和服务中的资金支出能够与收入相等的定价方法。损益平衡定价法的优点是计算简便，能向保险公司表明获得预期利润的最低价格是多少。

（2）竞争导向定价方法。竞争导向定价法是以竞争对手确定的价格为基础，保险公司利用此价格来确立自己在该目标市场体系中的地位。竞争导向定价方法具体有以下三种：

①随行就市定价法，即保险公司按照行业的平均现行价格水平来定价。这是一种首先确定价格，然后考虑成本的定价方法，采用这种方法可以避免竞争激化。随行就市是本行业众多公司在长时间内摸索出来的价格，与成本和市场供求情况比较符合，容易得到合理的利润。

②渗透定价法，即保险公司利用相对较低的价格吸引大多数购买者，以此获得市场份额并使销售量迅速上升的定价策略。一般在需求的价格弹性高，市场潜力大，消费者对价格敏感时，保险公司采用低费率可以增加销售收入。

③弹性定价法又称可变定价法，要求保险公司在产品价格问题上同客户协商。这种方法主要是被销售团体保险产品的保险公司所采用，它们参与大宗团体保险生意的竞标或提交协议合同。团体保险的销售过程常常以竞标开始，在竞标过程中，竞争对手会逐个被拒绝淘汰，最后客户与成功的竞标者签订协议合同。

（3）客户导向定价方法。客户导向定价方法又称需求导向定价方法，是指保险公司制定分销商或保单所有人双方可以接受的价格，或者是根据购买者的需求强度来制定价格。需求强度越大，则定价越高；需求强度越小，则定价越低。

（三）保险分销

保险分销是指保险公司将保险产品通过一定的渠道体系销售给客户的过程。保险分销渠道是指为完成保险市场交换活动而进行一系列保险营销活动的组织和个人所形成的体系，是联系保险公司和顾客之间的桥梁，是保险商品顺利流通、交换的关键。对保险分销进行管理的重点是对分销渠道进行管理。

1. 保险分销渠道的分类

在现代保险营销活动中，保险产品分销渠道的模式很多，一般按渠道中有否中间环节而划分为两类：一类是直接分销渠道；另一类是间接分销渠道。直接分销渠道是指保险公司通过其员工直接上门把保险产品推销给投保人，并无任何中介机构的介入，是直接实现保险产品销售活动的一种方式，又称为保险直销。保险直销的主要方式有上门销售、网上销售、电话销售、邮寄销售等。间接分销渠道是指保险公司通过保险代理人或保险经纪人等中介机构把保险产品推销给投保人，是间接实现保险产品销售活动的一种方式。

2. 保险分销渠道的选择

（1）影响保险公司分销渠道选择的因素。保险公司究竟应该如何选择分销渠道才能以最小的代价最有效地把保险商品送到目标顾客手里，这是一个非常现实的问题。保险公司在选择和评价保险分销渠道时，一般都要考虑产品因素、市场因素、保险公司类型等自身因素和环境因素等。此外，政府有关保险分销的各种政策、法规也会对保险分销渠道的选择产生重要影响。

（2）保险分销渠道的选择策略。不同的险种采取不同的分销渠道；不同的地区采取不同的分销渠道；不同的对象采取不同的分销渠道；不同的阶段采取不同的分销渠道。保险公司的分销渠道并非只有一种，也不是一成不变的。无论选择何种分销渠道，都要结合企业自身实际，要考虑到分销渠道的特点和需要，结合具体国情与国内外大气候，才能做到有的放矢，从而在激烈的保险市场竞争中立于不败之地。

3. 化解渠道冲突

由于分销渠道存在不同的利益主体，具有不同的特征，适用于不同的目标市场，因此无论公司的分销渠道管理多么完善，各个分销渠道之间也难免会发生冲突。通常情况下，渠道之间发生冲突可能因为各自的目标不一致，可能由于公司的管理不力而没有协调好各分销渠道的活动，也可能由于公司对每种销售渠道的目标和行为规则阐述不清。各种分销渠道成员之间缺乏沟通也会导致矛盾和冲突。分售渠道的冲突可能产生于同一类型分销渠道的成员之间，如两个代理人在同一地区招揽业务导致的竞争；也可能产生于不同类型的分销渠道成员之间的摩擦，如保险公司扩展销售渠道，大规模地引入网络销售，保险中介面临着激烈的竞争，从而导致保险公司与保险中介之间的利益冲突。

在保险公司的经营过程中，销售渠道之间的冲突是始终存在的，只是程度不同而已，有些冲突已经公开化和表面化，而有些冲突是潜在的。然而无论程度如何，销售渠道之间的矛盾都会削弱各个销售渠道的销售效果。因此，保险公司必须进行调节，解决矛盾和冲突，以促进各销售渠道之间的合作。

（四）保险促销

1. 保险促销的概念

促销即促进销售的简称，是指以人员或非人员的方法，及时、准确地向用户或消费者传递有关信息，让用户和消费者认识到商品或劳务所能带来的好处和利益，以激发用户和消费者的购买欲望并最终使其实施购买行为。由此可见，促销的实质是营销者与购买者之间的信息沟通。

2. 保险促销的作用

保险促销在保险营销组合中占有重要的地位，尤其在当今竞争异常激烈的市场背景下，保险促销更是备受重视。保险促销的作用大致可分为以下五个方面：

（1）传递保险信息。保险公司通过促销活动可以让更多的投保人和准投保人了解到保险公司及其险种等各方面信息，提高知名度。例如，保险公司在新险种推出之前，一般都会先采取广告宣传、媒体推介等促销手段，将有关信息传递给潜在的投保人。

（2）突出险种特色。在同类险种的激烈竞争中，投保人往往不易发现险种间的细微差别，保险公司的促销活动可以使其险种与众不同的特色得到突出，让潜在的投保人认识到本公司的险种能够带来特殊利益，从而有利于加强本公司在竞争中的优势。对于我国现阶段绝大多数公民保险意识淡薄、保险知识匮乏的情况，突出险种特色的促销手段尤为必要。

（3）刺激保险需求。保险促销活动能够诱发潜在投保人的投保欲望，刺激他们的保险需求，有时甚至还能够创造保险需求。当某一险种的销售量下降时，通过适当的促销活动，可以使需求得到某种程度的恢复和提高，从而延长该险种的市场寿命。

（4）提高声誉，巩固市场。企业形象和声誉的好坏直接影响销售。企业声誉不佳，会使企业销售量滑坡，导致企业市场地位的不稳定。保险公司通过促销及反复宣传，容易在投保人心目中形成良好的社会形象，使潜在的投保人对该保险公司及其险种从熟悉到亲切直至信赖，从而巩固保险公司的险种的市场地位。保险公司在树立社会信誉时，应多注重"让事实说话"，通过媒体把一些真实的理赔案件向公众展示，增加保险服务的透明度，让公众透过事实来感知保险所能带来的利益。

（5）扩大销售。保险促销最直接的表现反映在保险费总量的增长和市场占有率的提高上。

3. 保险促销的手段

（1）保险人员促销。保险人员促销是指保险公司的营销人员通过与准投保人面对面的接触，运用各种推销技巧和手段促使准投保人采取投保行为的销售活动。

（2）保险广告促销。保险广告促销是指保险公司利用广告媒介的宣传向消费者（受众）介绍自己所销售的险种及相关服务。保险广告可以分为产品广告、企业形象广告、信息性广告、提示性广告、说服性广告、印刷品广告、视听广告、户外广告等。以上划分实际上是多种划分标准的结果。

（3）保险公共关系促销。保险公共关系促销是指保险公司为了在公众心目中树立良好的保险公司形象，而向公众提供信息和进行沟通的一系列活动。保险公关的主要工具有出版物、事件、新闻、演说、公益活动、识别媒体（企业形象识别系统"corporate identity"，即 CI）等。

（4）保险展业推广。保险展业推广是指保险公司通过利用险种优势、价格优惠和服务的差别性，以及通过推销奖励等来促进销售的一系列方式方法的总和。保险展业推广很少单独地使用，是促销组合策略中的一个重要组成部分，是广告和人员促销的一种辅助手段。保险展业推广的目的是鼓励投保人尽快缴纳最多的保险费。在保险营销中，为了达成此目的，保险公司一般会从三个方面去刺激投保的成功。一是直接刺激投保人。通过赠送纪念品、安全返还、保险费折扣等方式刺激投保人投保。二是鼓励保险中介人。通过提高代理手续费的比例、增加广告费用、协助开展各种促销活动等形式来鼓励保险中介人多与该公司合作。三是激励外勤营销人员。通过提高佣金比例，开展业务竞赛等形式激励营销人员多做业务。

第三节 保险承保与理赔

一、保险承保

保险承保是保险人对愿意购买保险的单位或个人（投保人）所提出的投保申请进行审核，作出是否同意接受和如何接受的决定的过程，即对投保人的投保要约进行甄别与承诺的过程。

（一）保险承保工作的内容

1. 审核投保申请

（1）审核投保人的资格。审核投保人的资格，即审核投保人是否具有民事权利能力和民事行为能力以及对标的物是否具有保险利益，也就是选择投保人或被保险人。

（2）审核保险标的。审核保险标的，即对照投保单或其他资料核查保险标的使用性质、结构性能、所处环境、防灾设施、安全管理等情况。

（3）审核保险费率。一般的财产和人身可能遭遇的风险基本相同，因此可以按照不同标准对风险进行分类，制定不同的费率等级，在一定范围内使用。但是有些保险业务的风险情况不固定，承保的每笔业务都需要保险人根据以往的经验，结合风险的特性，制定单独的费率。

2. 控制保险责任

（1）控制逆选择。所谓逆选择，就是指那些有较高风险水平的投保人更愿意以平均的保险费率购买保险。保险人控制逆选择的方法是对不符合承保条件者不予承保，或者有条件地承保。

（2）控制保险责任。一般来说，对于常规风险，保险人通常按照基本条款予以承保，对于一些具有特殊风险的保险标的，保险人需要与投保人充分协商保险条件、免赔数额、责任免除和附加条款等内容后特约承保。保险公司也可以通过分保和共保等来控制保险责任。

（3）控制人为风险。一是道德风险。投保人产生道德风险的原因主要有两方面：一方面是丧失道德观念，另一方面是遭遇财务上的困难。从承保方面来看，保险人为了防范道德风险应将保险金额控制在适当额度内，尽量避免超额承保。二是心理风险。保险人在承保时常采用控制手段包括实行限额承保和规定免赔额（率）。三是法律风险。法律风险主要表现有：主管当局强制保险人使用一种过低的保险费标准；要求保险人提供责任范围广的保险；限制保险人使用可撤销保险单和不予续保的权利；法院往往作出有利于被保险人的判决等。保险人通常迫于法律的要求和社会舆论的压力接受承保。

（二）保险承保的主要环节

1. 核保

保险核保是指保险公司对可保风险进行评判与分类，进而决定是否承保、以什么样的条件承保的分析过程。

2. 作出承保决策

（1）正常承保。对于属于标准风险类别的保险标的，保险公司按标准费率予以承保。

（2）优惠承保。对于属于优质风险类别的保险标的，保险公司按低于标准费率的优惠费率予以承保。

（3）有条件地承保。对于低于正常承保标准但又不构成拒保条件的保险标的，保险公司通过增加限制性条件或加收附加保费的方式予以承保。

（4）拒保。如果投保人投保条件明显低于承保标准，保险人就会拒保。

3. 缮制单证

保险公司承保人员将通过核保的投保单缮制保险单，在缮制过程中应注意各种单证的内容一致性，要将相关信息输入电脑系统并打印和清分。

4. 复核签章

复核人员将各种单证信息进行核对，确认无误之后加盖复核章。

5. 收取保费

收取保险费是保险人的基本权利。有些保险合同要求"见费出单"，有些保险合同则另行约定保费收取的方式和时间。

（三）财产保险的核保

1. 财产保险的核保要素

在财产保险核保过程中，需要对有些因素进行重点风险分析和评估，并实地查勘。其中，主要的核保要素如下：

（1）保险标的物所处的环境；

（2）保险财产的占用性质；

（3）投保标的物的主要风险隐患和关键防护部位及防护措施状况；

（4）有无处于危险状态中的财产；

（5）检查各种安全管理制度的制定和实施情况；

（6）查验被保险人以往的事故记录；

（7）调查被保险人的道德情况。

2. 划分风险单位

风险单位是指一次风险事故可能造成保险标的损失的范围。一般有三种划分形式，即按地段划分、按标的划分、按投保单位划分。

（四）人寿保险的核保

1. 人寿保险的核保要素

人寿保险的核保要素一般分为影响死亡率的要素和非影响死亡率的要素。在寿险核保中重点考虑以下死亡率的要素：

（1）年龄和性别；

（2）体格及身体情况；

（3）个人病史和家族病；

（4）职业、习惯嗜好和生存环境。

2. 以风险类别划分保单

以风险类别划分，保单可分为标准件、次标准件、延保件、拒保件。

（1）标准件。客户的身体状况不影响其死亡率，或者其死亡率不高于同年龄群体的40%。

（2）次标准件。客户的死亡率超过其同年龄群体的40%。

（3）延保件。客户的资料不够完整，或者需要进一步治疗。

（4）拒保件。客户明显不符合投保条件。

二、保险理赔

（一）保险理赔含义及作用

保险理赔是指保险人在保险标的发生风险事故后，对被保险人提出的索赔请求进行处理的行为。保险理赔的主要作用如下：

第一，保险理赔能使保险的基本职能得到实现。

第二，保险理赔能及时恢复被保险人的生产，安定其生活，促进社会生产顺利进行与社会生活的安定，提高保险的社会效益。

第三，保险理赔还可以发现和检验展业承保工作的质量。

作为专门从事保险理赔工作的人员，保险理赔人员可以分为两种类型：一是保险公司的专职核赔人员。二是理赔代理人。前者直接根据被保险人的索赔要求处理保险公司的理赔事务，后者则接受保险公司的委托从事理赔工作。

（二）理赔时效

保险索赔必须在索赔时效内提出，如果被保险人或受益人在索赔时效内不向保险人提出索赔、不提供必要单证和不领取保险金，视为放弃权利。险种不同，时效也不同。人寿保险的索赔时效一般为5年，其他保险的索赔时效一般为2年。索赔时效从被保险人或受益人知道或者应当知道保险事故发生之日算起。保险事故发生后，被保险人或受益人要立即报案，然后提出索赔请求。

保户提出索赔后，保险公司如果认为需补交有关的证明和资料，应当及时一次性通知对方。

《保险法》第二十三条规定："保险人收到被保险人或者受益人的赔偿或者给付保险金的请求后，应当及时作出核定；情形复杂的，应当在三十日内作出核定，但合同另有约定的除外。保险人应当将核定结果通知被保险人或者受益人；对属于保险责任的，在与被保险人或者受益人达成赔偿或者给付保险金的协议后十日内，履行赔偿或者给付保险金义务。保险合同对赔偿或者给付保险金的期限有约定的，保险人应当按照约定履行赔偿或者给付保险金义务。保险人未及时履行前款规定义务的，除支付保险金外，应当赔偿被保险人或者受益人因此受到的损失。任何单位和个人不得非法干预保险人履行赔偿或者给付保险金的义务，也不得限制被保险人或者受益人取得保险金的权利。"

《保险法》第二十四条规定："保险人依照本法第二十三条的规定作出核定后，对不属于保险责任的，应当自作出核定之日起三日内向被保险人或者受益人发出拒绝赔偿或者拒绝给付保险金通知书，并说明理由。"

《保险法》第二十五条规定："保险人自收到赔偿或者给付保险金的请求和有关证明、资料之日起六十日内，对其赔偿或者给付保险金的数额不能确定的，应当根据已有证明和资料可以确定的数额先予支付；保险人最终确定赔偿或者给付保险金的数额后，应当支付相应的差额。"

（三）保险理赔的原则

1. 重合同、守信用

保险合同当事人双方必须按照保险合同所载明的权利义务来维护各自的合法权益，严格遵守合同中的承诺事项。当保险人接到投保方的索赔申请之后，应该按照保险合同规定，积极理赔，不惜赔、不滥赔，切实保护双方的合法权益。

2. 实事求是

保险合同一般规定了明确的索赔条件，但是这些条件在保险事故发生时可能难以判断是否完全相符。保险公司应该在坚持契约精神的同时，考虑该赔案对社会的影响、对本公司企业社会责任建设的影响。对于那些善意的投保方，保险公司应该在理赔方面给予灵活对待，根据实际情况的变化，实事求是，切实维护投保方的合法权益，为后续经营赢得良好的市场环境。

3. 主动、迅速、准确、合理

消费者购买保险就是为了保障生产生活能够在保险事故发生后迅速恢复，因此保险公司理赔除了遵守监管有关理赔时效的要求之外，还必须结合本公司的实际，提供高质量的理赔服务。例如，在车险理赔中，部分保险公司提出"主要地区30分钟内到事故现场""无人伤案免现场查勘""万元以下赔案24小时到账"等理赔服务承诺。在竞争激烈竞争的保险市场中，主动、迅速、准确、合理地进行理赔，是提高市场竞争力的有效方法，甚至可以改善保险行业的整体形象，为保险业发展创造良好的发展环境。

（四）保险理赔的程序

1. 立案查勘

保险人在接到出险通知后，应当立即派人进行现场查勘，了解损失情况及原因，查对保险单，登记立案。

2. 审核证明和资料

保险人对投保人、被保险人或者受益人提供的有关证明和资料进行审核，以确定保险合同是否有效、保险期限是否届满、受损失的是否是保险财产、索赔人是否有权主张赔付、事故发生的地点是否在承保范围内等。

3. 核定保险责任

保险人收到被保险人或者受益人的赔偿或者给付保险金的请求，经过对事实的查验和对各项单证的审核后，应当及时作出是否承担保险责任及承担多大责任的核定，并将核定结果通知被保险人或者受益人。

4. 履行赔付义务

保险人在核定责任的基础上，对属于保险责任的，在与被保险人或者受益人达成有关赔偿或者给付保险金额的协议后 10 日内，履行赔偿或者给付保险金义务。保险合同对保险金额及赔偿或者给付期限有约定的，保险人应当依照保险合同的约定，履行赔偿或者给付保险金义务。

保险人按照法定程序履行赔偿或者给付保险金的义务后，保险理赔即告结束。如果保险人未及时履行赔偿或者给付保险金义务的，就构成一种违约行为，按照规定应当承担相应的责任，即"除支付保险金外，应当赔偿被保险人或者受益人因此受到的损失"。这里的赔偿损失是指保险人应当支付的保险金的利息损失。为了保证保险人依法履行赔付义务，同时保护被保险人或者受益人的合法权益，《保险法》第二十三条明确规定："任何单位或者个人都不得非法干预保险人履行赔偿或者给付保险金的义务，也不得限制被保险人或者受益人取得保险金的权利。"

5. 损余处理

损余处理一般是指在财产保险中，发生保险事故之后，保险标的还有残值，保险公司应该在理赔时对这些标的进行处理，使受损保险标的能得到充分利用。残值处理可以在经过本公司相关部门同意之后将损余物资折价给被保险人，也可以将损余物资统一交给本公司相关部门统一处理。

6. 代位求偿

关于代位求偿，在本书前面章节中有详细介绍，在此不另作讨论。

（五）理赔资料

索赔时应提供的单证主要包括：保险单或保险凭证的正本、已缴纳保险费的凭证、有关能证明保险标的或当事人身份的原始文本、索赔清单、出险检验证明，以及其他根据保险合同规定应当提供的文件。其中，出险检验证明经常涉及的有：

因发生火灾而索赔的，应提供公安消防部门出具的证明文件。由于保险范围内的火灾具有特定性质——失去控制的异常性燃烧造成经济损失的才为火灾。短时间的明火，不救自灭的，因烘、烤、烫、烙而造成焦糊变质损失的，电机、电气设备因使用过度、超电压、碰线、弧花、走电、自身发热所造成其本身损毁的，均不属于火灾。因此，公安消防部门的证明文件应当说明此灾害是火灾。

因发生暴风、暴雨、雷击、雪灾、雹灾而索赔的，应由提供气象部门出具的证明。在保险领域内，构成保险人承担保险责任的这些灾害，应当达到一定的严重程度。例如，暴风要达到 17.2 米/秒以上的风速；暴雨应当是降水量在每小时 16 毫米以上，12 小时 30 毫米以上，24 小时 50 毫米以上。

因发生爆炸事故而索赔的，一般应由劳动部门出具证明文件。

因发生盗窃案件而索赔的，应由公安机关出具证明。该证明文件应证明盗窃发生的时间、地点、失窃财产的种类和数额等。

因机动车道路交通事故而索赔的，应当提供由公安交通管理部门出具机动车道路交通事故责任认定书，证明机动车道路交通事故发生的地点、时间、事故发生的经过、损害后果及责任划分，被保险标的车的有效行驶证及驾驶人的有效驾驶证。如果涉及第三者伤亡的，除了第三者的户籍材料，还要提供第三者因治疗此次交通事故伤残的医药费发票、病历、出院小结、每日用药清单、由司法鉴定机构出具的合法伤残鉴定报告、补贴费用收据等；第三者死亡的还需提供尸体火化证明、销户证明；若当场死亡的，需要提供法医尸体鉴定报告；若经抢救或者医治无效后死亡的，除了抢救、医治期间发生的医药费用发票及清单，还需要提供由医院出具的死亡证明。如果涉及第三者的财产损失或本车所载货物损失的，则应当提供财产损失清单、发票及支出其他费用的发票或单据等。

因被保险人的人身伤残、死亡而索赔的，应向保险人提供死亡证明或者由司法鉴定机构合法出具的伤残鉴定报告。若死亡的，还须提供户籍所在地派出所出具的销户证明。如果被保险人依保险合同要求保险人给付医疗、医药费用时，还须向保险人提供有关部门的事故证明、医院的治疗诊断证明，以及医疗、医药费用原始凭证。

思政案例：　　　"3S"技术提高农险定损效率

在新发展阶段，全面推进乡村振兴战略是党中央和国务院做出的重大战略部署，服务乡村振兴战略是党和政府赋予保险业的重大政治任务，也是保险业义不容辞的社会责任。

在"互联网+"等高新技术的大背景下，阳光农业相互保险公司（以下简称"阳光农险"）结合自身业务特点，开启公司数字化转型战略。通过大数据、互联网和"3S"技术（遥感技术，Remote Sensing，RS；地理信息系统，Geographic Information System，GIS；全球定位系统，Global Positioning System，GPS）的应用，阳光农险开展农业保险承保、定损业务流程创新，逐步解决农业保险组织投保难、查勘定损难、展业成本高的问题。首先是承保流程创新。阳光农险通过农险业务系统与北大荒集团资源管理系统、土地承包系统、气象管理系统对接，将承保要素信息、交费信息、补贴信息等相结合，逐步实现自动验标、自动核保等功能。阳光农险通过承保流程的创新，精简核保流程，降低核保成本，提高了核保速度。其次是定损流程创新。阳光农险组建了专业化的"3S"技术团队，全面应用卫星遥感、无人机等技术手段改造传统的农业保险定损工作流程。阳光农险在黑龙江省全面积应用遥感技术对保险标的进行作物分类和面积识别，辅助验标；在作物生长阶段开展逐旬长势遥感监测，及时掌握灾情变化情况；在作物收获前对保险作物全面积开展高精度灾害定量遥感监测，依据遥感监测结果，开展农业保险测产定损工作。定损流程的创新，解决了传统农业保险人力有限、定损受人为影响较大的痛点，定损模式由原来的"自下而上"变为"自上而下"，提高了工作效率和准确性。

阳光农险在前期公司"3S"技术应用的基础上，以"互联网+"、遥感技术、智能化等技术手段为切入点，开展"农险一体化平台"建设工作，通过"五个一"技术（依托流程模块，打造"一平台"；依托矢量数据，绘成"一张图"；依托网络技术，织好"一片网"；依托模型驱动，建设"一工厂"；依托算法创新，完善"一系统"）整合应用，搭建天空地一体化、精准化、智能化的农业保险业务管控平台，支撑公司农险业务管理和科技创新的落地实施。

第一，依托流程模块，打造"一平台"。阳光农险通过农险一体化平台整体规则引擎的建设，依托于农险清单管理系统，将承保要素信息、费用信息、补贴信息相结合，形成投保前标的清单，以一户一产品一单的方式同步至种植险承保流程；通过与集团土地承包系统和"3S"平台的对接，解决种植险保费代收代缴的问题，最终以一户一产品一单的方式进行承保管理，增加客户场景体验感，率先在北大荒集团完成种植险的自动验标、自动核保等功能。

第二，依托矢量数据，绘成"一张图"。阳光农险在前期专业化基础数据资源积累的条件下，通过梳理完善"3S"平台、农险一体化平台清单管理系统、集团土地承包系统等外部资源，构建标准化地理信息管理系统，实现农险数据信息矢量化、空间化、可视化管理，通过地理信息管理系统进行标准化、模型化的数据管理和积累，为业务可持续发展提供基础平台支撑。

第三，依托网络技术，织好"一片网"。阳光农险通过与电子商务平台联动实施，选取适合的移动端应用的农险场景，将部分功能内置于公司微信、应用程序等移动平台，建设完成独立于传统系统的前置外挂功能，实现农户自主采集、录入、缴费、流程查看、公示、服务于一体的互联网移动平台。阳光农险通过移动端搭建"三农"服务网络，实现了全方位为农户提供信息服务的效果。

第四，依托模型驱动，建设"一工厂"。阳光农险通过农险一体化平台中产品中心的建设，进行农险产品统一建模，梳理相关条款，优化产品配置粒度，并基于产品特点，建立产品模型分类。阳光农险通过产品中心所提供页面配置、计算配置、规则配置、流程配置、周边系统对接配置等功能达到农险产品配置化、模型化、周期化管理，实现农险和涉农保险产品快速开发投入使用。

第五，依托算法创新，完善"一系统"。阳光农险依托北大荒集团农业大数据平台，针对农户、规模经营主体和股份制家庭农场不同类型的需求，为其提供个性化、智能化的定制气象提醒、无人机植保、验标查勘、作物长势监测、病虫害监测与预警、土壤监测、绿色农产品溯源、增雨防雹等增值服务，全面提升保险服务水平，提高企业的核心竞争力。

资料来源：卢一鸣."3S"技术提高农险定损效率［EB/OL］.（2021-07-28）［2024-02-20］. http://chsh.cbimc.cn/2021-07/28/content_404277.htm.

第四节　保险投资

保险投资又称保险资金的运用，是指保险公司将其闲置的保险基金，通过法律允许的各种渠道进行投资，以获取价值增值的经营活动。在保险经营过程中，由于保险费的收取和保险金的支付并不是同步的，中间存在着时间差，这就使得在保险运营过程中产生大量的沉淀资金，保险投资是利用闲置资金的必然选择。保险投资是现代保险经营的重要环节，已经成为保险公司生存与发展的重要支柱。

一、保险投资的意义

（一）保险投资是实现保险企业最大市场价值的重要途径

在现代保险经营中，保险公司的业务大体分为两类：一类是承保业务，另一类是投资业务。承保业务和投资业务是实现保险企业良好运行的两个重要支撑，现代保险的重要功能正在于对保险资金的运用，保险投资是实现保险企业最大市场价值的重要以及有效的途径。

在现代开放竞争的保险市场上，保险人想通过承保业务获取较大收益是比较困难的，原因是承保能力过剩、竞争日益加剧，因此要能生存下来，而且要实现可持续发展，则需要保险人从保险投资活动中获得的较高利润，弥补承保业务利润的减少甚至亏损。此外，保险投资业务还有利于建立雄厚的保险基金，维系和提高保险企业的偿付能力。

（二）保险投资有利于降低保险费率水平，增加保险公司业务量

根据大数法则，保户参加保险所获得的经济利益与其所缴付的保费基本上是一致的。因此，加强保险资金运用，取得较高投资收益，就可以降低保险费率水平，减少投保人保费支出，从而提高投保人参保积极性，增加了有效的保险需求。保险业务量增加和保险公司市场份额的提高有利于保险公司在激烈的市场竞争中处于有利地位。在美国，整个保险市场因竞争激烈导致保险费率降低，非寿险赔付率长期处于较高水平，但是保险业务仍在发展，其原因主要就是依赖保险投资收益的支撑。

（三）保险投资有利于增强保险公司经营新产品的能力，提高保险公司的竞争能力

现代保险市场竞争主要体现在保险产品价格（费率）和服务方面。保险价格

和保险服务竞争的基础在于保险公司资金运用效益。只有提高保险资金运用效益，保险公司才能在相同保费收入情况下提高保障水平，或者在相同保障水平下保险费支出更低。特别是对具有投资功能的新型寿险产品，如分红保单、投资连结保险等产品，寿险公司通过对保险基金的投资运用，不但可以弥补承保亏损，而且可以给投保人更多回报，从而提高公司的市场占有率、增强公司的市场竞争能力。

（四）保险投资有利于促进资本市场发展，提高保险业在国民经济中的地位

投资业务使得保险公司，特别是寿险公司成为资本市场重要的机构投资者，可以有效地促进资本市场规模的扩大，促进资本市场主体的发育、成熟和经济效率的提高。保险投资业务还进一步丰富了资本市场的金融工具，改善了资本市场结构等。总之，保险投资对资本市场的发育和成熟起到了巨大的推动作用。保险公司正是通过资本市场向国民经济的其他行业渗透，使得保险业分享着其他行业的利润，也提升了保险业在国民经济中的地位。

二、保险投资的资金来源

保险投资的资金来源主要有保险公司的自有资本金、非寿险责任准备金和寿险责任准备金三部分。

（一）自有准备金

保险公司的自有资本金包括注册资本（或实收资本）和公积金。注册资本或实收资本是保险公司的开业资本，一般由《保险法》规定，是保险公司开业初期赔付保险金的资金来源，是保险公司日后积累资本的基础，也是偿付能力的重要组成部分。

（二）非寿险责任准备金

保险责任准备金是指保险公司为了承担未到期责任和处理未决赔偿而从保险费收入中提存的一种资金准备。与资本金的性质不同，责任准备金是保险公司的负债，是以将来保险事故的发生为契机，用于偿付给被保险人的资金。因保险责任性质的不同，保险责任准备金分为非寿险责任准备金和寿险责任准备金。非寿险的基本特点是期限短（保险期限在一年或一年内）、保险责任性质是补偿性。非寿险责任准备金分为三大部分，即未到期责任准备金、赔偿准备金和保险监督管理机构规定的其他责任准备金。

1. 未到期责任准备金

未到期责任准备金是由于保费的收入总是早于未来义务的履行，加之保险业务年度与会计核算年度往往不吻合，对会计核算年度内收取的保费不能全部作为当年收入处理，而应按权责发生制原则将部分保费以责任准备金的方式提存起来，即把未满期的保单，其对应的入账保费按照《保险法》或保险监管部门规定的比例提取，作为未来履行赔偿或给付责任的资金准备。人身保险业务中短期的意外险和健康保险，与产险业务性质相同，需要按日、月或年提存未到期责任准备金。由于此类准备金期限较短，一般不超过一年，对流动性要求比较迫切，因此只能做一些短期投资。

2. 赔偿准备金

赔款准备金是指用于赔付所有已经发生但尚未赔付损失的金额，具体包括三种情况：已报告但尚未支付的索赔、已发生但尚未报告的索赔和已决未付款的索赔。为准确核算保险公司当年的损益，应根据已报告未决赔款、已发生但尚未报告赔款和已决未付赔款来提存赔款准备金，并从当年的保费收入中扣除，保证以后年度这部分赔款的资金需要。

（1）已报告未决赔款准备金（未决赔款准备金）。未决赔款准备金又称赔款准备金，是指在会计年度结束时，被保险人已提出索赔，但被保险人与保险公司尚未对这些案件是否属于保险责任、保险赔付额度等事项达成协议，即未决赔案。对这些未决赔案，保险公司必须在当年收入的保险费中提取责任准备金，目的在于保证保险公司承担将来的赔偿责任或给付责任。未决赔款准备金的提取方法比较单一，有逐案估计法和平均估计法。逐案估计法就是对已经报告的全部赔案进行逐案分析判断，作出每案赔款额的估计数，然后汇总得出总的未决赔款估计数。平均估计法，即依据保险公司的以往数据计算出某类业务的每件索赔的平均赔付额，再乘以该类未决索赔的件数，并根据对将来赔付金额变动趋势的预测加以修正。

（2）已发生未报告赔款准备金。已发生未报告赔款准备金是指保险公司为保险事故已经发生但尚未提出索赔的赔案所提取的准备金。有些损失在年内发生，但索赔要在下一年才可能提出。这些赔案因为发生在本年度，仍需要在本年度支出，所以称为已发生未报案赔案。为其提取的准备金即为已发生未报告赔款准备金。关于已发生未报告赔款准备金的提取，保险公司根据若干年该项赔款额占这些年份内发生并报告的索赔额的比例来确定提取金额。

（3）已决未付赔款准备金。索赔案件已理算完结，应赔金额也已确定，但尚未赔付或尚未支付全部款项的已决未付赔案，为之提取的责任准备金为已决未付赔款准备金。该项准备金是责任准备金中最为确定的部分，只需逐笔计算即可。

（三）寿险责任准备金

寿险责任准备金是经营人寿保险业务的保险人为履行未来的给付责任而提存的准备金。寿险责任准备金期限一般较长，此外寿险费率厘定和准备金的计提都是建立在科学精算的基础上，即使有时需要给付较大数量的保险金和退保金，当年的保费收入往往就足以承担支出，因此寿险责任准备金处于长期备用状态。当然，这些准备金大小在精算假设上的轻微变化或在准备金评估方法上的变化都会对某个时期的收入和公司的价值产生极大的影响。

三、保险投资的原则

随着资本市场的发展、金融工具的多样化，以及保险市场竞争的加剧，保险投资所面临的风险和收益也随之增大，其投资方式、投资渠道和投资对象的选择更加广阔。理论界一般认为保险投资有三大原则：安全性、收益性、流动性。

（一）安全性原则

安全性原则是指保险投资必须保证本金的安全，且投资收益率至少应等同于同期银行存款利率，否则将会造成资金的贬值。保险公司可运用的资金，除资本金外，主要是各种保险准备金。在资产负债表上，准备金属于负债项目，是保险信用的承担者。因此，保险投资需要以安全为第一条件。为保证资金运用的安全，保险投资必须选择安全性较高的项目。当然，安全性原则是从保险投资总体而言，并非各种投资项目都要绝对安全，因此保险投资强调投资对象的组合管理，即保险基金的分散投资。

（二）收益性原则

保险投资最主要的动机是提高保险资金的运用效果，使投资收益成为保险企业收入的重要来源，从而增强赔付能力，降低费率和扩大业务。根据投资学关于风险与收益的反向关系原理，在保险投资活动中，要求把风险限制在一定程度内，实现收益最大化。

（三）流动性原则

流动性原则是指在不损失资产价值的前提下投资资产具有迅速变现的能力。由于保险的基本职能是补偿，因此保险投资的项目要在保险公司需要资金进行补偿时可以抽回。流动性是由保险经营的特点所决定的，这对于财产保险和短期性的人身保险更是如此。因为其自然灾害和意外事故发生的随机性大，对保险投资的流动性要求更高。需要指出的是，坚持流动性原则，并不是要求每一个项目都有高流动性，而是根据资金期限长短的不同，把长期资金运用到流动性要求较弱的项目，短期资金运用到流动性要求较高的项目，资金期限长短与投资项目流动性相匹配，建立合理的投资结构，从总体上保证投资项目的流动性。此外，流动性较强的投资项目，虽然其盈利性相对较低，但是随着投资组合工具的增多，流动性与盈利性的反向变动关系会弱化。

总之，保险公司的资金运用必须稳健，并在遵循安全性原则的基础上，保证资金的保值增值。

四、保险投资的一般形式

（一）存款

存款是指存款人在保留所有权的条件下把资金（货币）暂时转让或存储于银行或其他金融机构，或者把资金使用权暂时转让给银行或其他金融机构。存款具有良好的流动性与安全性，但相比于其他投资工具来说，其收益率最低。因此，保险公司一般不保留太多银行存款，主要将其作为正常赔付或寿险保单期满给付的支付准备，而不作为追求收益的投资对象。

（二）债券

债券是政府、金融机构、工商企业等机构直接向社会借债筹措资金时，向投资者发行，承诺按一定利率支付利息并按约定条件偿还本金的债权债务凭证。由于债券的利息通常是事先确定的，因此债券又被称为固定利息证券。

1. 根据期限长短的不同，债券可以分为长期债券、中期债券和短期债券

长期债券期限在 10 年以上，短期债券期限一般在 1 年以内，中期债券的期限则介于二者之间。债券的期限越长，则债券持有者资金周转越慢，在银行利率上升时有可能使投资收益受到影响。债券的期限越长，债券的投资风险也越高，因此要求有较高的收益作为补偿。为了获取与所遭受的风险相对称的收益，债券的持有人当然对期限长的债券要求较高的收益率，因此长期债券价格一般要高于短期债券的价格。

2. 根据发行主体的不同，债券可以分为政府债券、金融债券和公司债券

（1）政府债券的发行主体是政府。中央政府发行的债券称为国债，其主要用途是满足由政府投资的公共设施或重点建设项目的资金需要和弥补国家财政赤字。

（2）金融债券是由银行和非银行金融机构发行的债券。金融机构一般有雄厚的资金实力，信用度较高，因此金融债券往往也有良好的信誉。

（3）公司债券是指企业为筹措长期资金，依照法定程序发行，约定在一定期限还本付息的有价证券。

3. 根据债券利率在偿还期内是否变化，债券可以分为固定利率债券和浮动利率债券

（1）固定利率债券在发行时规定利率在整个偿还期内固定不变。固定利率债券不考虑市场利率的变化，因此其筹资成本和投资收益可以事先预计，不确定性较小。但债券发行人和投资者仍然必须承担市场利率波动的风险。

（2）浮动利率债券是指发行时规定债券利率随市场利率定期浮动的债券。浮动利率债券往往是中长期债券，其债券利率通常根据市场基准利率（同业拆借利率或银行优惠利率）加上一定的利差来确定。浮动利率债券可以减少投资人的利率风险。

（三）股票

股票是股份公司为筹集资金而发行给各个股东作为持股凭证并借以取得股息和红利的一种有价证券。股票可分为普通股和优先股。普通股股东享有决策参与权、利润分配权和剩余财产分配权；优先股股东则是指在利润分配、剩余财产分配的权利方面优先于普通股股东，但没有决策参与权，也不参加公司红利分配。进一步讲，优先股股息率事先设定，收益有保障，风险较小，但不能享受公司利润增长的利益。

（四）证券投资基金

证券投资基金是指通过公开发售基金份额募集资金，由基金托管人托管，由基金管理人管理和运用资金，为基金份额持有人的利益，以资产组合方式进行证券投资的一种利益共享、风险共担的集合投资方式。

作为一种大众化的信托投资工具，各国对证券投资基金的称谓不尽相同，如美国称"共同基金"，英国称"单位信托基金"，欧洲一些国家称"集合投资基金"

或"集合投资计划"，日本称"证券投资信托基金"等。作为一种现代化投资工具，证券投资基金所具备的特点十分明显。

1. 集合投资

基金的特点是将零散的资金汇集起来，交给专业机构投资于各种金融工具，以谋取资产的增值。基金对投资的最低限额要求不高，投资者可以根据自己的经济能力决定购买数量，有些基金甚至不限制投资额大小。因此，基金可以最广泛地吸收社会闲散资金，集腋成裘，汇成规模巨大的投资资金。在参与证券投资时，资本越雄厚，优势越明显，而且可能享有大额投资在降低成本上的相对优势，从而获得规模效益。

2. 分散风险

以科学的投资组合降低风险、提高收益是基金的另一大特点。在投资活动中，风险和收益总是并存的，因此"不能将鸡蛋放在一个篮子里"。但是要实现投资资产的多样化，需要一定的资金实力。证券投资基金凭借其集中的巨额资金，在法律规定的投资范围内进行科学的组合，分散投资于多种证券，实现资产组合多样化。通过多元化的投资组合，一方面借助于资金庞大和投资者众多的优势使每个投资者面临的投资风险变小，另一方面利用不同投资对象之间收益率变化的相关性达到分散投资风险的目的。

3. 专业理财

将分散的资金集中起来以信托方式交给专业机构进行投资运作，既是证券投资基金的一个重要特点，也是证券投资基金的一个重要功能。基金实行专业理财制度，由受过专门训练、具有比较丰富的证券投资经验的专业人员运用各种技术手段收集、分析各种信息资料，预测金融市场上各个品种的价格变动趋势，制定投资策略和投资组合方案，从而可以避免投资决策失误，提高投资收益。

相对于债券、股票，证券投资基金主要投资于有价证券，由于投资选择灵活多样，从而使基金的收益有可能高于债券，投资风险有可能小于股票。

（五）贷款

贷款是指保险公司直接向需要资金的单位和个人提供融资，以获取利息收入的一种信用活动。贷款的收益率比存款要高，但风险相对较大，流动性也相对较低。保险贷款的形式主要有抵押贷款、信用贷款和保单质押贷款等。在国外，如美国、德国、日本等国都允许保险资金发放贷款，但根据《保险资金运用管理办法》的规定，除个人保单质押贷款外，保险公司不得将保险资金运用形成的投资资产用于向他人提供担保或者发放贷款。因此，我国保险公司只能开办保单质押贷款业务。保单质押贷款，即寿险保单贷款。由于大多数寿险保单具有现金价值，根据保险合同的规定，保单持有人可以用本人保单抵押向保险公司申请贷款，但需负担利息。

（六）不动产投资

不动产投资是指保险资金用于购买土地、房屋等不动产。此类项目变现能力较差，故只能限制在一定的比例之内。

（七）基础设施项目投资

基础设施项目投资的特点是投资大、收益长期稳定、管理简单，往往还能获得政府的支持并有良好的公众形象，能较好地满足保险基金使用周期长、回报要求稳定的特点。目前我国的保险基金允许采用信托方式间接投资于交通、通信、能源、市政、环境保护等国家级重点基础设施项目。具体做法是保险公司（作为委托人）将其保险资金委托给受托人，由受托人按委托人意愿以自己的名义设立投资计划，投资基础设施项目，为受益人利益或者特定目的进行管理或者处分。

（八）资金拆借

资金拆借是指银行或其他金融机构之间在经营过程中相互调剂头寸资金的信用活动。我国开展资金拆借的时间不长，主要是各金融机构同业之间开展同业拆借业务。保险公司进入同业拆借业务，主要是资金拆出，即保险公司向资金不足方借出款项，收取利息。保险公司进入同业拆借市场，风险小、流动性强、能获得比同期银行存款或国债高出 1~3 个百分点的收益。

五、保险投资监管

《保险法》第一百零六条规定："保险公司的资金运用必须稳健，遵循安全性原则。保险公司的资金运用限于下列形式：（一）银行存款；（二）买卖债券、股票、证券投资基金份额等有价证券；（三）投资不动产；（四）国务院规定的其他资金运用形式。保险公司资金运用的具体管理办法，由国务院保险监督管理机构依照前两款的规定制定。"

回顾我国保险业资金运用及监管方式的变化，是与我国保险业发展进程相适应的。基于经济环境和历史背景的差异，各国政府对保险资金运用的规定采取了不同的监管方式，对保险投资进行风险管理，其监管措施主要围绕资金运用渠道和投资范围进行规定和限制，对其中风险较大的投资品种在投资总额中作出比例规定。

我国保险资金运用及监管大体经历了初始期、无序期、规范期、开放期四个发展阶段。

第一阶段：初始期（1980—1987 年）。这一时期的保险资金运用形式主要是银行存款。

第二阶段：无序期（1987—1995 年）。我国保险资金投资混乱行为始于 20 世纪 80 年代，集中发生在 1992—1995 年，其原因主要的经济发展及保险市场发展的无序，缺乏制度约束，加上利率上升周期的高收益诱惑，保险投资市场出现混乱无序状态。

第三阶段：规范期（1995—2009 年）。1995 年，《保险法》颁布实施，标志着对保险投资放任不管的时代彻底结束。

第四阶段：开放期（2009 年至今）。《保险法》在 2009 年进行修订之后，大幅放宽了保险资金投资渠道，标志着保险资金运用与监管进入一个新时代。

思政案例：　　　　保险资金助力"大飞机"腾飞

2017 年 3 月，中国人民银行、工业和信息化部、中国银监会、中国证监会、中国保监会五部门联合印发了《关于金融支持制造强国建设的指导意见》，再次明确要求：积极运用信贷、租赁、保险等多种金融手段，支持高端装备领域突破发展和扩大应用，积极发挥保险长期资金优势，在符合保险资金运用安全性和收益性的前提下，扩大保险资金对制造业领域的投资。

对于保险资金而言，应当充分发挥期限长、规模大、收益率合理的比较优势，把握好保险资金投资重大工程的政策红利，有效支持国家重大战略实施，实现保险资金投资增值与服务实体经济发展的双赢。民用航空制造业作为战略性新兴产业典型代表，正处于由研发向规模化生产的关键转型阶段，满足保险资金对优质资产的配置需求。

国产大飞机是国之重器，是现代制造业皇冠上的明珠，代表了国家制造业尖端技术实力。作为我国大型客机项目的实施主体，中国商飞公司承载着中华民族的百年飞天梦想，近年来取得了 ARJ21 支线飞机投入商用、C919 大型客机首飞成功等我国民用航空工业发展的重大突破。

2017 年 8 月 9 日，华泰保险集团与中国商飞公司签署战略合作协议。双方合作项目为可续期的债权投资计划，投资期限 10 年，规模 150 亿元。

华泰资产自 2016 年年初开始与中国商飞公司接触，就引入保险资金支持"大飞机"事业发展一事进行商谈，设想以"免担保的基础设施债权投资计划"的方式，将华泰集团并引导行业保险资金投资中国商飞公司相关项目，以助推中国民用商业飞机早日腾飞。

据华泰资管方面透露，其起初接触下来发现这项合作面临很大的政策障碍：由于中国商飞公司成立时间有限，且尚属于项目研发期，销售收入和资本金两项指标离发行免担保基础设施债权投资计划的政策要求尚有不小距离，短时间内也无法显著改善，但中国商飞公司对保险资金的需求是即期的、迫切的，要实现保险资金对"大飞机"的支持就必须突破政策障碍。为此，华泰资产专门向中国保监会呈交了相关报告，期望得到中国保监会的支持，扫除相关政策障碍。

2017 年 5 月，中国保监会下发《关于债权投资计划投资重大工程有关事项的通知》，明确保险资金以债权投资计划方式投资经国务院或国务院投资主管部门核准的重大工程，且偿债主体具有 AAA 级长期信用等级的，可免于信用增级，放开原有的 2012 年发布的《基础设施债权投资计划管理暂行规定》中关于免于信用增级债权投资计划要求的销售收入不低于 500 亿元、净资产不低于 300 亿元以及发行规模不超过 30 亿元的相关规定。上述政策调整体现了中国保监会对国家战略新兴产业发展及保险资管行业发展两方面与时俱进、敢于担当的态度。

新政的出台，打破了原有的政策障碍。在双方专业团队的不懈努力下，确定了最终的合作方案，双方签署投资合同。保险资金债权投资计划采取注册制，2017

年8月7日，由华泰资产发起设立的可续期的"华泰—中国商飞债权投资计划"正式上报中国保险资产管理业协会申请注册；2017年8月8日，注册通知下达，仅用两个工作日，就实现了债权计划注册史上的最快注册纪录。

市场分析人士认为，当前高端制造业已经成为"中国制造"的一张新名片，险资参与高端制造业不仅能够实现双赢格局，还能够提升其品牌在国际上的知名度。从长远角度来看，"保险+高端制造"有望成为行业未来的发展趋势。

资料来源：韩雪萌.保险资金助力"大飞机"腾飞［N］.金融时报，2017-08-23（12）.

重要术语

保险公司经营　保险营销　保险承保　保险核保　保险理赔　保险投资
保险责任准备金　未到期责任准备金　赔偿准备金　寿险责任准备金　流动性原则

复习思考题

1. 保险公司经营的原则有哪些？
2. 保险公司经营主要包括哪些环节？
3. 保险营销理念有哪几种表现形式？
4. 保险营销组合由哪几部分组成？
5. 保险公司承保的主要环节有哪些？
6. 保险理赔的程序有哪些？
7. 保险投资形式有哪些？

参考文献

1. 刘金章.保险学教程［M］.北京：中国金融出版社，2003.
2. 吴定富.保险原理与实务［M］.北京：中国财政经济出版社，2005.
3. 刘连生.保险学［M］.北京：中国财政经济出版社，2013.
4. 魏巧琴.保险公司经营管理［M］.上海：上海财经大学出版社，2012.
5. 方有恒，郭颂平.保险营销学［M］.上海：复旦大学出版社，2013.
6. 魏巧琴.保险投资学［M］.上海：上海财经大学出版社，2008.

第八章　保险市场与保险监管

第一节　保险市场概述

一、保险市场的概念

市场是商品和劳务关系的总和。保险市场即为保险商品交换关系的总和或是保险商品供给与需求关系的综合反映。保险市场既可以指固定的交易场所，如保险交易所，又可以是所有实现保险商品交换关系的总和。保险市场的交易对象是保险人为消费者面临的风险提供的各种保险保障及其他保险服务，即各类保险商品。

现代保险市场中活跃着的保险人、被保险人、投保人及保险中介构建起保险供需关系，创造保险供求机会，推动保险技术发展。政府对保险业的监管也要通过对保险市场的调控来实现。保险市场对于保险发展具有多方面的功能，对保险市场的研究成为对现代保险学研究的重要内容。

二、保险市场的特征

（一）保险市场是直接风险市场

保险市场交易的对象是保障产品，即对投保人转嫁于保险人的各类风险提供保障，因此本身就直接与风险相关联。这里所说的直接风险市场，是就交易对象与风险的关系而言的。不管任何市场都存在风险，交易双方都可能因市场风险的存在而遭受经济上的损失。但是一般商品市场交易的对象本身并不与风险联系，而保险市场交易的对象是保险保障，即对投保人转嫁于保险人的各类风险提供保险保障，因此保险市场直接与风险相关联。保险商品的交易过程，本质上就是保险人聚集与分散风险的过程。风险的客观存在和发展是保险市场形成和发展的基础和前提。所谓"无风险，无保险"。也就是说，没有风险，投保人或者被保险人就没有通过保险市场购买保险保障的必要。因此，保险市场交易的对象决定了保险市场是一个直接风险市场。

(二) 保险市场是非即时结清市场

即时结清市场是指市场交易一旦结束，供需双方立刻就能确切知道交易结果的市场。保险交易活动因为风险的不确定性和保险的射幸性使得交易双方都不可能确切知道交易结果，所以不能立刻结清。相反，必须通过订立保险合同来确立双方当事人的保险关系，并且依据保险合同履行各自的权利与义务。保险单的签发看似保险交易的完成，实则是保险活动的开始，最终的交易结果要看双方约定的保险事故是否发生。因此，保险市场是非即时结清市场。

(三) 保险市场是特殊的"期货"交易市场

由于保险的射幸性，保险市场成交的任何一笔交易都是保险人对未来风险事件所致经济损失进行补偿的承诺。保险市场可以理解为一种特殊的"期货"市场。是否履约即是否对某一特定的对象进行经济补偿，则取决于保险合同约定时间内是否发生约定的风险事故以及这种风险事故造成的损失是否达到保险合同约定的补偿条件。只有在保险合同约定的未来时间内发生保险事故，并导致经济损失，保险人才可能对被保险人进行经济补偿。因此，保险市场可以理解为是一种特殊的"期货"市场。

(四) 保险市场是政府积极干预市场

由于保险交易双方存在的信息不对称性，加之保险具有广泛的社会性，这将直接影响到社会公众利益，因此需要政府通过立法、行政及财务手段对保险市场进行规范。政府干预的目标是尽可能地保证保险人的偿付能力，保障投保方的利益。即使在自由市场经济国家，对保险行业的监管仍是严格的。对保险行业的监管涉及产品定价、保单格式、各种准备金的提取及偿付能力标准的评判。因此，保险市场一般是政府积极干预的市场。

三、保险市场的机制

所谓市场机制，是指价值规律、供求关系和竞争规律三者之间相互制约、相互作用的关系。由于保险市场具有不同于一般市场的独有特征，市场机制在保险市场上表现出特殊的作用。

(一) 价值规律在保险市场中的作用

保险商品是一种特殊的产品，其价值一方面体现为保险人提供的保险保障所对应的等价劳动的价值，另一方面体现为保险从业人员社会必要劳动时间的凝结。保险费率即保险商品的价格，投保人据此所缴纳的保险费是为了换取保险人的保险保障而付出的代价，从总体的角度表现为等价交换。但是，由于保险费率的主要成分是依据过去的、历史的经验测算出来的未来损失发生的概率，所以以价值规律对于保险费率的自发调节只限于凝结在费率中的附加费率部分的社会必要劳动时间。因此，对于保险商品的价值形成方面具有一定的局限性，只能通过要求保险企业改进经营技术，提高服务效率来降低附加费率成本。

（二）供求规律在保险市场中的作用

供求规律通过对供求双方力量的调节达到市场均衡，从而决定市场的均衡价格，即供求状况决定商品的价格。就一般商品市场而言，其价格形成直接取决于市场的供求状况，但在保险市场上，保险商品的价格，即保险费率不是完全由市场供求状况决定的，即保险费率并不完全取决于保险市场供求的力量对比。保险市场上保险费率的形成，一方面取决于风险发生的概率，另一方面取决于保险商品的供求状况。例如，人寿保险的市场费率是保险人根据预定死亡率、预定利率和预定营业费用率三要素事先确定的，而不能完全依据市场供求的情况由市场确定。尽管保险费率的确定需要考虑市场供求状况，但是保险市场供求状况本身并不是确定保险费率的主要因素。

（三）竞争规律在保险市场中的作用

价格竞争是商品市场竞争最有力的手段。在保险市场上，由于交易的对象与风险直接相关，使保险商品费率的形成并不完全取决于供求力量的对比，风险发生的频率和损失程度等是决定费率的主要因素，供求关系仅仅是费率形成的一个次要因素。因此，一般商品市场价格竞争机制在保险市场上必然受到某种程度的限制。

四、保险市场的模式

保险市场模式也称市场结构，反映的是市场的竞争程度。保险市场模式涉及的因素包括保险企业的规模及其分布、市场进入条件、产品差异和政府管制的程度。各保险市场由于涉及的模式因素不尽相同，其呈现的市场模式不完全一致。

（一）完全竞争模式

完全竞争模式的保险市场是指一个保险市场上有数量众多的保险公司，每个保险公司提供的保险产品基本上是相同的，任何公司都可以自由进出市场。任何一个保险人都不能够单独左右市场价格，而由保险市场自发地调节保险商品价格。在这种市场模式中，保险资本可以自由流动，价值规律和供求规律充分发挥作用。国家保险管理机构对保险企业管理相对宽松，保险行业公会在市场管理中发挥重要作用。

虽然在理论上一般认为完全竞争是一种理想的市场模式，能最充分、最适度、最有效地利用资源，但是对于保险市场而言，由于大数法则的限制以及保险业存在一定的自然垄断性，完全竞争的保险市场结构在现实中几乎是不存在的。

（二）完全垄断模式

完全垄断模式的保险市场是指保险市场完全由一家保险公司操纵，这家公司的性质既可以是国营的，也可以是私营的。在完全垄断的保险市场上，价值规律、供求规律和竞争规律受到极大的限制，市场上没有竞争、没有可替代产品、没有可供选择的保险人，因此这家保险公司可凭借其垄断地位获得超额利润。

完全垄断模式还有两种变通形式：一种是专业型完全垄断模式，即在一个保险市场上存在两家或以上的保险公司，各自垄断某一类业务，相互间业务不交叉；另一种是地区型完全垄断模式，是指在一国保险市场上，同时存在两家或以上的保险公司，各垄断某一地区的保险业务。

（三）垄断竞争模式

垄断竞争模式的保险市场是指市场上有许多保险人争夺同样的保险消费群体；出售相似但彼此略有差异的保单，每个保险人并不是价格的接受者，而是面临一条向右下方倾斜的需求曲线；保险人可以自由进出市场，企业数量要调整到经济利润为零时为止。垄断竞争不同于完全竞争的理想状态，因为每个保险人都提供略有差异的保单，其竞争程度介于完全竞争和寡头垄断之间。

（四）寡头垄断模式

寡头垄断模式的保险市场是指在一个保险市场上，只存在少数相互竞争的保险公司。在这种模式的市场中，保险业经营依然以市场为基础，但保险市场具有较高的垄断程度，保险市场上的竞争是国内保险垄断企业之间的竞争，形成相对封闭的国内保险市场。存在寡头垄断模式的保险市场的国家中既有发达国家也有发展中国家。

五、保险市场发展的衡量

衡量保险市场发展水平的指标有很多，如保险费收入、保险密度、保险深度、保险业资产、保险市场集中度等。其中，保险费收入、保险密度和保险深度是常见的、基本的指标。

（一）保险费收入

保险费就是投保人为取得保险保障，按保险合同约定向保险人支付的费用。保险费收入是指投保人为了转嫁风险而支付给保险人的费用总和。保险费收入主要用来衡量保险市场规模，是一个衡量保险市场发展水平的常用指标。但是，保险费收入是一个绝对指标，无法完全代表保险市场的发展水平。

（二）保险密度

保险密度是指按某一个国家（或地区）的人口计算的人均保险费。保险密度可以反映一个国家或地区国民参加保险的程度。保险密度用公式可以表示为某国（或地区）总保险费收入与该国（或地区）常住人口的比值。

（三）保险深度

保险深度是指在某段时期内，某一国家（或地区）保险业全部保费收入在该国（或地区）国内生产总值中所占的百分比。保险深度可以反映该国（或地区）保险业在整个国民经济中的地位。保险深度用公式可以表示为某国（或地区）总保险费收入除以该国（或地区）的国内生产总值再乘以100%。

保险市场的发展程度能较好地反映保险业的发展水平。一般来说，保险深度大，表明该国（地区）的保险业比较发达；保险密度大，表明该国（地区）居民在满足了基本生活需要的同时，还更加关注自身的安全保障。但是，这些指标的应用也需要结合各国（地区）的具体情况。例如，德国的社会保险制度较为完善，由于社会保险对商业保险有替代作用，尽管人寿保险业在国民经济中的比重不高，但德国的保险业却很发达。只有综合考虑多种指标，我们才能够对某一国（或地区）保险市场的发展水平有一个较为全面的认识。

六、保险市场的作用

（一）合理安排风险，维护社会稳定

保险市场通过保险商品交易合理分散风险，提供经济补偿，在维护社会稳定方面发挥着积极的作用。

（二）聚集、调节资金，优化资源配置

保险资金收入和支出之间有一个时间差，保险市场通过保险交易对资金进行再分配，从而充分发挥资金的时间价值，为国民经济的发展提供动力。

（三）实现均衡消费，提高人民生活水平

保险市场为减轻居民消费的后顾之忧提供了便利，使之能够妥善安排生命期间的消费，提升人民生活的整体水平。

（四）促进科技进步，推动社会发展

保险市场运用科学的风险管理技术为社会的高新技术风险提供保障，由此促进新技术的推广和应用，加快科技现代化的发展进程。

第二节　保险市场的构成要素

保险市场的存在和正常运转必须具备两大基本要素，分别是保险市场主体和保险市场客体。

一、保险市场主体

保险市场主体是指保险市场交易活动的参与者，包括保险供给方、保险需求方以及充当供需双方交易媒介的保险中介方。

（一）保险供给方

保险人亦称承保人，即经营保险业务的组织。保险人是订立保险合同的一方当事人，收取保险费，并按照合同的规定对被保险人赔偿损失或履行给付义务。保险人在法律上的资格，除法律特准的自然人外，一般都要求是法人。世界各国对保险人的业务经营范围、管理、监管、机构设置以及资本金等都有明确的法律规定。

保险人主要有国营保险组织、私营保险组织、相互保险组织、自保组织、个人保险组织等几种形式。

1. 国营保险组织

国营保险组织是由国家或政府投资设立的保险经营组织。国营保险组织可以由

政府机构直接经营，也可以通过国家法令规定某个团体来经营，后者的组织形式被称为间接国营保险组织。

由于各国的社会经济制度不同，在有些保险市场上，国营保险组织完全垄断了一国的所有保险业务，这是一种完全垄断型国营保险组织。这样的国营保险组织往往是"政企合一"组织，既是保险管理机关，又是经营保险业务的实体。在有些国家，为了保证国家某种社会政策的实施，则将某些强制性或特定保险业务专门由国营保险组织经营，这是一种政策型国营保险组织。除此之外，在许多国家，国营保险组织同其他组织形式一样，可以自由经营各类保险业务，可以展开平等竞争，同时还要追求公司最大限度的利润，这是一种商业竞争型的国营保险组织。

2. 私营保险组织

与国营保险组织相对的是私营保险组织，它是由私人投资设立的保险经营组织，多以股份有限公司形式出现。股份有限公司以其严密而健全的组织形式早已被各国保险业广泛推崇。《保险法》将这一组织形式规定为我国保险公司设立的形式之一。保险股份有限公司的特点如下：

（1）股份有限公司是典型的资合公司，公司的所有权与经营权相分离，利于提高经营管理效率，增加保险利润，进而扩展保险业务，使风险更加分散，经营更加安全，对被保险人的保障更强。

（2）股份有限公司通常发行股票（或股权证）筹集资本，比较容易筹集大额资本，使经营资本充足，财力雄厚，有利于业务扩展。

（3）保险股份有限公司采取确定保险费制，比较符合现代保险的特征和投保人的需要，为业务扩展提供了便利条件。

3. 相互保险组织

相互保险在全球保险市场占有举足轻重的地位，是世界保险市场最主要的形式之一，具有成员自发性、投保人和保险人合一性、非营利性、纯风险保障性等主要特征。相互保险组织是指在平等自愿、民主管理的基础上，由全体会员持有并以互助合作方式为会员提供保险服务的组织。一般来说，相互保险组织形式主要有相互保险社、保险合作社、相互保险公司、交互保险社等类型。

（1）相互保险社。相互保险社是同一行业的人员为了应对自然灾害或意外事故造成的经济损失而自愿结合起来的集体组织。相互保险社是最早出现的保险组织，也是保险组织最原始的状态，在欧美国家相当普遍。我国也有信美人寿相互保险社、众惠财产相互保险社以及汇友财产相互保险社。

相互保险社具有以下特点：

第一，参加相互保险社的成员之间互相提供保险，即每个社员为其他社员提供保险，每个社员同时又获得其他社员提供的保险，真正体现了"我为人人，人人为我"。

第二，相互保险社无股本，其经营资本的来源为社员缴纳的分担金，一般在每年年初按暂定分摊额向社员预收，在年度结束计算出实际分摊额后，多退少补。

第三，相互保险社保险费采取事后分摊制，事先并不确定。

第四，相互保险社的最高管理机构是社员选举出来的社员大会。

（2）保险合作社。保险合作社是由一些对某种风险具有同一保障要求的人，自愿集股设立的保险组织。保险合作社与相互保险社相似，但两者之间存在较大差异。

第一，保险合作社是由社员共同出资入股设立的，加入保险合作社的社员必须缴纳一定金额的股本。社员即为保险合作社的股东，其对保险合作社的权利以其认购的股本为限。

第二，只有保险合作社的社员才能作为保险合作社的被保险人，但是社员也可以不与保险合作社建立保险关系。也就是说，保险关系的建立必须以社员为条件，而社员却不一定必须建立保险关系，保险关系的消灭也不影响社员身份的存在，因此保险合作社与社员间的关系比较长久。只要社员认缴股本后，即使不利用保险合作社的服务，社员仍可以与保险合作社保持联系。

第三，保险合作社的业务范围仅局限于社员，即只承保社员的风险。

第四，保险合作社采取固定保费制，事后不补缴。

（3）相互保险公司。相互保险公司是由所有参加保险的人自己设立的保险法人组织，是保险业特有的公司组织形式。

与股份保险公司相比，相互保险公司具有以下特点：

第一，相互保险公司的投保人具有双重身份，既是公司所有人，又是公司的顾客；既是投保人或被保险人，又是保险人。相互保险公司的投保人只要缴纳保费，就可以成为公司成员，而一旦解除保险关系，也就自然脱离公司，成员资格随之消失。

第二，相互保险公司是一种非营利型公司。相互保险公司没有资本金，既以各成员缴纳的保险费形成公司的责任准备金来承担全部保险责任，又以缴纳的保险费为依据，参与公司盈余分配和承担公司发生亏空时的弥补额，没有所谓的盈利问题。因此，相互保险公司不是一种以盈利为目的保险组织。

第三，相互保险公司的组织机构类似于股份公司。相互保险公司的最高权力机关是会员大会或会员代表大会，即由保单持有人组成的代表大会。代表大会选举董事会，董事会任命高级管理人员。随着公司规模的扩大，董事会和高级管理人员实际上已经控制了公司的全部事务，会员难以真正参与管理，而且相互保险公司现在已经演变成委托具有法人资格的代理人营运管理，负责处理一切保险业务。

第四，相互保险公司比较适合人寿保险公司，如美国人型人寿保险公司谨慎人寿保险公司、大都会人寿保险公司都是相互保险公司。但是，需要指出的是，相互保险公司最初的相互性正在逐渐消失，与股份保险公司已无明显差异。事实上，不少相互保险公司最初也是以股份公司形式设立，后来再通过退股相互公司化。因此，相互保险公司在内部组织机构设置、保险业务拓展、保险费率拟定、保险基金运用等方面，都遵循了保险的一般原则。

（4）交互保险社。交互保险社是由若干商人共同组成相互约定交换保险的组织。交互保险社于 1881 年诞生在美国纽约，是单独存在于美国的一种保险组织的特殊形态。相互保险社产生的原因是一些商人对向商业性保险公司投保所必须交付的保险费难以负担，便相互组织起来共同承担保险责任。

交互保险社具有以下特点：

第一，被保险人以社员为限，只在社员之间相互交换保险。

第二，社员以个人名义在一定金额限度内承担其应接受的保险责任，在限额内可将保险责任按比例分摊于各社员之间。

第三，交互保险社不具有法人资格，其业务通常由社员大会通过的具有法人资格的代理人委托经营，负责处理有关保险的一切业务。

4. 自保组织

自保组织一般是指一些大型企业集团单独或与其他企业合资设立并承保母公司及其子公司风险的一种自我保险组织形式。企业通过设立自保公司，能够加强企业内部的风险管理，拓宽企业的投保渠道，并直接进入再保险市场。

5. 个人保险组织

个人保险组织是个人名义承保保险业务的一种保险组织形式。这种组织形式在世界上比较少见，目前主要存在于英国。伦敦保险市场上的劳合社是世界上规模最大、历史最悠久的个人保险组织。劳合社是由英国商人爱德华·劳埃德于 1688 年在泰晤士河畔所开设的一家咖啡馆发展起来的。劳合社实际上是一个保险市场，本身并不承办保险业务，只是为其会员提供办理保险业务的办公场所和相关服务设施，就像证券交易所一样只是作为管理和服务的机构。劳合社的成员全部是个人（1994 年以前），各自独立，自负盈亏，进行单独承保，并以个人的全部财力对其承保的风险承担无限责任。

劳合社的成员是经过劳合社组织严格审查批准的，最先只允许具有雄厚财力且愿意承担无限责任的个人为承保会员。进入 20 世纪 90 年代以来，由于世界保险市场竞争加剧，加上劳合社本身经营方式的影响，劳合社的经营陷入了困境。1994 年以后，劳合社允许企业资本进入，出现了企业会员，打破了劳合社会员只允许是自然人的传统惯例。从此以后，劳合社个人会员的数量连年递减，而企业会员的数量逐年递增。

（二）保险中介方

保险中介是介于保险机构之间或保险机构与投保人之间，专门为保险交易双方提供保险销售、业务咨询、风险管理、投保方案安排、风险评估、损失鉴定与理算、代理查勘及理赔等服务，并从中依法获取佣金或服务费的个人和单位。

1. 保险中介的功能

保险中介是随着保险业的发展而产生的，是保险市场细分的结果，其功能如下：

（1）优化保险产业资源配置。保险中介市场的形成和完善能够有效促进保险市场资源的优化配置及结构的合理调整，促使保险公司致力于险种开发，加强经营管理。保险代理人代表保险公司的利益，进行展业宣传，最大限度地开发保险需求。保险经纪人利用其专业技术及熟悉保险市场的优势，向投保人推荐服务质量上乘、经营稳健的保险公司，保护双方利益，帮助投保人作出正确的购买选择。保险公估人则以真正的中立人身份协调保险买卖双方的矛盾，保护双方的利益。总之，保险市场各类行为主体在各业务领域内发挥作用，保险市场的各种资源得到高效利用。

（2）降低保险交易成本。保险中介市场的存在有利于沟通保险信息，降低保险交易成本。保险代理人在展业过程中利用接触信息来源快的优势，成为保险人了解保险市场需求和标的物危险状况的重要渠道。保险人通过保险代理人获得市场信息，并对保险市场进行分析，适应市场变化的要求，不断完善保险条款和经营策略。这不但有助于节约管理成本，也极大地降低了保险人的交易成本。保险经纪人则利用其中介身份和专业技术，帮助投保人作出正确的购买决策，避免了保险市场信息不对称给投保人带来的负面影响，从而降低了投保人的交易成本。保险公估人以第三者身份出现，有利于消除保险买卖双方的矛盾，促进保险市场稳定发展。通过保险中介市场可以节约保险人的场地及人员开支，降低经营成本，从而达到增收节支的目的。

2. 保险中介行为的基本原则

根据国际和国内保险业的实践，为充分发挥保险中介的作用并有利于保险业的发展，保险中介行为应遵循以下基本原则：

（1）合法性原则。国家通过颁布专门的法律法规，明确保险中介人的权利与义务，确立保险中介行为的准则。

（2）公平竞争原则。在保险市场上，保险公司之间应遵循公平竞争的原则，保险中介人也应遵循公平竞争的原则，尤其不能利用保险中介的行政权力或商业便利引诱或强迫开展保险业务，也不得为任何利益向客户给付回扣或合同规定以外的利益。

（3）资格认证原则。根据国际惯例，世界各国一般都对保险中介人制定明确的资格要求和完善的资格考试制度。资格认证原则有助于确保保险中介人具有较高的业务素质，以维护好合同双方当事人的合法利益。

（4）独立性原则。在保险中介活动中，保险中介人应在委托人委托范围内依法独立从事业务活动，不应受其他任何单位和个人的干预，有效保护合同双方的合法利益，发挥保险中介的作用。

3. 保险代理人

（1）保险代理和保险代理人的概念。保险代理是代理行为的一种，是保险人委托保险代理人扩展其保险业务的一种制度。保险代理人是指根据保险人的委托，向保险人收取手续费，并在保险人授权的范围内代为办理保险业务的单位或个人。保险代理人的权利依据保险代理合同中保险人的授权。《保险法》第一百一十七条规定："保险代理人是根据保险人的委托，向保险人收取佣金，并在保险人授权的范围内代为办理保险业务的机构或者个人。"

保险代理具备民事代理的一般特征：一是代理人以保险人名义进行代理活动；二是保险代理人在保险人授权范围内进行独立的意思表示；三是保险代理产生于保险人的委托授权，属于委托代理；四是保险代理人与投保人实施的民事法律行为具有确立、变更或终止一定的民事权利义务关系的法律意义；五是保险代理人与投保人之间签订的保险合同产生的权利义务视为保险人自己所实施的民事法律行为，法律后果由保险人承担。因此，保险代理属于民法调整的民事法律行为，应遵循民法的基本原则。此外，委托保险代理必须采用书面形式。保险代理合同是保险人与代理人关于委托代理保险业务所达成的协议，是证明代理人具有代理权的法律文件。

（2）保险代理人的分类。保险代理人的主体形式分为个人和单位。根据我国现行法律的规定，保险代理人分为专业代理人、兼业代理人和个人代理人。

①专业代理人。专业代理人形式的保险代理人主要是指保险代理公司。保险代理公司具有以下不同于其他代理人的特点：

第一，组织机构健全。保险代理公司必须依照有关法律法规的规定设立。经保险监督管理机关资格审查，领取经营许可证，并向工商行政管理部门注册登记。保险代理公司有自己的名称、财产、银行账户和营业场所，有自己的财务管理和人事制度，独立对外进行意思表示，承担各种经济责任，自主经营，自负盈亏，照章纳税。国外保险代理公司的组织形式分为个人型、合伙型和公司型。

第二，专业技术人才集中。保险代理公司作为专业代理人，将是中国未来保险代理市场的主体，是市场规范发展的核心所在。保险代理公司利用其业务专长和技术优势，可以有针对性地推动保险业务向纵深发展，不仅为投保人和被保险人提供更加完备的服务，也降低了保险公司的营运成本，使保险公司的经济效益相应提高。

第三，经营管理专业化、规范化程度高。保险代理公司是基于保险公司的利益，代表保险公司与被保险人办理保险业务、提供中介服务的。保险代理公司代表保险公司宣传推销保险产品，收取保险费，协助保险公司进行损失的勘察和理赔。由于保险代理公司与客户的接触，需要了解客户的风险，承担解决客户风险管理的任务，因而要求保险代理公司拥有高度专业化、规范化的经营管理水平。

第四，节省保险公司经营成本。保险代理公司节省保险公司招聘、培训、管理保险代理人的成本，有利于保险公司有效发挥其有限的资源。

②兼业代理人。兼业代理人是指接受保险人的委托，在从事自身业务的同时，指定专人为保险人代办保险业务的单位。兼业代理人的业务范围是代理销售保险单和代理收取保险费。兼业代理人具有建立机构简单、易于开展业务、适应性强等特点。

常见的兼业代理人主要有银行代理、行业代理和单位代理三种。保险人利用银行与社会各行各业接触面广的特点，通过银行代理向企业和个人进行保险宣传，可取得十分显著的效果。行业代理就是利用某一行业对保险的特殊需求以及该行业业务开展的便利条件为保险人代理保险业务。因此，行业代理的保险业务一般为专项险种，如由货物运输部门代理货物运输保险业务，由航空售票点代理航空人身意外伤害保险等。单位代理主要是由各单位工会、财务部门代理，办理一些与职工生活关系密切的保险业务，方便群众投保。

③个人代理人。个人代理人是受保险人的委托，向保险人收取代理手续费，并在保险人授权范围内代理保险业务的个人。个人代理人经保险人的授权，可以代理销售保险单和收取保险费。目前，我国的保险个人代理人主要是指保险营销员。

思政案例： 保险代理人销售误导令险企受损

2017 年 7 月，中国平安人寿保险股份有限公司（以下简称"平安人寿"）与高某签订《保险代理合同书》，约定高某在上海行政区域内代理销售该公司的保险产品。双方在《保险代理合同书》和《品质管理办法》中均就具体代理事项、禁止事项及违约责任做出约定，禁止事项包括误导客户、强制或引诱客户投保、唆使客户退保、私下转让保单等。

从事保险代理业务期间，高某为提升寿险销售业绩，从小额贷款公司处获取大量有贷款需求的客源，并告知客户投保其所代理的寿险产品即可为后续银行贷款业务提供增信。于是，大多数客户购买高某推荐的相关寿险产品后，因最终未能成功办理贷款而向保险公司申请退保。

2017 年 10 月至 12 月期间，高某代理或挂单在其他保险代理人名下的 44 份保单遭投保人投诉，投诉原因主要为误导销售，即夸大宣传保单具有贷款功能，导致投保人基于错误认识投保。

据悉，投诉涉及的 44 份保单共计已缴纳保险费为 51.49 万元，现金价值共计 3.02 万元，两者差额 48.47 万元。就上述 44 份保单，平安人寿向高某及挂名的名义保险代理人发放了共计 24.22 万元佣金。

于是，平安人寿起诉至上海静安区法院，要求高某赔偿公司退保产生的经济损失 48.47 万元，返还佣金 1.11 万元。

静安区法院一审认为，首先，高某违反了《保险代理合同书》等规定，没有客观公正地向客户介绍适合于客户投保的保险产品，未能尽到保险代理人的基本职责，未能确保客户得到匹配的风险保障方案，在从事保险代理销售行为过程中存在过错，根据双方的合同约定已构成违约，由此给平安人寿造成的损失，高某应当承担赔偿责任。其次，关于平安人寿诉请主张的经济损失 48.47 万元损失，法院认为，根据《品质管理办法》规定，损失应从保单佣金部分优先予以抵扣，现涉案 44 份保单所产生的佣金共计 24.22 万元。剩余部分损失应由高某和平安人寿共同承担，其中高某承担 50% 的违约责任，赔偿平安人寿损失 12.12 万元。

寿险保险产品作为金融属性产品具有一定的专业性，往往需要保险代理人在销售环节中提供专业意见，以保障投保人选择匹配的保险产品。在现实生活中，不少保险代理人为了促成保单在销售过程中频频误导保险消费者，这不仅影响了保险消费者的权益，也给保险公司造成损失，给保险行业带来负面影响。

保险代理人的职业道德是从事保险代理业务所需的重要品质。根据《保险法》的规定，保险代理人必须具有重合同、诚实守信、敬业精神、竭诚服务、遵纪守法、团结互助的品质。这些职业道德规范是保险行业必须遵守的基本准则，也是成为一名合格保险代理人的必要条件。因此，作为一名保险代理人，除了具备专业知识和技能外，还必须遵守职业道德规范，秉持良好的品行和诚信，竭诚为顾客服务，维护行业形象和信誉。

资料来源：冯赛琪，张晓云. 保险代理人销售误导令险企蒙受损失，责任该由谁来承担？[EB/OL].（2022-11-26）[2024-02-20]. https://www.jiemian.com/article/8460917.html.

4. 保险经纪人

保险经纪人是基于投保人的利益，为投保人与保险人订立保险合同提供中介服务，并依法收取佣金的单位。保险由于其技术复杂、保单条款专业而冗长，保险需求者倾向于委托保险经纪人来为其提供专业化的保障计划，选择资信良好、服务完备的保险人和适合自身需要的保险产品。保险经纪人依据其保险方面的专业知识和对保险市场的熟悉，根据保险需求者的要求对保险需求者面临的风险进行评估，选择合适的保险人和保险产品，提供专业化的服务。在我国，保险经纪人主要是指保险经纪公司。依照我国有关法律法规的规定，成立保险经纪公司必须具备一定的条件。

保险经纪公司为市场提供专业性强的服务。保险经纪人一般都具有较高水平的业务素质和保险知识，是识别风险和选择保险方面的专家，可以帮助投保人及时发现潜在风险，能够提出消除或减少这种风险的各种可能办法，并帮助投保人在保险市场上寻找最合适的保险公司等。

保险经纪公司作为投保人的代表，独立承担法律责任。在保险市场上，保险经纪公司代表投保人或被保险人的利益，为其与保险公司协商保险事宜，办理投保手续，充当了保险顾问的角色。因此，根据法律规定，保险经纪公司应对投保人或被保险人负责，有义务利用自己的知识和技能为其委托人购买最佳的保险。如果因为保险经纪公司的疏忽致使投保方的利益受到损害，保险经纪公司要承担法律责任。

5. 保险代理人和保险经纪人的区别

保险经纪人和保险代理人同属保险中介，但是两者具有明显区别，具体表现如下：

（1）保险代理人是受保险人的委托，代表保险人的利益办理保险业务，实质上是保险自营机构的一种延伸；保险经纪人则是基于投保人的利益从事保险活动，为投保人提供各种保险咨询服务，进行风险评估，选择保险公司、保险险别和保险条件等。

（2）保险代理人通常是代理销售保险人授权的保险服务品种；保险经纪人则

接受投保人的委托为其协商投保条件，提供保险服务。

（3）保险代理人按代理合同的规定向保险人收取代理手续费；保险经纪人则根据投保人的要求向保险公司投保，保险公司接受业务后，向经纪人支付佣金，或者由投保人根据经纪人提供的服务，给予一定的报酬。

（4）保险经纪人的法律地位和保险代理人的地位截然不同。保险经纪人是投保人的代表，其疏忽、过失等行为给保险人及投保人造成损失，独立承担民事法律责任；保险代理人的行为则视为保险人的行为，《保险法》第一百二十七条明确规定："保险代理人根据保险人的授权代为办理保险业务的行为，由保险人承担责任。"

（5）保险经纪人的职能及其行为的法律特征等特殊性使保险经纪人资格的取得、机构的审批等较保险代理人更为严格。为了维护投保人的利益，很多国家还规定保险经纪人必须投保职业责任保险。

6. 保险公估人

保险公估人是指经保险当事人委托，专门进行保险标的的评估、勘验、鉴定、估损、理算等业务，并据此向保险当事人合理收取费用的人，也称保险公估行或保险公估公司。最初的保险公估业务只涉及火灾保险理赔工作。早在 18 世纪，保险理赔的高技术含量已使保险公司内部专门从事理赔工作的人员难以应付。当时的理赔工作仅由公司内部雇员进行现场查勘，要求理赔人员具备相应的专业知识与技能，以便对保险标的发生损害的原因、程度、责任划分作出正确合理的判断，提出进一步赔偿建议，并在必要时使用法律手段协助保险人处理赔案。因此，保险公司聘请与保险理赔内容相关的各行各业的工程技术人员协助自己处理理赔业务。这些人员运用自己的专业知识向保险公司提供有关赔偿建议，他们相当于保险人的雇员或代理人。到了 19 世纪初，大多数开展火灾保险业务的保险公司都采用雇佣独立的专门技术人员作为其代理人，称为估价人。从此，雇佣独立公估人作为一种行业习惯被各保险公司接受并沿袭下来。

保险公估人具有以下特征：

（1）独立性。保险公估人是一种中介服务机构，既不属于保险人一方，也不属于被保险人一方，而是为保险当事人提供公估服务的中介机构。保险公估人与保险代理人、保险经纪人相比，其地位显得更为独立。保险公估人是处理保险理赔业务的第三者，独立于保险合同当事人之外。保险公估人既可以接受保险人的委托，也可以接受被保险人的委托，以独立、公正的身份参与保险事故处理，以科学为依据作出评估鉴定，不偏袒任何一方，缓解保险合同双方当事人的矛盾，维护保险人与被保险人双方的合作关系。

（2）公估人贯穿于保险业务的始终。保险公估人不仅从事保险理赔业务，还从事保险标的承保时的检验和风险评估、鉴定、估算以及保险事故发生造成保险标的的损失的勘验和损失理算，保险公估人的业务贯穿保险经营的始终。尽管保险公估最初产生于保险理赔环节，但随着社会经济各部门和保险业的迅猛发展，保险公估已不再完全是单纯的损失理算，而是贯穿保险业务的始终。目前，保险公估已由单一的损失理算发展为包括验资、评估、风险管理、查勘、理算等一系列综合性保险中介行为在内的行业。保险公估人的服务对象也涵盖了保险人和被保险人双方。保险公估人既可以接受保险人的委托，对保险标的进行评估和查勘，也可以接受被保险人的委托，对保险标的的实际损失作出科学公正的判断。

保险公估人由于其独立性，站在公正、公平的立场上出具公估报告，更易于为被保险人所接受。同时，由于保险公估人自身的技术优势，保险人也或多或少地依赖保险公估人。随着高新技术的发展，电子网络的兴起，其他领域的保险变得越来越复杂。巨灾风险的发生、尖端技术的滞后以及复杂多变的环境令保险人望而却步、裹足不前，越来越多地需要保险公估人的帮助，保险公估人的高新技术手段使保险人的承保有了坚实的后盾。为了更好地服务于保险人，发挥自身的优势，保险公估人扩大了业务范围，增加了业务种类。目前，保险公估人的业务从承保标的的资产评估、风险识别与衡量到防灾防损、灾后理赔，从原来的建筑物火灾保险到普通财产保险、海上保险、特种保险、责任保险，不一而足，并将继续在深度和广度上延伸下去。保险业的横向发展与纵深发展为保险公估业的发展提供了广阔的空间，带来新的契机。

（三）保险需求方

保险商品的需求方是指在一定时间、一定地点等条件下，为寻求风险保障而对保险商品具有购买意愿和购买力的消费者的集合。保险商品的需求方就是保险营销学界定的"保险市场"即"需求市场"，由有保险需求的消费者、为满足保险需求的缴费能力和投保意愿三个主要因素构成。

二、保险市场客体

保险市场的客体是指保险市场上供求双方具体交易的对象，这个交易对象就是保险商品。保险商品是一种特殊形态的商品。

保险商品的特征如下：

（一）无形性

无形性是保险商品与其他有形商品之间最大的区别。保险商品看不见、摸不着，在本质上是一种无形的承诺，保险合同虽是有形的，但也只是承诺的文字化，因此对顾客不会产生明显的视觉冲击力，更无法形成强烈的刺激，也不能通过试用来验证其功效。

（二）延后性

延后性是指保险商品购买回来后并不能立刻发挥功效。因为绝大多数的人身保险合同的理赔都是在保险合同签订后的几年或几十年以后，正所谓"养险千日，用险一时"。在保险责任事故发生前的这段时间里，保险商品对顾客的效用价值在慢慢下降，如果客户的保险意识和对保险合同内容的认知得不到维持或强化，顾客的满意程度就会下降，可能以后再也不会购买保险，甚至还会提出退保请求。

（三）射幸性

射幸性是指当事人之间在合同中所取得的利益或遭受的损失具有不确定性。射幸合同是指合同当事人中至少有一方并不必然履行金钱给付义务。只有当合同中约定的条件具备或合同约定的事件发生时才必须履行，合同约定的条件或事件是可能发生也可能不发生的。根据此定义保险合同就是一种射幸合同，保险人是否履行赔偿或给付保险金的义务，取决于约定的保险事故是否发生，而合同中约定的保险事故是否发生或者何时发生都是不确定的。如果在保险合同有效期内，保险责任事故发生了，投保方理应得到赔偿。如果在保险合同有效期内没有发生保险事故，投保方自然就得不到赔偿。

第三节　保险市场的需求与供给

一、保险市场的需求

（一）保险市场需求的含义

保险需要是指人们愿意通过保险这一有效的财务安排满足其转嫁风险的需要。保险市场需求就是指在一定的费率水平下，保险消费者从保险市场上愿意并有能力购买的保险商品数量。保险市场需求是消费者对保险保障的需求量，可以用投保人投保的保险金额总量来计量。

与一般需求的表现不同，保险需求的表现形式有两方面：一方面体现在物质方面的需求，即在约定的风险事故发生并导致损失时，能够对经济损失予以充分的补偿；另一方面则体现在精神方面的需求，即在投保以后，转嫁了风险，心理上感到安全，从而消除了精神上的紧张与不安。

然而由于保险商品的特殊性所在，消费者除了要有投保欲望与缴费能力以外，投保人以及保险对象是否符合承保条件成为保险需求的首要前提。因此，保险需求可以用如下公式表示：

保险需求=保险需要+支付能力+投保资格

（二）影响保险市场需求的主要因素

1. 风险因素

保险商品服务的具体内容是各种客观风险。风险因素存在的程度越高、范围越广，保险需求量就越大；反之，保险需求量就越小。

2. 社会经济与收入水平

保险是社会生产力发展到一定阶段的产物，并且随着社会生产力的发展而发展。保险需求的收入弹性一般大于 1，即收入的增长引起对保险需求更大比例的增长。然而不同险种的收入弹性有所不同。

3. 保险商品价格

保险商品价格是保险费率。保险需求主要取决于可支付保险费的数量。保险费率与保险需求一般成反比例关系，保险费率越高，则保险需求量越小；反之，保险需求量就越大。

4. 人口因素

人口因素包括人口总量和人口结构。保险业的发展与人口状况有着密切的联系。人口总量与人身保险的需求成正比，在其他因素一定的条件下，人口总量越大，对保险需求的总量也就越多；反之，就越少。人口结构主要包括年龄结构、职业结构、文化结构、民族结构。由于年龄风险、职业风险、文化程度和民族习惯不同，对保险需求也就不同。

5. 商品经济的发展程度

商品经济的发展程度与保险需求成正比，商品经济越发达，则保险需求越大；反之，保险需求则越小。

6. 强制保险的实施

强制保险是政府以法律或行政的手段强制实施的保险保障方式。凡在规定范围内的被保险人都必须投保。因此，强制保险的实施，人为地扩大了保险需求。

7. 利率水平

利率水平的变化对储蓄型的寿险产品有一定影响。寿险产品与银行存款之间是替代关系。在寿险产品收益保持不变的情况下，利率水平越高，则购买寿险的机会成本越高，需求量越小；利率水平越低，则购买寿险的机会成本越低，需求量越大。

（三）保险需求弹性

保险需求弹性是指保险需求对其影响因素变动的反应程度，通常用需求弹性系数来表示。公式表示如下：

$$E_d = \frac{\Delta D / D}{\Delta f / f}$$

式中：D 为保险需求；ΔD 为保险需求的变动；f 为影响保险需求的因素；Δf 为影响保险需求的因素的变动。

1. 保险需求的价格弹性

保险需求的价格弹性是指保险价格变动所引起的保险需求量的变动，它反映了保险需求量对保险价格变动的反应程度。用公式表示为：

$$E_d = \frac{\Delta D / D}{\Delta P / P}$$

式中：D 为保险需求；ΔD 为保险需求的变动；P 为保险费率；ΔP 为保险费率变动。在一定时期内，保险需求弹性是保险需求的影响因素变动一个百分点所引起的保险需求量变化的百分比。

保险需求与保险费率呈负相关关系（见图8-1）。

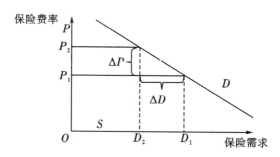

图 8-1　保险需求的价格弹性

当 $|E_d|=0$ 时，称为完全无弹性，即保险需求量不因费率的上升或下降而有任何变化，如强制保险；

当 $|E_d|<1$ 时，称为缺乏弹性，即当该险种的费率下降时，保险需求的增加幅度小于费率下降的幅度，如大部分责任险；

当 $|E_d|>1$ 时，称富于弹性，即当该险种的费率下降时，保险需求量的增加幅度大于费率下降的幅度，如大部分的汽车保险；

当 $|E_d|=1$ 时，称为单位弹性，即保险需求的变化与费率变化呈等比例；

当 $|E_d|=\infty$ 时，称为无限大弹性，即保险费率的微小变化就会引起保险需求量无限大的反应。

2. 保险需求的收入弹性

保险需求的收入弹性是指保险消费者货币收入变动引起的保险需求量的变动，反映了保险需求量对保险消费者货币收入变动的反应程度。公式表示如下：

$$E_i = \frac{\Delta D/D}{\Delta I/I}$$

式中：D 为保险需求；ΔD 为保险需求的变动；I 为货币收入；ΔI 为货币收入的变动。

保险需求与消费者收入呈正相关关系（见图 8-2）。

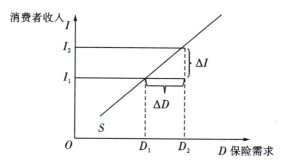

图 8-2　保险需求的收入弹性

一般来讲，保险需求的收入弹性大于一般商品。第一，保险商品特别是人身保险带有很大的储蓄性，随着消费者货币收入的增加，必然带动储蓄性保险需求量的增加。第二，人们的消费结构会随着货币收入的增加而变化，一些高额财产、文化娱乐、旅游等精神消费支出比例会由此而增大，与其具有互补作用的保险会随着消费者货币收入的增加而增加。第三，对于大多数中低收入的消费者而言，保险尚属于奢侈品，当他们的货币收入增加时，必然会创造对保险商品的需求。

3. 保险需求的交叉弹性

保险需求的交叉弹性是指相关的其他商品的价格变动引起的保险需求量的变动，取决于其他商品对保险商品的替代程度和互补程度，反映了保险需求量对替代商品或互补商品价格变动的反应程度。公式表示如下：

$$E_x = \frac{\Delta D/D}{\Delta P_g/P_g}$$

式中：D 为保险需求；ΔD 为保险需求变动；P_g 为替代商品或互补商品价格；ΔP_g 为替代商品或互补商品价格的变动。

一般而言，保险需求与替代商品的价格呈正方向变动，即交叉弹性为正，且交叉弹性越大替代性也越大。保险需求与互补商品价格呈反方向变动，即交叉弹性为负。

4. 影响保险需求弹性的因素

一般而言，消费者对保险商品的需求越强，其需求弹性越小；保险商品的可替代程度越高，其需求弹性越大；保险商品用途广泛，其需求弹性越大；保险商品消费期限越长，其需求弹性越大；保险商品在家庭消费结构中占的支出比例越高，其需求弹性越大。

二、保险市场的供给

保险市场的供给是指在一定的费率水平下，保险市场上各家保险企业愿意并且能够提供的保险商品的数量。保险市场的供给可以用保险市场上的承保能力来表示，是各个保险企业的承保能力之总和。

保险供给的"质"既包括保险企业所提供的各种不同的保险商品品种，也包括每一具体的保险商品品种质量的高低。保险供给的"量"既包括保险企业为某一保险商品品种提供的经济保障额度，也包括保险企业为全社会提供的所有保险商品的经济保障总额。

（一）影响保险市场供给的主要因素

保险供给是以保险需求为前提的。因此，保险需求是制约保险供给的基本因素。存在保险需求的前提下，保险市场供给则受到以下因素的制约：

1. 保险资本量

保险公司经营保险业务必须有一定数量的经营资本。在一般情况下，可用于经营保险业的资本量与保险经营供给成正比关系。

2. 保险供给者的数量和素质

通常保险供给者的数量越多，意味着保险供给量越大。在现代社会中，保险供给不但要讲求数量，还要讲求质量。质量的提高，关键在于保险供给者的素质。保险供给者素质高，许多新险种就容易开发出来，推广得出去，从而扩大保险供给。

3. 经营管理水平

由于保险业本身的特点，在经营管理上要有相当的专业水平和技术水平，以及人事管理和法律知识等方面均要具有一定的水平。其中任何一项水平的高低，都会影响保险的供给，这些水平的高低与保险供给成正比关系。

4. 保险价格

从理论上讲，保险商品价格与保险供给成正比关系。保险商品价格越高，则保险商品供给量越大；反之，则越小。

5. 保险成本

对保险人来说，如果保险成本低，在保险费率一定时，所获的利润就多，那么保险人对保险业的投资就会扩大，保险供给量就会增加。保险成本高，保险供给就少；反之，保险供给就大。

6. 保险市场竞争

保险市场竞争对保险供给的影响是多方面的，保险竞争的结果会引起保险公司数量上的增加或减少，从总的方面来看会增加保险供给。同时，保险竞争使保险人改善经营管理，提高服务质量，开辟新险种，从而扩大保险供给。

7. 政府的政策

如果政府对保险业采用扶持政策，则保险供给增加；反之，如果政府采取限制发展保险业的政策，则保险供给减少。

（二）保险商品供给弹性

1. 保险商品供给弹性的含义

保险商品供给弹性通常指的是保险商品供给的费率弹性，即保险费率变动引起的保险商品供给量变动。保险商品供给弹性反映了保险商品供给量对保险费率变动的反应程度，一般用供给弹性系数来表示。公式表示如下：

$$E_S = \frac{\Delta S/S}{\Delta P/P}$$

式中：S 为保险商品供给量；ΔS 为保险商品供给量变动；P 为保险费率；ΔP 为保险费率变动。在一定时期内，保险供给弹性是保险费率变动一个百分点所引起的保险供给量变化的百分比。在通常情况下，保险商品供给与保险费率呈正相关关系。

保险商品供给与保险费率呈正相关关系（见图8-3）。

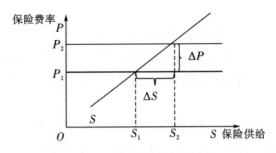

图 8-3　保险商品供给弹性

2. 保险商品供给弹性的种类

供给无弹性，即 $E_s = 0$，无论保险费率如何变动，保险商品供给量都保持不变；

供给无限弹性，即 $E_s = \infty$，即使保险费率不再上升，保险商品供给量也无限增长；

供给单位弹性，即 $E_s = 1$，保险费率变动的比率与其供给量变动比率相同；

供给富于弹性，即 $E_s > 1$，表明保险商品供给量变动的比率大于保险费率变动的比率；

供给缺乏弹性，即 $E_s < 1$，表明保险商品供给量的变动比率小于保险费率变动的比率。

3. 保险商品供给弹性的特殊性

保险商品供给弹性有其特殊性：其一，保险商品的供给和需求是同时存在的。保险商品一旦被提供，同时就被有购买欲望和购买能力的需求方所购买，当然这仅指保险买卖的承保环节。其二，保险供给弹性较一般商品稳定，不会因经济兴衰产生明显的骤然的变化。其三，保险商品的供给具有长期性和持续性，特别是在人寿保险中，可能持续几十年的时间。

三、保险市场的供求平衡

保险市场供求平衡是指在一定费率水平下，保险供给恰好等于保险需求的状态，即保险供给与需求达到均衡点，也即当费率 P 不变时，S＝D。

保险市场的均衡状态如图 8-4 所示。

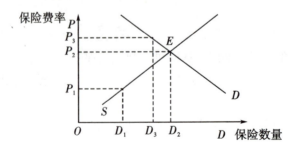

图 8-4　保险供求平衡

保险市场供求平衡，受市场竞争程度的制约。市场竞争程度决定了保险市场费率水平的高低。因此，市场竞争程度不同，保险供求平衡的水平各异。在不同的费率水平下，保险供给与需求的均衡状态也是不同的。保险市场有自动实现供求平衡的内在机制。

保险市场供求平衡包括供求的总量平衡与结构平衡两个方面，而且平衡还是相对的。保险市场供求的总量平衡是指保险供给的规模与保险需求的规模的平衡。保险市场供求的结构平衡是指保险供给的结构与保险需求的结构相匹配，包括保险供给的险种与消费者需求的险种的适应性、费率与消费者缴费能力的适应性以及保险产业与国民经济产业结构的适应性等。

第四节　保险监管

一、保险监管概述

现代保险业在国民经济中占据了重要的地位，对国民经济发展起着举足轻重的作用。要发挥保险业的经济减震器和社会稳定器功能，要保证保险业长期健康发展，就需要不断创新保险监管理念，加快完善保险监管体系。

（一）保险监管的定义

按照监管主体划分，保险监管有广义和狭义之分。广义的保险监管是政府行政管理机构、保险行业自律组织、保险机构内部监管部门以及社会力量对保险市场以及保险市场主体经营活动的监督与管理。狭义的保险监管仅指政府行政管理机构依据现行法律运用多种方式和手段对保险市场、保险市场主体经营活动进行监督与管理。

（二）保险监管的原因

1. 保险具有负债性和社会性

保险行业经营方式很特殊，保险公司除了原始资本金外，在经营过程中的资金基本上都是通过收取保费积累起来的，具有典型的负债特征。保险公司如果经营活动不规范，未能稳妥使用众多保费积累的保险基金，一旦出现亏损甚至倒闭，广大被保险人的利益将受到极大的损害。保险是一种风险管理手段，保险行业基于社会风险管理的专业角色，可以帮助抵御化解众多社会风险，因此保险行业和社会上各行各业有着千丝万缕的联系。保险的社会性使得保险公司的经营不稳定产生的负面影响甚大，不仅会造成社会福利损失甚至还会影响到社会稳定。

2. 保险交易存在信息不对称

在普通商品交易中，信息相对透明，买卖双方比较容易掌握市场交易的真实情况。然而，保险市场上交易的保险单是一种无形商品，这种无形商品通过文字表述来承诺未来对投保人和被保险人的相应保障。保险单往往是由保险公司单方面拟定的，是典型的附和合同，投保人和被保险人由于专业知识限制，对保险单里面诸多的重要内容，比如保险责任、责任免除、免赔率、退保和赔偿计算等缺乏足够了解，一般只能通过听取保险销售人员介绍来判断是否投保。因此，如果缺乏保险监管，保险公司在保险交易过程中可能利用信息不对称来损害消费者的利益。

3. 保险技术相对复杂

保险技术的复杂性主要体现在承保对象涉及各种复杂标的，涵盖人和生产资料这两大社会要素。保险责任范围包括人的意外、疾病、伤残、死亡以及财产损失、责任和利益损失等各种风险。保险商品的费率厘定要在充分市场调研和准确预测的情况下，通过精算模型和技术来进行判断。此外，保险合同还涉及大量普通投保人难以理解的专门术语。由于保险技术在客观上存在复杂性，因此需要保险监督管理机构对保单条款和保险费率进行审核或备案，以保证每份保险单符合社会发展需要，并能保障保险消费者的利益。

（三）保险监管的主要目标

1. 防范化解保险业风险

保险业是一个具有明显外部性和高负债性的行业，防范和化解风险对维护保险市场乃至整个金融市场的安全与稳定至关重要。规范保险公司的市场行为、关注保险公司的治理结构以及监管保险公司的偿付能力等措施可以降低保险公司的经营风险。对不同发展阶段的保险公司，这一方面的监管目标会存在差异。例如，新成立的保险公司应着重于防范经营风险，经营时间较长的保险公司则应关注防范和化解经营风险。此外，随着我国金融领域对外开放程度的逐渐加大以及市场化程度的不断加深，我国保险业面临的风险种类日益增加，风险因素也更为复杂。中央金融工作会议也强调要全面加强金融监管，有效防范化解金融风险。保险监管将越来越高度重视保险业风险化解。

2. 促进保险业的健康运行

保险业的健康发展要坚持全面协调可持续发展、坚持市场趋向的发展、坚持有秩序并充满活力的发展、坚持有广度和深度的发展、坚持高质量发展等多个方面。市场经济强调竞争，只有存在充分的市场竞争，保险业的发展才能有活力、有繁荣、有公平。但是，竞争必须有规则。没有规则或不遵守规则的竞争是不正当的竞争，其最后结果是损害众多市场主体的利益。因此，保险监督管理机构需要制定并维护公平竞争的保险市场秩序，完善保险市场进入与退出机制，进而提高保险市场的运行效率。

3. 服务经济社会发展

金融业是现代服务业的重要支柱之一，具有经济补偿、风险管理、资金融通功能以及社会管理等多种职能。保险行业拥有丰富的风险管理经验和技术，累积了大量的风险数据，可以针对社会普遍存在的风险和公共突发风险，积极开发相应的保险产品，充分发挥对社会保险的补充作用，解决社会公众的后顾之忧。同时，保险业也可以对社会开展广泛的防灾防损普及教育，提高社会风险管理整体意识。

4. 保护保险消费者的合法权益

保护消费者的合法权益是保险监管的基本目标，也是保险业坚持以人为本的必然要求。保护消费者权益应当遵循依法合规、平等自愿、诚实守信的原则。一方面，保险公司要从供给导向转变为需求导向，开发真正符合人们需要、定价合理的多样化的保险产品，努力做好各项保险服务，不断满足人们日益增长的保险需求。另一方面，监管部门要加大监管力度，严厉惩处各种侵害保险消费者合法权益的行为。此外，保险产品是专业性较强的金融产品，保险消费者一般对保险公司和保险产品的认知程度较为有限，需要保险监督管理机构对保险公司的行为进行必要的监督并要求其强制披露必要的信息，保证保险消费者尽量知情。同时，保险消费者应掌握较多的专业知识，提高判断力，对自己的选择和判断承担相应风险。

二、保险监管体系

一般来说，保险监管体系可分为国家监管、保险行业协会等自律组织对保险业的监管（行业自律）、社会对保险业的监督（社会监督）以及保险业经营主体的内部控制机制等四个层次。这四个层次由外到内、由上至下丰富保险监管体系内容，充分保证保险监管体系的顺利运行。

（一）国家监管

保险的国家监管是指国家有关机构对保险行业实施监督管理，通常可以分为立法监管、司法监管和行政监管三个层次。立法监管是国家立法机构通过立法手段以及对法律的立法解释来监管保险行业。司法监管主要是国家司法机构针对保险实践活动中出现的有关法律争议点，通过保险判例及解释法律的特权来实施保险业监管。行政监管是国家行政机构对保险业实施监督管理，是国家监管的最主要层次，体现国家监管的常规性，通常享有广泛的行政权、准立法权和准司法权。通常意义上的保险监管是国家行政机构依法履行保险监管职责。多数国家都会在政府部门中设置专门机构具体负责保险监管事宜，也有一些国家和地区会直接设立专门的保险监督管理机构。保险监督管理机构并没有统一的模式，也不是一成不变的，会根据各国历史、国情以及社会发展而变化。

世界各国由于国情不同和保险业发展阶段不同，对保险业的国家监管存在明显差异。美国采用联邦制政治体制，其采用中央监管与地方监管并行的方式。美国的50个州都设有保险监督管理机构，这些机构是美国保险业的主要监管者。各州在保险监管的目标、内容和手段上基本相近，但也存在不同。为解决美国各州保险监管相对独立，保持全国监管的必要统一性，1871年美国各州保险监督官组成了全美保险监督官协会。英国在1998年以前由贸工大臣及下属的保险局全面监管保险业。此后，英国金融监管走向混业监管，英国金融服务局（FSA）成为集银行、证券、保险三大监管职能的综合监管机构。德国的保险监管也采用联邦和州两个层次，联邦一级负责监管跨州经营的私营保险公司和竞争性的国有保险公司，州一级负责监管在特定州经营的私营保险公司和竞争性的国有保险公司。日本保险业的最高管理者是内阁总理大臣，具体的银行、证券、保险监管工作由金融监管厅负责，金融监管厅下设保险局。

新中国成立后，经济社会不断变迁、金融形势不断变化以及国家政策不断调整，保险监管经历了初期的监管、集中监管、专门监管、协同监管以及混业监管等多个发展阶段。我国的保险监督管理机构也随之几度变更，历经财政部商贸司、中国人民银行海外业务局、中国人民银行保险处、中国人民银行保险司、中国保险监督管理委员会、中国银行保险监督管理委员会、国家金融监督管理总局等机构。目前，我国保险监督管理机构为国家金融监督管理总局，是国务院直属正部级机构。国家金融监督管理总局设办公厅（党委办公室）、政策研究司、法规司、统计与风险监测司、机关党委等正司局级内设机构。与保险监管直接密切相关的内设机构有财产保险监管司（再保险监管司）、人身保险监管司以及资管机构监管司等。其中，财产保险监管司（再保险监管司）承担财产保险机构、再保险机构、保险中介机构的非现场监测、风险分析和监管评价等工作，根据风险监管需要开展现场调查，采取监管措施，开展个案风险处置。人身保险监管司承担人身保险机构的非现场监测、风险分析和监管评价等工作，根据风险监管需要开展现场调查，采取监管措施，开展个案风险处置。资管机构监管司承担信托公司、理财公司、保险资产管理公司的非现场监测、风险分析和监管评价工作，根据风险监管需要开展现场调查，采取监管措施，开展个案风险处置。

（二）行业自律

保险的行业自律是为了规范保险行业行为，协调保险同行利益关系，维护保险行业公平竞争进而促进保险行业发展，通常建立在保险行业协会基础之上。保险行业协会一般由保险人或保险中介人自行组织而成，是非官方性的社会团体。保险行业协会能够发挥政府监管所不具备的协调作用，有助于构建保险业有序竞争的环境。

在西方发达国家中，美国的保险行业协会类别众多，组织框架颇有特点。美国保险行业协会制度已有上百年的历史，美国保险行业协会划分细致，没有全国统一的囊括所有业务类型会员的行业协会。所有保险行业协会都分别由某一类型的保险公司组成，如美国寿险协会（ACLI）、财产与责任保险协会（PCI）、美国健康保险协会（HIAA）；或者是由专家等个人共同发起成立的社团组织，如美国风险保险协会（ARIA）、美国保险服务协会（AAIS）；或者是由保险中介构成的协会，如美国保险代理人和经纪人协会（CIAB）、独立保险代理人和经纪人协会（IIABA）等。美国的保险行业协会有营利性和非营利性之分。营利性组织主要有财产险行业协会（NAMIC）、美国风险和保险学会（ARIA），非营利性组织主要有保险市场标准协会（IMSA）、职业保险市场联合会（PIMA）。美国保险行业协会的主要作用体现在培训会员，为会员提供专业提升平台；举办专题讨论，加强会员沟通；为保险产品的费率拟定提供依据；汇总分析保险数据，为政府决策提供参考；配合协调政府监管，维护保险行业利益。

中国保险行业协会（IAC）成立于 2001 年 2 月 23 日，是中国保险业的全国性自律组织，是自愿结成的非营利性社会团体法人。《保险法》第一百八十条规定："保险公司应当加入保险行业协会。保险代理人、保险经纪人、保险公估机构可以加入保险行业协会。"中国保险行业协会的宗旨是深入贯彻毛泽东思想、邓小平理论、"三个代表"重要思想、科学发展观、习近平新时代中国特色社会主义思想，依据《保险法》，督促会员自律，维护行业利益，促进行业发展，为会员提供服务，促进市场公开、公平、公正，全面提高保险业服务社会主义经济社会的能力。中国保险行业协会的业务范围包括行业自律、行业维权、行业服务、行业交流以及行业宣传，其中行业自律是核心主业。中国保险行业协会的最高权力机构是会员大会，理事会是会员大会的执行机构。

（三）社会监督

保险的社会监督是指由国家机关以外的社会组织和公民对保险业各环节的合法性进行的监督。社会监督最理想的状态就是全社会都能参与保险行业的监督，但这在现实中执行起来比较困难。常见的保险社会监督主体主要有保险信用评级机构、独立审计机构和社会媒体机构。

保险信用评级是指信用保险评级机构对影响保险公司的信用风险因素进行分析，对其如期履约赔偿或给付能力及其可信任程度做出综合评价，并通过预先定义的信用等级符号进行表示。虽然保险信用评级结果本身不具有强制力，但是保险信用评级结果对保险公司发展影响较为明显，尤其是再保险公司。保险信用评级可以有效降低保险市场的信息不对称风险，也是保险公司低成本融资的可靠保证。目前，很多国家都把保险信用评级作为政府监管的重要辅助工具。当前有关保险信用评级的国际信用评级机构主要有贝氏（A M Best）、标准普尔（S&P）、穆迪（Moody's）、惠誉（Fitch）。贝氏成立于 1899 年，是世界上第一家信用评级机构，后发展为当前全球最大的专门从事保险业信用评级的机构。贝氏的信用评级服务评估全球上万家保险公司的信用度，同时这些评级是独立的、指示性的和交互式的，也可以对保险公司及时支付索赔、债务和履行其他财务义务的能力提供看法。标准普尔是全球领先的独立信用评级机构，评级等级包括投资级 AAA、AA、A、BBB 和投机级 BB、B、CCC、CC、C、D。标准普尔有专门的保险评级标准并会及时更新与补充。穆迪是一家全球性的综合风险评估公司，长期评级等级包括 Aaa、Aa、A、Baa、Ba、B、Caa、Ca 和 C，其中 Aaa 级债务的信用质量最高。穆迪的保险信用评级从财务状况和业务状况两方面进行分析，针对保险公司能否按时支付保单持有人赔偿和履行保险责任的能力而给出评估意见。惠誉是一家欧洲信用评级机构，保险评级标准包括保险公司财务实力（IFS）评级、发行人违约评级（IDR）和债务/混合证券评级的标准，其中保险公司财务实力评级是基本信用分析的主要关注点。我国的保险信用评级机构发展相对滞后，还没有专门的保险信用评级机构，目前的评级机构主要是在资本市场开展评级业务，为保险公司的资金投资提供参考服务。2013 年，中国保监会公布了七家认可评级资质的信用评级机构名单，分别为大公国际资信评估有限公司、东方金诚国际信用评估有限公司、联合信用评级有限公司、联合资信评估有限公司、上海新世纪资信评估投资服务有限公司、中诚信国际信用评级有限责任公司、中诚信证券评估有限公司。此外，2014 年，中债资信评估有限责任公司也通过了中国保监会的资质认可。

独立审计是指经政府有关部门审核批准的社会中介机构（会计师事务所和审计师事务所）接受保险人委托进行审计，对保险公司的会计报表及相关资料进行独立审计并发表审计意见。独立审计秉承公平公正的原则，对保险公司会计报表的合法性、公允性和会计处理办法的一贯性发表审计意见。合法性是指被审计单位会计报表的编制是否符合会计准则和其他有关财务会计规定；公允性是指被审计单位会计报表是否在所有重大方面公允地反映了其财务状况、经营状况和现金流量状况；一贯性是指被审计单位会计处理方法是否保持前后各期的一致性。由于独立审计机构的客观公正和准确性，世界各国都比较重视独立审计机构的意见。我国保险监督管理机构印发《中国保险监督管理委员会关于保险公司委托会计师事务所开展审计业务有关问题的通知》《保险中介机构外部审计指引》《中国保险监督管理委员会关于进一步做好保险专业中介机构外部审计工作的通知》等政策文件对独立审计做出相应规定。

保险行业作为金融服务产业，其广泛的社会影响自然容易受到新闻媒体的关注。媒体关于保险公司的展业、理赔等经营行为和财务状况的披露报道，直接影响保险公司的社会形象，左右广大消费者的投保意愿，对社会反响强烈的问题甚至可能引起保险监督管理机构的注意，影响其政策取向。媒体对保险业的监督和宣传作用非常重要，保险行业的健康、规范发展，离不开社会媒体的引导和监督。

（四）内部控制机制

内部控制机制是保险公司为了保证企业经营整体目标的实现、控制企业风险、提高组织效率，在企业内部制定并组织实施的一系列相互制约和相互协调的制度、措施、程序和方法。发达国家普遍重视企业内部控制制度的建设，欧洲各国都强调保险公司要发挥董事会在公司治理中的核心作用，要求保险公司建立严密的内部控制系统和风险管理系统，重视发挥内部审计的作用。

2010 年，中国保监会印发的《保险公司内部控制基本准则》指出，保险公司内部控制的目标包括行为合规性目标、资产安全性目标、信息真实性目标、经营有效性目标、战略保障性目标等五个方面。保险公司内部控制体系则由内部控制基础、内部控制程序以及内部控制保证等三个组成部分组成。保险公司内部控制评估报告应当提交董事会审议。审议通过后的内部控制评估报告应当于每年 4 月 30 日前以书面和电子文本方式同时报送保险监督管理机构。

三、保险监管的方式

关于一个国家采用何种保险监管方式，由于国情存在差异，加之保险发展的历史条件和发展阶段也不相同，国际上没有形成统一、固定的标准。通常，保险监管的方式主要包括公告管理方式、规范管理方式以及实体管理方式三种。

（一）公告管理方式

公告管理方式又称公示方式、公告主义，是指保险监督管理机构对监管对象不进行任何直接管理，而仅把保险公司的资产负债、营业结果以及其他事项予以公布。保险公司业务情况及经营优劣由公众和保险消费者自己判断。甚至保险公司的组织形式、保险合同的设计、保险资金的运用都由保险公司自主决定，政府基本不予干预。这是国家对保险市场最为宽松的一种监管方式。

公告管理方式的优点是保险公司有充分的自主权，可以自由经营，在宽松的自由竞争环境中自我发展；缺点是社会公众存在认识局限，难以把握保险公司的优劣判断标准，并且保险公司的不规范经营行为难以得到有效纠正。这种方式一般为采用英国监管模式的国家所采纳。实行公告管理方式的国家通常要具备较好的基础条件，即该国经济高度发达，保险市场繁荣，保险机构大量存在，投保人有充分的选择空间；保险机构具有较高的自制能力，保险市场主体具有良好的商业道德，市场具有平等竞争的充分条件；国民普遍具有较高的文化素质和参与意识，投保人能对保险公司的优劣做出适当的准确判断。显然，公告管理方式需要的条件相对较为理想化，由于大多数国家都达不到这种条件要求，只有英国等少数国家采用这种方式。

（二）规范管理方式

规范管理方式又称规范方式、准则主义，只注重保险经营形式上的合法性。对经营形式上不合法者，政府主管机构给予处罚。只要经营形式合法，政府对具体经营行为便不加干预。在具体操作方面，政府制定了一系列的保险法律法规，对最低资本金限定、资产负债表审核、保险资金运用、违法处罚等制定明确规定，要求保险企业共同遵守。但是，政府对保险公司是否遵守规定，仅在形式上加以审查。由于保险业务相对复杂、技术要求高、涉及面广，有关法律法规很难面面俱到，有可能造成保险公司有机可乘，出现形式上合法而实质上不合法的行为，难以达到预期的保险监管效果。因此，这种方式的适用也受到相应限制，目前大部分国家并没有采取这一监管方式。

（三）实体管理方式

实体管理方式又称实体方式、批准主义，即国家制定相对完善的保险监管规则，保险监督管理机构依法对保险市场，尤其是保险公司进行全面而有效的监督和管理。监管的范围涉及保险公司的设立条件，保险公司的经营范围，保险公司的经营活动，保险资金的运用，保险公司的整顿、清算和破产等。这种相对严格的监管方式从实践效果来看，既保证了保险公司的合法合规、稳健经营，打击了各种违法违规现象，提升了保险业的整体形象，同时又保障了广大保险消费者权益。目前，世界上大多数国家，如美国、日本和德国都采用这种监管方式，我国也选择了这种监管方式。随着社会的进步和保险业的发展，为了适应现实需要，在保险条款和保险费率审核、竞争约束、保险资金运用等方面，许多原来监管严格且保险市场秩序较好的国家，都在调整政策，有逐步放松监管的趋势。

四、保险监管的主要内容

（一）组织监管

1. 保险公司的设立

世界各国根据国情选择适合自身发展的不同的保险公司组织形式。美国、日本除股份公司外，允许采用相互保险公司形式，英国还允许自然人作为保险人。我国的保险公司组织形式曾经限定为股份有限公司和国有独资公司。随着保险业的发展，我国保险公司的组织形式变得更为灵活和多样化。《保险法》第六十七条规定："设立保险公司应当经国务院保险监督管理机构批准。"《保险法》第六十八条规定："设立保险公司应当具备下列条件：（一）主要股东具有持续盈利能力，信誉良好，最近三年内无重大违法违规记录，净资产不低于人民币二亿元；（二）有符合本法和《中华人民共和国公司法》规定的章程；（三）有符合本法规定的注册资本；（四）有具备任职专业知识和业务工作经验的董事、监事和高级管理人员；（五）有健全的组织机构和管理制度；（六）有符合要求的营业场所和与经营业务有关的其他设施；（七）法律、行政法规和国务院保险监督管理机构规定的其他条件。"

2. 保险公司分支机构的设立

保险公司根据自身业务发展需要可以在国内外设立分支机构，但应当经保险监督管理机构批准。保险公司的分支机构不具有法人资格，其民事责任由保险公司总公司承担。

保险公司设立分公司的注册资本根据保险公司总公司的注册资本情况而有所不同。保险公司以 2 亿元人民币的最低资本金额设立的，在其住所地以外的每一省、自治区、直辖市首次申请设立分公司，应当增加不少于人民币 2 000 万元的注册资本；申请设立分公司，保险公司的注册资本达到前款规定的增资后额度的，可以不再增加相应的注册资本。保险公司注册资本达到人民币 5 亿元，在偿付能力充足的情况下，设立分公司不需要增加注册资本。

根据《保险公司管理规定》的要求，保险公司设立分公司需要符合以下诸多限制条件，如偿付能力充足、治理结构相对完善、分支机构管理制度健全、良好的可行性论证、适合的筹建负责人、无相应行政处罚记录等。在一般情况下，保险公司设立省级分公司，由保险公司总公司提出申请；设立其他分支机构，由保险公司总公司提出申请，或者由省级分公司持总公司批准文件提出申请。

3. 保险公司的解散、撤销和破产

保险公司的解散是依法设立的保险公司因符合法律规定的预定事由出现，经保险监督管理机构批准，关闭其营业机构、终止其经营活动的行为。《保险法》第八十九条规定："保险公司因分立、合并需要解散，或者股东会、股东大会决议解散，或者公司章程规定的解散事由出现，经国务院保险监督管理机构批准后解散。"同时，《保险法》第八十九条特别强调"经营有人寿保险业务的保险公司，除因分立、合并或者被依法撤销外，不得解散。"法律规定主要是为了保持人寿保险合同的连续性，切实保护被保险人的利益。此外，保险公司依法解散的，应当成立清算组，并且向国务院保险监督管理机构报送相关资料。

保险公司的撤销是保险公司由于不遵守相关法律法规，被保险监督管理机构强制吊销经营保险业务许可证、不得不终止营业的行为。《保险法》第一百四十九条规定："保险公司因违法经营被依法吊销经营保险业务许可证的，或者偿付能力低于国务院保险监督管理机构规定标准，不予撤销将严重危害保险市场秩序、损害公共利益的，由国务院保险监督管理机构予以撤销并公告，依法及时组织清算组进行清算。"

保险公司的破产是由于保险公司不能清偿到期债务，并且资产不足以清偿全部债务或明显缺乏清偿能力的，依照《中华人民共和国企业破产法》以及《民法典》的规定清理债务。与普通企业相比较，保险公司的破产具有特殊之处，它必须经国务院保险监督管理机构同意，同时对经营人寿保险业务的保险公司破产有着更为严密的安排。《保险法》第九十条规定："保险公司有《中华人民共和国企业破产法》第二条规定情形的，经国务院保险监督管理机构同意，保险公司或者其债权人可以依法向人民法院申请重整、和解或者破产清算；国务院保险监督管理机构也可以依法向人民法院申请对该保险公司进行重整或者破产清算。"《保险法》第九十二条规定："经营有人寿保险业务的保险公司被依法撤销或者被依法宣告破产的，其持有的人寿保险合同及责任准备金，必须转让给其他经营有人寿保险业务的保险公司；不能同其他保险公司达成转让协议的，由国务院保险监督管理机构指定经营有人寿保险业务的保险公司接受转让。转让或者由国务院保险监督管理机构指定转让前款规定的人寿保险合同及责任准备金的，应当维护被保险人、受益人的合法权益。"

4. 保险公司董事、监事和高级管理人员的任职资格

保险行业的专业性和技术性较强，合格的保险公司高级管理人员对保险公司发展乃至保险行业发展都起着明显的推动作用。保险公司的高级管理人员是指对保险机构经营管理活动和风险控制具有决策权或重大影响的下列人员：

（1）总公司总经理、副总经理和总经理助理；

（2）总公司董事会秘书、合规负责人、总精算师、财务负责人和审计责任人；

（3）分公司、中心支公司总经理、副总经理和总经理助理；

（4）支公司、营业部经理；

（5）与上述高级管理人员具有相同职权的管理人员。

保险机构董事、监事和高级管理人员的任职资格都实行核准制度，应当在任职前取得保险监督管理机构核准。根据保险发展的现实需要，保险监督管理机构不断调整保险机构董事、监事和高级管理人员的任职资格要求。保险机构董事、监事和高级管理人员应当遵守法律、行政法规和保险监督管理机构的有关规定，遵守保险

公司章程。保险机构董事、监事和高级管理人员应当具有诚实信用的品行、良好的合规经营意识和履行职务必需的经营管理能力。

5. 外资保险公司及其代表处设立的监管

保险业是我国金融业对外开放时间较早、开放程度较高的行业。2020 年 6 月，我国境内首家外商独资人身保险公司友邦人寿保险有限公司的成立表明保险业对外开放的进程在加快。为了适应对外开放和经济发展需要，我国对外资保险公司的监管也在逐步完善。外资保险公司的设立需经国务院保险监督管理机构批准，其设立形式、外资比例由国务院保险监督管理机构按照有关规定确定。同时，国务院保险监督管理机构也有权检查外资保险公司的业务状况、财务状况以及资金运用状况，有权要求外资保险公司在规定的期限内提供有关文件、资料和书面报告，有权对违法违规行为依法进行处罚、处理。

外资保险公司的代表处是负责咨询、联络、市场调查等非经营性活动的保险公司派出机构，其设立同样需经国务院保险监督管理机构的批准，并接受其管理和检查。外资保险机构申请在华设立代表处的，需要所在国家或地区有关主管当局出具意见书，或者由所在行业协会出具推荐信，在中国境内设立两个及以上代表处的外资保险机构，若未设立总代表处的需指定一个代表处负责与国务院保险监督管理机构进行日常联络。外资保险机构发生更换首席代表、变更名称、展期、变更地址以及撤销代表处等事项时，也应报国务院保险监督管理机构批准。

（二）业务监管

1. 保险业务范围

按照《保险法》的规定，保险公司的业务范围包括：

（1）人身保险业务，包括人寿保险、健康保险、意外伤害保险等保险业务。

（2）财产保险业务，包括财产损失保险、责任保险、信用保险、保证保险等保险业务。

（3）国务院保险监督管理机构批准的与保险有关的其他业务。

保险人不得兼营人身保险业务和财产保险业务。但是，经营财产保险业务的保险公司经国务院保险监督管理机构批准，可以经营短期健康保险业务和意外伤害保险业务。保险公司应当在国务院保险监督管理机构依法批准的业务范围内从事保险经营活动。

我国对保险业务范围监管持谨慎态度，经批准设立的保险公司的业务范围并不自动获得经营全部保险业务的资格。随着社会的发展，保险公司和社会方方面面的联系更加广泛，传统商业保险公司业务范围可能满足不了实际发展的需要。保险公司如果需要调整业务经营范围，应当向保险监督管理机构提出申请，保险监督管理机构根据该保险公司的技术实力、管理水平、资本金、偿付能力等因素综合核定。经保险监督管理机构核定调整的业务范围，应当在新保险许可证上予以记载。保险公司分支机构的业务范围需要经过保险监督管理机构的核定，而且保险公司分支机构业务范围也需要总公司授权，分支机构只能在授权范围内从事保险经营活动。

目前，世界上大多数国家都禁止保险公司同时从事性质不同的保险业务。我国也基本赞成人身保险业务和财产保险业务不得兼营的原则。由于人身保险业务和财产保险业务在经营技术基础、保费计算方式以及偿付能力要求等方面存在很大区别，因此保险公司不兼营人身保险业务和财产保险业务有助于保证保险公司的财务稳定性，充分保护被保险人利益。

我国允许经营财产保险业务的保险公司经国务院保险监督管理机构批准，可以经营短期健康保险业务和意外伤害保险业务。这是因为财产保险业务和短期健康险业务、意外险业务都是短期保险业务，在承保技术和财务要求上比较一致，大多适用保险的损失补偿原则。这样规定能够灵活地顾及被保险人的需求，使其可以获得更加便捷和全面的保险服务。

2. 保险条款和保险费率

保险条款是保险合同的核心内容，通过保险条款，投保人和保险人约定了双方的主要权利义务。由于保险行业的特殊性和保险产品的专业性，保险条款设计通常只能由精通保险业务的保险人来设计，投保人很难介入。但是，为了防止保险公司在设计保险条款时过于从自身角度考虑，损害对方利益，世界各国都不同程度地坚持对保险条款内容进行监管。

保险费率是保险产品的价格，合理的保险费率应该根据保险标的的风险情况、损失概率、保险责任、保险期限以及保险人经营费用来确定。保险费率制定要确保公平性，既保证保险人在维持充足偿付能力的前提下保有合理利润，又要能做到保险标的费率差别化，保险产品价格具备市场竞争力，这也需要政府部门的相应监管和引导。目前来看，我国保险条款和保险费率的监管有逐步放松和逐渐市场化的趋势。

《保险法》第一百三十五条规定："关系社会公众利益的保险险种、依法实行强制保险的险种和新开发的人寿保险险种等的保险条款和保险费率，应当报国务院保险监督管理机构批准。国务院保险监督管理机构审批时，应当遵循保护社会公众利益和防止不正当竞争的原则。其他保险险种的保险条款和保险费率，应当报保险监督管理机构备案。保险条款和保险费率审批、备案的具体办法，由国务院保险监督管理机构依照前款规定制定。"《保险法》第一百三十六条规定："保险公司使用的保险条款和保险费率违反法律、行政法规或者国务院保险监督管理机构的有关规定的，由保险监督管理机构责令停止使用，限期修改；情节严重的，可以在一定期限内禁止申报新的保险条款和保险费率。"按照《保险公司管理规定》的要求，保险机构经营过程中，不得将其保险条款、保险费率与其他保险公司的类似保险条款、保险费率或金融机构的存款利率等进行片面比较。

保险机构可以对已经审批或备案的保险条款和保险费率进行组合式经营使用。保险机构经营使用组合式保险条款和保险费率，对已经审批或备案的保险条款和保险费率未做修改的，无需重新报送审批或备案。保险机构经营使用组合式保险条款和保险费率，对已经审批或备案的保险条款和保险费率作出修改的，应当按照规定重新报送审批或备案。保险公司报送组合式保险条款和保险费率审批或备案的，除应当提交规定的材料外，还应当提交组合式保险条款和保险费率的名称及其保险单式样。保险机构经营使用组合式保险条款和保险费率，应当分别列明各保险条款对应的保险费和保险金额。在共保业务中，其他保险公司可以直接使用首席承保人经保险监督管理机构审批或备案的保险条款和保险费率，无需另行申报。

3. 再保险业务

再保险业务具有较强的国际性和技术性，多数国家会对再保险业务进行监管，我国也不例外。再保险的直接监管主要包括营业执照的取得、组织形式的限制、营业范围的限制以及财务状况的监管等；再保险间接监管主要包括再保险计划的审查、再保险业务资料的申报、自留额的限制、再保险人选择的限制等。《保险法》第一百零三条规定："保险公司对每一危险单位，即对一次保险事故可能造成的最大损失范围所承担的责任，不得超过其实有资本金加公积金总和的百分之十；超过部分应当办理再保险。"《保险法》第一百零五条规定："保险公司应当按照国务院保险监督管理机构的规定办理再保险，并审慎选择再保险接收人。"目前，我国对再保险人实行资格准入制度。《保险法》第九十六条规定："经国务院保险监督管理机构批准，保险公司可以经营本法第九十五条规定的保险业务的下列再保险业务：（一）分出保险；（二）分入保险。"2021年，中国银行保险监督管理委员会发布的《保险公司偿付能力监管规则Ⅱ》中第6、8、9号等文件对再保险公司保险风险最低资本、再保险公司分出业务的交易对手违约风险最低资本、再保险公司利率风险最低资本都有专门的规定。2021年，中国银保监会出台实施的《再保险业务管理规定》对业务经营、再保险经纪业务等有专门规定。

4. 跨境保险业务的监管

随着保险国际化进程的不断推进，跨境保险业务迅速发展。为了维护全球保险市场的公平有效以及更大范围内保护保险消费者的利益，各国保险监督管理机构越来越需要加强协作。国际保险监督官协会于1999年出台了国际保险机构和保险集团跨国业务的监管原则，主要包括不同监管机构应进行合作、任何外国保险机构不得逃避监管、所有国际保险集团和国际保险机构都应服从有效监管、跨国设立保险机构想同时征得东道国和母国监管机构的同意等。《中华人民共和国外资保险公司管理条例》，我国保险监督管理机构与美国、德国、新加坡等国的保险监督管理机构签订的监管交流协作谅解备忘录及其他相关规定，国务院保险监督管理机构与中国香港特别行政区、中国澳门特别行政区保险监督管理机构签订的监管交流协作谅解备忘录及其他相关规定中对跨境保险业务的监管都有一些明确具体的规定。

5. 互联网保险业务的监管

互联网技术的迅速发展给保险行业带来巨大的活力，不仅提高了效率，也解决了一些长期困扰行业发展的问题。但是，互联网保险发展过程也出现不少不容忽视的问题，如果不加以规范、约束和制止，将极易影响互联网保险的健康发展甚至有可能对整个保险业带来不利影响。同时，互联网保险本身所具有一定的不确定性和不稳定性，给保险监管的基础理念、方法和技术带来了巨大挑战，致使保险监管变得较为困难。国际保险监督官协会提出了针对互联网保险业务实施有效监管的三个基本原则：监管方法的一致性原则、透明度和信息披露原则、合作监管原则。2015年，我国实施的《互联网保险业务暂行办法》对监督和引导互联网保险的发展起到了积极作用。2020年12月，中国银保监会出台《互联网保险业务监管办法》，重点内容包括厘清互联网保险业务本质，明确制度适用和衔接政策；规定互联网保险业务经营要求，强化持牌经营原则，定义持牌机构自营网络平台，规定持牌机构经营条件，明确非持牌机构禁止行为；规范保险营销宣传行为，规定管理要求和业务行为标准；全流程规范售后服务，改善消费体验；按经营主体分类监管，在规定"基本业务规则"的基础上，针对互联网保险公司、保险公司、保险中介机构、互联网企业代理保险业务，分别规定了"特别业务规则"；创新完善监管政策和制度措施，做好政策实施过渡安排。

（三）财务监管

1. 资本金和保证金

保险公司的资本金是股东对保险公司的投资额。保险公司的资本金从职能上可以分为设立公司的最低资本金和经营中匹配风险资本金。最低资本金是相对静态的资本要求，和保险公司业务性质、种类有关。《保险法》第六十九条规定："设立保险公司，其注册资本的最低限额为人民币二亿元。国务院保险监督管理机构根据保险公司的业务范围、经营规模，可以调整其注册资本的最低限额，但不得低于本条第一款规定的限额。保险公司的注册资本必须为实缴货币资本。"保险公司经营中匹配风险资本金是动态资本要求，和保险公司业务量紧密相关。《保险法》第一百零二条规定："经营财产保险业务的保险公司当年自留保险费，不得超过其实有资本金加公积金总和的四倍。"

保险保证金是保险公司清偿债务的保证，国家强制性掌控保险公司一部分实有资金，是为了保证保险公司的变现资金数额。《保险法》第九十七条规定："保险公司应当按照其注册资本总额的百分之二十提取保证金，存入国务院保险监督管理机构指定的银行，除公司清算时用于清偿债务外，不得动用。"

2. 准备金

保险经营的负债性决定了保费支出与保险赔偿或给付在时间上、金额上存在差异，为了保证保险人按时按期能够履行保险合同的赔偿或给付义务，世界各国一般都规定保险公司要依法提取各种准备金。《保险法》第九十八条规定："保险公司应当根据保障被保险人利益、保证偿付能力的原则，提取各项责任准备金。保险公司提取和结转责任准备金的具体办法，由国务院保险监督管理机构制定。"

3. 保险保障基金

保险保障基金是保险行业的风险救助基金，也称保障被保险人利益的最后"安全网"。保险公司稳健经营极为重要，一旦保险公司出现破产等情形就会对被保险人产生严重影响甚至危害社会稳定发展。为此，国务院保险监督管理机构于2004

年发布的《保险保障基金管理办法》建立了保险保障基金制度。保险保障基金是保险行业的风险救助金，是保障被保险人利益的最后"安全网"。保险保障基金主要来自境内保险公司依法缴纳的保险保障基金、保险保障基金公司依法从破产保险公司清算财产中获得的受偿收入、捐赠、上述资金的投资收益、其他合法收入。2008 年，中国保险保障基金有限责任公司经国务院批准成立，负责保险保障基金的筹集、管理和使用。保险保障基金既可以对破产清算保险公司提供及时救助，支付保险赔偿或给付保险金，也可以对财产状况较差的保险公司保单提供必要救助。

《保险法》第一百条规定："保险公司应当缴纳保险保障基金。保险保障基金应当集中管理，并在下列情形下统筹使用：（一）在保险公司被撤销或者被宣告破产时，向投保人、被保险人或者受益人提供救济；（二）在保险公司被撤销或者被宣告破产时，向依法接受其人寿保险合同的保险公司提供救济；（三）国务院规定的其他情形。保险保障基金筹集、管理和使用的具体办法，由国务院制定。"目前，我国保险保障基金的管理主要适用 2008 年发布施行、2022 年修订施行的《保险保障基金管理办法》。《保险保障基金管理办法》对保险保障基金公司、保险保障基金的筹集、保险保障基金的使用以及监督和管理都做了相应规定，如明确保险保障基金费率由基准费率和风险差别费率构成、要求保险保障基金公司和保险保障基金各自作为独立会计主体进行核算且严格分离等。

4. 保险资金运用

保险资金一般是指保险集团（控股）公司、保险公司以本外币计价的资本金、公积金、未分配利润、各项准备金以及其他资金。保险资金运用必须坚持稳健审慎和安全性原则，符合偿付能力监管要求，根据保险资金性质实行资产负债管理和全面风险管理，实现集约化、专业化、规范化和市场化，与此同时保险资金运用应当坚持独立运作。对保险资金运用进行监管的目的主要是规范保险资金运用行为，防范保险资金运用风险，保护保险当事人合法权益，维护保险市场秩序。国务院保险监督管理机构对保险资金运用的监督管理，采取现场监管与非现场监管相结合的方式，并可以授权其派出机构行使保险资金运用监管职权；根据公司治理结构、偿付能力、投资管理能力和风险管理能力，按照内控与合规计分等有关监管规则，对保险集团（控股）公司、保险公司保险资金运用实行分类监管、持续监管、风险监测和动态评估；确定保险资金运用风险监管指标体系，并根据评估结果，采取相应监管措施，防范和化解风险。

我国保险资金的运用形式多样化且随保险业发展会动态变化。《保险法》第一百零六条规定："保险公司的资金运用限于下列形式：（一）银行存款；（二）买卖债券、股票、证券投资基金份额等有价证券；（三）投资不动产；（四）国务院规定的其他资本运用形式。"2018 年实施的《保险资金运用管理办法》明确加入了"投资股权"这一形式，拓宽了保险资金运用的范围。《保险法》第一百零七条规定："经国务院保险监督管理机构会同国务院证券监督管理机构批准，保险公司可以设立保险资产管理公司。保险资产管理公司从事证券投资活动，应当遵守《中华人民共和国证券法》等法律、行政法规的规定。"2018 年修订实施的《保险资金运用管理办法》对资金运用形式、决策运行机制、风险管理、监督管理等内容都有详细的规定。其主要内容包括明确保险资金投资的主要形式，规定保险资金运用的管理模式，重点明确保险资金运用的决策机制和风险管控机制，要求保险机构健全公司治理和内部控制、切实承担各项管理职责和相关风险，明确监管机构对保险机构和相关当事人的违规责任追究。

5. 偿付能力监管

偿付能力是保险公司对保单持有人履行赔付义务的能力。保险偿付能力监管是指保险监管部门对保险公司偿付能力的监督和管理。保险公司偿付能力监管是保险监管的核心内容。由于保险偿付能力涉及面广、技术要求高，保险偿付能力监管需要相对完善的监管体系。目前，世界影响力较大的偿付能力监管模式主要有欧盟偿付能力 I 监管体系和偿付能力 II 监管体系、美国 RBC 偿付能力监管制度、国际保险监督官协会的"三支柱"制度以及我国的保险偿付能力监管体系。

欧盟偿付能力 I 监管体系使用时间相对较长，从 20 世纪 70 年代开始使用。随着保险市场的发展，偿付能力 I 监管体系已经逐渐适应不了新形势保险业的监管需要。欧盟在 2001 年启动了偿付能力 II 监管体系项目，希望建立一套全新的符合时代要求的偿付能力监管体系。该体系在 2014 年正式开始实施。欧盟偿付能力 II 监管体系的核心是"三支柱"整体框架：第一支柱侧重于对准备金、资本和自有资金的定量要求；第二支柱侧重于对公司治理、内控、风险管理和监管审核的定性要求；第三支柱强调监管报告、公众报告和保险信息透明度的信息披露要求。在偿付能力 II 监管体系下，资产和负债的计量都是采用会计计量标准，这和美国 RBC 偿付能力监管制度采用的监管标准不同。偿付能力 II 监管体系设置了两个资本要求：最低资本要求（minimum capital requirement，MCR）和偿付能力资本要求（solvency capital requirement，SCR）。欧盟认为，保险公司的资本是影响偿付能力的重要因素，但仅仅考虑偿付能力资本要求的定量化是不够的，还需要考虑保险公司治理结构、内控能力、管理流程规范化等诸多因素。因此，偿付能力 II 监管体系中加入了定性因素要求，主要包括内部风险管理要求和监管审查程序。内部风险管理要求包括八个方面：建立有效的组织架构、职责分工和报告系统；公司关键岗位高管人员的适当任职要求；有效的风险管理系统；风险与偿付能力自评；有效的内控体系；适当的内部审计程序；足够的精算人员和合理的精算方法；职能外包的偿付能力定量要求。监管审查程序是偿付能力 II 监管体系第二支柱的关键，审查内容主要包括六个方面：内部管理系统、准备金评估、资本要求、投资规则、实际资本的数量和质量、内部模型。偿付能力 II 监管体系第三支柱对信息披露要求非常严格，保险公司不仅应当在年报中简明扼要地披露其偿付能力及财务状况，而且其他任何有助于判断保险公司风险情况、财务和偿付能力状况以及对监管机关决策可能产生影响的信息都需要及时向保险监管机关报告。

RBC 偿付能力监管制度是由美国保险监督官协会（National Association of Insurance Commissioners，NAIC）于 20 世纪 90 年代推出的，以风险资本要求为核心。RBC 偿付能力监管制度参照《巴塞尔协议》对商业银行资本充足性的要求，根据保险公司面临风险的不同规定相应的风险资本额，进一步通过与财务报表得出的风险因子相乘，确定最低资本金数额，并与保险公司经调整后的资本金比较，以此来判断该保险公司资本金是否充足，偿付能力是否满足要求。从 2008 年开始，美国保险监督官协会通过研究国际金融业和国际会计准则最新成果，提出美国偿付能力现代化工程（Solvency Modernization Initiative，SMI），将保险公司偿付能力监管从更宽广的视角来展开研究，研究范围重点涉及保险公司资本要求、国际会计准则、保险公司资产负债评估、再保险和保险公司集团监管五个领域。

国际保险监督官协会（International Association of Insurance Supervisors，IAIS）是 1994 年在瑞士成立的一个全球性保险监管组织，现有成员包括近 200 个国家和地区的保险监管组织。2005 年 10 月，国际保险监督官协会发布了一份新的保险监管共同框架的文件，其中提出了偿付能力"三层级"和"三支柱"监管模式。偿付能力监管"三层级"的第一层级是指保险监管前提，即保险市场和保险监督管理机构；第二层级是指一系列的保险监管法律法规；第三层级是指按照规章制度严格有效监管。偿付能力监管"三支柱"包括财务状况监管（financial）、法人治理监管（governance）和市场行为监管（marketconduct）。从 2009 年开始，国际保险监督官协会向全球保险监管组织征求意见，力求建立一个全球统一的保险监管规则。

我国的保险偿付能力监管虽然起步较晚，但是发展较快，现已逐步搭建起具有中国特色的保险偿付能力监管体系。1998 年，中国保监会成立，提出"市场行为监管和偿付能力监管并重"，我国开始探索建立保险偿付能力监管制度。2003—2008 年，我国在学习借鉴国际经验和不断探索实践中逐步建立第一代偿付能力监管制度体系，主要由偿付能力报告制度、公司内部风险管理制度、财务分析和财务检查制度、适时监管干预制度和破产救济制度（保险保障基金制度）等五部分构成。但是，随着保险业快速发展及保险风险日益复杂，第一代偿付能力监管制度体系难以满足保险市场化改革和风险防范的需要。2012 年，中国保监会发布《中国第二代偿付能力监管制度体系建设规划》，启动建设中国风险导向的偿付能力体系（以下简称"偿二代"）工作。2013 年，中国保监会发布了《中国第二代偿付能力监管体系整体框架》，明确了"偿二代"的顶层设计和主要技术原则。2015 年，中国保监会正式发布"偿二代"主干技术标准和过渡期试运行方案。2016 年，"偿二代"经过一年试运行后正式实施。随着我国经济金融形势、保险发展环境以及风险特征的不断变化，"偿二代"需要进一步优化调整。2017 年，中国保监会印发《偿二代二期工程建设方案》，启动"偿二代"二期工程建设，以补齐偿付能力监管制度短板，提高监管有效性。2018 年，中国银保监会发布《偿二代二期工程建设路线图和时间表》。"偿二代"采用国际通行的三支柱框架，主要包括第一支柱定量资本要求、第二支柱定性监管要求和第三支柱市场约束机制。第一支柱定量资本要求主要防范可资本化风险，包括保险风险、市场风险、信用风险，通过科学地识别和计量各类风险，要求保险公司具备与其风险相适应的资本。第二支柱定性监管要求是在第一支柱的基础上，进一步防范难以资本化的风险，包括操作风险、战略风险、声誉风险以及流动性风险。第三支柱市场约束机制则是通过对外信息披露等手段，引导、促进和发挥市场利益相关方的力量，借助市场的约束力，加强对保险公司偿付能力的监管。"偿二代"三个支柱相互配合、相互补充、逐层递进，是一个有机整体。2021年，中国银保监会发布《保险公司偿付能力管理规定》，并自2021年3月1日起施行。为促进保险业回归本源和稳健运行，更好服务实体经济和人民群众。2023年，国家金融监督管理总局发布《国家金融监督管理总局关于优化保险公司偿付能力监管标准的通知》，在保持综合偿付能力充足率100%和核心偿付能力充足率50%监管标准不变的基础上，根据保险业发展实际，优化了保险公司偿付能力监管标准，主要包括实施差异化资本监管、引导保险公司回归保障本源、引导保险公司支持资本市场平稳健康发展以及引导保险公司支持科技创新等四个方面。

（四）对保险中介的监管

保险中介是保险公司和消费者之间进行保险活动的媒介。有效的保险中介制度可以充分发挥保险中介的专业技能，减少保险人和消费者之间的矛盾和纠纷，促进保险公司深化改革，推动保险市场的健康发展，因此多数国家或地区会对保险中介进行监管。国际保险监督官协会制定的《保险监管核心原则》（ICP）第24条规定了保险监管的主要内容。保险中介监管主要涉及保险中介的职业资格、专业素质和能力、客户利益保障和执法管理手段等方面。美国对保险中介的约束主要是通过各州的保险法律或法律中的特别规定、自律性规则和保险中介合同等来体现。我国保险监督管理机构曾经设置了保险中介监管部门专门对保险中介进行监管，目前的相关职能归口国家金融监管总局的财产保险监管司（再保险监管司），不再设置专门的保险中介监管部门。我国保险中介监管相关法规主要有《保险销售行为管理办法》《保险代理人监管规定》《保险经纪人监管规定》和《保险公估人监管规定》等。

1. 保险代理人监管

世界各国对保险代理人的监管都包括资格审查和经营活动监管。美国根据销售业务的不同将保险代理人划分为人寿保险代理人、事故及健康险代理人以及财产责任险代理人。保险代理人需通过相应的资格考试并获取专业资格后才能从业。同时，根据代表保险公司数量的多寡，保险代理人也可以分为专业代理人与独立代理人。美国对违反法律和其他准则的保险代理人给予的处罚一般包括经济处罚和吊销执照。日本《保险业法》认可的保险代理人有生命保险营销人和损害保险代理店两种。生命保险营销人必须向日本财务大臣登记，日本人寿保协会还实施了全行业统一的资格考试制度、变额保险的资格制度。损害保险代理店主要活跃在财产保险市场，损害保险代理店可以分为经营火险、汽车险、伤害险的种别代理店和除此以外的无种别代理店。种别代理店由财产保险同业协会相应设置四个不同等级的资格考试。如果保险代理人违反监管规定，内阁总理大臣可以取消其资格登记，或者命令其在不超过 6 个月的规定期内停止全部或部分业务，情节严重者将被判以徒刑并处以罚金。

在我国，《保险法》第一百一十九条规定："保险代理机构、保险经纪人应当具备国务院保险监督管理机构规定的条件，取得保险监督管理机构颁发的经营保险代理业务许可证、保险经纪业务许可证。"《保险法》第一百二十条规定："以公司形式设立保险专业代理机构、保险经纪人，其注册资本最低限额适用《中华人民共和国公司法》的规定。国务院保险监督管理机构根据保险专业代理机构、保险经纪人的业务范围和经营规模，可以调整其注册资本的最低限额，但不得低于《中华人民共和国公司法》规定的限额。保险专业代理机构、保险经纪人的注册资本或者出资额必须为实缴货币资本。"2021 年实施的《保险代理人监管规定》在业务许可、任职资格、从业人员、经营规则、市场退出、监督检查、法律责任等方面都有详细规定。例如，经营区域不限于注册登记地所在省、自治区、直辖市、计划单列市的保险专业代理公司的注册资本最低限额为 5 000 万元；经营区域为注册登记地所在省、自治区、直辖市、计划单列市的保险专业代理公司的注册资本最低限额为 2 000 万元。保险专业代理公司名称中应当包含"保险代理"字样。保险专业代理机构高级管理人员应当在任职前取得保险监督管理机构核准的任职资格。个人保险代理人、保险代理机构从业人员应当具有从事保险代理业务所需的专业能力。保险公司、保险专业代理机构、保险兼业代理机构应当按照规定为其个人保险代理人、保险代理机构从业人员进行执业登记。国务院保险监督管理机构对个人保险代理人实施分类管理，加快建立独立个人保险代理人制度。国务院保险监督管理机构派出机构按照属地原则负责辖区内保险代理人的监管等等。

2. 保险经纪人监管

保险经纪人包括保险经纪公司及其分支机构。许多国家对保险经纪人有着较为严格的监管。美国多数州的法律都要求保险经纪人要通过规定的资格考试才能执业，保险经纪人执照申请者还要符合职业素质和最低年龄的规定。保险经纪人违反保险法或者其他法律时，各州法律对其均有处以经济处罚和吊销执照的规定。日本和英国的保险经纪人也都有资格考试要求、保证金要求、投保职业责任险要求和严格违法除名的规定，英国对保险经纪人管理更为严格，主要通过各种保险经纪行业协会进行监管。

《保险法》第一百二十八条规定："保险经纪人因过错给投保人、被保险人造成损失的，依法承担赔偿责任。"目前，我国保险经纪人的监管主要依据《保险法》及相应的监管规定。2013 年发布的《保险经纪机构监管规定》大幅提高保险经纪公司的注册资本要求，规定设立保险经纪公司的注册资本的最低限额为 5 000 万元，并且保险经纪公司的注册资本或出资额必须为实缴货币资本。2018 年发布实施的《保险经纪人监管规定》对保险经纪人的业务许可、任职资格、从业人员、经营规则市场退出、行业自律、监督检查及法律责任等诸多事项进行详细规定。

3. 保险公估人监管

保险公估人一般是保险市场上独立公正开展专业查勘、估损和理算工作的机构。由于保险公估通常运用科学技术手段和专业知识，通过检验、鉴定、评估、理算等程序，对保险标的进行合理、公正、科学的证明，具有保证保险当事各方的合法利益、减少理赔纠纷以及提高经营绩效等重要作用，多数国家会建立相对严格的保险公估监管制度。美国的保险公估监管主要采用以政府监管为主的方式，英国的保险公估监管则以行业自律为主。澳大利亚等英联邦国家未对保险公估人的组织形式进行特别限制。日本和韩国甚至还可以选择个人形式的理赔公估人。此外，不同国家对保险公估人的从业资格要求也有所不同。英国保险公估人必须修完相应专业课程，并通过严格的资格考试，同时强调工作经验。日本保险公估人按照技能级别分为一级、二级和三级，获取不同级别的资格就要参加相应的考试并通过注册。

目前，我国保险公估人监管主要依据《保险法》《中华人民共和国资产评估法》以及2018年发布的《保险公估人监管规定》。《保险公估人监管规定》在保险公估人的经营条件、经营规则、市场退出、行业自律、监督检查和法律责任等方面都做了详细规定。

思政案例： <u>监管趋严推动保险业高质量发展</u>

2023年12月1日，国家金融监督管理总局一口气公布22张罚单，其中8张罚单事涉4家保险资管公司和4家保险公司，8家保险机构因35项违法违规合计被罚没1 993万元。

其中，4家被处罚的保险公司分别是阳光财险、陆家嘴国泰人寿、人保健康、中邮人寿；4家被处罚的保险资管公司分别是人保资管、国寿投资、合众资管、光大永明资管。整体来看，保险资金运用、数据真实性成为重要监管方向。

人保资管、国寿投资、合众资管、光大永明4家保险资管公司及15名涉事员工合计被罚941万元。从处罚事由来看，4家资管公司均涉及保险资金运用违规，其中股权、债券投资问题尤为突出。

具体来看，合众资管被罚473万元，在4家被处罚保险资管公司中罚单金额最大，其违规事由分别为保险资金运用未坚持独立运作，股东方干预保险资金运用工作、向监管部门报送的债权投资计划后续管理情况报告存在虚假陈述、利用受托管理的保险资金为自己谋取利益、投资非主动管理的信托产品。在落实"双罚制"方面，合众资管5名涉事员工合计被罚43万元。

人保资管因以支农支小融资捆绑销售保险产品、股权投资计划投后管理不规范、通过股权投资基金投资商业住宅、投资的信托计划未按照合同约定使用资金、债权投资计划项目资本金投后管理不规范5项违规被罚240万元，4名涉事员工合计被罚31万元。

光大永明资管因投资银行存款不符合监管规定、信托投资投前风控不审慎、投资非融资类集合信托不合规、统计数据不真实4项违规，机构和个人合计被罚164万元。

国寿投资因债权投资计划资金管理和使用违反保险资金运用相关监管规定被罚33万元。

阳光财险、陆家嘴国泰人寿、中邮人寿、人保健康4家保险公司及24名涉事员工合计被罚1 052万元。从处罚事由来看，4家保险公司违规事由均涉及数据造假问题。

其中，阳光财险及9名涉事员工领518万元巨额罚单，事涉教练车车险业务未按照规定使用经批准或备案的保险条款费率，金融机构贷款损失信用保险业务未按照规定使用经批准或备案的保险条款费率，业务及管理费列支与实际用途不一致，理赔操作不符合准备金基础数据有关规定。

中邮人寿因未经批准变更公司营业场所、公司内部管理不健全、购买的二级资本债券未按偿付能力监管规则计量最低资本、投资银行存款不符合监管规定、债券投资不审慎、备案前开展境内外股权投资等9项违规，被国家金融监管总局警告并罚款147万元。此外，4名当事人合计被罚34万元。

此外，陆家嘴国泰人寿则存在虚列会议费套取费用、提供虚假的保险中介业务报告、报表、文件、资料、委托未取得合法资格的机构从事保险销售活动、委托未取得合法资格个人从事保险销售活动、未按规定使用经批准或者备案的保险条款费率、部分保单客户资料信息不真实、双录质量较差且未按规定进行质检7项违规行为，金融监管总局分别对陆家嘴国泰人寿罚款211万元、对陆家嘴国泰人寿北京分公司罚款30万元。在落实"双罚制"方面，8名当事人被警告，合计罚款71万元。

人保健康因财务数据不真实，机构和3名当事人合计被罚41万元。

在保险行业监管从严的大趋势下，小心谨慎已然成为悬在各家保险公司头顶的利剑。只有不断提升保险业监管效能，才能够及时有效地防范和化解金融风险，牢牢守住风险防范和金融安全的底线，不断改善保险行业生态，持续推动保险业实现高质量发展。

资料来源：夏淑媛.1993万处罚！人保资管、合众资管、阳光财险等8家保险机构上榜 涉股权、债权投资、数据造假等35项违规［EB/OL］.（2023-12-01）［2024-02-20］. https://www.cls.cn/detail/1533257.

重要术语

保险市场　保险市场模式　保险市场机制　保险供求　保险供给弹性　保险需求弹性
保险人　保险代理人　保险公估人　保险经纪人　保险监管　组织监管　外部监管
内部控制机制　业务监管　保险行业自律　保险评级　独立审计机构　财务监管
保险偿付能力　准备金　保险保障基金

复习思考题

1. 影响保险需求的因素主要有哪些？
2. 影响保险供给的因素主要有哪些？
3. 各种保险组织分别具有什么样的特点？
4. 保险代理人、保险经纪人有哪些主要的组织形式？在保险市场中起怎样的作用？
5. 保险代理人、保险经纪人有何区别？
6. 保险监管的含义是什么？
7. 保险监管的原因是什么？
8. 保险监管的目标是什么？
9. 保险监管体系由哪几部分构成？
10. 保险监管的内容主要包括哪些？
11. 保险监管有哪些方式？各自的特点是什么？
12. 简述我国关于保险偿付能力的有关规定。

参考文献

1. 张洪涛. 保险学 [M]. 4 版. 北京：中国人民大学出版社，2014.
2. 薄燕娜. 保险公司风险处置及市场退出制度研究 [M]. 北京：北京大学出版社，2013.
3. 马毅民. 保险业稽查实务 [M]. 北京：中国财政经济出版社，2011.
4. 杨忠海. 保险学原理 [M]. 北京：清华大学出版社，2011.
5. 冯文丽. 保险学理论与实务 [M]. 北京：清华大学出版社，2011.
6. 中国人寿保险股份有限公司教材编写委员会. 保险法及案例分析 [M]. 北京：中国金融出版社，2010.
7. 林秀清. 保险与实务 [M]. 北京：北京理工大学出版社，2010.
8. 徐爱荣. 保险学 [M]. 2 版. 上海：复旦大学出版社，2010.
9. 任自力. 保险法学 [M]. 北京：清华大学出版社，2010.
10. 杨波. 商业保险原理与实务 [M]. 南京：南京大学出版社，2010.
11. 熊福生. 保险学 [M]. 北京：经济管理出版社，2010.
12. 黄守坤，孙秀清. 保险学 [M]. 北京：机械工业出版社，2009.
13. 李加明. 保险学 [M]. 北京：中国财政经济出版社，2009.
14. 邢秀芹. 保险学 [M]. 北京：北京邮电大学出版社，2008.

第八章 保险市场与保险监管

15. 孟龙. 险道: 风险与保险问题谈论集 [M]. 北京: 中国金融出版社, 2008.

16. 郭清. 中国保险公告估业的发展研究——基于法学与新制度经济学视角 [M]. 北京: 社会科学文献出版社, 2008.

17. 申曙光. 现代保险学教程 [M]. 北京: 高等教育出版社, 2003.

18. 潘瑾, 徐晶. 保险服务营销 [M]. 上海: 上海财经大学出版社, 2005.

19. 孙祁祥. 体制转轨时期的中国保险业 [M]. 北京: 中国财政经济出版社, 1999.

21. 中国银行保险监督管理委员会偿付能力监管部. 保险公司偿付能力监管规则及讲解 [M]. 北京: 中国金融出版社, 2022.

22. 郝晶. 保险法 [M]. 上海: 复旦大学出版社, 2021.

附录　《中华人民共和国保险法》

1995 年 6 月 30 日第八届全国人民代表大会常务委员会第十四次会议通过。

根据 2002 年 10 月 28 日第九届全国人民代表大会常务委员会第三十次会议《关于修改〈中华人民共和国保险法〉的决定》修正。

2009 年 2 月 28 日第十一届全国人民代表大会常务委员会第七次会议修订通过。

根据 2014 年 8 月 31 日第十二届全国人民代表大会常务委员会第十次会议《关于修改〈中华人民共和国保险法〉等五部法律的决定》第二次修正。

根据 2015 年 4 月 24 日第十二届全国人民代表大会常务委员会第十四次会议《关于修改〈中华人民共和国计量法〉等五部法律的决定》第三次修正。

目　录

第一章　总　　则

第一条　为了规范保险活动，保护保险活动当事人的合法权益，加强对保险业的监督管理，维护社会经济秩序和社会公共利益，促进保险事业的健康发展，制定本法。

第二条　本法所称保险，是指投保人根据合同约定，向保险人支付保险费，保险人对于合同约定的可能发生的事故因其发生所造成的财产损失承担赔偿保险金责任，或者当被保险人死亡、伤残、疾病或者达到合同约定的年龄、期限等条件时承担给付保险金责任的商业保险行为。

第三条　在中华人民共和国境内从事保险活动，适用本法。

第四条　从事保险活动必须遵守法律、行政法规，尊重社会公德，不得损害社会公共利益。

第五条　保险活动当事人行使权利、履行义务应当遵循诚实信用原则。

第六条　保险业务由依照本法设立的保险公司以及法律、行政法规规定的其他保险组织经营，其他单位和个人不得经营保险业务。

第七条　在中华人民共和国境内的法人和其他组织需要办理境内保险的，应当向中华人民共和国境内的保险公司投保。

第八条　保险业和银行业、证券业、信托业实行分业经营、分业管理，保险公司与银行、证券、信托业务机构分别设立。国家另有规定的除外。

第九条　国务院保险监督管理机构依法对保险业实施监督管理。

国务院保险监督管理机构根据履行职责的需要设立派出机构。派出机构按照国务院保险监督管理机构的授权履行监督管理职责。

第二章　保险合同

第一节　一般规定

第十条　保险合同是投保人与保险人约定保险权利义务关系的协议。

投保人是指与保险人订立保险合同，并按照合同约定负有支付保险费义务的人。

保险人是指与投保人订立保险合同，并按照合同约定承担赔偿或者给付保险金责任的保险公司。

第十一条　订立保险合同，应当协商一致，遵循公平原则确定各方的权利和义务。

除法律、行政法规规定必须保险的外，保险合同自愿订立。

第十二条　人身保险的投保人在保险合同订立时，对被保险人应当具有保险利益。

财产保险的被保险人在保险事故发生时，对保险标的应当具有保险利益。

人身保险是以人的寿命和身体为保险标的的保险。

财产保险是以财产及其有关利益为保险标的的保险。

被保险人是指其财产或者人身受保险合同保障，享有保险金请求权的人。投保人可以为被保险人。

保险利益是指投保人或者被保险人对保险标的具有的法律上承认的利益。

第十三条　投保人提出保险要求，经保险人同意承保，保险合同成立。保险人应当及时向投保人签发保险单或者其他保险凭证。

保险单或者其他保险凭证应当载明当事人双方约定的合同内容。当事人也可以约定采用其他书面形式载明合同内容。

依法成立的保险合同，自成立时生效。投保人和保险人可以对合同的效力约定附条件或者附期限。

第十四条　保险合同成立后，投保人按照约定交付保险费，保险人按照约定的时间开始承担保险责任。

第十五条　除本法另有规定或者保险合同另有约定外，保险合同成立后，投保人可以解除合同，保险人不得解除合同。

第十六条　订立保险合同，保险人就保险标的或者被保险人的有关情况提出询问的，投保人应当如实告知。

投保人故意或者因重大过失未履行前款规定的如实告知义务，足以影响保险人决定是否同意承保或者提高保险费率的，保险人有权解除合同。

前款规定的合同解除权，自保险人知道有解除事由之日起，超过三十日不行使而消灭。自合同成立之日起超过二年的，保险人不得解除合同；发生保险事故的，保险人应当承担赔偿或者给付保险金的责任。

投保人故意不履行如实告知义务的，保险人对于合同解除前发生的保险事故，不承担赔偿或者给付保险金的责任，并不退还保险费。

投保人因重大过失未履行如实告知义务，对保险事故的发生有严重影响的，保险人对于合同解除前发生的保险事故，不承担赔偿或者给付保险金的责任，但应当退还保险费。

保险人在合同订立时已经知道投保人未如实告知的情况的，保险人不得解除合同；发生保险事故的，保险人应当承担赔偿或者给付保险金的责任。

保险事故是指保险合同约定的保险责任范围内的事故。

第十七条　订立保险合同，采用保险人提供的格式条款的，保险人向投保人提供的投保单应当附格式条款，保险人应当向投保人说明合同的内容。

对保险合同中免除保险人责任的条款，保险人在订立合同时应当在投保单、保险单或者其他保险凭证上作出足以引起投保人注意的提示，并对该条款的内容以书面或者口头形式向投保人作出明确说明；未作提示或者明确说明的，该条款不产生效力。

第十八条　保险合同应当包括下列事项：

（一）保险人的名称和住所；

（二）投保人、被保险人的姓名或者名称、住所，以及人身保险的受益人的姓名或者名称、住所；

（三）保险标的；

（四）保险责任和责任免除；

（五）保险期间和保险责任开始时间；

（六）保险金额；

（七）保险费以及支付办法；

（八）保险金赔偿或者给付办法；

（九）违约责任和争议处理；

（十）订立合同的年、月、日。

投保人和保险人可以约定与保险有关的其他事项。

受益人是指人身保险合同中由被保险人或者投保人指定的享有保险金请求权的人。投保人、被保险人可以为受益人。

保险金额是指保险人承担赔偿或者给付保险金责任的最高限额。

第十九条　采用保险人提供的格式条款订立的保险合同中的下列条款无效：

（一）免除保险人依法应承担的义务或者加重投保人、被保险人责任的；

（二）排除投保人、被保险人或者受益人依法享有的权利的。

第二十条　投保人和保险人可以协商变更合同内容。

变更保险合同的，应当由保险人在保险单或者其他保险凭证上批注或者附贴批单，或者由投保人和保险人订立变更的书面协议。

第二十一条　投保人、被保险人或者受益人知道保险事故发生后，应当及时通知保险人。故意或者因重大过失未及时通知，致使保险事故的性质、原因、损失程度等难以确定的，保险人对无法确定的部分，不承担赔偿或者给付保险金的责任，但保险人通过其他途径已经及时知道或者应当及时知道保险事故发生的除外。

第二十二条　保险事故发生后，按照保险合同请求保险人赔偿或者给付保险金时，投保人、被保险人或者受益人应当向保险人提供其所能提供的与确认保险事故的性质、原因、损失程度等有关的证明和资料。

保险人按照合同的约定，认为有关的证明和资料不完整的，应当及时一次性通知投保人、被保险人或者受益人补充提供。

第二十三条　保险人收到被保险人或者受益人的赔偿或者给付保险金的请求后，应当及时作出核定；情形复杂的，应当在三十日内作出核定，但合同另有约定的除外。保险人应当将核定结果通知被保险人或者受益人；对属于保险责任的，在与被保险人或者受益人达成赔偿或者给付保险金的协议后十日内，履行赔偿或者给付保险金义务。保险合同对赔偿或者给付保险金的期限有约定的，保险人应当按照约定履行赔偿或者给付保险金义务。

保险人未及时履行前款规定义务的，除支付保险金外，应当赔偿被保险人或者受益人因此受到的损失。

任何单位和个人不得非法干预保险人履行赔偿或者给付保险金的义务，也不得限制被保险人或者受益人取得保险金的权利。

第二十四条　保险人依照本法第二十三条的规定作出核定后，对不属于保险责任的,应当自作出核定之日起三日内向被保险人或者受益人发出拒绝赔偿或者拒绝给付保险金通知书,并说明理由。

第二十五条 保险人自收到赔偿或者给付保险金的请求和有关证明、资料之日起六十日内,对其赔偿或者给付保险金的数额不能确定的,应当根据已有证明和资料可以确定的数额先予支付;保险人最终确定赔偿或者给付保险金的数额后,应当支付相应的差额。

第二十六条 人寿保险以外的其他保险的被保险人或者受益人,向保险人请求赔偿或者给付保险金的诉讼时效期间为二年,自其知道或者应当知道保险事故发生之日起计算。

人寿保险的被保险人或者受益人向保险人请求给付保险金的诉讼时效期间为五年,自其知道或者应当知道保险事故发生之日起计算。

第二十七条 未发生保险事故,被保险人或者受益人谎称发生了保险事故,向保险人提出赔偿或者给付保险金请求的,保险人有权解除合同,并不退还保险费。

投保人、被保险人故意制造保险事故的,保险人有权解除合同,不承担赔偿或者给付保险金的责任;除本法第四十三条规定外,不退还保险费。

保险事故发生后,投保人、被保险人或者受益人以伪造、变造的有关证明、资料或者其他证据,编造虚假的事故原因或者夸大损失程度的,保险人对其虚报的部分不承担赔偿或者给付保险金的责任。

投保人、被保险人或者受益人有前三款规定行为之一,致使保险人支付保险金或者支出费用的,应当退回或者赔偿。

第二十八条 保险人将其承担的保险业务,以分保形式部分转移给其他保险人的,为再保险。

应再保险接受人的要求,再保险分出人应当将其自负责任及原保险的有关情况书面告知再保险接受人。

第二十九条 再保险接受人不得向原保险的投保人要求支付保险费。

原保险的被保险人或者受益人不得向再保险接受人提出赔偿或者给付保险金的请求。

再保险分出人不得以再保险接受人未履行再保险责任为由,拒绝履行或者迟延履行其原保险责任。

第三十条 采用保险人提供的格式条款订立的保险合同,保险人与投保人、被保险人或者受益人对合同条款有争议的,应当按照通常理解予以解释。对合同条款有两种以上解释的,人民法院或者仲裁机构应当作出有利于被保险人和受益人的解释。

第二节 人身保险合同

第三十一条 投保人对下列人员具有保险利益:

(一)本人;

(二)配偶、子女、父母;

（三）前项以外与投保人有抚养、赡养或者扶养关系的家庭其他成员、近亲属；

（四）与投保人有劳动关系的劳动者。

除前款规定外，被保险人同意投保人为其订立合同的，视为投保人对被保险人具有保险利益。

订立合同时，投保人对被保险人不具有保险利益的，合同无效。

第三十二条　投保人申报的被保险人年龄不真实，并且其真实年龄不符合合同约定的年龄限制的，保险人可以解除合同，并按照合同约定退还保险单的现金价值。保险人行使合同解除权，适用本法第十六条第三款、第六款的规定。

投保人申报的被保险人年龄不真实，致使投保人支付的保险费少于应付保险费的，保险人有权更正并要求投保人补交保险费，或者在给付保险金时按照实付保险费与应付保险费的比例支付。

投保人申报的被保险人年龄不真实，致使投保人支付的保险费多于应付保险费的，保险人应当将多收的保险费退还投保人。

第三十三条　投保人不得为无民事行为能力人投保以死亡为给付保险金条件的人身保险，保险人也不得承保。

父母为其未成年子女投保的人身保险，不受前款规定限制。但是，因被保险人死亡给付的保险金总和不得超过国务院保险监督管理机构规定的限额。

第三十四条　以死亡为给付保险金条件的合同，未经被保险人同意并认可保险金额的，合同无效。

按照以死亡为给付保险金条件的合同所签发的保险单，未经被保险人书面同意，不得转让或者质押。

父母为其未成年子女投保的人身保险，不受本条第一款规定限制。

第三十五条　投保人可以按照合同约定向保险人一次支付全部保险费或者分期支付保险费。

第三十六条　合同约定分期支付保险费，投保人支付首期保险费后，除合同另有约定外，投保人自保险人催告之日起超过三十日未支付当期保险费，或者超过约定的期限六十日未支付当期保险费的，合同效力中止，或者由保险人按照合同约定的条件减少保险金额。

被保险人在前款规定期限内发生保险事故的，保险人应当按照合同约定给付保险金，但可以扣减欠交的保险费。

第三十七条　合同效力依照本法第三十六条规定中止的，经保险人与投保人协商并达成协议，在投保人补交保险费后，合同效力恢复。但是，自合同效力中止之日起满二年双方未达成协议的，保险人有权解除合同。

保险人依照前款规定解除合同的，应当按照合同约定退还保险单的现金价值。

第三十八条　保险人对人寿保险的保险费，不得用诉讼方式要求投保人支付。

第三十九条　人身保险的受益人由被保险人或者投保人指定。

投保人指定受益人时须经被保险人同意。投保人为与其有劳动关系的劳动者投保人身保险，不得指定被保险人及其近亲属以外的人为受益人。

被保险人为无民事行为能力人或者限制民事行为能力人的，可以由其监护人指定受益人。

第四十条　被保险人或者投保人可以指定一人或者数人为受益人。

受益人为数人的，被保险人或者投保人可以确定受益顺序和受益份额；未确定受益份额的，受益人按照相等份额享有受益权。

第四十一条　被保险人或者投保人可以变更受益人并书面通知保险人。保险人收到变更受益人的书面通知后，应当在保险单或者其他保险凭证上批注或者附贴批单。

投保人变更受益人时须经被保险人同意。

第四十二条　被保险人死亡后，有下列情形之一的，保险金作为被保险人的遗产，由保险人依照《中华人民共和国继承法》的规定履行给付保险金的义务：

（一）没有指定受益人，或者受益人指定不明无法确定的；

（二）受益人先于被保险人死亡，没有其他受益人的；

（三）受益人依法丧失受益权或者放弃受益权，没有其他受益人的。

受益人与被保险人在同一事件中死亡，且不能确定死亡先后顺序的，推定受益人死亡在先。

第四十三条　投保人故意造成被保险人死亡、伤残或者疾病的，保险人不承担给付保险金的责任。投保人已交足二年以上保险费的，保险人应当按照合同约定向其他权利人退还保险单的现金价值。

受益人故意造成被保险人死亡、伤残、疾病的，或者故意杀害被保险人未遂的，该受益人丧失受益权。

第四十四条　以被保险人死亡为给付保险金条件的合同，自合同成立或者合同效力恢复之日起二年内，被保险人自杀的，保险人不承担给付保险金的责任，但被保险人自杀时为无民事行为能力人的除外。

保险人依照前款规定不承担给付保险金责任的，应当按照合同约定退还保险单的现金价值。

第四十五条　因被保险人故意犯罪或者抗拒依法采取的刑事强制措施导致其伤残或者死亡的，保险人不承担给付保险金的责任。投保人已交足二年以上保险费的，保险人应当按照合同约定退还保险单的现金价值。

第四十六条　被保险人因第三者的行为而发生死亡、伤残或者疾病等保险事故的，保险人向被保险人或者受益人给付保险金后，不享有向第三者追偿的权利，但被保险人或者受益人仍有权向第三者请求赔偿。

第四十七条　投保人解除合同的，保险人应当自收到解除合同通知之日起三十日内，按照合同约定退还保险单的现金价值。

第三节　财产保险合同

第四十八条　保险事故发生时，被保险人对保险标的不具有保险利益的，不得向保险人请求赔偿保险金。

第四十九条　保险标的转让的，保险标的的受让人承继被保险人的权利和义务。

保险标的转让的，被保险人或者受让人应当及时通知保险人，但货物运输保险合同和另有约定的合同除外。

因保险标的转让导致危险程度显著增加的，保险人自收到前款规定的通知之日起三十日内，可以按照合同约定增加保险费或者解除合同。保险人解除合同的，应当将已收取的保险费，按照合同约定扣除自保险责任开始之日起至合同解除之日止应收的部分后，退还投保人。

被保险人、受让人未履行本条第二款规定的通知义务的，因转让导致保险标的危险程度显著增加而发生的保险事故，保险人不承担赔偿保险金的责任。

第五十条　货物运输保险合同和运输工具航程保险合同，保险责任开始后，合同当事人不得解除合同。

第五十一条　被保险人应当遵守国家有关消防、安全、生产操作、劳动保护等方面的规定，维护保险标的的安全。

保险人可以按照合同约定对保险标的的安全状况进行检查，及时向投保人、被保险人提出消除不安全因素和隐患的书面建议。

投保人、被保险人未按照约定履行其对保险标的的安全应尽责任的，保险人有权要求增加保险费或者解除合同。

保险人为维护保险标的的安全，经被保险人同意，可以采取安全预防措施。

第五十二条　在合同有效期内，保险标的的危险程度显著增加的，被保险人应当按照合同约定及时通知保险人，保险人可以按照合同约定增加保险费或者解除合同。保险人解除合同的，应当将已收取的保险费，按照合同约定扣除自保险责任开始之日起至合同解除之日止应收的部分后，退还投保人。

被保险人未履行前款规定的通知义务的，因保险标的的危险程度显著增加而发生的保险事故，保险人不承担赔偿保险金的责任。

第五十三条　有下列情形之一的，除合同另有约定外，保险人应当降低保险费，并按日计算退还相应的保险费：

（一）据以确定保险费率的有关情况发生变化，保险标的的危险程度明显减少的；

（二）保险标的的保险价值明显减少的。

第五十四条　保险责任开始前，投保人要求解除合同的，应当按照合同约定向保险人支付手续费，保险人应当退还保险费。保险责任开始后，投保人要求解除合同的，保险人应当将已收取的保险费，按照合同约定扣除自保险责任开始之日起至合同解除之日止应收的部分后，退还投保人。

第五十五条　投保人和保险人约定保险标的的保险价值并在合同中载明的，保险标的发生损失时，以约定的保险价值为赔偿计算标准。

投保人和保险人未约定保险标的的保险价值的，保险标的发生损失时，以保险事故发生时保险标的的实际价值为赔偿计算标准。

保险金额不得超过保险价值。超过保险价值的，超过部分无效，保险人应当退还相应的保险费。

保险金额低于保险价值的，除合同另有约定外，保险人按照保险金额与保险价值的比例承担赔偿保险金的责任。

第五十六条　重复保险的投保人应当将重复保险的有关情况通知各保险人。

重复保险的各保险人赔偿保险金的总和不得超过保险价值。除合同另有约定外，各保险人按照其保险金额与保险金额总和的比例承担赔偿保险金的责任。

重复保险的投保人可以就保险金额总和超过保险价值的部分，请求各保险人按比例返还保险费。

重复保险是指投保人对同一保险标的、同一保险利益、同一保险事故分别与两个以上保险人订立保险合同，且保险金额总和超过保险价值的保险。

第五十七条　保险事故发生时，被保险人应当尽力采取必要的措施，防止或者减少损失。

保险事故发生后，被保险人为防止或者减少保险标的的损失所支付的必要的、合理的费用，由保险人承担；保险人所承担的费用数额在保险标的损失赔偿金额以外另行计算，最高不超过保险金额的数额。

第五十八条　保险标的发生部分损失的，自保险人赔偿之日起三十日内，投保人可以解除合同；除合同另有约定外，保险人也可以解除合同，但应当提前十五日通知投保人。

合同解除的，保险人应当将保险标的未受损失部分的保险费，按照合同约定扣除自保险责任开始之日起至合同解除之日止应收的部分后，退还投保人。

第五十九条　保险事故发生后，保险人已支付了全部保险金额，并且保险金额等于保险价值的，受损保险标的的全部权利归于保险人；保险金额低于保险价值的，保险人按照保险金额与保险价值的比例取得受损保险标的的部分权利。

第六十条　因第三者对保险标的的损害而造成保险事故的，保险人自向被保险人赔偿保险金之日起，在赔偿金额范围内代位行使被保险人对第三者请求赔偿的权利。

前款规定的保险事故发生后，被保险人已经从第三者取得损害赔偿的，保险人赔偿保险金时，可以相应扣减被保险人从第三者已取得的赔偿金额。

保险人依照本条第一款规定行使代位请求赔偿的权利，不影响被保险人就未取得赔偿的部分向第三者请求赔偿的权利。

第六十一条　保险事故发生后，保险人未赔偿保险金之前，被保险人放弃对第三者请求赔偿的权利的，保险人不承担赔偿保险金的责任。

保险人向被保险人赔偿保险金后，被保险人未经保险人同意放弃对第三者请求赔偿的权利的，该行为无效。

被保险人故意或者因重大过失致使保险人不能行使代位请求赔偿的权利的，保险人可以扣减或者要求返还相应的保险金。

第六十二条　除被保险人的家庭成员或者其组成人员故意造成本法第六十条第一款规定的保险事故外，保险人不得对被保险人的家庭成员或者其组成人员行使代位请求赔偿的权利。

第六十三条　保险人向第三者行使代位请求赔偿的权利时，被保险人应当向保险人提供必要的文件和所知道的有关情况。

第六十四条　保险人、被保险人为查明和确定保险事故的性质、原因和保险标的的损失程度所支付的必要的、合理的费用，由保险人承担。

第六十五条　保险人对责任保险的被保险人给第三者造成的损害，可以依照法律的规定或者合同的约定，直接向该第三者赔偿保险金。

责任保险的被保险人给第三者造成损害，被保险人对第三者应负的赔偿责任确定的，根据被保险人的请求，保险人应当直接向该第三者赔偿保险金。被保险人怠于请求的，第三者有权就其应获赔偿部分直接向保险人请求赔偿保险金。

责任保险的被保险人给第三者造成损害，被保险人未向该第三者赔偿的，保险人不得向被保险人赔偿保险金。

责任保险是指以被保险人对第三者依法应负的赔偿责任为保险标的的保险。

第六十六条　责任保险的被保险人因给第三者造成损害的保险事故而被提起仲裁或者诉讼的，被保险人支付的仲裁或者诉讼费用以及其他必要的、合理的费用，除合同另有约定外，由保险人承担。

第三章　保险公司

第六十七条　设立保险公司应当经国务院保险监督管理机构批准。

国务院保险监督管理机构审查保险公司的设立申请时，应当考虑保险业的发展和公平竞争的需要。

第六十八条　设立保险公司应当具备下列条件：

（一）主要股东具有持续盈利能力，信誉良好，最近三年内无重大违法违规记录，净资产不低于人民币二亿元；

（二）有符合本法和《中华人民共和国公司法》规定的章程；

（三）有符合本法规定的注册资本；

（四）有具备任职专业知识和业务工作经验的董事、监事和高级管理人员；

（五）有健全的组织机构和管理制度；

（六）有符合要求的营业场所和与经营业务有关的其他设施；

（七）法律、行政法规和国务院保险监督管理机构规定的其他条件。

第六十九条　设立保险公司，其注册资本的最低限额为人民币二亿元。

国务院保险监督管理机构根据保险公司的业务范围、经营规模，可以调整其注册资本的最低限额，但不得低于本条第一款规定的限额。

保险公司的注册资本必须为实缴货币资本。

第七十条　申请设立保险公司，应当向国务院保险监督管理机构提出书面申请，并提交下列材料：

（一）设立申请书，申请书应当载明拟设立的保险公司的名称、注册资本、业务范围等；

（二）可行性研究报告；

（三）筹建方案；

（四）投资人的营业执照或者其他背景资料，经会计师事务所审计的上一年度财务会计报告；

（五）投资人认可的筹备组负责人和拟任董事长、经理名单及本人认可证明；

（六）国务院保险监督管理机构规定的其他材料。

第七十一条　国务院保险监督管理机构应当对设立保险公司的申请进行审查，自受理之日起六个月内作出批准或者不批准筹建的决定，并书面通知申请人。决定不批准的，应当书面说明理由。

第七十二条　申请人应当自收到批准筹建通知之日起一年内完成筹建工作；筹建期间不得从事保险经营活动。

第七十三条　筹建工作完成后，申请人具备本法第六十八条规定的设立条件的，可以向国务院保险监督管理机构提出开业申请。

国务院保险监督管理机构应当自受理开业申请之日起六十日内，作出批准或者不批准开业的决定。决定批准的，颁发经营保险业务许可证；决定不批准的，应当书面通知申请人并说明理由。

第七十四条　保险公司在中华人民共和国境内设立分支机构，应当经保险监督管理机构批准。

保险公司分支机构不具有法人资格，其民事责任由保险公司承担。

第七十五条　保险公司申请设立分支机构，应当向保险监督管理机构提出书面申请，并提交下列材料：

（一）设立申请书；

（二）拟设机构三年业务发展规划和市场分析材料；

（三）拟任高级管理人员的简历及相关证明材料；

（四）国务院保险监督管理机构规定的其他材料。

第七十六条　保险监督管理机构应当对保险公司设立分支机构的申请进行审查，自受理之日起六十日内作出批准或者不批准的决定。决定批准的，颁发分支机构经营保险业务许可证；决定不批准的，应当书面通知申请人并说明理由。

第七十七条　经批准设立的保险公司及其分支机构，凭经营保险业务许可证向工商行政管理机关办理登记，领取营业执照。

第七十八条　保险公司及其分支机构自取得经营保险业务许可证之日起六个月内，无正当理由未向工商行政管理机关办理登记的，其经营保险业务许可证失效。

第七十九条　保险公司在中华人民共和国境外设立子公司、分支机构，应当经国务院保险监督管理机构批准。

第八十条　外国保险机构在中华人民共和国境内设立代表机构，应当经国务院保险监督管理机构批准。代表机构不得从事保险经营活动。

第八十一条　保险公司的董事、监事和高级管理人员，应当品行良好，熟悉与保险相关的法律、行政法规，具有履行职责所需的经营管理能力，并在任职前取得保险监督管理机构核准的任职资格。

保险公司高级管理人员的范围由国务院保险监督管理机构规定。

第八十二条　有《中华人民共和国公司法》第一百四十六条规定的情形或者下列情形之一的，不得担任保险公司的董事、监事、高级管理人员：

（一）因违法行为或者违纪行为被金融监督管理机构取消任职资格的金融机构的董事、监事、高级管理人员，自被取消任职资格之日起未逾五年的；

（二）因违法行为或者违纪行为被吊销执业资格的律师、注册会计师或者资产评估机构、验证机构等机构的专业人员，自被吊销执业资格之日起未逾五年的。

第八十三条　保险公司的董事、监事、高级管理人员执行公司职务时违反法律、行政法规或者公司章程的规定，给公司造成损失的，应当承担赔偿责任。

第八十四条　保险公司有下列情形之一的，应当经保险监督管理机构批准：

（一）变更名称；

（二）变更注册资本；

（三）变更公司或者分支机构的营业场所；

（四）撤销分支机构；

（五）公司分立或者合并；

（六）修改公司章程；

（七）变更出资额占有限责任公司资本总额百分之五以上的股东，或者变更持有股份有限公司股份百分之五以上的股东；

（八）国务院保险监督管理机构规定的其他情形。

第八十五条　保险公司应当聘用专业人员，建立精算报告制度和合规报告制度。

保险公司应当聘用专业人员，建立合规报告制度。

第八十六条　保险公司应当按照保险监督管理机构的规定，报送有关报告、报表、文件和资料。

保险公司的偿付能力报告、财务会计报告、精算报告、合规报告及其他有关报告、报表、文件和资料必须如实记录保险业务事项，不得有虚假记载、误导性陈述和重大遗漏。

第八十七条　保险公司应当按照国务院保险监督管理机构的规定妥善保管业务

经营活动的完整账簿、原始凭证和有关资料。

前款规定的账簿、原始凭证和有关资料的保管期限，自保险合同终止之日起计算，保险期间在一年以下的不得少于五年，保险期间超过一年的不得少于十年。

第八十八条　保险公司聘请或者解聘会计师事务所、资产评估机构、资信评级机构等中介服务机构，应当向保险监督管理机构报告；解聘会计师事务所、资产评估机构、资信评级机构等中介服务机构，应当说明理由。

第八十九条　保险公司因分立、合并需要解散，或者股东会、股东大会决议解散，或者公司章程规定的解散事由出现，经国务院保险监督管理机构批准后解散。

经营有人寿保险业务的保险公司，除因分立、合并或者被依法撤销外，不得解散。

保险公司解散，应当依法成立清算组进行清算。

第九十条　保险公司有《中华人民共和国企业破产法》第二条规定情形的，经国务院保险监督管理机构同意，保险公司或者其债权人可以依法向人民法院申请重整、和解或者破产清算；国务院保险监督管理机构也可以依法向人民法院申请对该保险公司进行重整或者破产清算。

第九十一条　破产财产在优先清偿破产费用和共益债务后，按照下列顺序清偿：

（一）所欠职工工资和医疗、伤残补助、抚恤费用，所欠应当划入职工个人账户的基本养老保险、基本医疗保险费用，以及法律、行政法规规定应当支付给职工的补偿金；

（二）赔偿或者给付保险金；

（三）保险公司欠缴的除第（一）项规定以外的社会保险费用和所欠税款；

（四）普通破产债权。

破产财产不足以清偿同一顺序的清偿要求的，按照比例分配。

破产保险公司的董事、监事和高级管理人员的工资，按照该公司职工的平均工资计算。

第九十二条　经营有人寿保险业务的保险公司被依法撤销或者被依法宣告破产的，其持有的人寿保险合同及责任准备金，必须转让给其他经营有人寿保险业务的保险公司；不能同其他保险公司达成转让协议的，由国务院保险监督管理机构指定经营有人寿保险业务的保险公司接受转让。

转让或者由国务院保险监督管理机构指定接受转让前款规定的人寿保险合同及责任准备金的，应当维护被保险人、受益人的合法权益。

第九十三条　保险公司依法终止其业务活动，应当注销其经营保险业务许可证。

第九十四条　保险公司，除本法另有规定外，适用《中华人民共和国公司法》的规定。

第四章　保险经营规则

第九十五条　保险公司的业务范围：

（一）人身保险业务，包括人寿保险、健康保险、意外伤害保险等保险业务；

（二）财产保险业务，包括财产损失保险、责任保险、信用保险、保证保险等保险业务；

（三）国务院保险监督管理机构批准的与保险有关的其他业务。

保险人不得兼营人身保险业务和财产保险业务。但是，经营财产保险业务的保险公司经国务院保险监督管理机构批准，可以经营短期健康保险业务和意外伤害保险业务。

保险公司应当在国务院保险监督管理机构依法批准的业务范围内从事保险经营活动。

第九十六条　经国务院保险监督管理机构批准，保险公司可以经营本法第九十五条规定的保险业务的下列再保险业务：

（一）分出保险；

（二）分入保险。

第九十七条　保险公司应当按照其注册资本总额的百分之二十提取保证金，存入国务院保险监督管理机构指定的银行，除公司清算时用于清偿债务外，不得动用。

第九十八条　保险公司应当根据保障被保险人利益、保证偿付能力的原则，提取各项责任准备金。

保险公司提取和结转责任准备金的具体办法，由国务院保险监督管理机构制定。

第九十九条　保险公司应当依法提取公积金。

第一百条　保险公司应当缴纳保险保障基金。

保险保障基金应当集中管理，并在下列情形下统筹使用：

（一）在保险公司被撤销或者被宣告破产时，向投保人、被保险人或者受益人提供救济；

（二）在保险公司被撤销或者被宣告破产时，向依法接受其人寿保险合同的保险公司提供救济；

（三）国务院规定的其他情形。

保险保障基金筹集、管理和使用的具体办法，由国务院制定。

第一百零一条　保险公司应当具有与其业务规模和风险程度相适应的最低偿付能力。保险公司的认可资产减去认可负债的差额不得低于国务院保险监督管理机构规定的数额；低于规定数额的，应当按照国务院保险监督管理机构的要求采取相应措施达到规定的数额。

第一百零二条　经营财产保险业务的保险公司当年自留保险费，不得超过其实有资本金加公积金总和的四倍。

第一百零三条　保险公司对每一危险单位，即对一次保险事故可能造成的最大损失范围所承担的责任，不得超过其实有资本金加公积金总和的百分之十；超过的部分应当办理再保险。

保险公司对危险单位的划分应当符合国务院保险监督管理机构的规定。

第一百零四条　保险公司对危险单位的划分方法和巨灾风险安排方案，应当报国务院保险监督管理机构备案。

第一百零五条　保险公司应当按照国务院保险监督管理机构的规定办理再保险，并审慎选择再保险接受人。

第一百零六条　保险公司的资金运用必须稳健，遵循安全性原则。

保险公司的资金运用限于下列形式：

（一）银行存款；

（二）买卖债券、股票、证券投资基金份额等有价证券；

（三）投资不动产；

（四）国务院规定的其他资金运用形式。

保险公司资金运用的具体管理办法，由国务院保险监督管理机构依照前两款的规定制定。

第一百零七条　经国务院保险监督管理机构会同国务院证券监督管理机构批准，保险公司可以设立保险资产管理公司。

保险资产管理公司从事证券投资活动，应当遵守《中华人民共和国证券法》等法律、行政法规的规定。

保险资产管理公司的管理办法，由国务院保险监督管理机构会同国务院有关部门制定。

第一百零八条　保险公司应当按照国务院保险监督管理机构的规定，建立对关联交易的管理和信息披露制度。

第一百零九条　保险公司的控股股东、实际控制人、董事、监事、高级管理人员不得利用关联交易损害公司的利益。

第一百一十条　保险公司应当按照国务院保险监督管理机构的规定，真实、准确、完整地披露财务会计报告、风险管理状况、保险产品经营情况等重大事项。

第一百一十一条　保险公司从事保险销售的人员应当品行良好，具有保险销售所需的专业能力。保险销售人员的行为规范和管理办法，由国务院保险监督管理机构规定。

第一百一十二条　保险公司应当建立保险代理人登记管理制度，加强对保险代理人的培训和管理，不得唆使、诱导保险代理人进行违背诚信义务的活动。

第一百一十三条　保险公司及其分支机构应当依法使用经营保险业务许可证，不得转让、出租、出借经营保险业务许可证。

第一百一十四条　保险公司应当按照国务院保险监督管理机构的规定，公平、合理拟订保险条款和保险费率，不得损害投保人、被保险人和受益人的合法权益。

保险公司应当按照合同约定和本法规定，及时履行赔偿或者给付保险金义务。

第一百一十五条　保险公司开展业务，应当遵循公平竞争的原则，不得从事不正当竞争。

第一百一十六条　保险公司及其工作人员在保险业务活动中不得有下列行为：

（一）欺骗投保人、被保险人或者受益人；

（二）对投保人隐瞒与保险合同有关的重要情况；

（三）阻碍投保人履行本法规定的如实告知义务，或者诱导其不履行本法规定的如实告知义务；

（四）给予或者承诺给予投保人、被保险人、受益人保险合同约定以外的保险费回扣或者其他利益；

（五）拒不依法履行保险合同约定的赔偿或者给付保险金义务；

（六）故意编造未曾发生的保险事故、虚构保险合同或者故意夸大已经发生的保险事故的损失程度进行虚假理赔，骗取保险金或者牟取其他不正当利益；

（七）挪用、截留、侵占保险费；

（八）委托未取得合法资格的机构从事保险销售活动；

（九）利用开展保险业务为其他机构或者个人牟取不正当利益；

（十）利用保险代理人、保险经纪人或者保险评估机构，从事以虚构保险中介业务或者编造退保等方式套取费用等违法活动；

（十一）以捏造、散布虚假事实等方式损害竞争对手的商业信誉，或者以其他不正当竞争行为扰乱保险市场秩序；

（十二）泄露在业务活动中知悉的投保人、被保险人的商业秘密；

（十三）违反法律、行政法规和国务院保险监督管理机构规定的其他行为。

第五章　保险代理人和保险经纪人

第一百一十七条　保险代理人是根据保险人的委托，向保险人收取佣金，并在保险人授权的范围内代为办理保险业务的机构或者个人。

保险代理机构包括专门从事保险代理业务的保险专业代理机构和兼营保险代理业务的保险兼业代理机构。

第一百一十八条　保险经纪人是基于投保人的利益，为投保人与保险人订立保险合同提供中介服务，并依法收取佣金的机构。

第一百一十九条　保险代理机构、保险经纪人应当具备国务院保险监督管理机构规定的条件，取得保险监督管理机构颁发的经营保险代理业务许可证、保险经纪业务许可证。

第一百二十条　以公司形式设立保险专业代理机构、保险经纪人，其注册资本最低限额适用《中华人民共和国公司法》的规定。

国务院保险监督管理机构根据保险专业代理机构、保险经纪人的业务范围和经营规模，可以调整其注册资本的最低限额，但不得低于《中华人民共和国公司法》规定的限额。

保险专业代理机构、保险经纪人的注册资本或者出资额必须为实缴货币资本。

第一百二十一条　保险专业代理机构、保险经纪人的高级管理人员，应当品行良好，熟悉保险法律、行政法规，具有履行职责所需的经营管理能力，并在任职前取得保险监督管理机构核准的任职资格。

第一百二十二条　个人保险代理人、保险代理机构的代理从业人员、保险经纪人的经纪从业人员，应当品行良好，具有从事保险代理业务或者保险经纪业务所需的专业能力。

第一百二十三条　保险代理机构、保险经纪人应当有自己的经营场所，设立专门账簿记载保险代理业务、经纪业务的收支情况。

第一百二十四条　保险代理机构、保险经纪人应当按照国务院保险监督管理机构的规定缴存保证金或者投保职业责任保险。

第一百二十五条　个人保险代理人在代为办理人寿保险业务时，不得同时接受两个以上保险人的委托。

第一百二十六条　保险人委托保险代理人代为办理保险业务，应当与保险代理人签订委托代理协议，依法约定双方的权利和义务。

第一百二十七条　保险代理人根据保险人的授权代为办理保险业务的行为，由保险人承担责任。

保险代理人没有代理权、超越代理权或者代理权终止后以保险人名义订立合同，使投保人有理由相信其有代理权的，该代理行为有效。保险人可以依法追究越权的保险代理人的责任。

第一百二十八条　保险经纪人因过错给投保人、被保险人造成损失的，依法承担赔偿责任。

第一百二十九条　保险活动当事人可以委托保险公估机构等依法设立的独立评估机构或者具有相关专业知识的人员，对保险事故进行评估和鉴定。

接受委托对保险事故进行评估和鉴定的机构和人员，应当依法、独立、客观、公正地进行评估和鉴定，任何单位和个人不得干涉。

前款规定的机构和人员，因故意或者过失给保险人或者被保险人造成损失的，依法承担赔偿责任。

第一百三十条　保险佣金只限于向保险代理人、保险经纪人支付，不得向其他人支付。

第一百三十一条　保险代理人、保险经纪人及其从业人员在办理保险业务活动中不得有下列行为：

（一）欺骗保险人、投保人、被保险人或者受益人；

（二）隐瞒与保险合同有关的重要情况；

（三）阻碍投保人履行本法规定的如实告知义务，或者诱导其不履行本法规定的如实告知义务；

（四）给予或者承诺给予投保人、被保险人或者受益人保险合同约定以外的利益；

（五）利用行政权力、职务或者职业便利以及其他不正当手段强迫、引诱或者限制投保人订立保险合同；

（六）伪造、擅自变更保险合同，或者为保险合同当事人提供虚假证明材料；

（七）挪用、截留、侵占保险费或者保险金；

（八）利用业务便利为其他机构或者个人牟取不正当利益；

（九）串通投保人、被保险人或者受益人，骗取保险金；

（十）泄露在业务活动中知悉的保险人、投保人、被保险人的商业秘密。

第一百三十二条 本法第八十六条第一款、第一百一十三条的规定，适用于保险代理机构和保险经纪人。

第六章 保险业监督管理

第一百三十三条 保险监督管理机构依照本法和国务院规定的职责，遵循依法、公开、公正的原则，对保险业实施监督管理，维护保险市场秩序，保护投保人、被保险人和受益人的合法权益。

第一百三十四条 国务院保险监督管理机构依照法律、行政法规制定并发布有关保险业监督管理的规章。

第一百三十五条 关系社会公众利益的保险险种、依法实行强制保险的险种和新开发的人寿保险险种等的保险条款和保险费率，应当报国务院保险监督管理机构批准。国务院保险监督管理机构审批时，应当遵循保护社会公众利益和防止不正当竞争的原则。其他保险险种的保险条款和保险费率，应当报保险监督管理机构备案。

保险条款和保险费率审批、备案的具体办法，由国务院保险监督管理机构依照前款规定制定。

第一百三十六条 保险公司使用的保险条款和保险费率违反法律、行政法规或者国务院保险监督管理机构的有关规定的，由保险监督管理机构责令停止使用，限期修改；情节严重的，可以在一定期限内禁止申报新的保险条款和保险费率。

第一百三十七条 国务院保险监督管理机构应当建立健全保险公司偿付能力监管体系，对保险公司的偿付能力实施监控。

第一百三十八条 对偿付能力不足的保险公司，国务院保险监督管理机构应当将其列为重点监管对象，并可以根据具体情况采取下列措施：

（一）责令增加资本金、办理再保险；

（二）限制业务范围；

（三）限制向股东分红；

（四）限制固定资产购置或者经营费用规模；

（五）限制资金运用的形式、比例；

（六）限制增设分支机构；

（七）责令拍卖不良资产、转让保险业务；

（八）限制董事、监事、高级管理人员的薪酬水平；

（九）限制商业性广告；

（十）责令停止接受新业务。

第一百三十九条　保险公司未依照本法规定提取或者结转各项责任准备金，或者未依照本法规定办理再保险，或者严重违反本法关于资金运用的规定的，由保险监督管理机构责令限期改正，并可以责令调整负责人及有关管理人员。

第一百四十条　保险监督管理机构依照本法第一百四十条的规定作出限期改正的决定后，保险公司逾期未改正的，国务院保险监督管理机构可以决定选派保险专业人员和指定该保险公司的有关人员组成整顿组，对公司进行整顿。

整顿决定应当载明被整顿公司的名称、整顿理由、整顿组成员和整顿期限，并予以公告。

第一百四十一条　整顿组有权监督被整顿保险公司的日常业务。被整顿公司的负责人及有关管理人员应当在整顿组的监督下行使职权。

第一百四十二条　整顿过程中，被整顿保险公司的原有业务继续进行。但是，国务院保险监督管理机构可以责令被整顿公司停止部分原有业务、停止接受新业务，调整资金运用。

第一百四十三条　被整顿保险公司经整顿已纠正其违反本法规定的行为，恢复正常经营状况的，由整顿组提出报告，经国务院保险监督管理机构批准，结束整顿，并由国务院保险监督管理机构予以公告。

第一百四十四条　保险公司有下列情形之一的，国务院保险监督管理机构可以对其实行接管：

（一）公司的偿付能力严重不足的；

（二）违反本法规定，损害社会公共利益，可能严重危及或者已经严重危及公司的偿付能力的。

被接管的保险公司的债权债务关系不因接管而变化。

第一百四十五条　接管组的组成和接管的实施办法，由国务院保险监督管理机构决定，并予以公告。

第一百四十六条　接管期限届满，国务院保险监督管理机构可以决定延长接管期限，但接管期限最长不得超过二年。

第一百四十七条　接管期限届满，被接管的保险公司已恢复正常经营能力的，由国务院保险监督管理机构决定终止接管，并予以公告。

第一百四十八条　被整顿、被接管的保险公司有《中华人民共和国企业破产法》第二条规定情形的，国务院保险监督管理机构可以依法向人民法院申请对该保险公司进行重整或者破产清算。

第一百四十九条　保险公司因违法经营被依法吊销经营保险业务许可证的，或者偿付能力低于国务院保险监督管理机构规定标准，不予撤销将严重危害保险市场秩序、损害公共利益的，由国务院保险监督管理机构予以撤销并公告，依法及时组织清算组进行清算。

第一百五十条　国务院保险监督管理机构有权要求保险公司股东、实际控制人在指定的期限内提供有关信息和资料。

第一百五十一条　保险公司的股东利用关联交易严重损害公司利益，危及公司偿付能力的，由国务院保险监督管理机构责令改正。在按照要求改正前，国务院保险监督管理机构可以限制其股东权利；拒不改正的，可以责令其转让所持的保险公司股权。

第一百五十二条　保险监督管理机构根据履行监督管理职责的需要，可以与保险公司董事、监事和高级管理人员进行监督管理谈话，要求其就公司的业务活动和风险管理的重大事项作出说明。

第一百五十三条　保险公司在整顿、接管、撤销清算期间，或者出现重大风险时，国务院保险监督管理机构可以对该公司直接负责的董事、监事、高级管理人员和其他直接责任人员采取以下措施：

（一）通知出境管理机关依法阻止其出境；

（二）申请司法机关禁止其转移、转让或者以其他方式处分财产，或者在财产上设定其他权利。

第一百五十四条　保险监督管理机构依法履行职责，可以采取下列措施：

（一）对保险公司、保险代理人、保险经纪人、保险资产管理公司、外国保险机构的代表机构进行现场检查；

（二）进入涉嫌违法行为发生场所调查取证；

（三）询问当事人及与被调查事件有关的单位和个人，要求其对与被调查事件有关的事项作出说明；

（四）查阅、复制与被调查事件有关的财产权登记等资料；

（五）查阅、复制保险公司、保险代理人、保险经纪人、保险资产管理公司、外国保险机构的代表机构以及与被调查事件有关的单位和个人的财务会计资料及其他相关文件和资料；对可能被转移、隐匿或者毁损的文件和资料予以封存；

（六）查询涉嫌违法经营的保险公司、保险代理人、保险经纪人、保险资产管理公司、外国保险机构的代表机构以及与涉嫌违法事项有关的单位和个人的银行账户；

（七）对有证据证明已经或者可能转移、隐匿违法资金等涉案财产或者隐匿、伪造、毁损重要证据的，经保险监督管理机构主要负责人批准，申请人民法院予以冻结或者查封。

保险监督管理机构采取前款第（一）项、第（二）项、第（五）项措施的，应当经保险监督管理机构负责人批准；采取第（六）项措施的，应当经国务院保险监督管理机构负责人批准。

保险监督管理机构依法进行监督检查或者调查，其监督检查、调查的人员不得少于二人，并应当出示合法证件和监督检查、调查通知书；监督检查、调查的人员少于二人或者未出示合法证件和监督检查、调查通知书的，被检查、调查的单位和个人有权拒绝。

第一百五十五条　保险监督管理机构依法履行职责，被检查、调查的单位和个人应当配合。

第一百五十六条　保险监督管理机构工作人员应当忠于职守，依法办事，公正廉洁，不得利用职务便利牟取不正当利益，不得泄露所知悉的有关单位和个人的商业秘密。

第一百五十七条　国务院保险监督管理机构应当与中国人民银行、国务院其他金融监督管理机构建立监督管理信息共享机制。

保险监督管理机构依法履行职责，进行监督检查、调查时，有关部门应当予以配合。

第七章　法律责任

第一百五十八条　违反本法规定，擅自设立保险公司、保险资产管理公司或者非法经营商业保险业务的，由保险监督管理机构予以取缔，没收违法所得，并处违法所得一倍以上五倍以下的罚款；没有违法所得或者违法所得不足二十万元的，处二十万元以上一百万元以下的罚款。

第一百五十九条　违反本法规定，擅自设立保险专业代理机构、保险经纪人，或者未取得经营保险代理业务许可证、保险经纪业务许可证从事保险代理业务、保险经纪业务的，由保险监督管理机构予以取缔，没收违法所得，并处违法所得一倍以上五倍以下的罚款；没有违法所得或者违法所得不足五万元的，处五万元以上三十万元以下的罚款。

第一百六十条　保险公司违反本法规定，超出批准的业务范围经营的，由保险监督管理机构责令限期改正，没收违法所得，并处违法所得一倍以上五倍以下的罚款；没有违法所得或者违法所得不足十万元的，处十万元以上五十万元以下的罚款。逾期不改正或者造成严重后果的，责令停业整顿或者吊销业务许可证。

第一百六十一条　保险公司有本法第一百一十六条规定行为之一的，由保险监督管理机构责令改正，处五万元以上三十万元以下的罚款；情节严重的，限制其业务范围、责令停止接受新业务或者吊销业务许可证。

第一百六十二条　保险公司违反本法第八十四条规定的，由保险监督管理机构责令改正，处一万元以上十万元以下的罚款。

第一百六十三条　保险公司违反本法规定，有下列行为之一的，由保险监督管理机构责令改正，处五万元以上三十万元以下的罚款：

（一）超额承保，情节严重的；

（二）为无民事行为能力人承保以死亡为给付保险金条件的保险的。

第一百六十四条　违反本法规定，有下列行为之一的，由保险监督管理机构责令改正，处五万元以上三十万元以下的罚款；情节严重的，可以限制其业务范围、责令停止接受新业务或者吊销业务许可证：

（一）未按照规定提存保证金或者违反规定动用保证金的；

（二）未按照规定提取或者结转各项责任准备金的；

（三）未按照规定缴纳保险保障基金或者提取公积金的；

（四）未按照规定办理再保险的；

（五）未按照规定运用保险公司资金的；

（六）未经批准设立分支机构；

（七）未按照规定申请批准保险条款、保险费率的。

第一百六十五条　保险代理机构、保险经纪人有本法第一百三十一条规定行为之一的，由保险监督管理机构责令改正，处五万元以上三十万元以下的罚款；情节严重的，吊销业务许可证。

第一百六十六条　保险代理机构、保险经纪人违反本法规定，有下列行为之一的，由保险监督管理机构责令改正，处二万元以上十万元以下的罚款；情节严重的，责令停业整顿或者吊销业务许可证：

（一）未按照规定缴存保证金或者投保职业责任保险的；

（二）未按照规定设立专门账簿记载业务收支情况的。

第一百六十七条　违反本法规定，聘任不具有任职资格的人员的，由保险监督管理机构责令改正，处二万元以上十万元以下的罚款。

第一百六十八条　违反本法规定，转让、出租、出借业务许可证的，由保险监督管理机构处一万元以上十万元以下的罚款；情节严重的，责令停业整顿或者吊销业务许可证。

第一百六十九条　违反本法规定，有下列行为之一的，由保险监督管理机构责令限期改正；逾期不改正的，处一万元以上十万元以下的罚款：

（一）未按照规定报送或者保管报告、报表、文件、资料的，或者未按照规定提供有关信息、资料的；

（二）未按照规定报送保险条款、保险费率备案的；

（三）未按照规定披露信息的。

第一百七十条　违反本法规定，有下列行为之一的，由保险监督管理机构责令改正，处十万元以上五十万元以下的罚款；情节严重的，可以限制其业务范围、责令停止接受新业务或者吊销业务许可证：

（一）编制或者提供虚假的报告、报表、文件、资料的；

（二）拒绝或者妨碍依法监督检查的；

（三）未按照规定使用经批准或者备案的保险条款、保险费率的。

第一百七十一条　保险公司、保险资产管理公司、保险专业代理机构、保险经纪人违反本法规定的，保险监督管理机构除分别依照本法第一百六十条至第一百七十条的规定对该单位给予处罚外，对其直接负责的主管人员和其他直接责任人员给予警告，并处一万元以上十万元以下的罚款；情节严重的，撤销任职资格。

第一百七十二条　个人保险代理人违反本法规定的，由保险监督管理机构给予警告，可以并处二万元以下的罚款；情节严重的，处二万元以上十万元以下的罚款。

第一百七十三条　外国保险机构未经国务院保险监督管理机构批准，擅自在中华人民共和国境内设立代表机构的，由国务院保险监督管理机构予以取缔，处五万元以上三十万元以下的罚款。

外国保险机构在中华人民共和国境内设立的代表机构从事保险经营活动的，由保险监督管理机构责令改正，没收违法所得，并处违法所得一倍以上五倍以下的罚款；没有违法所得或者违法所得不足二十万元的，处二十万元以上一百万元以下的罚款；对其首席代表可以责令撤换；情节严重的，撤销其代表机构。

第一百七十四条　投保人、被保险人或者受益人有下列行为之一，进行保险诈骗活动，尚不构成犯罪的，依法给予行政处罚：

（一）投保人故意虚构保险标的，骗取保险金的；

（二）编造未曾发生的保险事故，或者编造虚假的事故原因或者夸大损失程度，骗取保险金的；

（三）故意造成保险事故，骗取保险金的。

保险事故的鉴定人、评估人、证明人故意提供虚假的证明文件，为投保人、被保险人或者受益人进行保险诈骗提供条件的，依照前款规定给予处罚。

第一百七十五条　违反本法规定，给他人造成损害的，依法承担民事责任。

第一百七十六条　拒绝、阻碍保险监督管理机构及其工作人员依法行使监督检查、调查职权，未使用暴力、威胁方法的，依法给予治安管理处罚。

第一百七十七条　违反法律、行政法规的规定，情节严重的，国务院保险监督管理机构可以禁止有关责任人员一定期限直至终身进入保险业。

第一百七十八条　保险监督管理机构从事监督管理工作的人员有下列情形之一的，依法给予处分：

（一）违反规定批准机构的设立的；

（二）违反规定进行保险条款、保险费率审批的；

（三）违反规定进行现场检查的；

（四）违反规定查询账户或者冻结资金的；

（五）泄露其知悉的有关单位和个人的商业秘密的；

（六）违反规定实施行政处罚的；

（七）滥用职权、玩忽职守的其他行为。

第一百七十九条　违反本法规定，构成犯罪的，依法追究刑事责任。

第八章 附 则

第一百八十条 保险公司应当加入保险行业协会。保险代理人、保险经纪人、保险公估机构可以加入保险行业协会。

保险行业协会是保险业的自律性组织，是社会团体法人。

第一百八十一条 保险公司以外的其他依法设立的保险组织经营的商业保险业务，适用本法。

第一百八十二条 海上保险适用《中华人民共和国海商法》的有关规定；《中华人民共和国海商法》未规定的，适用本法的有关规定。

第一百八十三条 中外合资保险公司、外资独资保险公司、外国保险公司分公司适用本法规定；法律、行政法规另有规定的，适用其规定。

第一百八十四条 国家支持发展为农业生产服务的保险事业。农业保险由法律、行政法规另行规定。

强制保险，法律、行政法规另有规定的，适用其规定。

第一百八十五条 本法自 2009 年 10 月 1 日起施行。

"十四五"普通高等教育本科精品系列教材

酒店财务管理

▶ 主 编◎文飞人　　杨　洋　　张际萍

西南财经大学出版社

中国·成都